Klaus von Stosch, Muna Tatari (Hg.)

Handeln Gottes – Antwort des Menschen

Beiträge zur Komparativen Theologie

hrsg. von

Klaus von Stosch

Bd. 11

Klaus von Stosch, Muna Tatari (Hg.)

Handeln Gottes – Antwort des Menschen

Ferdinand Schöningh

Umschlagabbildung:
Christine Schlichtig, *Offenes Ohr*

Bibliografische Information der Deutschen Nationalbibliothek

Die Deutsche Nationalbibliothek verzeichnet diese Publikation in der Deutschen Nationalbibliografie; detaillierte bibliografische Daten sind im Internet über http://dnb.d-nb.de abrufbar.

(Verlag Ferdinand Schöningh GmbH & Co. KG, Jühenplatz 1, D-33098 Paderborn)

Internet: www.schoeningh.de

Einbandgestaltung: Evelyn Ziegler, München
Printed in Germany.
Herstellung: Ferdinand Schöningh, Paderborn

ISBN 978-3-506-77282-4

INHALTSVERZEICHNIS

III. Der Mensch in seiner Verantwortung vor Gott

Einleitung

Islam und Christentum eint das Bekenntnis zu dem einen Gott, der sich den Menschen dialogisch zuwendet und auf ihre Antwort wartet. Bei aller grundlegenden Gemeinsamkeit im Glauben an diesen einen Gott, der die Menschen durch seine Barmherzigkeit und Gerechtigkeit zur Einstimmung in seinen guten Willen bewegen will, lauern in dieser grundlegenden Verhältnisbestimmung eine Fülle von Problemen, die zu Debatten innerhalb beider religiöser Traditionen geführt haben, die aber auch zwischen ihnen umstritten sind.

So stellt sich zuallererst die Frage, in welchen Modellen von einem Handeln oder Wirken Gottes in der Welt gesprochen werden kann und wie dieses gerade angesichts der Leidensgeschichte der Welt näher bestimmt werden kann (I.). Wenn im christlichen Kontext vom Handeln Gottes gesprochen wird, ist die Rede von Jesus von Nazaret unerlässlich, so dass in einem zweiten grundlegenden Schritt dieses Buches zu prüfen ist, wie sich diese christliche Rede von Jesus als dem Christus zum qurʾānischen Jesusbild verhält (II.). Nach dieser dogmatischen bzw. fundamentaltheologischen Verhältnisbestimmung von Gottes Handeln und menschlichem Freiheitsstreben und der Thematisierung der Rede von Jesus Christus im Qurʾān werden im dritten Teil des vorliegenden Sammelbandes ethische Probleme fokussiert und es wird nach Grundlegung und Durchführung einer theologischen Ethik in Islam und Christentum gefragt: Welche Verantwortung kommt den Menschen in Bezug auf die Weltgestaltung zu und wie sollte Weltgestaltung in politischen Zusammenhängen konkret aussehen? Wie kann der Mensch durch sein ethisches Tun der Herausforderung des Glaubens entsprechen? Hier werden unterschiedliche ethische Zugänge aus Islam und Christentum gebahnt und miteinander ins Gespräch gebracht.

Eröffnet wird der vorliegende Sammelband von einer grundlegenden Kartographierung des Feldes der Rede von einem Handeln oder Wirken Gottes in der Welt, die der reformierte Theologe *Reinhold Bernhardt* mit der klaren Option für ein theologisches Denken verbindet, das Gottes Wirken insbesondere in der heilshaften Ausstrahlung der Gegenwart Gottes sieht. Damit sieht er eine Möglichkeit, Gottes Wirken im Einklang mit der Achtung menschlicher Willensfreiheit zu entfalten und zugleich die befreiende und lebenseröffnende Kraft des Wirkens Gottes zu profilieren. *Muna Tatari* repliziert auf diese Überlegungen aus muslimischer Sicht, indem sie verschiedene islamische Zugänge zum Thema kritisch diskutiert und die Option für eine personale Gottesvorstellung stark zu machen sucht.

In der Moderne ist die Rede vom Handeln Gottes gerade wegen der Theodizeefrage fraglich geworden, so dass es nahe liegt, die Feldvermessungen von Bernhardt und Tatari um eine eigene Auseinandersetzung mit dem Problem des Übels zu ergänzen. Hier kommt zunächst der muslimische Theologe

Cafer Sadık Yaran zu Wort, der eine Theodizee entwickelt, die nicht nur das Argument von der Willensfreiheit für das von Menschen verursachte Übel verteidigt, sondern auch das durch Naturgesetze verursachte Übel zu erklären und zu entschärfen sucht. Erscheint in seinen Erklärungsversuchen die für die Not von Leidenden angemessene Empathie wenig ausgeprägt und wirkt seine argumentative Entfaltung mitunter etwas überaffirmativ, so geht der christliche Religionspädagoge *Herbert Rommel* ausführlich auf Theologie und Didaktik des Theodizeeproblems ein. Von Erfahrungshorizonten und Gotteskonzepten Jugendlicher ausgehend betont er die Wichtigkeit der Verortung dieser Thematik im Religionsunterricht, selbst wenn sich diese Problematik dem Denkhorizont junger Menschen noch nicht stellt.

Im zweiten großen Teil des vorliegenden Buches geht es um die qur'ānische Rede von Jesus Christus. Zunächst entfaltet der schi'ītische Theologe *Mahmoud Ayoub* seine bekannten Positionen zur qur'ānischen Christologie und betont insbesondere die qur'ānische Rede von Jesus als Wort Gottes. Dabei geht er der für den christlich-muslimischen Dialog aufschlussreichen Frage nach, inwieweit der Qur'ān als Wort Gottes mit Christus verglichen werden kann. Der katholische Fundamentaltheologe *Klaus von Stosch* knüpft an Ayoubs Vorschläge an und bemüht sich Ansatzpunkte und Stolpersteine einer qur'ānischen Christologie aufzuzeigen. Er versucht eine hermeneutisch sensible Rekonstruktion der qur'ānischen Aussagen zu Jesus Christus und liest sie mit der Brille eines Theologen, der den Qur'ān als Wort Gottes ernst zu nehmen versucht, ohne deswegen die hohe Christologie der biblischen Tradition aufzugeben.

Den ethischen Teil des Sammelbandes eröffnet der im westlichen philosophischen Denken geschulte iranische schi'ītische Theologe *M. R. Hosseini Beheshti*, der sich um eine Grundlegung islamischer Ethik bemüht. Dabei versucht er die Möglichkeit einer religiös authentischen Moralität im Hinblick auf die islamische Ethik auszuloten und diese mit der deontologischen Ethik Immanuel Kants ins Gespräch zu bringen. Die evangelische Theologin *Helga Kuhlmann* reagiert auf diesen stark philosophisch geprägten apologetischen Zugang zur Ethik durch einen äußerst selbstkritischen historischen Abriss wichtiger Eckpunkte der Christentumsgeschichte – wie etwa der Konstantinischen Wende oder der Wende zum konfessionellen Zeitalter –, der weniger die eigenen Stärken als die eigenen Schwächen zeigen will. Immer wieder zeigt sie auf, wie wenig das Christentum in seiner Geschichte der Verpflichtung zur Gewährung religiöser Freiheit gerade Anders- und Nichtgläubigen gegenüber nachgekommen ist. Diesem nachdenklich-selbstkritischen Artikel folgt mit *Ebrahim Moosa* wieder eine muslimische Stimme, die diesmal aus amerikanischer Perspektive das Spannungsfeld in der Debatte um die muslimische Ethik nachzeichnet. Ähnlich wie Kuhlmann beklagt auch Moosa Tendenzen in der eigenen Tradition, in der Religion dazu instrumentalisiert wird, Freiheitsrechte zu beschneiden und private und politische Interessen durchzusetzen. Zugleich versucht er den Qurʾān als entscheidende Quelle für die religiöse und moralische Unterweisung zu profilieren.

In ihrer katholischen Stellungnahme zu den verschiedenen muslimischen Entwürfen des ethischen Teils dieses Buches bemüht sich die Paderborner Nachwuchstheologin *Anne Weber* um eine Profilierung christlicher Ethik im Anschluss an die Diskursethik von Jürgen Habermas. Zugleich betont sie, wie sehr der Glaube an einen Gott der Liebe zur umfassenden Realisierung von Liebe herausfordert. Abgerundet wird der vorliegende Sammelband von einem sich als komparativ verstehenden schiʿītischen Zugang durch den iranischen Theologen und Philosophen *Saiyid Hassan Eslami Ardakani*, der aufzuzeigen versucht, dass Ethik und Moral der wichtigste Bestandteil jeder theistischen Religion sind. Trotz aller Verschiedenheit der Religionen müsse versucht werden, in gemeinsamer Verantwortung so zu handeln, dass sich Frieden, Humanität, und Spiritualität in der ganzen Welt ausbreiten können. Dabei will auch er nicht verschweigen, dass im Namen von Religion Kriege geführt und Leid zugefügt wurde, plädiert aber zugleich für den interreligiösen Dialog als Motor für ein friedvolles Miteinander der Kulturen und Religionen.

Alle in diesem Sammelband versammelten Beiträge basieren auf Vorträgen, die an der Universität Paderborn gehalten wurden. Größtenteils handelt es sich um Beiträge, die dort zuerst auf einer muslimisch-christlichen Sommerschule im Jahr 2011 gehalten wurden. Für die Finanzierung dieser Sommerschule sowie für einen Druckkostenzuschuss zu diesem Band gebührt unser Dank der Stiftung Mercator, die sich jetzt bereits seit Jahren verdienstvoll, wirkmächtig und kompetent für den Aufbau Islamischer Theologie in Deutschland stark macht. Unser Dank gilt aber auch all den muslimischen und christlichen Studierenden, die die Sommerschule durch ihre engagierte Mitarbeit zu einem so großen Erfolg gemacht haben. Ebenso möchten wir dem muslimisch-christlichen Professorenteam für die fruchtbare Zusammenarbeit danken. Gesine Schwan danken wir für ihren Abendvortrag auf der Sommerschule, Zafer Şenocak für seine Lesung und dem Konservatorium für türkische Musik Berlin für seine musikalischen Darbietungen. Ein besonderer Dank gilt Sandra Lenke, die die Organisation der Sommerschule in verlässlicher und souveräner Weise übernommen hat. Schließlich danken wir Christine Schlichtig für die redaktionelle Arbeit an dem vorliegenden Band und die Erstellung des Titelbildes. Auch Julia Wolff möchten wir gerne danken, weil sie in bewährter Weise die Druckvorlage erstellt hat und Dr. Hans J. Jacobs für die wie immer unkomplizierte Zusammenarbeit mit dem Verlag Ferdinand Schöningh.

Paderborn an Silvester 2013 *Muna Tatari und Klaus von Stosch*

I. Handeln Gottes und Theodizee

REINHOLD BERNHARDT

Das Handeln Gottes – Christliche Perspektiven

Dass Gott nicht nur im Leben einzelner Menschen und nicht nur in der Geschichte, sondern auch in der Natur handelt, ist eine Grundüberzeugung, die sich durch die biblischen Überlieferungen durchzieht. Nach Joel 3,23 schickt er den Regen. Anderen Stellen zufolge lässt er die Sonne auf- und untergehen, garantiert den Ablauf der Jahreszeiten, sendet aber auch Katastrophen, um die Menschen zu mahnen oder zu strafen. So heißt es in Jes 30,30: „Ich plagte euch mit Dürre, Getreidebrand und Hagel in all eurer Arbeit; dennoch bekehrtet ihr euch nicht zu mir, spricht der Herr“. Nach Jos 10,13 lässt Gott sogar die Sonne stillstehen.

Selbst wenn man in Rechnung stellt, dass es sich bei diesen Zeugnissen nicht um sachliche Berichte über physische Naturvorgänge und deren metaphysische Verursachung handelt, sondern um Bekenntnisse des Glaubens an die Macht Gottes, die sich in Zeichenhandlungen manifestiert, so ist dabei doch unterstellt, dass Gott über diese Handlungsmacht verfügt.

In umgekehrter Kommunikationsrichtung wurde Gott zum Adressaten von gesprochenen und gesungenen Bittgebeten, die Sonne oder Regen von ihm erbaten oder die Abwendung von Naturkatastrophen erflehten. Bei den Revisionen der Gesangbücher im 20. Jh. sind die Lieder dieses Inhalts zumeist herausgenommen worden. Auch in den Gebetssammlungen der Kirchen stehen sie unter Exklusionsdruck. Die Erklärungskraft der Meteorologie lässt den Glauben an einen wettermachenden Gott zurücktreten.

Die Überzeugung, dass Gott das Wettergeschehen unmittelbar verursacht, findet sich heute am ehesten noch in kreationistischen Kreisen. Manche ihrer Vertreter fordern eine „Providenzielle, kanonische Wetterlehre“ (PKW) auf biblischer Grundlage.[1] Ihr Hauptargument dafür lautet: Nur wenn man ein absichtsvolles Wirken Gottes im Wettergeschehen unterstellt, kann man dessen partikulare Auswirkungen erklären. Dass etwa bei einem Sturm nur bestimmte Dächer abgedeckt werden, ist demnach auf den Willen Gottes zurückzuführen und nur so sinnvoll zu erklären.

Bei vielen gläubigen Zeitgenossen, die solche Vorstellungen ablehnen, dürfte aber doch eine Art Komplementaritätsmodell anzutreffen sein, demzufolge Gott ‚hinter‘ dem natürlichen Wettergeschehen steht als derjenige, der „Wolken, Luft und Winden gibt Wege, Lauf und Bahn“.[2] Damit braucht Gott nicht als Wirkursache in die meteorologischen Erklärungen eingeschoben zu

---

[1] Siehe dazu: HANSJÖRG HEMMINGER, Entsteht unser Wetter zufällig, oder kommt es von Gott? In: DERS. (Hg.), Mit der Bibel gegen die Evolution. Kreationismus und „intelligentes Design“ – kritisch betrachtet, Berlin 2007 (EZW-Text 195), 68-70.

[2] Gesangbuchlied „Befiehl Du Deine Wege“, Str.1, EKG 361.

werden, kann aber doch als Regent des Wettergeschehens angesehen und angebetet werden. Die Frage wäre dann allerdings, ob auch die Naturkatastrophen seiner Regentschaft angelastet werden müssen. Wenn man ihm für die duftende Blütenpracht im Frühling, für die strahlende Sonne im Sommer, für die reiche Ernte im Herbst und für den gleißenden Schnee im Winter dankt, muss man ihm dann nicht auch die verhagelte Obstblüte, die verregneten Sommerferien, den zerstörerischen Herbststurm und die todbringende Lawine im Winter zurechnen?

Ich will die Frage nach Gottes Handeln in Bezug auf das Wettergeschehen als Anwendungsfall bei den folgenden Überlegungen mitführen. Zunächst möchte ich vier Ansatzpunkte bzw. Thematisierungsperspektiven für die Auseinandersetzung mit der Frage nach Gottes Handeln aufzeigen und dann vier Modelle skizzieren, in denen man versucht (hat), diese Frage zu beantworten. Am Ende steht als eigener Antwortvorschlag, Gottes Wirken als „ausstrahlende Präsenz" zu verstehen.

1. Vier Ansatzpunkte, die Frage nach Gottes Handeln zu stellen

a) Exegetisch

In den biblischen Schriften ist nirgends abstrakt von einem „Handeln" Gottes die Rede. Es werden stets *bestimmte* Handlungen beschrieben – und zwar zumeist zurückhaltend als aktives Geschehenlassen („Gott lässt entstehen, vergehen ..."). Es ist dies zumeist nicht ein primär *darstellendes* Handeln, das um seiner selbst willen – als Machtdemonstration – vollzogen wird, und auch nicht ein primär *bewirkendes* Handeln, das um der Erreichung objektiver Zwecke willen – um Zustandsveränderungen in der gegenständlichen Wirklichkeit der Welt herbeizuführen – geschieht, sondern ein *kommunikatives* Handeln, das mit einer Botschaft verbunden ist. Es soll den Menschen damit etwas gesagt werden, das ihre Lebenseinstellung und Handlungsorientierung verändert. In diesem Sinne kann dieses Handeln als Machtwort oder Tatwort verstanden werden. Das gilt auch und besonders für die Überlieferungen von „Naturwundern". Diese werden nicht als physikalische Vorgänge an sich und als solche beschrieben, sondern als staunenerregende Wahrnehmungsereignisse. Es sind Bedeutungsträger für die Adressaten, die sie zu einer Erkenntnis überführen sollen. Im Falle von Wetterphänomenen geht es nicht um deren kausale Erklärung, sondern um die durch sie hindurch zur Sprache kommende Botschaft. Die Überlieferung erfolgt in der Perspektive der Betroffenen, nicht der teilnahmslosen Beobachtung und Erklärung. Es ist dies eine anthropozentrische Perspektive im Schema der Ersten Person, nicht die objektive Perspektive der Dritten Person.

Das kommunikative Handeln schließt dabei das bewirkende und das darstellende Handeln nicht aus, sondern ein. Die Überlieferung von wunderbaren

Naturereignissen im Schema der Ersten Person geht natürlich auch davon aus, dass sich diese Ereignisse wirklich so zugetragen haben. Aber der Akzent liegt nicht auf der Faktizität, sondern auf der darin enthaltenen Botschaft.

b) Existentiell

Ähnliches gilt für die Rede von Gottes Handeln in der Sprache und der Frömmigkeitspraxis der Glaubenden. Wenn das Handeln Gottes im Bezugsrahmen der Lebensbewältigung und -deutung thematisiert wird – sei es vergangenheitsorientiert in der Verarbeitung von zurückliegenden Lebenserfahrungen, gegenwartsorientiert in der Gewissheit der aktuellen göttlichen Lebensbegleitung oder zukunftsorientiert in der Hoffnung auf Gottes Vor- bzw. Fürsorge –, dann ist dies nicht als Beschreibung von Fakten zu verstehen, sondern als Ausdruck der Gottesbeziehung im Modus des Gotteslobes, der Klage oder Bitte. In diesem Sinne handelt es sich nicht um eine deskriptiv neutrale, sondern um eine existentiell engagierte Redeweise, die immer an den Gottesglauben der jeweiligen Person gebunden ist. Sie ist zu verstehen als Lebens- und Weltdeutung coram Deo – im Angesicht Gottes – und erfüllt darin die Funktion der Sinnstiftung.

Wenn Gott Handlungen zugeschrieben werden, vollzieht sich – funktional betrachtet – Kontingenzbewältigung. Indem kontingente Widerfahrnisse auf die (letztlich heilshafte) Absicht Gottes zurückgeführt werden, fügt sich das sonst sinnlos Erscheinende in einen größeren Sinnzusammenhang ein, auch wenn dieser Sinnzusammenhang als verborgen unterstellt und ‚nur' im Glauben erfasst wird.

Die Rede vom Handeln Gottes hat somit eine seelsorgerliche Dimension, die systematisch-theologisch im Rahmen der Lehre von der Vorsehung Gottes – verstanden als fürsorgliches Handeln[3] – lokalisiert werden kann. Der im Glauben an Gottes tätige Fürsorge lebende Mensch erfährt sein Leben mit allen Widerfahrnissen nicht als Produkt des sinnlosen Zufalls, sondern als ihm/ihr von Gott her zukommende Gabe und Aufgabe. Er/sie kann es jeden Tag neu als Gabe und Aufgabe aus Gottes Hand nehmen. Allem, was geschieht – jedem einzelnen Widerfahrnis, aber auch dem Leben insgesamt – kann ein Sinn zugeschrieben werden, auch wenn sich dieser der Erkenntnis entzieht.

Exemplarisch für diesen Glauben sei auf die Autobiographie von Johann Heinrich Jung-Stilling verwiesen, deren Resümee lautet: „Zeigt meine ganze Lebensgeschichte nicht unwidersprechlich, daß mich nicht menschlicher Verstand und Weisheit, sondern der – der der Menschen Herz, Handlungen und Schicksale – doch ohne Zwang ihres freien Willens – zu lenken versteht,

[3] Siehe dazu REINHOLD BERNHARDT, Was heißt „Handeln Gottes"? Eine Rekonstruktion der Lehre von der Vorsehung Gottes, Gütersloh 1999, Berlin ^{2}2008.

von Anfang bis zu Ende wahrhaft nach einem vorbedachten Plan geleitet, gebildet und erzogen habe.“[4]

c) Systematisch-theologisch

Theologische Reflexionen und Konzeptbildungen zum Verständnis des Handelns Gottes tauchen in vielen Lehrstücken der Theologie auf, vor allem in der Schöpfungs- und Vorsehungslehre, natürlich in der Gottes-, besonders in der Trinitätslehre, in der Lehre vom Gebet, aber auch in der Ekklesiologie und Eschatologie. In der Theodizeefrage hat sie einen ihrer Kulminationspunkte (s.u.).

Ich greife die Trinitätslehre heraus, die in ihrer „ökonomischen“ Dimension eine Lehre vom dreifachen Handeln darstellt. Der ersten ‚Person‘ der göttlichen Trinität werden die Werke der Schöpfung (*creatio*) und Erhaltung (*conservatio*) zugeschrieben, der zweiten ‚Person‘ die der Versöhnung (*reconciliatio*), Rechtfertigung (*iustificatio*) und Erlösung (*redemptio, salvatio*) und der dritten ‚Person‘ die Werke der Heiligung (*sanctificatio*), der Erleuchtung (*illuminatio*) und der Vollendung (*perfectio, consummatio*). Diese Appropriationen lassen sich als Modi des Handels Gottes verstehen: Als konstitutives und ‚konservatives‘ Handeln, als soteriologisch-restitutives (Heils-) Handeln und als auf die Vergegenwärtigung des Schöpfungs- und Heilshandelns gerichtetes Vollendungshandeln.

Die Lehre von der ‚ökonomischen‘ Trinität bietet also eine Systematisierung unterschiedlicher Handlungsprädikationen und damit ein Schema zur Einordnung der in anderen theologischen Lehrstücken implizit oder explizit enthaltenen Vergewisserungen des Handelns Gottes.

Während die existentielle Perspektive ‚unten‘ bei der Erfahrung des gelebten Glaubens ansetzt, richtet die systematisch-theologische Thematisierung den Blick auf die lehrhaften Entfaltungen der Glaubensinhalte. Beide Sichtweisen ergänzen sich, bedingen sich und halten sich gegenseitig in Bewegung.

d) Philosophisch-handlungstheoretisch

Die philosophisch-handlungstheoretische Reflexion geht von der Frage nach der Bedeutung des Begriffs „Handeln“ in der menschlichen Lebenswelt aus. Welche Bedeutungsaspekte lassen sich namhaft machen? Welche davon sind auf die Rede vom Handeln *Gottes* übertragbar und welche nicht?

---

[4] JOHANN HEINRICH JUNG-STILLING, Lebensgeschichte (1804), hrsg. von G. A. BENRATH, Darmstadt 1976 (grammatikalische und stilistische Anpassung vom Vf.), 617. In der Einleitung arbeitet G. A. Benrath heraus, wie der Vorsehungsglaube die Matrix der gesamten Lebensbeschreibung Jung-Stillings bildet.

Als erste und grundlegende Begriffsbestimmung kann gelten: Handeln ist die absichtsvolle (intentionale) Veränderung eines Sachverhalts durch eine Tat. Oder anders formuliert: Handeln ist die willentliche Intervention in eine gegebene Situation, um eine Wirkung zu erzielen, die diese Situation verändert. In diesen Definitionen sind folgende Momente enthalten: (a) Handeln kann immer einer Person zugerechnet werden, die dafür dann auch verantwortlich gemacht wird. (b) Im Unterschied zum bloßen Verhalten ist Handeln durch Absichtlichkeit charakterisiert. (c) Handeln vollzieht sich immer in einem situativen Kontext mit vorgegebenen Rahmenbedingungen, die den Handlungsspielraum mehr oder weniger beschneiden. (d) Handeln greift in diese Situation ein, um die Veränderung eines Sachverhalts herbeizuführen, also die Konstellation der Gegebenheiten zu modifizieren. Handeln ist demnach als Intervention zu denken.

Diese Begriffsbestimmung im Sinne eines Interventionsmodells erweist sich jedoch schon bald als zu eng. Einige der erforderlichen Erweiterungen lassen sich noch im Rahmen dieses Modells vornehmen, andere sprengen den Rahmen und führen darüber hinaus.

Das erste Charakteristikum (a) ist um die Dimension des kollektiven Handelns zu erweitern. Es gibt auch Handlungen, die nicht oder nur bedingt einer Person zugerechnet werden können. Das gilt in Fällen, in denen eine Person lediglich einen Handgriff zu einer komplexen Gesamthandlung beiträgt, die insgesamt jedoch einem Kollektiv zugerechnet werden muss, oder in Fällen, in denen eine Person im „Befehlsnotstand", also in einem repressiven Gefüge im Gehorsam gegenüber einer Autorität, handelt. Generell ist zwischen dem unmittelbaren und dem mittelbaren Handeln zu unterscheiden. Der Tempelbau kann Salomo zugeschrieben werden, ohne dass Salomo auch nur eine Hand daran gerührt hat. Er handelt vermittelt – durch die Arbeiter, die den Tempel bauen. Diese Unterscheidung ist von großer Bedeutung für das Verständnis der biblischen Überlieferungen, die von einem Handeln Gottes im Modus des Geschehen-Lassens – in aktiver Passivität gewissermaßen – sprechen.

Das zweite Charakteristikum (b) muss um die Dimension des fahrlässigen Handelns erweitert werden. Ein Mensch ist auch für Taten verantwortlich, die er unabsichtlich begangen hat. Die Zurechnung der Wirkung hängt nicht ab vom Vorhandensein der Absicht, diese Wirkung hervorzubringen.

Beim dritten Charakteristikum (c) ist in Rechnung zu stellen, dass sich das Handlungssubjekt auch einer Situation entziehen oder versuchen kann, sich über Rahmenbedingungen hinwegzusetzen.

Besonders bedeutsam ist die Erweiterung des vierten Charakteristikums (d): Es gibt andere Formen des Handelns, die z.T. über das Interventionsmodell hinausgehen, oder doch zumindest nicht in jedem Fall äußere Zustandsveränderungen zum Ziel haben. Dabei ist vor allem an Formen des Handelns zu denken, die z.T. bereits genannt wurden: an das darstellende Handeln, das seinen Zweck im Selbstausdruck der handelnden Person hat, und an das kommunikative Handeln, das auf Verstehen und Gemeinschaftsbildung abzielt, oder an das rezeptive Handeln, das auf die Gewinnung neuer Erfahrungen und Erkenntnisse ausgerichtet ist. Zudem gibt es auch ein Handeln, das nicht die Veränderung, sondern die Erhaltung eines Sachverhaltes beabsichtigt. Auch solche Handlungen haben natürlich eine Wirkung, aber diese Wirkung ist nicht das unmittelbare Resultat der Handlung, sondern eine mehr oder weniger mittelbare Folge.

2. Vier Modelle, die Frage nach Gottes Handeln zu beantworten[5]

a) Das Interventionsmodell:

Dieser weit verbreiteten Vorstellung zufolge greift Gott als Handlungssubjekt punktuell in den kosmischen Prozess ein und wirkt einzelne Ereignisse. Er vollzieht spezielle Handlungen in einem Handlungszusammenhang („special divine action"). Als Beispiele werden in der Regel die im Alten Testament überlieferten großen Machttaten des Exodus, der Verkündung des Gesetzes am Berg Sinai, der Prophetenberufungen usw. sowie die im neuen Neuen Testament berichteten Naturwunder, die Auferweckung Jesu, die Bekehrung des Paulus usw. genannt.[6]

Die Erzählungen schreiben diese Geschehnisse der Handlungsmacht Gottes zu, ohne präziser anzugeben, wie sie vollzogen wurden. Direktes (immediates) und indirektes (mediates – durch Verfügung bzw. Beauftragung geschöpflicher Handlungsinstanzen vollzogenes) Handeln fließen ineinander.

Dieses in Analogie zum menschlichen Handeln gebildete Verständnis der aktiven Weltbeziehung Gottes ist das in der theistischen Religiosität wohl am weitesten verbreitete, birgt aber auch die meisten Probleme in sich. Diese Probleme ergeben sich zum großen Teil aus der Vorstellung, dass Gott einzelne Taten im Geschehenszusammenhang der geschöpflichen Wirklichkeit vollzieht. Dabei stellen sich die folgenden Fragen:

(a) Wie ist die göttliche Intervention zu denken? Wie kann Gott in die (geschlossene?) Kette der Ursache-Wirkungszusammenhänge intervenieren, ohne sie zu zerbrechen? Diese Frage stellt sich zum einen im Blick auf die naturhafte (physische) Wirklichkeit, zum anderen im Blick auf die Dimensionen des Kulturellen und Sozialen, die durch menschliches Handeln gestaltet werden. Wenn Gott ein Handeln in der Welt im Sinne des Interventionsmodells zugesprochen wird, muss geklärt werden, wie sich dieses Handeln zu

---

[5] Dieses Modellschema ist aus verschiedenen Quellen zusammengestellt. Ich verweise vor allem auf: REINHOLD BERNHARDT, Was heißt „Handeln Gottes"? (Anm. 3), und KLAUS VON STOSCH, Gott – Macht – Geschichte. Versuch einer theodizeesensiblen Rede vom Handeln Gottes in der Welt, Freiburg i.Br. 2006, Teil B.

[6] Siehe etwa GEORGE E. WRIGHT, God who Acts. Biblical Theology as Recital, London 1952, [3]1956 (SBT 8).

den natürlichen Ursächlichkeiten und zum menschlichen Handeln verhält. Denn es besteht die Gefahr, dass Gottes Handeln auf der Ebene der geschöpflichen Ursachen lokalisiert und damit in Konkurrenz zu diesen gebracht wird. So etwa, wenn die Ursache für ein Gewitter in der willentlichen Intervention Gottes *statt* in meteorologisch beschreibbaren Naturursachen angenommen wird. Beide Ursachen stehen dann auf der gleichen ontologischen Ebene. Das Handeln Gottes ist ‚verweltlicht', indem es als Ursache in das Ursachengeflecht der Welt eingeschoben wurde. So muss es zur Alternative des Entweder-Oder kommen: Entweder ist das Gewitter auf Gott oder auf eine elektrische Entladung zurückzuführen. Gottes Handeln kann dann nur als Außer-Kraft-Setzung der Eigendynamik naturhafter Prozesse und als Einschränkung der menschlichen Handlungsfreiheit gedacht werden. Der Konflikt zwischen der Theologie und den natur- und kulturwissenschaftlichen Wirklichkeitsverständnissen ist unvermeidlich.

Selbst wenn man dieser Konsequenz dadurch zu entgehen versucht, dass man die naturhafte Wirklichkeit nicht mehr – wie in der klassischen „Kontinuumsphysik"[7] – als geschlossene Kette der Ursache-Wirkungs-zusammenhänge ansieht, sondern als Feld kontingenter Ereignisse, ist dieses Entweder-Oder nicht zu umgehen. Es kann nur vermieden werden, wenn man die Annahme der Monokausalität durch die der Multikausalität ersetzt, wie es dann beim Modell der Zweitursächlichkeit (2.4.) geschieht.

(b) Inwieweit ist das Modell des menschlichen Handelns mit seinen Implikationen auf Gott anwendbar? Es gibt Bedeutungsmomente im oben beschriebenen Handlungsbegriff, die Gott ganz offensichtlich nicht zugeschrieben werden können und die vor die Frage stellen, ob dieser Begriff auch ohne die an Endlichkeit gebundenen Bedeutungsmomente gebraucht werden kann.

Das betrifft zum einen die Körperlichkeit, die schon im Begriff „Handeln" selbst durch die etymologische Verwandtschaft mit „Hand" angelegt ist. Eine Handlung braucht ein Organ, mit der sie ausgeführt wird. In der biblischen Überlieferungen ist von der „Hand", den „Augen, dem „Mund", dem „Gesicht" Gottes die Rede. Nach der älteren (jahwistischen) Schöpfungserzählung in Gen 2,4b-24 machte Gott den Menschen aus Erde und blies ihm Lebensodem ein. Die Erschaffung des Menschen ist hier nach dem Vorbild des physischen Handelns vorgestellt (vgl. Jes 29,16; 64,7; Röm 9,21). In dieser Erzählung wie auch in anderen biblischen Überlieferungen wird dieses Handeln jedoch nicht in seinem genauen Vollzugsmodus, sondern eher gleichnishaft beschrieben. Hier wie auch an den einzelnen Stellen, an denen von einer Körperlichkeit Gottes andeutungsweise die Rede ist (wie in Gen 3,8), sind die anthropomorphen Redeweisen in der Regel doch in einem deutlich übertragenen Sinn zu verstehen. Gott hat keinen Körper.

Die Deutung des Handelns Gottes im Sinne von nicht-körperlichen, sondern verbalen Handlungen scheint sich als Alternative nahezulegen. So

---

7 EBERHARD WÖLFEL, Art. "Naturwissenschaft I". In: TRE 24 (1994), 189-213, hier: 201.

schuf Gott nach der jüngeren (priesterschriftlichen) Schöpfungserzählung (Gen 1,1 – 2,4a) durch das Wort, mit dem er das zu Schaffende ins Sein rief. In der Erfahrungswirklichkeit des Menschen braucht es zur Äußerung eines Wortes jedoch auch körperliche (Kommunikations-) Organe: Sprechwerkzeuge und Gehirn. Die Bindung des Handelns an Körperlichkeit ist also auch hier nicht aufgehoben.

(c) Wie lässt sich die Zeitlichkeit des Handelns mit der Ewigkeit Gottes vereinbaren? Handeln vollzieht sich immer in der Zeit. Mehr noch: indem es eine zeitliche Differenz zwischen Zwecksetzung (Intention) und Zweckverwirklichung impliziert, ist es selbst zeitlich verfasst. Gibt es aber Zeit in Gott? Gibt es innere Veränderungen in Gott, also Akte der Willensbildung und Entscheidung, der Planung und Ausführung? Wie verhält sich diese Vorstellung zum Postulat der Unveränderlichkeit Gottes? Ewigkeit Gottes muss nicht im Gegensatz zur Zeit gedacht werden, wie es bei Augustin der Fall ist. Sie kann auch als „gleichzeitige und vollkommene Gegenwart unbegrenzten Lebens“ aufgefasst werden, wie bei Boethius[8]. Dann ist Gott allen geschöpflichen Zeiten gleich gegenwärtig. Aber das bedeutet noch nicht, dass er in sich selbst zeitlich verfasst ist, wie es zu unterstellen wäre, wenn man von intentionalen Vollzügen in Gott ausgeht.

Eine Alternative besteht darin, die Willensbildung in Gott als eine von Ewigkeit her vollzogene zu denken, die dann lediglich appliziert wird. Damit verschiebt sich das Problem allerdings nur auf die Frage, wie diese situationsbezogene Applikation zu verstehen ist. Wenn davon ausgegangen wird, dass Gott auf Situationsumstände reagiert, dass er sich – durch Gebete etwa – beeinflussen lässt (Mt 7,7f; Lk 18,7 u.a.), dass ihn seine früheren Entschlüsse „gereuen“ können (Jona 3,10), dann ist damit eine Berührbarkeit Gottes unterstellt, auch wenn eine Unveränderbarkeit der grundlegenden Willensbestimmung angenommen wird. In diesem Sinne lässt sich Jak 1,17 deuten, wo davon die Rede ist, dass es bei Gott „keine Veränderung und keine Verfinsterung gibt“. Zwischen der grundlegenden Willensbestimmung, der konkreten Willensbildung und dem Willensvollzug im Handeln wäre dann zu unterscheiden. Zumindest die beiden letztgenannten Aspekte sind nicht ohne Zeitlichkeit in Gott zu denken.

(d) Wie ist die Einbindung des Handelns in die Polarität von Freiheit und Notwendigkeit in Bezug auf Gott zu denken? Es stellt sich hier die Frage nach Gottes (All-) Macht. Jeder menschliche Handlungsvollzug ist in vorgegebene Rahmenbedingungen eingebunden. Gilt das auch für Gott? Wenn unterstellt wird, dass Gott die Vergangenheit nicht ändern kann, gibt es dann auch für *sein* Handeln vorgegebenen Ausgangsbedingungen – so, wie sie in der Vergangenheit entstanden ist. Selbst wenn man davon ausgeht, dass Gott diese vorgegebenen Anfangs- und Randbedingungen dann durch sein Handeln ändern kann, so sind sie doch zunächst einmal vorgegeben und bestimmen die

---

8 BOETHIUS, De consolatione philosophiae, dt: Der Trost der Philosophie, V.6,4.

Handlungssituation. Das Welthandeln Gottes vollzieht sich also nicht *ex nihilo*.

(e) Handelt Gott sporadisch? Wenn das Handeln Gottes als Vollzug einzelner, in Handlungssequenzen eingebundener Akte verstanden wird, stellt sich die Frage, ob es dazwischen Phasen des Nichtwirkens, also der Passivität gibt (vgl. die Polemik Elias in 1 Kön 18,27).

(f) *Unde malum*? Eine der gewichtigsten Anfragen an das Interventionsmodell – wie überhaupt an alle Modelle des Handelns Gottes – liegt in der Theodizeefrage: Wenn Gott mit einer letztlich heilshaften Absicht durch außergewöhnliche Machttaten in den Weltlauf eingreifen kann, warum tut er es nicht oder zumindest nicht öfters und wirksamer, um all das Unheil zu verhindern, das durch das Naturgeschehen und durch menschliches Handeln in der Geschichte hervorgebracht wurde und wird? Selbst wenn man diese leiderzeugenden Übel der Eigendynamik des geschöpflichen Wirkens zuschreibt und sie damit gewissermaßen in die o.g. Phasen des Nichtwirkens einschiebt, so bleibt doch die Frage, warum ihnen Gott nicht entgegenwirkt. Die Antworten, die in der Theologiegeschichte auf diese Frage gegeben wurden – vor allem der Gedanke der *permissio* (Zulassung) – entlasten Gott nicht von der Verantwortung für das Üble/Böse.

Zusammenfassend lässt sich sagen, dass das anthropomorphe Interventionsmodell mit schweren Problemen behaftet ist, die zu großen Teilen an der Vorstellung hängen, dass Gott als personales oder personanaloges Subjekt einzelne Akte hervorbringt. Als Alternative dazu bietet sich das Modell der Allwirksamkeit Gottes an.

b) Das Modell der Allwirksamkeit

Im Unterschied zum Interventionsmodell, demzufolge Gott *einzelne* Ereignisse aktual hervorbringt, geht das Modell der Allwirksamkeit davon aus, dass Gott *alles* Geschehen bewirkt. Kein Sperling fällt vom Himmel „ohne euren Vater“ (Mt 10,29). Es scheint dies eine Konsequenz des Allmachtspostulats zu sein. Doch muss *All*wirksamkeit nicht *Allein*wirksamkeit bedeuten, wie es in Jes 45,6f vorausgesetzt zu sein scheint, wo es heißt: „Ich bin der Herr, und sonst keiner mehr, der ich das Licht mache und schaffe die Finsternis, der ich Frieden gebe und schaffe Unheil. Ich bin der Herr, der dies alles tut.“ Allwirksamkeit kann auch verstanden sein im Sinn von: Gott wirkt *über* allem und *in* allem – im Zusammenwirken (*concursus*) mit den geschöpflichen Ursachen. Dieses Verständnis wird dann im Modell der doppelten Ursächlichkeit entfaltet.

Zu fragen ist hier, wie dann auch dort, ob bei diesem Modell noch von einem „Handeln“ die Rede sein kann oder ob eher von einem „Wirken“ zu sprechen wäre. Wenn der Handlungsbegriff durch das Moment der Singularität willentlich vollzogener Akte gekennzeichnet ist, wäre Gottes Aktivität hier eher vom Leitbegriff der Kausalität her zu denken. Das muss durchaus nicht im Sinne einer nicht mehr intentionalen, sondern technomorphen Hervorbringung gemeint sein. Es lässt sich auch als Universalisierung des Handlungsverständnisses verstehen, bei dem es dann keine Phasen der Nichtaktivität mehr gibt. Damit ist der Bezugsrahmen des anthropomorphen Handelns allerdings verlassen.

Das Modell der All- im Sinne der Alleinwirksamkeit liegt in der Kausalitätslehre al-Ġazālī ausgearbeitet vor und wurde dann in der philosophischen Theologie der (Früh-) Neuzeit im sog. Occasionalismus zur Deutung des Leib-Seele-Zusammenhangs (vor allem von Nicolas Malbranche, 1638-1715) herangezogen. Nach al-Ġazālī gibt es keine eigene geschöpfliche Ursächlichkeit. Nicht eine bestimmte naturhafte Ursache, sondern Gott bringt die jeweilige Wirkung hervor. Die Wärme ist nicht die Wirkung des Feuers, sondern eine eigene Handlung Gottes. Jedes Phänomen wird von Gott jeweils neu erschaffen. Weil Gott diese Schöpfungsakte aber nicht willkürlich, sondern nach einer festen Gewohnheit vollzieht, also dem Feuer *immer* die Wärme ‚zuschafft', deuten die Menschen das Feuer als Ursache der Wärme. Malebranche bezieht diesen Ansatz auf die Frage der Interaktion des Psychischen mit dem Physischen. Es ist nicht die körperliche Verletzung, die das Schmerzempfinden hervorbringt, sondern Gott. Die Interaktion wird also durch „übernatürliche Beihilfe" (*assistentia supernaturalis*) bewirkt.

In Schleiermachers Schöpfungstheologie ist ebenfalls die Allkausalität Gottes betont, die sich aber im Naturgeschehen vollzieht. „Der Naturzusammenhang wird als das Werk der göttlichen Alleinbestimmung gesetzt" heißt es in einer Anmerkung zum Leitsatz von § 46 seiner Glaubenslehre.[9] Keine Dimension der Wirklichkeit, „kein Raumpunkt und kein Zeitpunkt" ist von der „Allherrschaft" Gottes ausgenommen.[10] Gott vollzieht die Erhaltung, die mit der Schöpfung zusammenfällt als *einen* Gesamtakt.[11] Ganz ähnlich Pannenberg, der durch die Trinitätslehre das schöpferische, erhaltende, regierende und das heilshafte Handeln aufeinander bezieht: „Damit stellt sich das Handeln Gottes als ein einziger, den ganzen Weltprozess umspannender Akt dar, der doch zugleich eine Vielzahl von Einzelakten und Phasen umfaßt und dadurch auch einer Vielheit von Geschöpfen Raum gibt."[12]

Die Problematik dieses Modells liegt auf der Hand:

Wenn Gottes Handeln mit dem Naturzusammenhang insgesamt zusammenfällt, dann steht die Eigendynamik der Naturprozesse und die Freiheit der Geschöpfe zumindest in Frage. Nach der Deutung dieses Modells im Sinne der Alleinwirksamkeit ist sie ausgeschlossen. Die Annahme der Allkausalität

---

[9] FRIEDRICH SCHLEIERMACHER, Der christliche Glaube (1830), hrsg. von ROLF SCHÄFER, Berlin 2008, 264.

[10] Ebd., § 37,1 (222).

[11] Ebd., § 38,2 (227) u.ö.

[12] WOLFHART PANNENBERG, Systematische Theologie II, Göttingen 1991, 49.

Gottes tendiert zu einem Determinismus, der das Naturgeschehen als von Gott aktuiert auffasst. Drückt sich darin nicht eher die stoische *pronoia* als die Liebe des seinem verlorenen Sohn entgegen gehenden Vaters aus? Nach biblischer Überlieferung geschieht viel in Natur und Geschichte, was dem Willen Gottes nicht entspricht. Dagegen erhebt sich prophetischer Protest. Die personalen Gottesbilder des Hirten, der Mutter, des Ehepartners, der an der Untreue seiner Partnerin leidet, sind nur schwer in Einklang zu bringen mit dem Verständnis Gottes all Allursache, der sich kein Geschehen entziehen kann. Ein solches Verständnis verschärft die Theodizeeproblematik gegenüber dem Interventionsmodell noch einmal. Gott wird zum *auctor mali*.[13]

c) Das deistische Modell

Während das Interventionsmodell davon ausgeht, dass Gott singuläre Akte vollzieht, und das Modell des Allwirksamkeit alles Geschehen auf Gottes Handlungsmacht zurückführt, postuliert das deistische Modell, dass Gott nicht im kosmischen Prozess handelt, jedenfalls nicht durch kontingente Eingriffe. In der Frühneuzeit schien dieses Modell am ehesten vereinbar zu sein mit der aufblühenden Naturwissenschaft. Das naturphilosophische Paradigma der Naturdeutung war der perfekt konstruierte Mechanismus. Interventionen in diesen Mechanismus wären Ausdruck einer Unvollkommenheit, die der Vollkommenheit Gottes widerspräche. Das Wunderbare des Handelns Gottes besteht demnach gerade nicht in der *Durchbrechung* der naturgesetzlichen Regularitäten, sondern in deren *Einrichtung*. Dass die Natur keine Sprünge macht, wie Leibniz, Newton und andere behaupteten, konnte als Indiz der Vollendetheit der Naturordnung und diese als Hinweis auf die Genialität des Schöpfers gedeutet werden.

Auf diese Weise kann am Axiom der Unveränderlichkeit Gottes festgehalten werden, die sich in der durch Naturgesetze geregelten Kontinuität der Naturordnung spiegelt. Würde diese Ordnung nur an einer einzigen Stelle durch einen willentlichen Eingriff Gottes (und damit durch eine innere Veränderung in Gott) aufgesprengt, so wäre sie insgesamt durchbrochen.

Eingriffe in den Weltmechanismus sind nicht möglich, ohne dessen ursprüngliche Vollkommenheit aufzuheben. Eine Handlung stellt immer die Veränderung des Zustandes dar – hin zu mehr oder weniger Vollkommenheit. Wenn Gott handeln würde, wäre entweder der vorherige Zustand nicht vollkommen gewesen oder – wenn er vollkommen war – wäre der bewirkte Zustand nicht mehr vollkommen.

Der Vorzug dieses Modells besteht in seiner Vereinbarkeit mit der naturwissenschaftlich-immanenten Wirklichkeitserklärung und deren naturphilo-

---

13 So bei FRIEDRICH SCHLEIERMACHER, Der christliche Glaube (1830), hrsg. von ROLF SCHÄFER, Berlin 2008, § 79-81.

sophischem Überbau, also einem Naturverständnis im Sinne der klassischen „Kontinuumsphysik“, die den Grundsatz „*natura non facit saltus*“ mit einem methodischen A-Theismus verbindet. Für ein Welthandeln Gottes in der Natur ist dann kein Raum mehr.

Die Problematik dieses Modells besteht zum einen in seiner Spannung zu weiten Teilen der biblischen Überlieferung. Darin ist von Gott die Rede, der in der Welt wirkt, wenn auch nicht immer unmittelbar und eindeutig erkennbar. Auch in der Geschichte der christlichen Theologie war die Überzeugung von einem Welthandeln Gottes fester Bestandteil des Gottesglaubens. Nach Luther hat Gott das Schiff des Kosmos nicht gebaut, um es dann seinem eigenen Lauf oder einem (geschöpflichen) Steuermann zu überlassen, wie es Erasmus behauptet hatte. Er steuert es vielmehr seinem Ziel entgegen. Luther machte geltend, dass Gott „alles, was er allein geschaffen hat, auch allein bewegt, treibt und mitreißt durch die Bewegung seiner Allmacht ...“[14].

Zum anderen besteht die Problematik dieses Modells in der Spannung zur Erfahrung der Unvollkommenheit der Welt. Wenn Leibniz mit seiner Rede von der besten aller möglichen Welten auch nicht die absolut, sondern die relativ beste Welt meinte, in der es durchaus leiderzeugende Übel geben kann, so fragt es sich doch, ob diese Sicht angesichts der monströsen Katastrophen in Natur- und Geschichte aufrecht erhalten werden kann. Gottfried Benn bezeichnete 1951 die Welt im diametralen Gegensatz zu Leibniz als „prästabilierte Disharmonie“[15] und als die „qualerfüllteste aller denkbaren Welten“[16].

Schon Voltaire hatte diesen Ton angeschlagen und dabei seinerseits auf eine ‚deistische‘ Denkfigur rekurriert: Gott habe sich vom Weltregiment zurückgezogen, die Geschichte entbehre jeglicher göttlichen Lenkung Gottes und stelle sich als Folge chaotischer Zufälle und eines blinden, grausamen Schicksals dar. Als passive Figuren seien die Menschen diesem Spiel wie Spielbälle ausgeliefert. Wenn es einen Sinn der Geschichte geben solle, dann müsse er von den Menschen dem Fatum abgetrotzt werden. Über dem Abgrund der Sinnlosigkeit hätten sie an einer stetigen Verbesserung der menschlichen Verhältnisse zu arbeiten. Diese Position weist zurück auf Epikurs Tychismus und nach vorn in die existentialistische Philosophie des 20. Jahrhunderts.

Diese Sichtweise zeigt, dass das ‚deistische‘ Modell des Handelns – oder eben: Nicht-Handelns Gottes mit einer optimistischen wie mit einer pessimistischen Weltsicht verbunden werden kann. Die Erfahrung, dass die Welt nicht so perfekt ist, wie sie sein müsste, wenn sie von einem perfekten Superhirn perfekt programmiert worden wäre, führt hier dazu, das Weltgeschehen

---

14 MARTIN LUTHER, Dass der freie Wille nichts sei (1525), München 1983, 199.

15 In einem Brief an E. WASMUTH vom 27.3.51. In: G. BENN, Ausgewählte Briefe, Wiesbaden 1957, 208.

16 GOTTFRIED BENN, Prosa und Szenen. Ges. Werke 2, hrsg. von DIETER WELLERSHOFF, Wiesbaden 1958, 282.

als Resultat des blinden Zufalls zu deuten und damit seine Sinnhaftigkeit zu bestreiten.

Theologische Weltsichten, die von einer deistisch verstandenen Anfangsperfektion oder von einer theistisch verstandenen aktualen Herrschaft Gottes über das Weltgeschehen ausgehen, stehen unausweichlich vor der Aufgabe, die Differenz zwischen dem angenommenen oder erhofften Vollkommenheitszustand und dem realen Weltzustand zu deuten. Das deistische Modell tut sich schwerer damit, weil hier der Vollkommenheitszustand der Welt nicht nur am Anfang (*proton*) und am Ende (*eschaton*) einer heilsgeschichtlichen Deutung des kosmischen Prozesses angesetzt wird, sondern auch dessen Verlauf teleologisch bestimmt.

Das deistische Modell kann aber auch ‚weltlos' gedacht werden. Dann jedenfalls, wenn man den Grundgedanken dieses Modells von der historischen Entstehungs- und Blütezeit des Deismus in der zweiten Hälfte des 17. Jahrhunderts ablöst und auch Ansätze späterer Epochen der Theologiegeschichte damit charakterisiert. So ging etwa Rudolf Bultmann im 20. Jahrhundert davon aus, dass Gott nicht in der gegenständlichen Welt, sondern in der existentiellen Verfassung des Menschen wirkt. Gott führt keine äußeren Veränderungen herbei, sondern schafft ein anderes Existenzverständnis, das durch Glaube, Liebe und Hoffnung gekennzeichnet ist. Er wirkt personal – im Medium des Wortes – bezogen auf den „Hörer des Wortes". Wenn Bultmann in seiner 1958 in den USA gehaltenen Vortragsreihe „Jesus Christ and Mythology" behauptet, Gott handele nicht *zwischen* den Ereignissen der Welt, sondern *in* ihnen, ohne ihre Eigendynamik zu unterbrechen[17], dann ist damit eine interventionistische Vorstellung vom Handeln Gottes abgelehnt. Gott handelt soteriologisch und verändert damit die Beziehung des Menschen zur Wirklichkeit. Diese erschließt sich in der Sicht des Glaubens als Schöpfung, das heißt: als Raum der Gegenwart Gottes, ohne dass damit unterstellt wäre, Gott würde raumzeitliche Zustandsveränderungen in unmittelbaren Akten hervorbringen. Im Licht des Glaubens wird ein Geschehen, „das völlig verstehbar ist in dem natürlichen oder geschichtlichen Ablauf der Dinge" *als* Handlung Gottes verstehbar. Bultmann spricht hier vom „Paradox des Glaubens".[18] Die Frage nach der Verursachung der Gott zugeschriebenen Akte ist damit für unzulässig erklärt, die Zuschreibung selbst aber für zulässig. Jegliche Objektivierung des Handelns Gottes soll auf diese Weise vermieden werden. Sie würde für Bultmann zu einer Mythologisierung führen.

---

[17] RUDOLF BULTMANN, Jesus Christ and Mythology, New York 1958; dt: Jesus Christus und die Mythologie. Das Neue Testament im Licht der Bibelkritik, Hamburg 1964, bes. 69-101.

[18] Ebd., 76.

d) Das Modell der metaphysischen Erstursache, die durch physische Zweitursachen wirkt

Diesem Ansatz zufolge wirkt Gott nicht als Ursache unter Ursachen und nicht unter Ausschaltung der geschöpflichen Ursachen, sondern *durch* diese, das heißt: durch menschliches Handeln und durch die Selbstorganisationsprozesse der Natur. Gottes Wirksamkeit vollzieht sich nicht *gegen* die Eigendynamik der kosmischen Prozesse und Handlungsinstanzen, sondern durch deren Inanspruchnahme. Das Handeln des Schöpfers ist auf einer anderen Ebene angesiedelt als das Handeln der Geschöpfe, sodass es wohl zu einem *concursus*, nicht aber zu einer Konkurrenz kommen kann. Als primäre Ursache (bzw. Transzendentalursache) wirkt Gott nicht unmittelbar, sondern vermittelt, mittelbar, also indirekt, durch die sekundären Ursachen (bzw. Kategorialursachen). Zwischen beiden Ebenen der Ursächlichkeit lässt sich kein kausales Bindeglied angeben – ebenso wenig wie zwischen Psychischem und Physischem beim Menschen, etwa zwischen einem Willensentschluss und einer Handbewegung.

Bei dem schon genannten Beispiel für mediates Handeln – dem Tempelbau Salomos – wirkt das 'Supersubjekt' der Handlung (Salomo) mit den 'Subsubjekten' (den Ingenieuren und Bauarbeitern) zusammen, aber so, dass beide Handlungsebenen klar unterschieden bleiben. Das primäre Handlungssubjekt setzt den Gesamtzweck und beauftragt die untergeordneten Wirkinstanzen mit der Verwirklichung; diese zerlegen den Gesamtzweck in immer operationalere Teilzwecke und führen die zu deren Realisierung erforderlichen Arbeiten aus. Dem ‚Supersubjekt' kann dann die Gesamthandlung zugeschrieben werden, obwohl es an den Einzelhandlungen nur insofern beteiligt war, als es den Auftrag zur Gesamthandlung gegeben hat, von dem diese abgeleitet sind.

Dieser Ansatz ist in der Scholastik bei Thomas von Aquin u.a. ausgearbeitet worden und wurde in der Theologie des 20. Jahrhunderts vor allem von Karl Rahner vertreten. Rahner zufolge ist Gott „der transzendente, tragende Grund allen Tuns von allem, nicht aber ein Demiurg, dessen Tun innerhalb der Welt geschieht. Er ist Grund der Welt, nicht Ursache *neben* anderen Ursachen *in* der Welt".[19] Und in seinem „Grundkurs des Glaubens" konstatiert er, „daß Gott *die* Welt wirkt und nicht eigentlich *in der* Welt wirkt. Daß er die Kette der Ursächlichkeiten trägt, nicht aber sich als ein Glied durch sein Handeln in dieser Kette der Ursachen als eine unter ihnen hineinschiebt".[20] Jede Kategorialisierung des Wirkens Gottes, d.h. jede Verzeitlichung, Verräumlichung und Vergegenständlichung ist damit abgewiesen.

---

[19] KARL RAHNER, Die Hominisation als theologische Frage. In: DERS./ P. OVERHAGE (Hg.), Das Problem der Hominisation. Über den biologischen Ursprung des Menschen, Freiburg i.Br. 1961 (QD 12/13), 80.

[20] KARL RAHNER, Grundkurs des Glaubens. Einführung in den Begriff des Christentums, Freiburg i.Br. 1976, ND 2008, 93f.

Der Zwei-Ursachen-Theorie zufolge ist Gott also nicht eine Ursache *in* der Welt, sondern die Ursache *der* Welt. „Ursache" meint dabei nicht *causa efficiens*. Als *meta*physische Transzendentalursache ist Gott vielmehr der tragende Grund der Welt und aller Geschehnisse in ihr, ohne diese direkt und unmittelbar zu wirken. Dieses Modell stellt nicht vor die Alternative: Schöpfung *oder* Urknall bzw. Evolution, sondern ermöglicht, Schöpfung *durch* Urknall bzw. Evolution zu denken. In der priesterschriftlichen Schöpfungserzählung ist es anschlussfähig an Gen 1,11.24, wo davon die Rede ist, dass Gott *der Erde* gebietet, lebende Wesen hervorzubringen. In ähnlicher Weise lässt sich diese Denkfigur auch auf andere Bereiche der naturhaften und humanen Wirklichkeit anwenden, wodurch aus dem Entweder-Oder-Schema ein Modell der Komplementarität auf unterschiedlichen Ebenen wird: Heilung nicht durch Gottes Kraft *oder* durch medizinische Behandlung, sondern Heilung durch Gottes Kraft unter *Inanspruchnahme* der ärztlichen Kunst. Fruchtbarkeitsspendender Regen nicht durch einen Willensakt Gottes *oder* durch den Westwind, sondern durch Gottes *creatio continua* mittels des Westwindes.

Dabei kann die Handlungsintention Gottes in der Hierarchie der Handlungen ‚oben' angesetzt werden: Wie Salomo den Gesamtakt anordnet, so bringt Gott nicht den einzelnen Regenguss hervor, sondern gebietet: „Solange die Erde steht, soll nicht aufhören Saat und Ernte, Frost und Hitze, Sommer und Winter, Tag und Nacht" (Gen 8,22). Die Handlungsintention Gottes kann aber auch im Sinne der „special divine action" auf den unteren Ebenen der Handlungshierarchie als Hervorbringen einzelner Ereignisse durch ein schöpferisches „Wort" Gottes gedacht werden. In beiden Fällen kann das Schema des mediaten Handelns zur Anwendung kommen.

Die Theorie der Zwei-Ursachen kann demnach sowohl mit dem ersten wie mit dem zweiten der beiden hier aufgeführten Modelle verbunden werden. Mit ihrer Leitdifferenz von mediatem versus immediatem Handeln liegt sie nicht auf der gleichen Ebene wie diese Ansätze, die die beiden Pole der Leitdifferenz von speziellem versus allgemeinem Handeln bilden. Aus der Kombination beider ‚Achsen' ergeben sich folgende vier Vorstellungsformen des Handelns Gottes: allgemeines-mediates Handeln (wie bei Salomo), spezielles-mediates Handeln (Gott bringe einzelnes Geschehen durch geschöpfliche Handlungs- bzw. Wirkinstanzen hervor), allgemeines-immediates Handeln (Gott realisiert seine Schöpfungsabsicht unmittelbar durch seinen Geist) und spezielles-immediates Handeln (nach dem Interventionsmodell – durch direkte Eingriffe in das kosmische Geschehen).

Ob die Theorie der Zwei-Ursachen mit der Vorstellung eines individuellen bzw. speziellen Handelns oder mit dem Konzept der Allwirksamkeit verbunden wird – in jedem Fall kommt es dabei nicht zum Konflikt mit der Freiheit der Geschöpfe und mit der Eigendynamik des Natürlichen. Im Gegenteil: Gottes Wirksamkeit ist – wie im Falle Salomos – gerade als *Ermöglichung* und *Veranlassung* relativ freier Handlungen der Geschöpfe vorzustellen. Denn es handelt sich dabei nicht um Kausal-, sondern um Finalursächlichkeit. Gott handelt als Zielursache, auch wo es um schöpferisches Hervorbringen geht. Gottes Handeln wird dabei als das kosmische Geschehen grundlegende (konstitutive), es umfassende und auf ein Schöpfungsziel ausrichtende Kreativität verstanden, die geschöpfliches Eigenwirken ermöglicht und sogar anstrebt. Auf diese Weise lässt sich die Zwei-Ursachen-Theorie gut mit dem Gedanken der „Allwirksamkeit" Gottes verbinden, ohne dass diese Verbindung zu einem theologischen Determinismus führen müsste.

Als Einwand gegen dieses Modell kann man anführen, dass es die biblischen Überlieferungen, die von unmittelbar gewirkten Machttaten Gottes sprechen, nicht in sich aufnehmen kann. Daher hat man von der Scholastik bis zur Protestantischen Orthodoxie immer wieder unterschieden zwischen *providentia ordinaria*, die sich kontinuierlich und im Einklang mit den regelhaften Abläufen von Natur und Geschichte vollzieht (*iuxta naturae legem*), und *providentia extraordinaria* oder *miraculosa*, die solche Regelmäßigkeiten unterbricht (*supra et contra ordinem*). Seit sich in der Frühneuzeit und dann in der Aufklärung die Vorstellung vom in sich geschlossenen, durchgehend naturgesetzlich geregelten Naturzusammenhang durchgesetzt hat, ist die Lehre von der *providentia extraordinaria* zurückgetreten.

Das größere Problem der Zwei-Ursachen-Theorie besteht in der Schwierigkeit, die Vermittlung zwischen Supersubjekt und Subsubjekten zu denken. Für menschliches Handeln lässt sich das Bewusstsein des Menschen als Vermittlungsinstanz angeben. Gott ‚ruft' den Menschen in seinen Dienst. Auf diese Weise wird der Mensch zum Organ des Handelns Gottes bzw. Christi. So kommt es in dem bekannten Text zum Ausdruck, der Teresa von Avila zugeschrieben wird: „Christus hat jetzt auf Erden nur Deinen Leib, nur Deine Hände, nur Deine Füße, nur durch Deine Augen kann er mitleidsvoll auf die Welt blicken, auf deinen Füßen wandelt er, um Gutes zu tun, und deine Hände sind es, mit denen er uns jetzt segnet."[21]

Für Gottes Handeln in der Natur kann demgegenüber bestenfalls eine seinshafte Perzeptivität der Naturdinge unterstellt werden, so dass hier von einer Verfügung Gottes und von einem Gehorsam der natürlichen Instanzen nur in einem analogen und nur schwer zu substantiierenden Sinn gesprochen werden kann. Biblische Erzählungen sprechen unbefangen davon, dass Gott „einen großen Wind aufs Meer kommen" ließ und „sich ein großes Ungewitter (erhob)" (Jona 1,4) oder dass Jesus in der Vollmacht Gottes den Sturm auf dem See Genezareth zu stillen vermochte. Diese Erzählungen bleiben aber ganz beim doxologischen „Dass" und sprechen nicht über das theoretische „Wie" dieses Zusammenspiels von göttlicher Macht und den Naturgewalten.

Ein weiteres Problem kann darin gesehen werden, dass Gottes Handeln als ‚instrumentelle' Inanspruchnahme der Geschöpfe erscheint. Einzelne Über-

[21] Zitiert nach PETER VARDY, Das Gottesrätsel. Antwort auf die Frage nach Gott, München 1997, 120.

lieferungen in den biblischen Schriften gehen davon aus, dass Gott ‚zweckrational' handelt, dass er also Mittel für die Erreichung von Zwecken einsetzt – auch Menschen. So wird der Perserkönig Kyros zum ‚Werkzeug' des Handelns Gottes (Jes 44,28; 45,1) und Judas zur Mittelursache der Erlösung. Hier stellt sich die Frage nach der ‚Moralität' des Handelns Gottes. Bleibt die dabei unterstellte Unterscheidung von Zwecken und Menschen als Mitteln hinter Kants kategorischem Imperativ[22] zurück? Die sich hier in besonderer Weise stellende Frage betrifft die Zwei-Ursachen-Theorie im Ganzen. Sie führt vor die Frage, ob und wie Gott ein *instrumentelles* Handeln zugeschrieben werden kann.

3. Zwischenbilanz: Gott und das Wetter

Ich fasse die Gegenüberstellung der vier Modelle zusammen und nehme dabei Bezug auf die eingangs aufgeworfene Frage nach der Beziehung zwischen dem Handeln Gottes und dem Wettergeschehen.

Nach dem Interventionsmodell greift Gott willentlich-sporadisch in das Wettergeschehen ein. Er steht in Interaktion mit der Menschheit, mit seinem Volk und/oder einzelnen Menschen, erweist seine Macht in der Verordnung von Wetterphänomenen und gibt dadurch seinen Willen kund. In religionspsychologischer Perspektive lässt sich die Vorstellung von der Intervention Gottes als Sinn-Deutung der Kontingenz des Wettergeschehens verstehen. Das scheinbar Zufällige bekommt einen Sinn. Wenn Gott allerdings nur *einzelne* und nicht *alle* Wetterphänomene hervorruft, bleibt die Frage offen, *welche* dieser Phänomene Gott zuzuschreiben sind. In der Regel sind es die außergewöhnlichen Vorkommnisse.

Nach dem Modell der Allwirksamkeit ruft Gott nicht einzelne, sondern alle Wettererscheinungen hervor, sei es direkt und unmittelbar oder indirekt und mediat, indem er durch die meteorologischen Kräfte wirkt. Im zweiten Fall überschneidet sich dieses Modell mit der Theorie der Zwei-Ursachen. Die relative Regelmäßigkeit der Jahreszeiten, des Klimas und der Witterung kann im Rahmen der Lehre von der Erhaltung der Schöpfung als Ausdruck der Schöpfungstreue Gottes gedeutet werden. Gott wirkt im Sinne einer permanenten und kontinuierlichen Aktivität.

Das deistische Modell geht davon aus, dass Gott die naturgesetzlichen Rahmenbedingungen für das Wettergeschehen eingerichtet hat, aber weder voluntativ spontan in diesen Prozess eingreift noch ihn durch eine permanente

[22] „Denn vernünftige Wesen stehen alle unter dem Gesetz, dass jedes derselben sich selbst und alle andere niemals bloß als Mittel, sondern jederzeit zugleich als Zweck an sich selbst behandeln solle" (IMMANUEL KANT, Grundlegung zur Metaphysik der Sitten. In: DERS., Gesammelte Werke in der Akademie-Ausgabe, Bd. 4, Frankfurt am Main 1977, 433, Zeilen 26–28 = BA 74f.).

Aktuosität in Gang hält. Das Zusammenspiel der meteorologischen Kräfte ist so perfekt eingestellt, dass es eines solchen Wirkens nicht bedarf. Es folgt seiner Eigendynamik und bedarf daher keiner transzendenten *dynamis*.

Dem Modell der doppelten Ursächlichkeit zufolge wirkt Gott als Erstursache zusammen mit den meteorologischen Kräften als Zweitursache – allerdings in kategorialer Unterschiedenheit von ihnen. Er wirkt nicht physisch, sondern durch seinen Willen, sein Wort und seine Anordnung. Die Elemente der Natur gehorchen ihm und vollziehen diese Verfügung in relativer Eigenständigkeit.

Die Modelle 2-4 lassen sich als Versuche verstehen, die Schwierigkeiten zu vermeiden, die mit der Vorstellung vom Handeln im Sinne einer Intervention in Geschehenszusammenhänge verbunden sind. Modell 3 gibt die Vorstellung von einem speziellen Welthandeln Gottes preis. Die Modelle 2 und 4 unterziehen den Begriff „Handeln" einer dreifachen Bedeutungserweiterung: (a) Gott wirkt nicht nur einzelnes, sondern alles, bzw. das Ganze; (b) Gott wirkt nicht nur direkt, sondern primär indirekt, indem er Geschöpfe als Mittelinstanzen in Anspruch nimmt; (c) Gott wirkt nicht nur ‚tätig', sondern kommunikativ, indem er durch sein „Wort" Dinge und Zustände ins Sein ruft.

Hier stellt sich die Frage, wie weit der Begriff des Handelns ausgeweitet werden kann, ohne seine Bedeutungskonturen zu verlieren. Wo endet der sinnvolle Gebrauch dieses Begriffs und wo beginnt die Notwendigkeit, ihn zu ersetzen? Sollte man nach einer Alternative suchen, statt Operationen an seiner Bedeutung vorzunehmen? Neben dem Begriff des Handelns bietet sich das Konzept der Kausalität an, das dann eher mit dem Begriff „Wirken" zum Ausdruck zu bringen wäre. Dieser Begriff macht aber ebenso wie der des Handelns eine Klärung des Zusammenwirkens mit geschöpflichen Ursachen notwendig. Und er scheint schwerer mit dem Gedanken an eine personale Aktinstanz vereinbar zu sein.

Damit stellt sich die Frage nach dem Gottesverständnis. Inwiefern ist Gott als ‚Person' zu denken. Zur Debatte steht bei all diesen Überlegungen also immer auch der Anthropomorphismus der Gottesvorstellung. Besonders das Interventionsmodell ist unlöslich gebunden an die Vorstellung der Personalität Gottes als eines willentlich handelnden Gottes.

In hermeneutischer Hinsicht stellt sich bei der Erwägung all dieser Vorstellungen und Begriffe die Frage, inwiefern die menschliche Erfahrungswirklichkeit die Grundlage für das Verstehen der Aktivität Gottes bieten kann. Worin besteht und wo endet das Ähnliche und worin besteht und wo beginnt das Unähnliche an dieser Analogie? Geht man von einer gänzlichen Unähnlichkeit (Äquivozität) aus, verliert die Rede vom Handeln bzw. vom Wirken Gottes jeden angebbaren Sinn. Das Ähnliche am Konzept des *Handelns* wird am ehesten in der Intentionalität, der Aktualität und der durch das Handeln hervorgebrachten spezifischen Zustandsveränderung zu sehen sein. Das Ähnliche am Konzept des *Wirkens* besteht in der Rede von Kraft und der von ihr ausgehenden Wirkung. Im Folgenden werde ich eher dieser

Spur folgen und vom „Wirken“ Gottes in der Kraft seines Geistes sprechen, dabei aber den Gedanken der quasi mechanischen Kausalursächlichkeit vermeiden, sodass diese Verständnis anschlussfähig bleibt an ein personales Gottesverständnis.

4. Gottes Wirken als „ausstrahlende Präsenz“

Bei meinem eigenen Vorschlag gehe ich auch von der menschlichen Erfahrungswelt aus: von der Erfahrung, dass die bloße Präsenz eines Menschen enorme Kraftwirkungen entfalten kann, besonders in Situationen, die gekennzeichnet sind durch Leiden und Trauer oder Freude und Glück. Die reine Gegenwart eines Menschen kann eine Situation verändern, ohne dass dieser Mensch spezifische Handlungen vollzieht. In analoger Weise versuche ich das Wirken Gottes als Ausstrahlung seiner heilshaften Gegenwart zu verstehen – als operative Präsenz (*praesentia operosa*).

Systematisch-theologisch betrachtet kommt damit der Pneumatologie eine zentrale Rolle für das Verständnis der aktiven Weltbeziehung Gottes zu. Gott ist Geist und wirkt im Modus des Geistes, wobei Geist hier nicht bloße Idealität, sondern schöpferische Kraft meint, die Leben, Erkenntnis, Glaube, Verstehen, Gemeinschaft schafft.

Der Geist Gottes wirkt nicht im Sinne einer physischen Einwirkung oder kybernetischen „Steuerung“ von geschichtlichen und naturhaften Prozessen, sondern durch „Aspiration“ und „Inspiration“. Diese ist zunächst auf den Menschen zu beziehen. Durch die Kraft seiner Gegenwart öffnet Gott die Augen für Sinnmuster, bringt die Schöpfungsbestimmung der Kreaturen in Erinnerung, weckt Hoffnung auf deren Verwirklichung, führt damit aus der Verhaftung an das Gegebene und aus Verkrümmungen-in-sich-selbst heraus, spricht von Verfehlungen der Schöpfungsbestimmung frei, macht auf diese Weise neue Lebensanfänge möglich und gibt Kraft zur Beharrlichkeit auf dem oft nicht erkennbaren Weg hin zu diesem Ziel. All diese Beschreibungen sind personal-kommunikativer Art. Sie stellen die Wirksamkeit Gottes als Wortgeschehen dar.

Im Anschluss an die biblische Rede vom Geist Gottes kann man die von ihm ausgehende Inspiration aber auch auf Vorgänge in Natur und Geschichte beziehen. Gottes Wirksamkeit in der Natur ist demnach zu bestimmen als Freisetzung kreativer Energie gegen die Dynamik entropischer Strukturauflösungen (theologisch kann sie „Segen“ genannt werden), als Ausrichtung dieser Energie auf den Auf- und Ausbau von Systemen, die Leben fördern, aber auch als Durchbrechung lebensfeindlicher Systemverfestigungen und -abschließungen. Diese Wirksamkeit kann also nicht einfach mit dem bloßen Aufbau von zunehmend komplexen Strukturen identifiziert werden. Sie hat eine ‚inhaltliche‘ Zielrichtung, die auf die Schaffung, Erhaltung und Erfüllung von Leben zielt. Daher gehört zur ‚konstruktiven‘ Wirksamkeit auch die

,destruktive': die Störung, Aufsprengung und ggf. auch Zerstörung verfestigter, lebenshemmender, unterdrückender, todbringender Strukturbildungen und geschlossener Systeme. Gottes Kraft wirkt in den Eigendynamiken der weltlichen Wirklichkeit – aber auch ihnen entgegen, um sie in Richtung auf das von Gott 'Vorgesehene' zu transformieren.

Dass Gottes Wirksamkeit auch auf den Bereich der Natur zu beziehen ist, kann demnach nicht bedeuten, dass sie mit den dort stattfindenden Selbstorganisationsprozessen bzw. ihrer inneren Steuerung identifiziert werden dürfte, wie es der Ansatz der „theistischen Evolution" tut. Die Kraft seines Geistes bleibt auf einer kategorial davon verschiedenen Ebene angesiedelt. Die Selbstorganisationsprozesse lassen sich im Bezugsrahmen naturwissenschaftlicher Theorien vollständig erklären. Es bedarf in dieser Perspektive nicht der Annahme einer zusätzlichen *meta*physischen Ursächlichkeit. Erst dort, wo diese Prozesse in die Perspektive der Frage nach ihrem Sinngrund und ihrer Zielbestimmung gestellt werden, tritt die Theologie auf den Plan. Von der biblischen Überlieferung, der christlichen Tradition und dem gegenwärtigen Glaubensdenken her weiß sie sich berechtigt und beauftragt, die naturwissenschaftlich erklärte Wirklichkeit mit bekenntnishaften Prädikationen zu versehen, die ihr eine metaempirische Qualität („Schöpfung") zusprechen und in ihr eine Einwirkung der göttlichen Geisteskraft zur Ausrichtung auf die Schöpfungsbestimmung erkennen.

Aber diese Einwirkungen sind nicht objektiv beschreibbar, sondern erschließen sich nur im Interaktionsdreieck von Wirklichkeit, Erfahrung und Gottesbewusstsein. Es handelt sich um eine theologische Wiederbeschreibung der wissenschaftlich erschlossenen Wirklichkeit. Nichts anderes haben auch die Verfasser der priesterschriftlichen Schöpfungserzählung getan, als sie das naturkundliche Wissen Babylons in den theologischen Deuterahmen des Jahwe-Glaubens gestellt haben.

Wie kann man sich das Wirken des Gottgeistes vorstellen, wenn die Analogie des menschlichen Handelns ebenso problematisch ist wie die der Kausalität? Es gibt andere (in meinen Augen weniger problematische) Analogiebildungen: In Anlehnung an Wolfhart Pannenberg, Jürgen Moltmann, Dietrich Ritschl u.a. bevorzuge ich das Modell des effektiven Kraftfeldes, wobei allerdings weniger an mechanische Felder wie das Magnetfeld und mehr an soziale Felder zu denken ist: an Atmosphären (wenn etwa vom "Klima der Versöhnung" die Rede ist) oder soziale Milieus, in denen sich die Persönlichkeit eines Kindes in Sozialisationsprozessen ausbildet. Im Lichte dieser Analogien lässt sich der Geist Gottes verstehen als ein morphogenetisches Kraftfeld, das über die gesamte Wirklichkeit ausgespannt ist, sie durchdringt, seinen Einfluss auf alles Geschehen darin ausübt und Veränderungen darin ‚induziert'.

Gottes Wirken vollzieht sich demnach weniger im Modus der Verursachung und mehr in der Art einer Formung, einer Einflussnahme auf Gestaltungsprozesse, also nicht im Sinne der aristotelischen Wirkursächlichkeit (*causa efficiens*) und mehr im Sinne einer metaphysischen Formursache (*causa formalis*), die Figurationen hervorbringt.

Dass die Analogie des Kraftfeldes Anhalt an der biblischen Überlieferung hat, arbeitete u.a. Klaus Koch für das Alte Testament heraus: „Wird auf Jahwä verwiesen, dann nicht auf eine scharf umrissene theistische Persönlichkeit, sondern auf ein Kraftfeld, das seine vielfältigen Erstreckungen in Erscheinungsformen, Boten, Älohim um sich hat, in denen dieser Jahwä sich je mit einem Wesensteil verkörpert und von denen er sich doch als Götterkönig oder Allherr abhebt“.[23]

In ähnlicher Weise kann das pneumatische Kraftfeld als sich über die Schöpfung erstreckend und in ihr sich in Gestaltbildungen repräsentierend gedacht werden. Diese „lebt und webt“ (in Anlehnung an Apg 17,28) im Feld der Strahlkraft des Geistes Gottes. Ihre Existenz ist zunächst ‚Insistenz‘.

Das heißt nicht, dass sich die Geschöpfe immer in Konformität mit der Ausrichtung des göttlichen Geistes – oder um im Bild zu bleiben: mit den Kraftlinien des pneumatischen Kraftfeldes – befinden. Sie leben in einer Vielzahl von Einflussfeldern, in denen sich unterschiedlich ausgerichtete Einwirkungen überlagern. Im Überschneidungsbereich dieser Einflussfaktoren bilden sich Geisteshaltungen, Willensrichtungen und Existenzorientierungen, aber auch naturhafte Strukturen und Entwicklungslinien in relativer Freiheit.

Verfehlungen der Schöpfungsbestimmung und Verstöße gegen sie können und müssen demnach nicht Gott angelastet werden. Sie gehen aus der sich u.U. vom Schöpfer abwendenden oder sich sogar gegen ihn wendenden Einflusssphären hervor. Das Konzept von Gottes ausstrahlender Präsenz erlaubt es, in solchen Fällen jedoch an der Zuversicht festzuhalten, dass auch der Mensch, der in seiner Geisteshaltung und in seiner Existenzgestaltung die Sinnrichtung der Wirksamkeit des Gottgeistes verfehlt, von dessen wirksamer Präsenz umfangen bleibt. Das gilt auch und gerade in Situationen, in denen Leben misslingt und seinen Sinn einzubüßen scheint, in denen sich geschichtliche Entwicklungen in nicht mehr aufzuhaltende Zerstörungsdynamiken verstricken, in denen Naturkatastrophen sinnlos Leben vernichten. Es sind dies Ereignisse, die von den Eigendynamiken des Natur- und Geschichtsgeschehens verursacht werden und gegen den ‚Willen’ Gottes geschehen. Gott wirkt in ihnen, aber nicht verursachend, sondern heilend, indem er – nach Bonhoeffers Worten – aus dem Bösen Gutes erwachsen lassen will. Er leidet mit den Opfern des Unheils, setzt neue Anfänge und ‚steuert’ so immer wieder neu die Verwirklichung der Schöpfungsintention an. Gottes Kraft wirkt der Eigendynamik der weltlichen Wirklichkeit entgegen, um sie in Richtung auf das von Gott 'Vorgesehene' zu transformieren. Angesichts der Gebrochenheitsverfassung der Welt realisiert sich der Heilswille Gottes allerdings immer

---

[23] KLAUS KOCH, Die hebräische Sprache zwischen Polytheismus und Monotheismus. In: DERS. (Hg.), Spuren des hebräischen Denkens, Gesammelte Aufsätze 1. Hrsg. v. B. JANOWSKI/ M. KRAUSE, Neukirchen 1991, 63f.

nur „im Widerspruch zu den Widersprüchen der Welt“[24], gegen die er sich nicht in jedem Fall durchsetzen kann. Wenn man auch die schöpferische Geistkraft Gottes im Naturgeschehen am Werk sehen kann, so hat sie – nach meinem Verständnis – doch nicht die physische Kraft, eine Lawine zu stoppen, die auf ein Dorf zurollt.

Hat sich mit dem Modell der operativen Präsenz Gottes die Rede vom „Handeln“ Gottes erledigt? Keineswegs. Der Geist Gottes ist als universale Kraftwirkung der Gegenwart Gottes aufzufassen, die sich in partikularen Gestalten konkretisiert und sich in ihnen repräsentiert. Seine Geisteskraft wirkt immer und überall, aber sie trifft auf unterschiedliche Widerständigkeiten. Dort, wo sie sich in relativer Ungebrochenheit realisieren kann, kommt es zu den Ereignissen, die man dann in der Sprache des Glaubens als „Handlungen“ Gottes bezeichnen kann. „Gott handelt, wo sein Wille geschieht.“[25]

In diesem Sinn können die Wirkungen des Gottgeistes als „Handlungen“ bezeichnet werden. Das heißt nicht, dass Gott real einzelne Handlungen vollbringt. Es ist eine interpretierende, aber keine grundlose Zuschreibung. Der Grund liegt in der Erfahrungsgeschichte, die Menschen mit der machtvollen Gegenwart Gottes gemacht haben.

Die Rede vom ‚Willen‘ Gottes bezieht sich dann nicht auf einzelne Akte, sondern auf die Grund-Intention Gottes zur heilshaften Vergegenwärtigung in der Schöpfung. Diese Gegenwart kann, wo sie sich in der Erfahrung einzelner konkreter Situationen und Ereignisse verdichtet, als Handeln Gottes erschlossen werden. Das gilt auch für Wetterphänomene – so wie sich Martin Luther im Gewittersturm bei Stotternheim „durch Schrecken vom Himmel gerufen“[26] wusste, was seinem Leben eine entscheidende Wende gab.

---

[24] HANS KESSLER, Der Begriff des Handelns Gottes. Überlegungen zu einer unverzichtbaren theologischen Kategorie. In: H. U. V. BRACHEL / N. METTE (Hg.), Kommunikation und Solidarität. Beiträge zur Diskussion des handlungstheoretischen Ansatzes von Helmut Peukert in Theologie und Sozialwissenschaften, Freiburg i.Br.-Münster 1985, 126.

[25] JÜRGEN WERBICK, Von Gott sprechen an der Grenze zum Verstummen, Münster 2004, 171; Werbick verweist auf die parallele Formulierung Karl Barths. Siehe dazu ULRICH H. KÖRTNER, Der handelnde Gott. Zum Verständnis der absoluten Metapher vom Handeln Gottes bei Karl Barth. In: DERS.(Hg.), Der verborgene Gott. Zur Gotteslehre, Neukirchen-Vluyn 2000, 115-141.

[26] MARTIN LUTHER, Schriften 1521/22 (einschl. Predigten, Disputationen), hrsg. von der Komission zur Herausgabe der Werke Martin Luthers, Weimarer Ausgabe, Bd. 8, Weimar 1989, 573,30 – 574,1.

MUNA TATARI

Eine muslimische Perspektive auf das Handeln Gottes

Eine Replik zu Reinhold Bernhardt

Die Frage nach Gottes Handeln lässt sich aus fundamentaltheologischer Perspektive als Frage danach reformulieren, wie gedacht werden kann, dass Gott die Welt erschafft und sich zu seiner Schöpfung in Beziehung setzen kann. Oder anders gewendet: Wie können Menschen im Rahmen ihrer epistemischen Fähigkeiten auf der Basis überlieferter Texte bzw. auf der Basis von Offenbarung, die ja selbst bereits als Ausdruck seines Handelns zu verstehen ist, Gottes Beziehung zur Welt zu plausibilisieren suchen?

Reinhold Bernhardt reflektiert in seinem Beitrag aus christlicher Perspektive in höchst verdichteter Form die verschiedenen Denkmodelle, in denen Gott und Welt zusammengedacht bzw. Gott in der Welt vorgestellt werden können und macht zugleich die jeweiligen Problemüberhänge einsichtig. Der von ihm vorgeschlagene alternative Lösungsweg einer *wirkenden Präsenz* Gottes ist m.E. von den Anliegen der Prozesstheologie inspiriert, die ausgehend von Alfred N. Whitehead, Charles Hartshorne u.a. über John B. Cobb, David Griffin und Roland Faber weiterentwickelt wurde und auch über eine islamische Rezeption verfügt, die basierend auf den Ansätzen von Ibn Arabī beispielsweise über Muhammad Iqbal, Recip Alpyagil und Mustafa Ruzgar ansatzhaft innerislamisch weitergedacht wurden und werden.[1]

In meiner Replik soll die theologische Aufarbeitung ausgehend vom qur'ānischen Textbestand zunächst innerislamisch anhand bestimmter theologischer Leitfragen erfolgen, um, daran anknüpfend, ausgewählte Argumentationsstränge des Beitrags von Reinhold Bernhardt zu diskutieren, ohne den Anspruch zu erheben, einen umfassenden islamischen Antwortentwurf oder gar einen eigenen muslimischen Beitrag zum Handeln Gottes zu liefern.

---

[1] Vgl. zu christlich geprägten Konzepten zur Prozesstheologie: ROLAND FABER, Gott als Poet der Welt. Anliegen und Perspektiven der Prozesstheologie, Darmstadt 2003, JULIA ENXING, Gott im Werden. Die Prozesstheologie Charles Hartshornes, Regensburg 2013. Zu islamisch geprägten Ansätzen vgl. RECEP ALPYAGIL, Trying to understand Whitehead in the Context of Ibn Arabi. [Abruf unter: http://iph.ras.ru/uplfile/smirnov/ishraq/3/17_alpy.pdf, am 25.12.2013, 18:20], ROBERT C. WITTEMORE, The Process Philosophy of Sir Muhammad Iqbal. In: Toulane Studies in Philosophy II, Bd. 14, New Orleans 1975, 113-130, und MUSTAFA RUZGAR, God and the World. A Dynamic Relation in the Qur'ān. A Muslim Perspective. In: Creative Transformation 20 (2001) 13-14.

1. Qur'ānischer Ausgangspunkt

Die Idee eines fernen Gottes, der für die Menschen unerreichbar ist, und in der apophatischen Gottesrede der Schule der Muʿtazila und in der Doktrin der Ašʿarīya des bi-lā kaif[2] theologisch ihren Ausdruck fand, scheint nicht unerheblich von hellenistischen Konzepten inspiriert zu sein.[3] Dafür, dass diese Ansicht zumindest in Spannung zu damaligen semitischen Konzepten von Gott zu stehen scheint, legt der Qur'ān selbst in eindrücklicher Weise Zeugnis ab.[4]

Ohne an dieser Stelle auf den theologischen Subtext eingehen zu wollen, inwieweit der Qur'ān als Ausdruck des Willens Gottes verstanden werden kann oder er dem Menschen ermöglicht, sein Wesen zu erkennen, verweist m.E. die zentrale Heilige Schrift der islamischen Tradition zunächst auf *Gottes Engagiertsein*[5] mit den Menschen. Unermüdlich, so etwa Navid Kermani ganz im Einklang mit dem qur'ānischen Wortlaut, wirbt Gott um die Menschen, weder lässt er ihre Uneinsichtigkeiten unkommentiert noch hält er seine Barmherzigkeit zurück, die er gibt, *ohne zu rechnen* (Q 2:27). Immer wieder eröffnet er dem Menschen neue Chancen, ihn zu erkennen und einen Weg zu ihm zu finden.[6] Der ganze Qur'ān lässt sich als Zeugnis für den qur'ānischen Satz lesen, dass Gott dem Menschen *näher als seine Halsschlagader* (Q 50:16) ist. Gott, so die qur'ānische Vorgabe, handelt beständig und zielgerichtet in seiner Schöpfung und ist für den Menschen da.

2. Das Handeln Gottes in Bezug zur Schöpfung auf der Grundlage klassischer scholastischer Theologie

Gott und Welt in eine Beziehung zu setzen, geschah im Kontext klassischer scholastischer Theologie in erster Linie entlang der denkerischen Heraus-

---

[2] Die Haltung des bi-lā kaif (ohne nach dem ‚Wie' zu fragen), war und ist teilweise noch bezeichnend für die ašʿaritische Position. Sie tendiert dazu, Anthropomorphismen des Qurʿān als solche anzunehmen, ohne nach möglichen Verstehenszugängen zu fragen. Vgl. BINYAMIN ABRAHAMOV, The bi-la kaif Doctrine and its foundations in Islamic theology. In: RICHARD NETTON (Hg.), Islamic Philosophy and Theology, Bd. II: Revelation and Reason, New York 2007.

[3] Vgl. die entsprechenden Analysen bei WESLEY WILLIAMS, A Body Unlike Bodies. Transcendent Anthropomorphism in Ancient Semitic Tradition and Early Islam. In: Journal of the American Oriental Society 129 (2009) 19-44.

[4] M.E darf das theologische Prinzip von der Verschiedenheit Gottes (tanzīḥ und muḫālfa) nicht gegen das Prinzip ausgespielt werden, ein Gotteskonzept, das auf analogen Denkbewegungen (tašbīḥ) beruht, zu entwickeln. Beide Ansätze lassen sich auf den qur'ānischen Vers in Sure 42, 11: *„[...] Nichts ist Ihm gleich und Er ist der Hörende und der Sehende."* zurückführen.

[5] Vgl. FARID ESACK, Qur'ān, Liberation and Pluralism. An Islamic Perspective of Interreligious Solidarity against Oppression, Oxford 1997, 54.

[6] Vgl. NAVID KERMANI, Der Schrecken Gottes. Attar, Hiob und die metaphysische Revolte, München 2008, 128, 221.

forderung, die sich am theologischen Prinzip der Einheit Gottes (*tauḥīd*) herausbildete. Die Lehre von der Einheit Gottes war in allen theologischen Schulen zunächst ein Abgrenzungsgedanke gegen die polytheistisch glaubenden Araber[7], den Dualismus der Zoroastrier, gegen bestimmte christliche Strömungen, deren Gottesverständnis tritheistische Züge aufwiesen und diverse andere Gruppen und Schulen, mit denen das zunehmend größere und damit auch theologisch vielfältigere muslimische Reich in Berührung kam.

Wie kann nun aber reine Einheit die Vielfalt der Welt aus sich erschaffen und wie kann sie in Beziehung zur Welt treten, ohne dadurch selbst veränderlich und zusammengesetzt zu werden? Der Gedankengang, aus der Einheit Gottes eine Relation zur Welt denkerisch zu entfalten, kann für die theologischen Schulen der Muʿtazila und Ašʿarīya wie folgt rekonstruiert werden: Die Einheit Gottes, die – ganz im Einklang mit der griechischen metaphysischen Tradition – auch als Einfachheit bezeichnet wurde, und die von der muʿtazilitischen Schule so gedeutet wurde, dass es in Gott keine Verschiedenheit geben könne, sollte auch angesichts der qurʾānischen Textlage, in der Gott mit vielfältigen Namen beschrieben wird, gewahrt bleiben.[8] Das bedeutete, dass die Attribute (*ṣifāt*) nicht als selbständige Entitäten neben oder in Gott gedacht werden konnten, die dann als womöglich gleichewig mit Gott, oder gar als Sekundärprinzip vorgestellt werden müssten. Den Weg aus dieser polytheistischen Gefahrenzone löste die Schule der Ašʿariten in der Folge Ibn Kullābs mit der Formulierung eines Paradoxons: die Attribute seien sowohl mit Gott identisch als auch nicht identisch.

Für die Muʿtaziliten war diese für sie rational nicht einholbare Idee nicht zustimmungsfähig. Sie näherten sich dem Problem, wie Gott und seine Eigenschaften zusammengedacht werden können, dahingehend, dass Gott identisch mit seinen Attributen gedacht werden müsse, er also zum Beispiel kein Wissen habe, das dann neben ihm existieren würde, sondern Gott wissend sei aus sich selbst heraus (*bi-nafsihi*) und er deshalb mit dem Wissen identifiziert werden müsse.[9] Diese Formulierung nahm u.a. der schulformende muʿta-

---

[7] Mir scheint, dass es in der islamischen Debatte nicht in erster Linie aufgrund der theologischen Implikationen zu einer Ablehnung des Polytheismus gekommen ist, sondern vor allem deshalb, weil man ihn korrespondierend zu einer fragmentierten und ungerechten Gesellschaftsstruktur erfahren hatte und dieser Zusammenhang im kollektiven Gedächtnis der Muslime über die Überlieferungen zum Leben Muḥammads verankert war. Vgl. dazu FAZLUR RAHMAN, Major Themes of the Qurʾān, Chicago 1987, 25.

[8] Zur denkerischen Entwicklung von der Kategorie Namen zu Attributen und den Entwicklungen innerhalb der Attributenlehre vgl. JOSEF VAN ESS, Theologie und Gesellschaft im 2. und 3. Jahrhundert Hidschra. Eine Geschichte des religiösen Denkens im frühen Islam. Bd. 4, Berlin-New York 1997, 425-477.

[9] Allerdings bereitete diese Formulierung ebenfalls Probleme, da, wenn alle unterschiedlichen Attribute jeweils mit Gott identisch sind, es logisch unmöglich wird, Differenz innerhalb der Kategorie der Attribute aufrecht zu erhalten. Eine Lösung suchte Hāšim al-Ǧubbāʾī mit der Formulierung, dass die Attribute Zustände (*aḥwāl*) in Gott seien, denen keine eigenständige Existenz zugeschrieben werden kann und welche nicht unabhängig von Gott existent sein können. Die Lehre von den Zuständen in Gott erinnert an die Formulierung Ibn Kullābs,

zilitische Theologe Abū al-Ḥasan ʿAbd al-Ǧabbār auf[10] und griff für die weitere Ausdifferenzierung der Attribute auf die von ihm bereits vorgefundene und über die Grenzen seiner Schule hinaus akzeptierte Unterteilung in Wesenseigenschaften Gottes (*ṣifāt aḏ-ḏāt*) und seine Handlungseigenschaften (*ṣifāt al-fiʿl*) zurück. Zu den Wesenseigenschaften zählte er vier: dass Gott existiert, lebendig ist (im Sinne von wahrnehmend), mächtig und wissend. Alle anderen Attribute bezeichnen Tateigenschaften, die Gott bezüglich der Schöpfung zur Existenz kommen lässt und die somit nicht zu Gottes Wesen gehören.

Zusammenfassend lässt sich sagen, dass trotz der unterschiedlichen Zugänge, in Gott Einheit und Vielfalt zu denken, es ein gemeinsames theologisches Anliegen beider Schulen war, Gottes Schöpfungshandeln aufgrund seines Willens zu plausibilisieren und nicht aufgrund seines Wesens. Dies gelang aufgrund eines Gotteskonzepts, dass eine Unterteilung in Wesens- und Handlungsattribute für sinnvoll erachtete. Denn wäre Gottes Schöpfungshandeln notwendig aufgrund seiner Essenz, so die damalige theologische Position, wäre Gott nicht mehr frei zu schaffen und dies wäre sowohl in muʿtazilitischer als auch ašʿaritischer Vorstellung eine unstatthafte Beschränkung Gottes. Von daher konnte die Erschaffung der Welt genauso wenig aus dem Wesen Gottes deduziert werden wie die Vielfalt der Welt einen Ort in ihr haben konnte.

3. Das Handeln Gottes im Kontext klassisch-metaphysischer philosophischer Zugänge

Während die klassische islamische Theologie also argumentierte, dass eine ewig existierende Welt Gottes Willensfreiheit einschränken würde und er sich unter dieser Voraussetzung nicht frei für die Schöpfung entscheiden könne, argumentierte die klassische islamische Philosophie immer wieder für die Position, dass Gott die Welt aufgrund seines Wesens notwendigerweise schafft und sie deshalb gleichewig mit Gott gedacht werden muss. Sie führte aus, dass eine geschaffene und als endlich konzipierte Welt eine Veränderung in Gott bedeuten würde, weil Gott sich dann ja zu einem bestimmten Zeitpunkt für die Erschaffung der Welt entscheiden müsste. Stimmt man der in der klassischen Seinsphilosophie gängigen Prämisse zu, dass die Vollkommenheit eines Wesens sich in seiner völligen Ruhe und Bewegungslosigkeit zeige, ist unter diesen Umständen die Idee eines vollkommenen Gottes in der Tat nicht

---

wenn er in Bezug auf die Natur der Attribute von Momenten (*maʿānī*) in Gott spricht. Vgl. JOSEF VAN ESS, Ibn Kullāb und die Miḥna. In: Oriens 18-19 (1967) 92-142.

[10] Vgl. ABŪ AL-ḤASAN ʿABD AL-ǦABBĀR AL-ASADĀBĀDĪ, al-Muġnī fī abwāb at-tauḥīd wa-l-ʿadl. (= das Erschöpfende in den Kapiteln zum Monothesimus und der Gerechtigkeit) Hg. v. Taha Ḥusain (u.a.), 14 Bde., Kairo 1960-69, 20.

mehr aufrecht zu erhalten.[11] Der theologischen Erwiderung, dass eine geschaffene Welt keine Veränderung in Gott bedeuten müsse, da Gott die Schöpfung von Ewigkeiten her beschlossen habe, erwiderte die Philosophie, dass auch ein ewiger Beschluss eine „Initialzündung“ brauche, damit er sich aktualisiere und dies würde nichtsdestotrotz eine Veränderung in Gott darstellen.

Bei aller Unterschiedlichkeit der in dieser Debatte vertretenen Positionen weisen sie doch darin eine Gemeinsamkeit auf, dass es beiden Seiten darum ging, die Abhängigkeit der Schöpfung von Gott argumentativ sicher zu stellen – sei es als ontologische oder auch nur als eine logische Abhängigkeit, die ja nicht notwendig eine zeitliche Dimension zu haben braucht.

Die grundsätzliche Schwierigkeit, die in der Fragestellung liegt und im skizzenhaft dargelegten Disput zwischen Philosophie und Theologie zum Ausdruck kommen sollte, besteht m.E. darin, einen Anfang denken zu wollen, wenngleich seit Kant einsichtig geworden ist, dass es zum dialektischen Wesen der Vernunft gehört, vernünftig erachtete Grenzsetzungen quasi gleichzeitig hinterfragen zu wollen, so dass die Dialektik der reinen Vernunft ja nicht nur darin besteht, einen Anfang von allem denken zu müssen, ohne es zu können, sondern auch darin, auch die alternative Konzeption der Anfangslosigkeit nicht wirklich durchdenken zu können.[12] Erschwerend kommt hinzu, dass die theologische Herausforderung, die Dimension der Zeit in Bezug zu Gottes Sein setzen zu wollen, eine überaus komplexe und bis heute offene Debatte ist, auf die ich an dieser Stelle nur hinweisen kann.[13]

Die Spannung, die der Gegenüberstellung der beiden Thesen von der Ewigkeit der Welt und ihrer Schöpfung aus dem Nichts zugrunde liegt, hat nichtsdestotrotz zu verschiedenen theologischen Vermittlungsversuchen geführt, die im Folgenden wenigstens angedeutet werden sollen.

---

[11] Vgl. MUHAMMAD HOZIEN (Hg.), Averorroes (Ibn Rushd), Tahafut al-tahafut (The Incoherence of the Incoherence), 12. [Abruf unter: http://www.newbanner.com/Philosophy/IbnRushd/Tahafut_al-Tahafut_en.pdf, am 26.12.2013, 0:23]
Man kann aber auch die Vorstellung hinterfragen, dass Vollkommenheit sich in Bewegungslosigkeit zeigt.

[12] Vgl. IMMANUEL KANT, Kritik der reinen Vernunft 2 = DERS., Werke in 10 Bänden. Hrsg. v. W. Weischedel, Darmstadt [3]1968, Bd. 4, B 452-461.

[13] Vgl. zu dieser Diskussion einführend KLAUS VON STOSCH, Gott – Macht – Geschichte. Versuch einer theodizeesensiblen Rede von Gottes Handeln in der Welt, Freiburg-Basel-Wien 2006, 50-61.

4. Theologische Vermittlungsversuche

a) Abī Ǧumhūr al-Ahsāʾī

Der šiʿītische Theologe Ibn Abī Ǧumhūr Muḥammad ibn ʿAli al-Ahsāʾī (gest. ca. 1501) gehörte zu denen, die eine Annäherung der theologischen und philosophischen Position in Bezug auf Gottes Schöpfungshandeln versuchten. Er ging von der theologischen Position der *creatio ex nihilo* aus und trug in das damalige philosophische Denken die Idee des Bewusstseins Gottes ein. Damit wollte er das Postulat von der Gleichewigkeit der Welt mit Gott erhalten, zugleich aber die Vorstellung eines notwendigen Schöpfungshandelns Gottes, zu dem er sich nicht verhalten könne, modifizieren, um so einige der basalen philosophischen Intuitionen für die Theologie anschlussfähig machen.

In seiner Argumentation ging er von dem allgemein zustimmungsfähigen Gedanken aus, dass Gott ein Bewusstsein von den Resultaten seiner Handlungen hätte. Da dieses Bewusstsein nicht zu seiner Essenz gehörend gedacht werden könne, bietet es die Möglichkeit, einen Zeitpunkt vor der Schöpfung zu markieren. Da nämlich die Resultate des Handelns aus Gründen der Logik mit den Motivationen zu einer Handlung in Bezug stünden, schlussfolgert Abī Ǧumhūr al-Ahsāʾī die Existenz einer Zeitspanne vor dem Schöpfungshandeln Gottes – eben die Zeitspanne, in der zwar die Motive des Handelns da sein, aber noch nicht ihre Resultate. Entsprechend folgert er, dass auch die Philosophen einer Unterscheidung von der Ewigkeit Gottes und der Endlichkeit der Schöpfung zustimmen müssten.[14]

Dieser Lösungsvorschlag weist allerdings einige Probleme auf. Zunächst einmal fragt sich, ob das logische Frühersein der Motivation überhaupt zeitlich strukturiert sein muss, so dass er zwar deutlich macht, dass in Gott aus logischen Gründen die Intention vor dem Resultat da sein muss, ohne allerdings einsichtig zu machen, dass dieses rein logische Geschehen auch eine zeitliche Ausdehnung haben muss. Hinzu kommt, dass er die Motivation Gottes, um der philosophischen Position Zugeständnisse zu machen, wiederum als gleichewig mit Gott setzte. Das ist zwar insofern spannend, als damit zumindest in einer vagen Weise eine eigene Willensinstanz in Gottes Schöpfungshandeln eingetragen wird, die möglicherweise für das neuzeitliche Freiheitsdenken anschlussfähig sein könnte und die die These der Notwendigkeit der Schöpfung aufgrund von Gottes Wesen zu modifizieren scheint. Da die Schöpfung aber folglich gleichewig mit Gott zu denken wäre, bleibt dieser Vermittlungsversuch für die Theologien der klassischen Zeit im Prinzip unakzeptabel.[15]

---

14 Zur Argumentation Ibn Abī Ǧumhūrs vgl. FRANK GRIFFEL, Divine Actions, Creation, and the Human Fate after Death in 9th/15th-century Imami Shiite Theology. In: Journal of the American Oriental Society 125 (2005) 68-78, hier 70f.

15 Vgl. ebd., 73.

b) Ibn Taimīya

Auch der hanbalitische Theologe Aḥmad Ibn Taimīya (gest. 1238) denkt an der Schnittstelle von Gott und Schöpfung über Gottes Handeln nach, um „das theologische Problem eines Gottes, der vor seinem Entschluss zur Schöpfung inaktiv war, zu überwinden bei gleichzeitiger Ablehnung der Ewigkeit der Welt [...].“[16] Er formuliert seinen Lösungsweg ausgehend von der folgenden Überlieferung (*ḥadīṯ*): „Gott war und da war nichts vor ihm und sein Thron war auf den Wassern. Und dann schreibt er alles in ein behütetes Buch. Und dann erschuf er die Himmel und die Erde.“[17] Nach Ibn Taimīya liegt der Fehler der Theologen und Philosophen ebenfalls darin, keine Synthese ihrer Standpunkte zu versuchen, wenngleich er zu einem anders akzentuierten Ergebnis als Abī Ǧumhūr al-Ahsāʾī kommt. Er argumentiert dafür, zwischen Gottes ewigem Schöpferwirken und seinem Schöpfungshandeln von konkreten Dingen in zeitlich begrenzten Räumen zu unterscheiden.[18] Folglich wäre in der Lesart Ibn Taimīyas einerseits kein geschaffenes Ding ewig, wenngleich anderseits Gott seit Ewigkeit schöpfend gedacht werden müsste, wie er selbst sagt „[...] ʿEr schuf von Ewigkeit anʾ ist äquivalent mit ʿEr ist andauernd (dāʾimān) mächtigʾ und sein Mächtigsein ist eine andauernde Beschreibung ohne Anfang.“[19]

Das Argument von Ibn Taimīya lautet also, dass, wenn die Schöpfung einen Beginn hätte, Gott vorher kein Schöpfer und unvollkommen hinsichtlich seines Schöpferseins wäre und diese Annahme im Widerspruch zu folgender qurʾānischen rhetorischen Frage stünde: „Ist denn der Schöpfer einem gleichzusetzen, der nicht schafft?“ (Q 16,17).[20] Ibn Taimīya geht also davon aus, dass Gottes Eigenschaften als Handelnder nur dann nicht unstatthaft beschnitten wären, wenn sie als aktuale Eigenschaften verstanden würden und nicht nur als potenzielle.[21] Gott ist also schon vor der konkreten Erschaffung der Welt schaffend, machtvoll und handelnd zu denken durch die Schaffen seines Thrones[22] beispielsweise – das ändert aber nichts an der Kontingenz und Begrenztheit seiner Schöpfung.

---

16 JON HOOVER, Perpetual Creativity in the Perfection of God. Ibn Taymiyyas Hadith Commentary on God's Creation of this World. In: Journal of Islamic Studies 15 (2004) 287-329, hier 289 (eig. Übers.).

17 ṢAḤĪḤ AL-BUḪĀRĪ. Arab.-engl. Übers. Madīna o.J., 2.278 (Nr. 414).

18 Vgl. HOOVER, Creativity (Anm. 16), 316-322.

19 Ebd., 326.

20 Vgl. ebd., 295.

21 Vgl. ebd., 297.

22 Ibn Taimīya versteht die Formulierung von Gottes Thron wörtlich und damit gegenständlich ohne die weiteren theologischen Implikationen zu erörten entsprechend der Dokrin des bi-lā kaif. Über den interpretatorischen Zugriff mittels der Allegorie hingegen wird der Thron Gottes als Symbol für seine Macht verstanden und müsste dann als zu Gottes Wesen gehörend nicht erst geschaffen werden.

Der neuplatonische Gedankengang, den man in Ibn Taimīyas Argumentation erkennen kann[23], wird aufgrund seines personalen Gotteskonzeptes[24] und der Vorstellung der kontinuierlichen Kreativität Gottes, die der neuplatonischen Formulierung vom *notwendigen Überfließen* mehr willentliche Dynamik zukommen lässt, um bedenkenswerte Aspekte erweitert. Hier zeigen sich erste Ansätze, Gott als ansprechbar und mit der Schöpfung engagiert zu verstehen, die, weitergedacht, über Ibn Taimīyas stark prädestinatorische Konzeption von Gottes Handeln hinausreichen müssten. Gelöst werden müsste zudem die argumentative Schwäche in der Unterscheidung einer ewigen Schöpfungstätigkeit und begrenzter einzelner Schöpfungselemente, die ein wenig wie ein theologischer Taschenspielertrick anmutet. Denn bis zu Ende gedacht, kann sie nicht darüber hinweg täuschen, dass in der Lesart Ibn Taimīyas das kontingente Sein zu Gottes Vervollkommnung als Schöpfer notwendig zu denken ist, so dass Gott doch nicht ohne Schöpfung gedacht werden kann. Dies ist aber für die klassische scholastische Theologie völlig zu Recht eine unakzeptable Vorstellung.

c) al-Ġazālī

Der theologische Entwurf al-Ġazālīs ist von der sorgfältigen Auswahl und Integration von Positionen und Argumenten der geisteswissenschaftlichen Strömungen seiner Zeit geprägt. Es scheint, dass al-Ġazālī hier einen für die ašʿaritische Schule typischen methodischen Weg geht, um u.a. Gottes Schöpfungshandeln erklären zu wollen, in dem er ein komplexes Problem nicht monoperspektivisch lösen möchte, sondern unterschiedlich perspektivierte Zugänge entwickelt. Dies soll zunächst beleuchtet werden, um dann zu betrachten, wie al-Ġazālī das Handeln Gottes in Beziehung zum Handeln des Menschen setzt.

Auf der Ebene des theologischen Sprachspiels geht al-Ġazālī selbstverständlich von einem Schöpfungshandeln Gottes aus, mit dem er willentlich und allmächtig die Schöpfung zu einem bestimmten Zeitpunkt aus dem Nichts kreiert. Davon unterschieden ist sein philosophisch-mystischer Angang, Gottes Handeln zu erklären. Dort, wo seine Gottesvorstellung stark neuplatonische Züge aufweist, wie in *miškāt al-anwār*[25], entfaltet er aufgrund seiner mystischen Erfahrungen der alles umfassenden Allmacht und Gegenwärtigkeit Gottes den Gedanken, dass es keine reale Existenz außer der göttlichen geben könne und alle Existenz außer der göttlichen eigentlich als nicht-

---

[23] Vgl. ebd., 294.

[24] Vgl. ebd., 299.

[25] Dies thematisiert Alexander Treiger als Grundthema seines Artikels zu monistischen und monotheistischen Aspekten in al-Ġazālīs Gottesvorstellung. Vgl. ALEXANDER TREIGER, Monism and Monotheism in al-Ghazālī's Mishkāt al-Anwār. In: Journal of Qurʾanic Studies 9 (2007) 1-27.

existent vorgestellt werden sollte. Weniger als Widerspruch, sondern ganz aš'aritisch gedacht, als Ergänzung verstanden, vertritt al-Ġazālī also auch den philosophischen Standpunkt der Schöpfung Gottes durch Emanation[26], in der das kontingente Sein nur graduell von Gott verschieden gedacht werden kann. Hier wirkt allerdings der von al-Ġazālī eingetragene Willensentschluss Gottes zur Emanation eher künstlich und gewollt; denn der Begriff der Emanation beschreibt m.E. einen Wesenszug und wäre damit im Vokabular al-Ġazālīs nicht anders als notwendig und damit gleichewig mit Gott zu verstehen. Gleichwohl wäre es mehr als reizvoll, der auch hier wieder antreffbaren Intuition muslimischer Gelehrter, dass die Schöpfung im freien Zuwendungsakt Gottes gründet, in der Denkform der Freiheit nachzugehen.

In der Darlegung seiner Position zum Handeln Gottes in Bezug zum menschlichen Handeln gelingt es m.E. al-Ġazālī in weiten Teilen überzeugend, eine Synthese aus seinem philosophischen und theologischen Angang zu entfalten. In Bezug auf seine Aussagen in *miškāt al-anwār*, interpretiert al-Ġazālī den qur'ānischen Vers: *Nichts existiert außer dem Antlitz Gottes* (Q 55:27) so, dass alleine Gott als das wahrhaft Existierende und demnach auch Handelnde hinter den Phänomenen beschrieben werden kann. Dies deckt sich mit den Konsequenzen aus seinem theologischen Ansatz, der vor allem davon geprägt ist, Gottes Allmacht herauszustellen. Al-Ġazālī geht davon aus, dass es für das, was existiert, eine erste Ursache, nämlich Gott und eine zweite geschöpfliche Ursache gibt und dass die unterschiedliche Qualität des Schaffens beider Ursachen darin liegt, dass ausschließlich Gott aus dem Nichts kreiert [*ḫalaqa*] und der Mensch (nur) in der Lage ist zu handeln bzw. zu machen [*fa'ala*].[27] Al-Ġazālī beginnt einen diesbezüglichen Abschnitt in *al-iqtiṣād fī l-i'tiqād* (=Diskussion der Glaubendgrundsätze) mit folgendem Syllogismus und anschließender Erläuterung:

Alles Kontingente [*mumkin*] ist abhängig [*tata'alaq*] von Gottes Macht [*qudra*]. Die Handlungen des Menschen sind kontingent. Die Handlungen des Menschen sind von Gottes Kraft abhängig. [...].

Gott allein kreiert die Handlungen des Menschen und dem Menschen steht nur ihre Aneignung zu. Er eignet sie sich an durch eine Kraft, die Gott in ihn setzt [*auḍa'a*]. Also, Gott schafft die Kraft [im Menschen] und das Geschaffene [*al-maqdūr*] in einer Bewegung [bzw. in einem Akt]. Also ist die Kraft Gottes die, die die Kraft im Menschen hervorruft und auch das Geschaffene (die Bewegung, die Rede, das Gehen). So kreiert Gott die Handlungen des Menschen durch seine Kraft und dem Menschen steht nur die

[26] Die neuplatonischen Bezüge im Denken al-Ġazālīs hat auch Ebrahim Moosa herausgearbeitet. Vgl. EBRAHIM MOOSA, Ghazālī and the Poetics of Imagination, The University of North Carolina Press 2005, 163-164.

[27] Vgl. GRIFFEL, Ġazālīs Theology, 217.

Aneignung zu und er wird nicht als Hervorbringer seiner Handlungen betrachtet.[28]

Um eine Konkurrenz zwischen Gottes Handeln und Gottes Intentionen und menschlichem Handeln und menschlichen Intentionen zu vermeiden und um Gottes Allmacht zu sichern, hat al-Ġazālī in einem radikalen Angang das Handeln des Menschen nahezu komplett dem Handeln Gottes untergeordnet durch die Idee der Vorherbestimmung und der Konzeption des *kasb* [Aneignung der von Gott geschaffenen Handlungen durch den Menschen]. Er hat dabei allerdings Gottes Handeln auf eine Weise in irdische Bezüge eingebunden, die die theologisch auch von ihm für nötig befundene Differenz von Schöpfer und Schöpfung außerordentlich erschweren.[29] Denn, wenn Gott die konkreten Handlungen des Menschen schafft, agiert er in den Grenzen und nach den Gesetzmäßigkeiten des kontingenten Seins. Erst aufgrund dieser Annahme al-Ġazālī entsteht diese fiktive Konkurrenzsituation, die er nur über die Betonung des Allmachtsgedanken theologisch händelbar machen kann.

In Bezug auf das Schöpfungshandeln Gottes ist bis hierhin deutlich geworden, dass die vorgestellten Vermittlungsversuche eher unbefriedigend im Ergebnis waren, was sicherlich auch darin begründet ist, dass eine je wechselseitige Anpassung des theologischen Entwurfes an den philosophischen und umgekehrt versucht wurde und damit keine wirkliche Synthese entstanden ist, sondern die jeweils für sich überzeugenden Argumente an Überzeugungskraft verloren haben. In Bezug auf das Handeln Gottes in Relation zum Handeln des Menschen konnte festgestellt werden, dass al-Ġazālī seinen Standpunkt sowohl theologisch als philosophisch konsistent herleiten konnte. Allerdings bleibt hier der Problemüberhang, wie die Vorstellung der Größe Gottes mit seinem Handeln in kontingenten Bezügen vereinbart werden kann, ohne hier eine – für die Existenz menschlicher Willensfreiheit desaströse – Konkurrenz zum Handeln des Menschen zu behaupten.

Die Frage nach der Verbindung der Welt mit Gott bleibt auch für die zeitgenössischen Theologien eine Herausforderung. Hier kann die Intuition al-Ġazalīs von der alles umfassenden Präsenz Gottes über einen Ansatz aus der christlichen Theologie insofern weitergedacht werden, als dass auch islamischerseits u.a. von der Unbegrenztheit Gottes gesprochen wird, außerhalb derer nichts sein kann. Die als notwendig gedachte Differenz zwischen Gott und Schöpfung wird christlicherseits dann über die kategorische Unterscheidung zwischen dem Grund des Seins (Gott) und dem dem Sein Entstammenden (Schöpfung) reformuliert. Um zugleich die personale Struktur der Gottesvorstellung zu wahren, wird die Vorstellung Gottes als höchstem Wesen eingeführt und in einem spannungsreichen Identitätsverhältnis zum

---

[28] Abū Ḥāmid Muḥammad al-Ġazālī, al-Iqtiṣād fī-l-iʿtiqād. (= Diskussion der Glaubensgrundsätze) Hrsg. von Inṣāf Ramaḍān, Damaskus 2003, 80. [Eig. Übers.].

[29] Man könnte fast sagen, dass al-Ġazālī damit Gott unwillentlich klein macht.

Seinsgrund gesetzt, der in der Regel trinitätstheologisch vermittelt wird.[30] Diese quasi bipolare Struktur in Gott findet sich – natürlich ohne die trinitätstheologische Vermittlung – auch im Denken Ibn ʿArabis wieder und soll im Folgenden vorstellt werden.

d)Ibn ʿArabī

Ibn ʿArabī (gest. 1235) versucht, sich Gottes Verhältnis zur Welt durch sein Handeln auf anderem Wege zu nähern und er löst sich dabei von den Koordinaten und dem Vokabular der scholastischen Theologie seiner Zeit. Er versucht, ähnlich wie al-Ġazālī, zwei ihn prägende Denksysteme miteinander zu verbinden: das der ašʿaritischen Theologie, in dem Gott und Welt eindeutig als voneinander getrennt existierend verstanden werden und das der neuplatonisch inspirierten Vorstellung von Schöpfung, in der dieses Gegenüber zweier Seinsweisen nicht so eindeutig zu Tage tritt. [31] Dabei ist es völlig konsequent, dass Ibn ʿArabī, der von Gott als dem absoluten Sein ausgeht, die Bezüge zwischen Gott und der Schöpfung in ontologischen Kategorien erschließt.

Ausgehend von dem bereits erwähnten qurʾānischen Vers 42,11: *„[...] Nichts ist Ihm gleich und Er ist der Hörende und der Sehende“,* versteht Ibn ʿArabī Gottes Sein als bipolar. Während der erste Teil des Verses für Ibn ʿArabī Gottes Einzigartigkeit und Absolutheit und somit den apophatischen Charakter seines Seins[32] ausdrückt (tanzīḥ), weist der zweite Teil des Verses auf seinen Bezug zum kontingenten Sein hin (tašbīḥ).[33] *Tašbīh* bedeutet nun in der Terminologie Ibn ʿArabīs die Konkretisierung des absoluten Seins in der Schöpfung bzw. durch die Schöpfung [*taqaiyud*]. Diese immanente Daseinsweise Gottes [*tašbīḥ*] verhält sich im Konzept von Ibn ʿArabī zur transzendenten [*tanzīḥ*] komplementär.[34] Kurz: Ibn ʿArabī sieht eine substanzontologische Verknüpfung von Gott und der Welt. Gott wird von ihm hiernach als das vollkommene Sein verstanden und die Welt ist in unvollkommenen Abstufungen eine Manifestation des göttlichen Seins, also von derselben Substanz. Sein Argument lautet folgendermaßen: es kann kein Sein geben, das außerhalb von Gottes Sein ist. Denn es wäre unmöglich, dass Gott etwas

---

[30] Vgl. PHILIP CLAYTON, Das Gottesproblem. Band 1: Gott und Unendlichkeit in der neuzeitlichen Philosophie, Paderborn 1996, 418f.

[31] Vgl. JOHN T. LITTLE, Al-Insan al-Kamil. The Perfect Man According to Ibn al-ʿArabī. In: The Muslim World 4 (2007) 43-54, hier 45f.

[32] Vgl. zum Begriff *apophatisch* in Bezug auf Gott MICHAEL SELLS, Ibn ʿArabī's Polished Mirror: Perspective Shift and Meaning Event. In: Studia Islamica 67 (1988) 121-149, hier 130.

[33] Genauer betrachtet fügt Ibn ʿArabī, in dem er die sprachlogische und damit auch vernunftlogische Unmöglichkeit diskutiert, ein Konzept einer transzendenten Daseinsweise Gottes zu schaffen, die Kategorie der menschlichen epistemischen Fähigkeiten ansatzhaft ein.

[34] Vgl. TOSHIHIKO IZUTSU, Sufism, Sufism and Taoism. A Comparative Study of Key Philosophical Concepts, London 1984, 49.

schafft, was nicht schon in ihm ist, da es sonst etwas gäbe, das anders ist als Gott und außerhalb Gottes und damit wäre die Idee der Vollkommenheit Gottes gefährdet. Nach Ibn ʿArabī schafft Gott die Welt in den Koordinaten eines panentheistischen Entwurfes in sich hinein. Dadurch, dass Gott sich in der Welt manifestiert und zugleich die Welt an sich Manifestation Gottes ist, scheint das Problem, dass Gott sein Schöpfungshandeln braucht, um vollkommen zu sein, gelöst, da es sich quasi um eine innergöttliche Dynamik handelt.

Da also die gesamte Schöpfung als Ausdruck Gottes verstanden werden muss, ist im Konzept von Ibn ʿArabī das Trennende zwischen Gott und Mensch, das nötig wäre, um Beziehung denken zu können und um durch eine bedingte Autonomie des geschaffenen Menschen seine Freiheit denkerisch sicherzustellen, nur schwer vorstellbar.

Nimmt man allerdings Ibn ʿArabīs Grundgedanken und transponiert ihn in eine relationale Ontologie, so könnten sich die genannten Schwierigkeiten lösen lassen. Die Schöpfung bliebe Ausdruck Gottes, aber sie wäre nicht substanzhaft aus Gottes Sein ausgeflossen, sondern Bild (ṣūra) seiner Freiheit und würde ihn in ihrer Dynamik bzw. in ihrem freiheitlichen Vollzug abbilden und ihm Raum geben. Gottes und menschliche Freiheit würden in einem wechselseitigen Raumgeben miteinander verwoben sein, ohne dass die Prärogative Gottes als Urgrund und Schöpfer von allem in Frage stünde. Derartige Gedanken lassen sich aber naturgemäß nicht bei einem mittelalterlichen Denker finden, so dass es sich lohnt, abschließend bei diesem kleinen Durchgang durch islamisch theologische Entwürfe zum Handeln Gottes noch auf einen einflussreichen Denker der Gegenwart zu schauen.

e)Muhammad Iqbal

U.a. Muhammad Iqbal (gest. 1938) hat den Ansatz, Gott bipolar zu denken, dass auch ein Kennzeichen der Prozesstheologie ist, aufgenommen und dem Gedanken seine eigene Prägung gegeben.

Iqbal versucht Gott in einem ebenfalls panentheistischen Entwurf als weltumfassend und begleitend zu verstehen, und zwar als ein Sein, das nicht unbegrenzt in dem Sinne ist, dass es aus einer unbegrenzten Zahl an begrenzten kontingenten Seinsweisen bestehen würde. Vielmehr versteht er Gott als kategorisch anders, ohne ihm allerdings ein Maß an Verschiedenheit zuzuschreiben, dass eine Beziehung zum kontingenten Sein unmöglich machen würde. Bei aller Verschiedenheit von der Welt stellt Gott für Iqbal doch auch den Urgrund des Seins dar, so dass auf diese Weise eine Bezogenheit der Welt auf Gott bzw. eine Abhängigkeit der Welt von Gott zu denken ist:

> Wahre Unbegrenztheit meint keine unbegrenzte Ausdehnung, die nur über ein Einbegreifen aller begrenzten Ausdehnungen erfasst werden kann. Ihre Natur

> besteht aus Intensität nicht aus Ausdehnung. Wenn wir uns auf Intensität fokussieren, fangen wir an zu sehen, dass die begrenzten Selbste unterschieden, aber nicht isoliert vom unbegrenzten Selbst sind.[35]

Die Gemeinsamkeit von unbegrenztem Gott und begrenzter Schöpfung versucht Iqbal so zu verstehen, dass er die Schöpfung als Ausdruck von Gottes unbegrenztem Bewusstsein versteht. Sie ist in diesem Ansatz in ihrer Ausdrucksgestalt ebenso unbegrenzt wie Gott und doch zugleich begrenzt aufgrund der unbegrenzten Veränderung in Gottes Bewusstsein, der sie folgen muss.[36] Die Begrenztheit und Kontingenz liegt hier also in der logischen Abhängigkeit der Welt von Gott begründet, nicht in ihrer Temporalität oder Begrenztheit.

Aus den Formulierungen Muḥammad Iqbals geht hervor, dass er sich in Bezug auf das Handeln Gottes um eine Verhältnisbestimmung von Gott und kontingentem Sein bemüht, ohne dabei den personalen Aspekt der Gotteskonzeption zu negieren.[37]

Die Gott-Mensch-Relation in Bezug auf ein Handeln in der Schöpfung sieht Iqbal folgendermaßen:

> Die Wahrheit ist, daß die gesamte theologische Kontroverse, die sich auf die Vorherbestimmung bezieht, auf reiner Spekulation ohne jeden Blick auf die Spontaneität des Lebens, die eine Tatsache der Erfahrung ist, beruht. Zweifelsohne stellt das Auftauchen von Egos, die mit der Macht von spontanem und daher unvorhersehbarem Handeln begabt sind, auf gewisse Weise eine Begrenzung der Freiheit des allumfassenden Ego dar. Doch diese Begrenzung ist nicht von außen auferlegt. Sie ist aus Gottes schöpferischer Fähigkeit geboren, wobei Gott endliche Egos dazu ausersehen hat, an seinem Leben, an seiner Macht und an seiner Freiheit teilzuhaben.[38]
>
> [...]Und in diesem Prozeß fortschreitender Veränderung wird Gott zu seinem Mitarbeiter [...].[39]

Im Gegensatz zu al-Ġazālī vertritt Iqbal also die Auffassung, dass Gott den Menschen in einer freiwilligen Selbstbeschränkung am kreativen Schaffensakt teilhaben lässt. Gott bestimmt sich in seiner Freiheit gewissermaßen dazu, sich von der Freiheit des Menschen bestimmen zu lassen. Der Gefahr, dass der Mensch mit seinem Handeln in Konkurrenz zu Gottes Handeln gedacht werden kann, indem beide kategorial nicht unterschieden werden, begegnet Muḥammad Iqbal, indem er Gott als absolutes Sein setzt und dem Menschen als begrenztes. Zugleich zieht er aber auch eine rein freiheitsphilosophische Unterscheidung ein, die eben – wie das Zitat oben deutlich macht – die

---

35 MUHAMMAD IQBAL, Die Wiederbelebung des religiösen Denkens im Islam. Aus dem Englischen von Axel Monte und Thomas Stemmer. Verlag Hans Schiler o.O. 2003, 146.
36 Vgl. ROBERT WHITTEMORE, Iqbal' s Panentheism. In: Iqbal Review 7 (1966) 63-77, hier 68.
37 Vgl. ebd., 74.
38 IQBAL, Wiederbelebung (Anm. 34), 106.
39 Ebd., 36.

Selbstbegrenzung der göttlichen Freiheit durch Relationalität auf menschliche Freiheit hin als Ausweis der Macht dieser Freiheit versteht.

In Ansätzen geht Iqbal hier den Weg, den Entwurf Ibn ʿArabīs und prozesstheologischen Entwürfen solche Modifikationen zu geben, die es erlauben, dass Gott als der Grund des Seins verstanden wird und die Schöpfung als Folge des so bestimmten Seins Gottes verstanden werden kann. Konsequenterweise muss dann aber eine ontologisch bestimmte Gott-Schöpfung-Relation, aufgegeben werden, um der Freiheit des Menschen durch die stärkere Betonung der Andersheit zwischen Gott und Mensch mehr Raum zu geben. Dies dürfte insofern nicht unmöglich sein, als dass durch die Differenz in Gott selbst die Schöpfung aufgehoben bleibt und die Idee der Korrespondenz zwischen Gott und Mensch weiter gangbar ist.

5. Muslimische Vermittlungsmodelle im Dialog mit Reinhold Bernhardt

Meine eigene Position zur Tragweite und Vermittlungskraft der klassischen Vermittlungsmodelle zum Handeln Gottes dürfte zwischen den Zeilen immer wieder deutlich geworden sein. Ich kann im Rahmen dieses knappen Beitrages die ausgelegten Fäden nicht mehr zu einer Position zusammenführen, sondern nur andeuten, dass die dargestellten muslimischen Positionen der Tradition offensichtlich dahingehend konvergieren, dass sie Gott als den immer schon souverän Schaffenden denken, ohne dieses Schaffen als Wesensnotwendigkeit in sein Sein eintragen zu wollen. Gott bleibt der in der Schöpfung Freie, so dass seine Differenz zur Schöpfung als Freiheitstat Gottes zu denken ist. Zumindest angedeutet habe ich, dass mir diese Grundposition eine Explikation im Rahmen relationaler Ontologie zu erfordern scheint, die einerseits eine grundlegende Polarität in Gott zu denken versucht, die ihn als den Beziehung frei Schenkenden zu denken erlaubt und die andererseits den Selbstand der Schöpfung gerade in ihrer von Gott ermöglichten Relationalität erkennt.

Ausgehend von dieser Konzeption will ich abschließend in das Gespräch mit Reinhold Bernhardts eigenem Vermittlungsvorschlag eintreten. Ich möchte mich dabei auf zwei Fragen konzentrieren, die mir für die mir vor Augen stehende Option zentral zu sein scheinen und die mich dazu bringen, gewisse Reserven gegenüber Bernhardts Denkangebot anzumelden: 1.) Muss aufgrund der von Reinhold Bernhardt einleuchtend dargelegten Probleme eines interventionistischen Handelns, diese Idee wirklich gänzlich aufgegeben werden? Wo liegen die Chancen und Möglichkeiten eines solchen Denkens? Und müsste die Vorstellung eines personalen Gottes nicht doch stärker entfaltet werden – um der Ansprechbarkeit Gottes willen? Und 2.) Kann Gott aufgrund des Modells der wirkenden Präsenz wirklich von der Verantwortung für das Leid in der Welt freigesprochen werden? Ja, kann Bernhardts Modell als Fortschritt im Blick auf die Theodizeefrage gewertet werden oder verschärft sie sie ungewollt?

Ad 1.) Wie selbstverständlich die islamische Theologie auch in der Gegenwart von einem interventionistischen Verständnis bezüglich des Handelns Gottes ausgeht, lässt sich anhand des Beitrags von Mahmoud Ayoub im vorliegenden Sammelband illustrieren. Zunächst erläutert Ayoub Gottes Handeln in noninterventionistischer Weise, indem er – ganz im Einklang mit Reinhold Bernhardt und der Tradition kausalanalytischer Theorien vom Wirken Gottes in der Welt Gottes Schöpferkraft im Sinne einer Bereitstellung der kausalen Struktur für die Schöpfung versteht.[40] Gott wird hier also als der Grund des Seins verstanden, der die Strukturen und Kausalitäten bestimmt, nach denen die Schöpfung entsteht, wird und vergeht. Diese Art des Handelns Gottes könnte man im Sinne einer *creatio continua* als beständiges Schöpferwirken Gottes verstehen. Will man al-Ġazālī an dieser Stelle stark machen, könnte man auch dieses beständige Schöpferwirken als das von ihm betonte ständige Eingreifen Gottes verstehen, das deutlich macht, dass jeder Augenblick nur durch Gottes Tat existieren kann. Im Grunde geht es hier aber um eine Vorstellung, die die Eigengesetzlichkeit der Schöpfung völlig in Takt lässt und nur ihre restlose Abhängigkeit von Gott betont.

Die zweite Vorstellung vom Handeln Gottes, die sich bei Ayoub findet, hat nun eindeutig interventionistische Züge. Sie wird von ihm charakterisiert als gelegentliche Durchbrechung gerade dieser Gesetzmäßigkeiten, deren Ergebnisse er dann als Wunder bezeichnet. Ohne hier schon die daran anknüpfende Theodizeeproblematik anzuschneiden, ergeben sich für mich folgende Fragen: Kann zunächst nicht das, was einem Menschen unerklärlich erscheint und deshalb als Wunder verstanden wird, nicht auch an einem derart komplexen Zusammenspiel kausaler Faktoren liegen, die sich der menschlichen epistemischen Fähigkeiten (noch) nicht erschlossen haben? Und was wäre zudem der theologische Mehrgewinn von einem wundertätigen Gott, der die von ihm gegeben Gesetze gelegentlich durchbricht? Unbestritten lassen sich Wunder als Ausdruck der Allmacht Gottes, seiner Größe und Verbundenheit mit den Menschen wie im Fall von Moses Auszug aus Ägypten oder dem Schutz Abrahams angesichts des Feuers deuten. Aber – und das Eröffnen dieser Denkmöglichkeit scheint mir die Stärke von Bernhardts Denken zu sein – ließe sich die Macht Gottes und seine konkrete Sorge um den Menschen nicht auch noch einmal anders als in mirakulöser Weise denken?

Zudem sollte bedacht werden, dass Wunder, wenn sie als solche verifiziert werden, dem Menschen im Prinzip keine Möglichkeit einer rationalen Entscheidung für Gott oder gegen ihn lassen. Ein Wunder überwältigt und zwingt dadurch geradezu, an Gott zu glauben – zumindest dann, wenn es als solches unabweisbar ist. Eine Theologie, die die Wertschätzung des Menschen über einen freiheitstheologischen Ansatz gewährleisten möchte, sollte hier Vorsicht walten lassen.

---

[40] MAHMOUD AYOUB, Jesus Christus als Wort Gottes, in diesem Band, 95.

Bedeutet die Abwehr eines mirakulösen Eingreifens Gottes nun aber eine grundsätzliche Kritik jedes Interventionismus? Kann man sich also auf Reinhold Bernhardts Modell einer wirkmächtigen Präsenz Gottes beschränken und muss man sich von einem konkreten Eingreifen Gottes in den Lauf der Geschichte verabschieden? Ein solcher Weg scheint mir insbesondere im Blick auf die muslimischen Vollendungshoffnungen kaum gangbar zu sein. Eine grundsätzliche Ablehnung eines in spezifischer Weise wunderwirkenden Gottes ist aber auch schon innergeschichtlich und nicht erst am Ende der Geschichte keine zwingende Lösung, will man die in der islamischen Tradition fest verankerte Möglichkeit offenhalten, dass Gott sich dem einzelnen Menschen persönlich zuwendet und sein Lebensschicksal formt. Ich plädiere also dafür, die persönliche Erfahrung des glaubenden Menschen ernst zu nehmen und wüsste nicht, wieso ich das in Christentum und Islam gut bezeugte Wunderwirken Gottes ablehnen sollte, dann, wenn es als persönliches Zeugnis einer besonderen Erfahrung der Gottesnähe und des Gelingens und nicht als naturwissenschaftlich verifizierbare Tatsache verstanden wird. In diesem Zugang wäre die Definition eines Geschehens als Wunder also in der Perspektive des Betrachters begründet und würde somit nur innerhalb dieses Beziehungsgeschehens etwas über das Ereignis an sich aussagen. Die Frage nach der Existenz eines interventionstischen Handelns Gottes wäre also schon im Ansatz falsch gestellt, weil es nicht darauf ankommt, ob Gott Naturgesetze durchbricht oder nicht, sondern dass er sich den Menschen mitteilt und ihnen Wege in seine Wirklichkeit eröffnet. Dies geschieht immer konkret und geht über das hinaus, was Reinhold Bernhardt in seinem Modell zu konzedieren bereit zu sein scheint.

Gott handelt m.E. allerdings auch noch auf einer weiteren Ebene, die Mahmoud Ayoub nicht erwähnt. Sie wird von Reinhold Bernhardt anhand der Frage diskutiert, inwieweit Gott durch Menschen handelt. Hier scheint mir das Potenzial, das in dem von Bernhardt zitierten Ausspruch von Theresa von Avila von Gottes Wirken durch das Wirken des Menschen liegt, noch nicht völlig ausgeschöpft.[41]

Während Bernhardt den Menschen als ausführendes Organ von Gottes Willen versteht, wobei Gott dann die erste Ursache wäre und der Mensch die zweite, lässt sich m. E. auch denken, dass der Mensch, dadurch dass er ganz der Mensch ist, so wie er von Gott gemeint ist, in seinem Menschsein als ein Ausdruck Gottes verstanden werden kann. Das meine ich jetzt nicht im Sinne eines ausführendes Organs, indem der Mensch konkrete Dinge tut, die Gott getan haben möchte, sondern indem der Mensch einen kreativen Ausdruck seiner selbst sucht und damit Gottes unbegrenzten und kreativen Willen tut, entsprechend der folgenden Überlieferung:

---

[41] Vgl, den Beitrag von Bernhardt in diesem Band, 28.

> [...] Mein Diener nähert sich Mir durch freiwillige gute Werke (*nawāfil*), bis Ich ihn liebe und wenn Ich ihn liebe, bin ich das Ohr, mit dem er hört und das Auge, durch das er sieht, die Hand, mit der er greift und der Fuß, mit dem er geht. [...].[42]

Ein weiteres Problem, das sich in meiner Lektüre Reinhold Bernhardts ergibt, sei wenigstens noch angedeutet: Auch wenn Bernhardt seinen Entwurf für anschlussfähig an ein personales Gottesverständnis verstehen möchte, bleibt Gott als anzusprechendes Du m.E. nur vage konzipiert. Spätestens im Gebet, wo Gott als das Du verstanden werden kann, das der Mensch zur Ich-Werdung braucht, stellt sich die Frage nach einem ausdifferenzierten Personenkonzept in Bezug auf Gott, wenn Gebet nicht alleine auf einer innersubjektiven Wirkungsebene verstanden bleiben soll. Hier scheinen mir die mitunter recht apersonalen Metaphern in Bernhardts Entwurf – wie etwa die von Pannenberg übernommene Rede von einem Kraftfeld – doch in eine andere Richtung zu gehen. Und auch die Rede von einer Präsenz unterbietet deutlich das, was personales Handeln normalerweise ausmacht.

Zusammenfassend kann also aus einer islamischen Perspektive festgehalten werden, dass Gottes Handeln zum einen durch sein Dasein als Grund des Seins gedacht werden kann und zum anderen Gottes Handeln in den Koordinaten eines personalen Gotteskonzepts durch das Handeln des Menschen einen sichtbaren und spürbaren Ausdruck erhalten kann und Gott somit in der Welt erfahrbar wird. Zugleich ist dieser Gott aber auch als Gegenüber ansprechbar und erfahrbar und nach meinem Dafürhalten nicht nur als Kraftfeld oder Präsenz.

Dass Reinhold Bernhardt ein eher vages personal profiliertes Gottesverständnis hat, wirkt sich in nachdrücklicher Weise auch auf seine Behandlung der Theodizeefrage aus.

Ad 2.) Durch die folgende Formulierung Reinhold Bernhardts wird der Dramatik, die m.E. in der Theodizeefrage liegt, in problematischer Weise ihre Spitze genommen: „Verfehlungen der Schöpfungsbestimmung und Verstöße gegen sie können und müssen demnach nicht Gott angelastet werden. Sie gehen aus der sich u.U. vom Schöpfer abwendenden oder sich sogar gegen ihn wendenden Einflusssphären hervor.“[43] Damit bemüht sich Bernhardt ganz im Einklang mit der traditionellen Theodizee um eine Entschuldung Gottes und nimmt der Rückfrage an ihn die ihr innewohnende Schärfe. Er gibt hier den traditionellen Allmachtsgedanken auf und plädiert für ein Gotteskonzept des verborgen wirkenden und die Freiheit des Menschen gewährenden Gottes.

---

[42] ṢAḤĪḤ AL-BUḪĀRĪ, Kapitel 84 (ar-Raqāq), Abschnitt 38 (at-Tawāduʿ), Nr. 6137 [keine weiteren Angaben]. In einer leicht differenten Version ebenfalls zu finden in Ṣaḥīḥ Buḫārī, Bd. 8, Kap. 7, Nr. 507. In: http://www.cmje.org/religious-texts/hadith/bukhari/076-sbt.php, 29.08.2012.

[43] Vgl. REINHOLD BERNHARD, in diesem Band, 13-34.

Zu diesem Schluss kommt Reinhold Bernhardt, indem er zunächst in seinem theologischen Entwurf für eine Konzeption des Wirkens Gottes plädiert, das nicht in Konkurrenz zu menschlichem oder naturgesetzlichem Handeln stehen, sondern mehr als ihr Grund verstanden werden sollte. Wie bereits dargelegt, ist die Vorstellung, Gott nicht auf einer Stufe mit menschlichem Handeln zu setzen und womöglich gar in Konkurrenz dazu, auch ein Anliegen, dem sich die Islamische Theologie stellen sollte; u.a. der theologische Entwurf al-Ġazālīs müsste an dieser Stelle präzisiert werden. Denn die Vorstellung der Erst- und Zweitursache, wie sie islamischerseits unter anderem eben auch von al-Ġazālī vertreten wird, kann nicht ganz vermeiden, Gott als zu eng in kontingenten Seinsweisen zu erfassen und ihn folglich ungewollt seiner Größe zu berauben.

Dennoch scheint es mir problematisch zu sein, wenn Gott so sehr von der Verantwortung für den Weltablauf enthoben wird, wie das bei Reinhold Bernhardt der Fall zu sein scheint. Im Entwurf von Bernhardt scheint Gott fast entlastet vom Leid in der Welt. Denn auch wenn Gottes Wirken kategorial anders als das Handeln des Menschen ist, ist es doch dessen ermöglichender Grund und dadurch von ihm geprägt. Also auch wenn Gott in erster Linie als Seinsgrund der Welt verstanden wird, so bleibt doch auch hier die Frage ungelöst, warum die Beschaffenheit dieser Welt so gestaltet ist, dass sie Leid hervorbringt.

Von daher kann auch Reinhold Bernhardt der Theodizeefrage nicht entkommen. Dadurch dass er die Personalität und Verantwortlichkeit Gottes aber so weit zurücknimmt, entsteht ein gravierendes Problem. Ihm droht die Möglichkeit verloren zu gehen, in den Koordinaten einer praktischen Theodizee die Klage über das Leid an Gott zu adressieren. Denn ein so stark entschuldeter Gott kann kaum noch als Gegenüber des Protests und als Anstoß für Klage und Anklage dienen. Der scheinbare Gewinn der Theodizee erweist sich so als Bumerang, der den Menschen aus der Gottesbeziehung herauslöst, die allein Antwort auf seine Klagen und Fragen sein kann. Denn keine theologische Theorie vom Wirken Gottes in der Welt vermag den Menschen mit Gott zu versöhnen, sondern nur die Erfahrung seiner Zugewandtheit für den Menschen, wie sie etwa durch den Akt der Rezitation des Qurʾān erfahrbar wird oder zwischenmenschlichen Begegnungen, in denen die Gegenwart Gottes zum Ausdruck kommt.

Deshalb sollte eine theologische Theorie von Handeln Gottes auch hineinführen in die personale Gegenwart Gottes und von dem Beziehungsgeschehen her denken, das sich durch Gottes Rede an den Menschen eröffnet. Sie wird dabei gerade in ihrer personalen Ausgestaltung auch die Vorstellung eines Handelns Gottes durch Menschen entwickeln, die hilft, nicht bei der Klage Gott gegenüber stehenzubleiben, sondern in ein solidarisches Handeln zu finden, das schließlich durch Gottes Begrenzungsmacht vollendet wird. Gerade die Gewissheit, dass die Geschichte in Gottes Händen bleibt und von ihm zum Guten gewendet wird, scheint mir hier völlig unverzichtbar zu sein, will man dem Schrei nach Rettung der ungerecht Leidenden eine machtvolle Hoffnung entgegen setzen (Q 22:30-40). Gottes Macht würde dann in der Mächtigkeit der Menschen im Protest gegen ein Leid, das nicht sein soll, sichtbar werden und könnte als Hoffnungsträger über die Vision einer vom Leid befreiten Welt weitere Kräfte freisetzen – immer im Wissen um das Versprechen des je größeren Gottes, der die Geschichte in seinen Händen behält und zu einem guten Ende führen wird.

CAFER SADIK YARAN

Theodizee im Islam

1. Begriffsdefinition und Verortung der Fragestellung in der islamischen Tradition

Unter dem Terminus „Theodizee“, der aus den Wörtern „Gott“ und „Gerechtigkeit“ zusammengesetzt ist, wird die Frage nach der Existenz Gottes und seiner Gerechtigkeit im Hinblick auf die Frage nach dem Leid in der Welt und die Suche nach Antwortmöglichkeiten für dieses Spannungsverhältnis verstanden. Die Suche nach Antworten bezieht sich dabei sowohl auf Interessensfragen (gläubiger Menschen) als auch auf Anfragen aus atheistischer Perspektive. Es lassen sich dabei zwei Arten des Leidens feststellen: das *malum morale,* das durch die moralische Verkommenheit und Grausamkeit einiger Menschen, die Anderen ungerechterweise Schäden und Schmerzen bereiten, verursachte Leid; und das *malum physicum,* das wie Naturkatastrophen und Erdbeben zwar natürlichen Ursprungs ist, doch ebenfalls Elend und Leid mit sich bringt. In Theologie und Philosophie wird das Leiden dabei bereits seit Urzeiten problematisiert – man denke nur an das Buch Ijob in der Hebräischen Bibel oder an antike Philosophen wie Epikur.

Doch bevor wir in unser eigentliches Thema unter dem oben stehenden Titel einsteigen möchten, wollen wir kurz auf die Frage eingehen, ob die Theodizeefrage in den Quellen des Islams und der Geschichte der islamischen Theologie überhaupt eine Rolle spielt. Denn sowohl manche muslimische wie auch nichtmuslimische Autoren vertreten die Ansicht, dass der Islam kein Problem weltlichen Leids kenne und somit bei ihm auch keine Theorie der Theodizee vorhanden sei.[1] Ob es daher im Islam die Problematisierung des Leides und folglich auch die Theodizee überhaupt gibt, stellt somit eine zentrale Frage dar, die vor dem eigentlichen Themeneinstieg zu beantworten ist.

Die Antwort kann dabei kurz und eindeutig ausfallen, da sich die Theodizeefrage in der islamischen Tradition durchaus finden lässt. So wird sie seit jeher sowohl im Qur'ān als auch in der islamischen Theologie aufgegriffen. Vor allem die letzten zwei, kürzesten Kapitel des Qur'āns belegen unwiderruflich, dass auf der Welt moralisches und natürliches Übel vorhanden sind, wobei es ausreicht dies am Beispiel eines ausgewählten Kapitels zu verdeutlichen: „Sprich: «Ich nehme meine Zuflucht zum Herrn des Frühlichts vor dem Bösen, das er schuf, und vor dem Bösen des Dunkels, wenn es herein-

[1] Vgl. R.M. GREEN, Theodicy. The Encyclopedia of Religion, New York 1987, Bd. 14, 438.

bricht, und vor dem Bösen der Frauen, die auf Knoten spucken, und vor dem Bösen eines Neiders, wenn er neidet.»" (Q 113:1-5)

Während die ersten Verse vom *malum physicum* handeln, sprechen die darauffolgenden vom *malum morale*. Doch verbleibt der Qurʾān nicht auf einer bloß deskriptiven Ebene in der Beschreibung des Leides, sondern versucht die Frage nach dem Leid auch zu diskutieren. So wird im Qurʾān ebenfalls darauf eingegangen, warum auch Rechtschaffene unmoralischen Menschen und diversen anderen Schicksalsschlägen ausgesetzt sind und darunter leiden, wo doch Gott, der Allmächtige, unendlich Barmherzige und Liebende letztere erschuf und über sie regiert. Beispielsweise thematisiert der Qurʾān die Frage eines Teils der Gefolgschaft des Propheten Muḥammad nach ihren zermürbenden Erfahrungen im Uhud-Krieg: „Wie? Als euch ein Unglück traf – ihr hattet Doppeltes zugefügt –, da spracht ihr: «Woher kommt denn das?» Sprich: «Das kommt doch von euch selbst!» Siehe, Gott ist aller Dinge mächtig." (Q 3:165) An beiden Zitaten wird daher gut deutlich, dass im Qurʾān sowohl die Existenz des Bösen thematisiert, als auch die Frage nach der Ursache des Übels und dessen Beantwortung, die Theodizee, enthalten ist: So wird beispielsweise auf die oben stehende Frage nach der Ursache des Leides geantwortet: „Sprich: ‚Das kommt doch von euch selbst.'"

Weiterhin beschränkte sich die Thematisierung der Theodizee im Islam nicht auf die Zeit der Herabsendung des Qurʾāns, sondern wurde auch danach noch verhandelt, sodass sich eine ausgiebige Theodizeeliteratur entwickelte, für deren Überblick es an dieser Stelle beispielhaft ausreicht auf das Werk Eric Ormsbys aus dem Jahr 1984 zu verweisen.[2]

Insgesamt ist an dieser Stelle nochmals anzumerken, dass das Theodizeeproblem, das hier verhandelt wird, neben den gläubigen Muslimen, ebenfalls für Nicht-Muslime und Atheisten von Interesse sein kann, wobei sich an dieser Stelle aber wichtige Unterschiede feststellen lassen. Während das Problem von ersteren nämlich teilweise recht einfach oder subtil gelöst werden kann, stellt es zumindest für Atheisten oft ein entscheidendes Problem und den Hauptgrund für die Ablehnung des Glaubens an die Existenz Gottes dar.

Im Folgenden soll das Theodizeeproblem daher so verhandelt werden, dass die Darstellung den Anspruch erhebt, sowohl für Gläubige als auch für Atheisten gleichermaßen verständlich zu sein, indem versucht werden soll, das Theodizeeproblem logisch zu durchdringen. Erst im Anschluss soll abschließend in einem praktischeren Teil speziell auf Ratschläge für gläubige Menschen im Hinblick auf das Theodizeeproblem eingegangen werden.

---

2 ERIC L. ORMSBY, *Theodicy in Islamic Thought.* The Dispute Over al-Ghazali's Best of All Possible Worlds, Princeton 1984.

2. Zur logischen Struktur einer Theodizee

Eine Formel, die auch für die Theodizee als allgemeingültig angenommen werden kann ist die „Modus Ponens" – Schlussregel: Wenn gilt „aus A folgt B und A ist wahr", dann gilt auch „B ist wahr". Auf das Theodizeeproblem angewandt, können mit Hilfe der Schlussregel folgende Prämissen aufgestellt werden, die im Weiteren jeweils näher erläutert werden sollen.

Wenn das Übel eine Voraussetzung für ein höheres Gut ist, können diejenigen, die dieses Übel zulassen, nicht der Bösartigkeit bezichtigt werden.

Das auf der Welt vorhandene Übel – sowohl *malum morale* als auch *malum physicum* – sind notwendige Bedingungen für ein solches höheres Gut.

Ad 1) Sollte Prämisse 1) zutreffen, kann Gott auch aus atheistischer Perspektive, angesichts des Leides, das er zulässt, nicht der fehlenden Güte bezichtigt werden. Ebenso wenig können seine Existenz und die Attribute, die ihm in den theistischen Religionen üblicherweise zugeschrieben werden, vor diesem Hintergrund als widersprüchlich zurückgewiesen werden.

Ad 2) Wenn das Übel eine notwendige Bedingung für ein höheres Gut ist, sollte Gottes Güte und seine Hilfestellung nicht angezweifelt werden; vielmehr ginge es dann darum ein richtiges Verhältnis zum Leiden zu gewinnen.

Im Folgenden soll nun die logische Struktur der Prämissen näher erläutert werden bzw. es soll auf den Wahrheitsgehalt der Prämissen und deren Argumentationsbasis näher eingegangen werden. Es ist hier gleich anzumerken, dass die zweite Prämisse die wesentlichere Schlussfolgerung darstellt, nach deren Prinzip alle systematischen Theodizeen aufgebaut sind und auch wir dieser Prämisse die Argumentationen im Hinblick auf das Theodizeeproblem anfügen werden, die wir als überzeugend ansehen. Doch soll zunächst beim ersten Grundsatz eingestiegen werden, der zumeist nicht separat erwähnt wird bzw. an den Anfang einer Diskussion des Theodizeeproblems gesetzt wird.

Umformulierung von 1) Wenn das Übel eine obligatorische Grundvoraussetzung für ein höheres Gut bzw. für bessere Resultate ist, können diejenigen, die dieses Übel gestatten, nicht der Bösartigkeit beschuldigt werden.

Der Wahrheitsgehalt der ersten These kann durch verschiedene Beispiele erläutert werden. Das prominenteste ist sicherlich der oft unvermeidliche Schmerz, der Patienten im Rahmen ärztlicher Behandlung zugefügt wird, aber der Wiedererlangung der Gesundheit dient. Man würde in diesem Zusammenhang daher nicht auf die Idee kommen, Ärzte der Boshaftigkeit zu bezichtigen, sondern sie vielmehr entschuldigen, da sie entgegen den augenscheinlich zugefügten Schmerzen keinen Fehler begehen, sondern in Wirklichkeit Gutes verrichten. Die Ärzte sind in diesem Fall daher verpflichtet, das kleinere Übel zu akzeptieren, um dadurch besseren Zwecken zu dienen.

Weiterhin finden sich Beispiele aus der Kindererziehung. Ein bekanntes Problem stellt dabei die überbehütende Erziehung einiger Eltern dar, die dazu führen kann, dass ein Kind seine Person und das eigene Selbstbewusstsein nur unzureichend entfalten kann, abhängig von anderen bleibt und sich daher nicht zu einer starken Persönlichkeit entwickelt. Die Pädagogik rät Eltern, die ihre Kinder zu selbständigen, selbstbewussten und starken Individuen erziehen möchten, die mit Hürden alleine zurechtkommen sowie eigene Entscheidungen fällen können, daher Überbehütung zu vermeiden und die Kinder in einem gesunden Maße auch Herausforderungen auszusetzen, die sie selbstständig bewältigen müssen. Eltern, die ihre Kinder wirklich lieben und dem Leben ihrer Kinder dienen wollen, werden sie daher in Freiheit erziehen, die einschließt, dass Risiken eingegangen und auch falsche Entscheidungen getroffen werden, weshalb im Hinblick auf die Entwicklung nachhaltiger Kompetenzen der Kinder kleine und kurzfristige Fehlentscheidungen zugelassen werden sollten.

Ebenso könnte das Beispiel von Wettrennen wie dem Autorennen der *Camel-Trophy* genannt werden, bei dem es besonders darum geht, das Durchhaltevermögen und die Teamfähigkeit der Teilnehmer/-innen auf die Probe zu stellen. Zu diesem Zweck werden die Rahmenbedingungen des Rennens so modifiziert, dass diese strapaziöser Natur sind. Die Veranstalter, die diese Regeln daher mit guter Absicht für hehre Zwecke aufstellen, können auch in diesem Fall nicht der Boshaftigkeit bezichtigt werden, wenn man nur bedenkt, aus welchem Grund die Regeln aufgestellt wurden.

Die oben genannten Beispiele lassen sich daher alle als Untermauerung des Wahrheitsgehaltes des ersten Leitsatzes anführen, wobei die Theodizee des je größeren Gutes, die hier vertreten wird, auch bei westlichen Denkern bekannt ist.[3] Im Qur᾽ān wird die Idee des je größeren Gutes zwar nicht direkt im Hinblick auf das Theodizeeproblem erwähnt; sie lässt sich aber durchaus finden und auf das Theodizeeproblem übertragen. So heißt es in einem Vers des Qur᾽āns, dass für das Eintreten des Besseren manchmal das weniger Gute akzeptiert werden muss. Das darf allerdings nur aus bestimmten Gründen und aus der Weisheit Gottes heraus geschehen: „Tilgen wir einen Vers oder stellen ihn dem Vergessen anheim, so bringen wir einen besseren als ihn oder einen, der ihm gleicht. Weißt du denn nicht, dass Gott aller Dinge mächtig ist?“ (Q 2:106)

In einem weiteren Ausspruch des Qur᾽āns heißt es, dass das jenseitige Leben das Diesseits um Vieles überbietet. „Doch nein, ihr zieht das Leben hier im Diesseits vor, wo doch das Jenseits besser ist und bleibender.“ (Q 87:16-17) Demzufolge ist ein besseres und beständiges Resultat manchmal an Schwierigkeiten geknüpft und kann erst dann erzielt werden, wenn der Mensch sich mit dem Mühseligen zufrieden gibt.

Umformulierung von 2) Das auf der Welt bestehende Übel – sei es von Menschenhand gemacht oder natürlichen Ursprungs – ist eine notwendige Bedingung für ein je höheres Gut.

[3] Vgl. RICHARD SWINBURNE, Providence and the Problem of Evil, Oxford 1998, 13.

Nun kommen wir auf den zweiten wichtigen Leitsatz und seinen Nachweis zu sprechen, der in der Hinterfragung des Leidens von entscheidender Natur ist. Dabei besagt die oben stehende Prämisse, dass bestehendes Leiden für ein je höheres Gut notwendig sei. Wenn der Frage nachgegangen wird, worin dieses Gute bestehe, antworten westliche Autoren in der Regel, dass dieses Gute die Freiheit sei, wie beispielsweise Alvin Plantinga, der die Bedeutung der Willensfreiheit hervorhebt.[4]

Wenn wir hier zunächst von einigen großen Denkern oder Islamwissenschaftlern absehen, finden wir jedoch sowohl im Qur᾿ān selbst, als auch innerhalb der muslimischen Bevölkerung einen anderen Schwerpunkt, nämlich die Rede von der weltlichen Prüfung.[5] Es handelt sich hier um zwei unterschiedliche Herangehensweisen, da der Aspekt der irdischen Prüfung in der modernen-westlichen Argumentation kaum auftaucht.[6] Auch wird der Prüfungsaspekt in philosophisch-islamwissenschaftlichen Diskursen kaum thematisiert, obwohl der Qur᾿ān ihm viele Verse widmet.[7]

Entgegen der geringen Beachtung im wissenschaftlichen Diskurs, ist der Prüfungsaspekt dagegen sowohl im Qur᾿ān als auch im weit verbreiteten Volksmund der Muslime für die Theodizee das zentrale Argument schlechthin und für uns daher sehr wichtig. So werden im Qur᾿ān mehr als 20 Verse aufgeführt, die das Phänomen der *Prüfung* und ihre Zusammenhänge behandeln.

Im Folgenden soll die Ansicht vertreten werden, dass beide Positionen, das heißt Freiheit und weltliche Prüfung als Explikation des je höhere Gutes miteinander verbunden werden können, anstatt sie getrennt zu betrachten. Auf diese Weise können sich westliche Denkweise und islamische Perspektive einander näher kommen. Aus der Symbiose beider Standpunkte könnte dabei folgende Maxime entstehen: Um geprüft werden zu können, muss der Mensch Willensfreiheit besitzen, aber damit die Freiheit als wertvoll angesehen werden kann, muss sie durch Prüfungen hindurch errungen werden.

Denn die *Werthaftigkeit* der Freiheit hängt davon ab, dass sie auf dem Wege des Fleißes und der Anstrengung gewonnen wurde. Es ist also wichtig, das Argument weltlicher Prüfung nicht als das zentrale Argument innerhalb der Theodizee von den anderen Argumenten zu isolieren, sondern sie im Zusammenhang zu sehen. Diese Einsicht will ich im Folgenden dadurch vertiefen, dass ich die Argumente nacheinander referiere und so in ihrem logischen Zusammenhang einsichtig mache. Ich will sie dabei noch mit weiteren Argumentationen im Hinblick auf die Naturgesetze, das menschliche Gewissen, der diesbezüglichen Botschaft Gottes und Gottes absoluter Gerechtigkeit und Allbarmherzigkeit im Jenseits vervollständigen. Vor allem die letzten

---

[4] Vgl. ALVIN PLANTINGA , God, Freedom and Evil, London 1975.

[5] Vgl. CAFER SADIK YARAN, Kötülük ve Teodise (= Das Böse und die Theodizee), Ankara 1997, 114.

[6] Vgl. JOHN HICK, Evil and the God of Love, London 1985.

[7] Vgl. METIN ÖZDEMIR, İslam Düşüncesinde Kötülük Problemi (= Das Problem des Bösen im islamischen Denken), İstanbul 2001.

beiden Argumente im Hinblick auf die Naturgesetze und das Leben nach dem Tod sind sowohl islamischer als auch westlicher Theodizeeliteratur geläufig. Im Folgenden sollen nun allerdings zunächst die ersten drei, bereits erwähnten Argumente näher diskutiert werden, bevor sie um die zuletzt angesprochenen Aspekte ergänzt werden.

3. Unterschiedliche Theodizeestrategien

a) Die Theodizee der Werthaftigkeit (value theodicy)

Weil Gott den Menschen als ein wertvolles Geschöpf erschaffen hat, ist es sein Wunsch, dass sich der Mensch auch als solches begreift, selbst dazu beiträgt seinen hohen Stellenwert zu erhalten und sich die Belohnung durch Gott selbst verdient. Dieser Wunsch Gottes kann teleologisch als eine grenzenlose Gunst für den Menschen bezeichnet werden. Die Richtigkeit dieser Aussagen lässt sich dabei bereits zu einem gewissen Grad aus dem Begriff Gottes und seiner Attribute als auch durch ihre Tradierung innerhalb der Heiligen Schriften ableiten.

Da Gott von allumfassender Güte ist, möchte er logischerweise auch das Beste für den Menschen. Das Gute für den Menschen besteht allerdings darin, sich anzustrengen, um in Gottes Augen und für sich selbst sowie innerhalb der Gesellschaft an Wert zu gewinnen, was ebenfalls logisch nachvollziehbar ist und durchaus annehmbar erscheint.

Für die Theodizee der Werthaftigkeit ergibt sich daraus die zentrale Fragestellung, welche erhabenen Gründe Gott bei der Erschaffung des Menschen gehabt haben könnte. In diesem Zusammenhang lässt sich dafür argumentieren, dass der hohe Stellenwert des Menschen gerade darin besteht, dass er die Liebe und Freundschaft sowie das Wohlgefallen Gottes erlangen und sich dessen als würdig erweisen kann, was innerhalb der heiligen Schriften, so beispielsweise im Qurʾān, wie folgt tradiert wird: „ […] Menschen […], die er liebt und die ihn lieben […]“ (Q 5:54); und weiterhin: „Wenn sie den Rücken kehren, dann wisst, dass Gott euer Schutzherr ist – wie gut ist er als Schutzherr und als Helfer!“ (Q 8:40), schließlich: „«O du befriedete Seele, kehre heim zu deinem Herrn, glücklich und zufrieden, und tritt ein zu meinen Knechten, und tritt ein in meinen Garten!»“ (Q 89:27-30)

Damit diese hohen Bestimmungen des Menschen allerdings nicht nur aus Gottes göttlicher Gnade heraus eintreffen, möchte er, dass der Mensch sich diese selbst verdient und sie damit umso wertvoller werden. Denn es kann dafür argumentiert werden, dass erst eigens erworbene und verdiente Ränge den Wert des Menschen erhöhen. So wird der Zusammenhang zwischen dem eigenen Bemühen des Menschen und den größten Belohnungen Gottes für diesen, die aus dem Paradies und seinem Wohlgefallen bestehen, im Qurʾān wie folgt verdeutlicht: „und dass dem Menschen nur das zuteil wird, wonach er strebte, und dass sein Streben sich alsbald zeigt und ihm in vollem Maß vergolten wird?“ (Q 53:39-41) Ebenfalls heißt es in zwei weiteren Versen: „«Siehe, das hier habt zum Lohn! Dank findet euer Streben.»“ (Q 76:22); und „Sprich: «Mein Herr würde sich nicht um euch kümmern, wenn euer Gebet nicht wäre […].»” (Q 25:77)

Es kann daher dafür argumentiert werden, dass der eigentliche Erschaffungsgrund des Menschen darin besteht, die Liebe und Nähe sowie das Wohlgefallen Gottes zu erlangen und dieser durch Gott verliehenen Werthaftigkeit bis zu einem gewissen Grade auch gerecht zu werden. Im Rahmen dieser individuellen Werterlangung muss der Mensch daher einige Prüfungen bestehen, was uns zum nächsten Gesichtspunkt, der Theodizee der Prüfungen führt.

b) Die Theodizee der Prüfungen (test theodicy)

Um an Wert zu gewinnen, muss der Mensch gewissen Prüfungssituationen unterzogen werden, unabhängig davon, ob sie für den einzelnen positiver oder negativer Natur sind. Der Zweck von Prüfungen ist dabei die Kompetenzen des Menschen zu fördern, wobei die menschliche Natur, als auch die externen Lebensbedingungen den Menschen mit Herausforderungen und Hürden konfrontieren.

Wie bereits argumentiert wurde, möchte Gott, dass der Mensch aus eigenem Antrieb heraus an Wert gewinnt und dafür die wertvollste Belohnung erhält. Damit dies die Belohnung schlechthin sein kann, muss sie durch eine Prüfungssituation erlangt werden, denn wenn dem nicht so wäre, würde es sich kaum um eine Belohnung für die Werthaftigkeit des Menschen handeln, da sie nicht aus menschlichem Verdienst, sondern allein aus Gottes Barmherzigkeit bestehen würde und weder der Mensch an sich, noch seine persönliche Glückseligkeit wirklich wertvoll wären. Wir können uns das Gesagte an einem einfachen Beispiel veranschaulichen, wenn wir uns ein Kind vorstellen, das bei einer wichtigen Prüfung die volle Punktzahl erreicht hat. Die Eltern des Kindes würden es daraufhin sicherlich sehr loben, doch das Lob schnell wieder zurücknehmen wollen, wenn sie später erfahren würden, dass der Lehrer jedem seiner Schüler die Note „sehr gut“ gegeben hat, ohne sie dafür überhaupt geprüft zu haben. Dementsprechend wird auch ein Schöpfer seine Geschöpfe prüfen, weil er sie ordnungsgemäß an Wert gewinnen lassen möchte und der einzige Weg hierfür auferlegte Lebensprüfungen, die mit Erfolg bestanden werden, darstellen, was in einem Vers des Qurʾāns ebenfalls wie folgt geschildert wird: „Rechnen die Menschen etwa damit, dass man sie sagen lässt: «Wir glauben!», ohne dass sie geprüft würden? Dabei prüften wir doch jene, die vor ihnen lebten. Wahrlich, Gott erkennt die genau, die die Wahrheit sagen, und er erkennt genau die Lügner.“ (Q 29:2-3)

Insgesamt fällt auf, dass der Umstand weltlicher Prüfung im Qur'ān nicht in einem ausschließlich negativen Zusammenhang erwähnt, sondern in einem umfassenden Kontext geschildert wird. Beispielsweise werden sich dabei auf das Leben und den Tod als Ganze, als auch auf den Sinn des Lebens bezogen, indem erläutert wird: „der den Tod schuf und das Leben, um euch zu prüfen, wer von euch am besten handelt – er ist der Mächtige, der bereit ist zu vergeben." (Q 67:2)[8] Auffällig ist hier daher besonders, dass Leiden erst gar nicht erwähnt, sondern die weltliche Prüfung im Gegenteil als etwas Positives verstanden wird.

Wie bereits oben unter dem vorausgehenden Abschnitt der „Theodizee der Werthaftigkeit" erläutert, zeigt die „Theodizee der Prüfungen" ebenfalls, dass es die Intention des Schöpfers ist, stets das Beste und Wertvollste für den Menschen zu bezwecken, dass Bürden und Herausforderungen aber unumgänglich sind, um ein positives Ergebnis bei der Prüfung zu erreichen, was der Qur'ān in folgenden Versen zum Ausdruck bringt: „Jede Seele bekommt den Tod zu schmecken. Wir stellten euch mit Bösem und mit Gutem auf die Probe, und zu uns werdet ihr zurückgebracht." (Q 21:35)[9] Und ferner: „Und wir teilten sie im Land in Stämme auf, darunter rechtschaffene und darunter auch andere. Und wir stellten sie auf die Probe, mit Gutem und mit Bösem, auf dass sie umkehren." (Q 7:168) Der Sinn und Zweck von weltlichen Prüfungen ist es daher aufrichtige und rechtschaffene Menschen aus der Masse von unmoralischen, skrupellosen und heuchlerischen Menschen hervorzuheben, was weiterhin in folgendem Vers verdeutlicht wird: „Dabei prüften wir doch jene, die vor ihnen lebten. Wahrlich, Gott erkennt die genau, die die Wahrheit sagen, und er erkennt genau die Lügner." (Q 29:3)

Wie der Gewinn an Wert jedoch die Prüfungen erforderte, erfordern auch selbige wiederum zwei Bedingungen:

die Freiheit sich für das Gute oder Schlechte zu entscheiden und dieses in die Tat umzusetzen;

sich in einer natürlichen Umgebung zu befinden, kurz auf dieser Welt zu leben, in der sowohl Gutes als auch Schlechtes, Leichtigkeit wie auch Mühsal, vorhanden sind.

Nur durch diese Bedingungen kann gemessen werden, wie der Mensch sich gegenüber Destruktivem verhält, wobei die erste Bedingung als die aktive Prüfung und die zweite als die passive Prüfung bezeichnet werden und beide uns wiederum zu zwei weiteren Grundsätzen der Theodizee führen.

---

8 Siehe auch Q 76:2, 18:7, 11:7.

9 Siehe auch Q 6:165, 3:141.

c) Die Theodizee der Willensfreiheit (free will theodicy)

Um an Wert zu gewinnen sind, gewisse Prüfungen nötig, welche durch die eigene Willensfreiheit zum Guten oder zum Schlechten hin absolviert werden können. Frei zu sein bedeutet dabei, sowohl für gute Taten zugänglich zu sein als auch Übel begehen zu können. Der Mensch als freies Geschöpf ist daher zu Gutem fähig, doch können einige Menschen gewollt oder ungewollt auch Fehlentscheidungen treffen, sodass das Leiden und Unmoralisches auf der Welt dementsprechend als ein Resultat menschlicher Fehlentscheidungen verstanden werden können, was ebenso wie die anderen Aspekte der Theodizee, die hier vorgestellt wurden, ebenfalls sehr einleuchtend ist.

Allerdings gibt es auch einige Opponenten dieser Auffassung, da die Freiheit nach westlicher Meinung nicht zwangsläufig mit einer Prüfungsbedingung in Verbindung gebracht wird, obwohl es auf der Hand liegt, dass die Freiheit eine sehr wertvolle Grundvoraussetzung dafür darstellt und Gott sie dem Menschen aus seiner Gnade heraus geschenkt hat. Freiheit im eigentlichen Sinne wiederum schließt die Freiheit zu Fehlentscheidungen ebenso ein, wie sich für das Richtige entscheiden zu können. Wenn daher behauptet würde, dass Gott den Menschen zwar frei doch nur zu Gutem fähig erschaffen habe, hätte man die Natur der Freiheit nicht verstanden. Ein wirklich freier Mensch muss nämlich ebenso die Möglichkeit haben, böse Taten begehen zu können, selbst wenn diese untersagt sind.

Wenn wir weiterhin einige Verse des Qurʾāns in Betracht ziehen, erfahren wir, dass der Mensch sowohl mit der Fähigkeit zu Gutem als auch mit der Fähigkeit zu Schlechtem begabt ist und er im Hinblick auf beide erst durch die Willensfreiheit im eigentlichen Sinne frei ist, sodass die Amoralität einiger ebenfalls aus dieser menschlichen Veranlagung heraus resultiert, was in zwei qurʿanische Versen wie folgt beschrieben wird: „bei einer Seele und dem, der sie gestaltete und ihr Gottesferne und Gottesfurcht einpflanzte! Wohl ergeht es dem, der sie reinhält, doch gescheitert ist, wer sie beschmutzt." (Q 91:7-10) Und ferner: „Sprich: «Die Wahrheit kommt von eurem Herrn. Wer will, der glaube, und wer da will, der bleibe ohne Glauben!» […]" (Q 18:29). Fehltritte und Bösartigkeiten des Menschen resultieren wiederum daraus, dass der Mensch seine Willensfreiheit nicht im Guten gebraucht, was folgende Verse verdeutlichen: „[…] und was dich an Schlimmem trifft, das ist von dir selber. […]" (Q 4:79); „ […] Als euch ein Unglück traf – ihr hattet Doppeltes zugefügt –, da spracht ihr: «Woher kommt denn das?» Sprich: «Das kommt doch von euch selbst!» […]" (Q 3:165); „Wenn euch ein Unglück trifft, dann für das, was eure Hände taten. […]" (Q 42:30).

Die Willensfreiheit wurde dem Menschen ursprünglich deswegen gegeben, damit er an Wert gewinnen und dadurch geprüft werden kann. Freiheit und die Möglichkeit der Werterlangung sind durchaus positive Gaben Gottes, gehen jedoch immer mit dem Nebeneffekt möglichen Übels einher, weshalb es äußert ungerechtfertigt wäre, Gottes Existenz oder Güte deswegen anzuzweifeln.

Eine weitere Bedingung der Willensfreiheit ist das Vorhandensein eines Ortes, der für die Prüfungsunterziehung geeignet ist. Diese Bedingung führt uns zu der Theodizee der Naturgesetze - nach islamischem Glauben zu den „göttlichen Naturgesetzen“ auf Erden.

d) Die Theodizee der Naturgesetze (natural law theodicy)

Wie bereits angedeutet wurde, müssen gewisse Voraussetzungen erfüllt sein, damit so etwas wie eine Prüfung erfolgen kann. Wenn dieser Prüfungszustand dabei ein Leben lang andauern soll, ist es notwendig, dass die Lebenslage und der Lebensort dies ebenfalls unterstützen, sodass auch sogenannte „Naturkatastrophen“ und die daraus entstehenden schwierigen Lebensumstände eine Voraussetzung der weltlichen Prüfung sind und Gott für diese selbstverständlich nicht angeklagt werden kann. Eine lebenslänglich andauernde Prüfung steigert vielmehr den Wert und die Reife des Menschen und hebt ihn von der Masse ab. Damit diese qualitative Unterscheidung erfolgen kann, müssen die äußeren Umstände dies ebenfalls unterstützen und es muss beispielsweise Instanzen geben, die den geduldigen vom ungeduldigen oder den gutherzigen vom skrupellosen Menschen trennen. Auch Gerechtigkeit und Tyrannei, Liebe und Hass, Frieden und Delinquenz brauchen Unterscheidungsmerkmale, weshalb ein vielseitiger Ort vorhanden sein muss, an dem man sich in Geduld üben, Mitleid, Gerechtigkeit und Weiteres zeigen kann. Dieser Umstand erfordert von dem betreffenden Ort daher eine verlässliche Konstanz, Kontinuität und Gesetzgebung, welche sich auch nicht für Ausnahmefälle besonderer Menschen verändert, da die Welt im Gegensatz zum Paradies im Jenseits für solche Erwartungen von Ausnahmen nicht den richtigen Ort darstellt. Vielmehr werden auf der Welt nicht alle Bedürfnisse und Wünsche des Menschen bedingungslos erfüllt, sondern es wird erwartet, dass eine gewisse Anstrengung gezeigt wird, indem der Mensch die Herausforderungen der natürlichen Gesetzgebungen meistert. Die Welt wurde daher so konzipiert, dass sie einen Ort der Prüfung darstellt.

Auch wenn einige Verse im Qurʾān betrachtet werden, ist zu erkennen, dass Gott den Menschen durch natürliche Umstände und die mit ihnen einhergehenden Nöte prüfen wird: „Wahrlich, wir wollen euch auf die Probe stellen durch einiges an Furcht und Hunger und durch Verlust an Gut, an Leben und an Früchten. Verkünde frohe Botschaft den Geduldigen! Die sprechen, wenn ein Schicksalsschlag sie trifft: «Siehe, wir sind Gottes, und zu Ihm kehren wir zurück.»“ (Q 2:155-156) Es wird klar, dass diese natürlichen Umstände teilweise sehr belastend sein können, sich jedoch nicht nach persönlichen Ausnahmesituationen einiger richten, sondern vielmehr allgemeingültig sind. Ein gutes Beispiel für diesen Umstand ist der frühe Tod des Sohnes des Propheten Muḥammad im Kindesalter, woraufhin einige Leute behaupteten, dass die Sonne, in der am selben Tag erfolgenden Sonnenfinsternis, wegen „ihrer

Trauer“ verschollen sei, der Prophet Muhammed ihnen jedoch mit folgenden Worten entgegnete: „Gewiss sind die Sonne und der Mond eines von Gottes Zeichen und seine Diener. Sie verweigern nicht aufgrund eines Todes oder einer Geburt irgendeines Menschen ihren Dienst.“[10]

Es kann daher gesehen werden, dass auch natürliches Leiden und Schicksalsschläge eine erforderliche Bedingung für den Menschen sind, um an Wert und Reife zu gewinnen, so dass die Existenz und Güte Gottes aufgrund derer nicht angezweifelt werden kann.

e) Das Gewissen und die göttliche Offenbarung

Ließe Gott den Menschen bei all dem moralischen Übel oder den Naturkatastrophen auf sich allein gestellt und ohne jegliche Wegweiser, wären atheistische Einwände gegenüber dem Übel in der Welt möglicherweise berechtigt. Dies ist allerdings nicht das Fall, da dem Menschen von Geburt an Gewissen, Verstand und Gefühle gegeben wurden, sodass er die Fähigkeit besitzt, Gutes von Bösem zu unterscheiden und er dem Übel auf der Welt somit nicht restlos ausgeliefert ist. Damit die menschliche Willensfreiheit nicht gehemmt wird, ist sein Gewissen zwar nicht allzu vorherrschend, doch wird der Mensch in seiner Handlung durch dieses gleich einer Waage innerlich unterstützt. Auf diese Weise fordert das Gewissen, gerade dann wenn es durch moralische Erziehung gefördert wird, dem Menschen Einhalt beim Begehen von schlechten Taten. Selbst wenn der Mensch dabei einmal nicht auf sein Gewissen hört, ermahnt es ihn durch Gewissensbisse und Reue und versucht ihn daran zu hindern, die Tat zu wiederholen. Ebenso können der Verstand, die Gefühle sowie die menschliche Intuition wiederum als Gehilfen des Gewissens betrachtet werden, die es in seiner Funktion unterstützen. Da der Mensch also aus Gottes Weisheit und Güte mit einem Gewissen ausgestattet wurde, kann nicht davon ausgegangen werden, dass er bloß ein lasterhaftes und skrupelloses Wesen sei.

Da der Mensch daher – wie oben erwähnt – mit Instanzen und Fähigkeiten ausgestattet wurde, die ihn von Schlechtem abhalten sollen, kann Gott ebenfalls nicht all der Übel bezichtigt werden, wenn er für hehre, gute Zwecke kleinere Übel zulässt. Ebenso stellt das menschliche Gewissen als Hilfsinstrument nicht die einzige Unterstützung Gottes dar. Vielmehr hat dieser ebenfalls seine Gesandten auf die Erde geschickt, damit sie den Menschen zu Gutem verhelfen und sie von Schlechtem fernhalten mögen und den Menschen mit dem Sprachrohr der Offenbarung Gutes ge- und Schlechtes verbieten. Schließlich hat Gott denen, die sich nicht zu Schlechtem verleiten lassen, versprochen im Jenseits seine absolute Fürsorge zu erlangen, sodass das Gebieten von Guten und das Verbieten von Bösem im Qur᾽ān ein oft

[10] Vgl. ṢAḤIḤ BUḪARI, Kapitel Sonnenfinsternis [kusūf, 17], Ḥaḏīṯ-Nr. 1,3,8,13,15,17 und ṢAḤIḤ MUSLIM, Kapitel Sonnenfinsernis [kusūf, 10].

wiederholtes Gebot ist: „Es werde eine Gemeinde aus euch, die zum Guten aufruft, das Rechte gebietet, das Schlechte verbietet. *Denen* wird es wohlergehen.“ (Q 3:104)[11]

Es ist daher unverkennbar, dass die göttliche Offenbarung den Menschen dazu anhält, Bösartigkeiten abzulehnen, weshalb der Widerstand gegen das Böse, vermutlich einen Aspekt darstellt, der in der Behandlung der Theodizee selbst gewürdigt werden müsste, wenn man bedenkt, dass das Nachdenken die Problematik des weltlichen Leidens nicht löst, sondern dieses erst dann als gelöst betrachtet werden könnte, wenn gar kein Übel mehr auf der Welt vorhanden wäre oder dieses wenigstens verringert werden würde. Dies kann allerdings nur durch den Einsatz derer bewerkstelligt werden, die sich von Schlechtem fernhalten und das Gute gebieten.

Dennoch dürfen an dieser Stelle diejenigen nicht außer Acht gelassen werden, die verstorben sind bevor sie auf dieser Welt Gottes absolute Gerechtigkeit wirklich zu spüren bekommen haben, sodass es hier einen weiteren Grundsatz einzuführen gilt; das Leben nach dem Tod und die dort erfolgende allumfassende Allgerechtigkeit Gottes.

f) Die unbeschränkte Gerechtigkeit im Jenseits

Wie zuvor schon beschrieben, führen natürliche Übel wie Naturkatastrophen generell zu noch größeren, positiven Zwecken. Allerdings muss eingestanden werden, dass vielen Menschen eine große Ungerechtigkeit widerfährt und sie sterben, bevor sie Vergeltung erfahren, wenn einige Einzelschicksäle betrachtet werden. Dies erschiene als ein Widerspruch zur Gerechtigkeit und Güte Gottes, wenn man sich an dieser Stelle nicht vergegenwärtigte, dass das Leben auf der Welt aus einer Prüfung besteht und Gott erst im Jenseits mit absoluter Gerechtigkeit und Barmherzigkeit walten wird. Denn es liegt auf der Hand, dass der Schöpfer des Himmels und der Erde all dies nicht für halbe Zwecke – nämlich nur für das Diesseits erschaffen hat. Wenn er im Leben nach dem Tod nicht mit seiner absoluten Gerechtigkeit walten würde, stände dies zu seinen Eigenschaften, wie beispielsweise der Weisheit oder Allmacht im Widerspruch. In diesem Zusammenhang wird ebenfalls nachvollziehbar, dass der Sinn des Lebens mit der Existenz eines Schöpfers erklärt werden muss und all die Ungerechtigkeiten dieser Welt ein Leben nach dem Tod zwingend notwendig machen, in welchem die Allmacht Gottes sich unbeschränkt zeigen wird. So macht der Qur᾽ān darauf aufmerksam, dass alles Gute und Schlechte, das Menschen auf der Welt widerfährt, im Jenseits vergolten werden: „An jenem Tage werden die Menschen getrennt hervorkommen, damit sie ihre Taten zu sehen bekommen. Wer Gutes tat, vom

---

[11] Siehe auch Q 9:71, 112.

Gewichte eines Stäubchens, wird es sehen. Und wer Böses tat, vom Gewichte eines Stäubchens, wird es sehen.“ (Q 99:6-8)

An dieser Stelle sollen die sechs Unterpunkte der zweiten Grundannahme kurz zusammengefasst werden: Es wurde argumentiert, dass von Menschen verursachtes Übel sowie Naturkatastrophen eine erforderliche Bedingung für weitaus bessere Resultate und für den Wertgewinn des Menschen darstellen. Während dieser Zusammenhang im Allgemeinen als zutreffend aufgewiesen werden kann, können einige Menschen zwar an ihren Einzelschicksälen leiden, werden jedoch im jenseitigen Leben Gerechtigkeit und Belohnung erfahren. Wenn daher auch der zweite Grundansatz, ebenso wie der erste bewiesen ist, wären wir abschließend bei den logischen Konsequenzen beider Grundsätze angelangt.

Zu (1): Wenn man das auf der Welt bestehende Übel aus atheistischer Perspektive betrachtet, kann demzufolge ein dies zulassender Gott nicht der fehlenden Güte bezichtigt werden. Seine Existenz sowie seine Attribute und Eigenschaften können nicht geleugnet werden.

Wenn die ersten beiden Leitsätze und ihre Argumentation korrekt sind, kann die Existenz Gottes nicht angezweifelt werden. Gott möchte, entgegen weltlichem Leiden nicht, dass dem Menschen Leid widerfährt, doch ist es ebenfalls sein Wille, dass der Mensch sich großen Belohnungen als würdig erweist und an Wert gewinnt. Destruktive Kritik und Zweifel vonseiten der Atheisten und Skeptiker können weder Gottes Existenz, noch seinen Attributen etwas anhaben, da, obwohl es sicherlich noch diverse andere Argumente aus atheistischer Perspektive geben mag, die hier aufgeführte Argumentation für eine rationale Überzeugung dieser genügen müsste.

Wenn die Argumentation allerdings für Gläubige nicht ausreichend erscheinen sollte, hieße dies, dass bei diesen eine gewisse Glaubensschwäche vorhanden ist, welche wiederum nicht ausschließlich auf Vernunftbasis aufgehoben werden kann, sondern hier psychologische, soziologisch-ethische Dimensionen in den Fokus der Betrachtung gerückt werden müssten. Allerdings sollten die bisherigen Ausführungen sowohl für Atheisten als auch für Gläubige eine gemeinsame Basis darstellen. Die Ausführungen beziehen sich dabei ebenso auf gläubige Menschen; denn selbst sie können aufgrund prekärer Situationen in ihrem Leben einen geschwächten Glauben haben und mit Mühe und Not versuchen, ihren Glauben aufrechtzuerhalten. Doch auch die Zweifel von gläubigen Menschen können der Existenz Gottes nichts anhaben. Für gläubige Menschen gibt es zahlreiche Wege um mit Hilfe von Glaubenswahrheiten ihre Zweifel oder ihre schwierige Situation anzugehen. Diese Aspekte, auf die wir nun näher eingehen werden, sollten auch in der religiösethischen Erziehung verstärkt behandelt werden.

Zu (2): Gottes Güte und seine Hilfestellung kann und sollte nicht angezweifelt werden, es ist vielmehr notwendig, gegenüber dem bestehenden Übel eine richtige Einstellung und Haltung an den Tag zu legen.

Kann zwar davon ausgegangen werden, dass ein Theist die oben aufgezeigte Argumentation als solche annehmen wird, sollte er sich dennoch ebenfalls stets darum bemühen, seinen Glauben an Gott zu stärken. Er sollte nie die Hoffnung auf Gottes Hilfe aufgeben und ebenfalls nicht passiv gegenüber dem Leid bleiben, sondern vielmehr alles in seiner Macht stehende versuchen, um zum Abbau des Leidens beizutragen und dabei seine Geduld und Ausdauer nicht zu verlieren. Im Hinblick auf das richtige Verhalten gegenüber dem Leid sollte der Gläubige sich in erster Linie bewusst machen, dass es einen Gott gibt, dem er vollends vertrauen kann. Sollte er deshalb selbst von Leid betroffen werden, sollte er auf folgende Punkte achten:

1) Er sollte Gott, sei es bewusst oder unbewusst, nicht leugnen oder für das Leid verantwortlich machen.
2) Er sollte, während er seine Trauer zum Ausdruck bringt, nicht so weit gehen Gott gegenüber anklagend zu werden oder sich ihm gegenüber respektlos zu äußern.
3) Er sollte nicht an Fragen wie „Warum bloß ich?“ haften bleiben und sich stets von Egozentrik fernhalten.
4) Er sollte nicht in Hoffnungslosigkeit oder Pessimismus verfallen und stets darauf achten, dass er seine Sicht der Dinge hinterfragt, sodass er die Tatsachen nicht als übertrieben schlecht bewertet.
5) Zu große Emotionalität kann die rationale und bedacht-angemessene Bewertung der Dinge trüben.
6) Er sollte sich von Menschen fernhalten, die seine Lage nur noch mehr erschweren.
7) Er sollte seine Wünsche und Bedürfnisse nicht zu hoch halten, da ihn diese in Folge des Nichteintreffens sehr betrüben können.

Ebenfalls sollte sich ein gläubiger Mensch, dem Schmerz widerfährt, folgende Ratschläge vor Augen führen:

- Er sollte seinen Glauben an Gott stets lebendig halten und intensivieren.
- Er sollte die Eigenschaften Gottes wie Güte, Gerechtigkeit, Barmherzigkeit und die Liebe Gottes in Erinnerung behalten.
- Insbesondere bei Krankheits- oder Todesfällen sollte er zwar alles in seiner Macht liegende versuchen, doch den Rest Gott überlassen. Statt sich selbst anzuklagen, sollte er denken, dass es Gottes Wille ist und der Mensch sich diesem Willen fügen solle.

- Der Wille Gottes kann auch in einem umfassenden Sinne eintreffen und muss nicht ganz speziell auf das eigene Einzelschicksal bezogen sein.
- Die Weisheit Gottes ist für den Menschen oft nicht ganz offensichtlich. Das aber, was der Mensch nicht vollends versteht, sollte er nicht beurteilen und diese Unkenntnis nicht zu einem Grund seiner Glaubensschwäche werden lassen.
- Bedrängnisse und Sorgen können auch Menschen ereilen, die von Gott geliebt werden. Selbst Propheten hatten viele Prüfungen zu bestehen und haben diese stets mit Geduld angenommen.
- Weltliche Sorgen wie Krankheiten, Armut, etc. können als Sühne für begangene falsche Taten fungieren und dadurch eine größere Strafe im Jenseits verhindern.
- Bei Situationen wie bei früh eingetroffenem Tod sollte die Perspektive bestehen, dass Gott Menschen, die er liebt, eher zu sich nimmt.
- Menschen, die der Ungerechtigkeit Anderer hilflos ausgesetzt waren, wird Gott im Jenseits ihr Recht zurückgeben und die Übeltäter werden ihre gerechte Strafe erhalten.
- Wenn man selbst derjenige ist, der die schlechte Tat begangen hat, sollte man Reue zeigen und um Vergebung bitten. Man sollte versprechen, diese Tat nicht zu wiederholen und alles geben, um sich daran zu halten.
- Einige natürliche Übel können als Ermahnung oder Lehre verstanden werden. Sie können dazu dienen, dass der Mensch aus seiner Gottvergessenheit erwacht.
- Das Gebet sowie Bittgebete zu Gott können helfen, die Last zu lindern oder gar gänzlich aufzugeben.
- Leid sollte mit Geduld, Zähigkeit und Gottvertrauen angegangen werden und als eine Möglichkeit der persönlichen Reifung aufgefasst werden.
- Es sollte solch eine Psyche entwickelt werden, die die Ereignisse von ihrer positiven Seite bewertet und in allem das Gute sieht.
- Manchmal kann das, was als schlecht gesehen wird, in Wirklichkeit etwas Gutes sein - und das, was wir als positiv erachten kann auch negativ sein.
- Man sollte bemüht sein, einen guten Freundes- sowie Bekanntenkreis zu haben, der in diesen Situationen helfen kann.
- Man sollte versuchen, den Auslöser von Übel tatkräftig zu beheben und nicht etwa nur in Gedanken. Wenn beispielsweise die Armut das Übel darstellt, sollte man sich eine Arbeit suchen oder Hilfe beantragen. Bei Krankheit sollte eine Behandlung erfolgen, bei Auseinandersetzungen mit den Nächsten sollten Kompromisse geschlossen werden, etc.

- Das Übel und die Auslöser dessen sollten als Herausforderung verstanden werden, um diese zu beheben. Es sollte eine wichtige Lebensaufgabe des Menschen sein, gegen diese anzugehen. Mit Gottes Hilfe wird eines Tages das Gute gegenüber dem Schlechten obsiegen, bis dahin sollte man selber stets das Gute gebieten und sich dem Schlechtem entgegenstellen.

Dem Verfasser erschien es nicht nötig der Ausarbeitung ein gesondertes Schlusswort anzufügen. Es kann gesagt werden, dass die Behandlung der Theodizeefrage im Islam aussagekräftig genug ist, um atheistische Gegeneinwände zu entkräften, sodass der Gläubige keine fundierten Zweifel an seinem Glauben entwickelt. Allerdings möchte ich dieser Schlussfolgerung zum Abschluss doch eine eigene Meinung und einen Wunsch hinzufügen, welcher für Kritik offen ist. Diese besteht darin, dass es viel wichtiger und angemessener wäre, etwas gegen das Übel zu tun, als dieses zu hinterfragen oder zu rechtfertigen zu versuchen, was ebenfalls eine einfachere Lösung darstellen kann, wenngleich es schwer zu glauben ist. Deswegen wäre die beste Behandlung der Theodizeefrage, die in Zukunft ausgearbeitet werden wird oder zumindest werden sollte, vielleicht diejenige, die den Fokus darauf legt, gegen das Übel anzugehen. Dieser Interpretation folgend, könnte das Übel möglicherweise sogar deshalb bestehen, damit rechtschaffene Menschen sich gegen dieses behaupten und am Ende triumphieren. So gibt es auch im Qur'an einen Vers, der den Leser in dieser Hinsicht inspirieren und zu optimistischen Ideen verhelfen kann: „[…] Da sprachen sie [die Engel, Anm. C.Y.]: «Willst du jemanden auf ihr [der Erde, Anm. C.Y.] einsetzen, der Unheil auf ihr anrichtet und Blut vergießt […]?» Er sprach: «Siehe, ich weiß, was ihr nicht wisst.»“ (Q 2:30)

Könnte man den Vers nicht so interpretieren, dass das, was von den Engeln nicht gewusst wird und sich nur im Wissensbereich Gottes befindet, der Umstand ist, dass der Mensch mit der Zeit die Kompetenz entwickeln kann, sich gegen alles Schlechte zu behaupten und sich diesem zu verweigern? Erst wenn dies erfolgt wäre, würde die Frage nach dem Übel im wahrsten Sinne geklärt sein und erst dann ergäbe sich für Experten auf dem Gebiet der Theodizeethematik eine erfolgreiche Lösung des Problems, was uns für die Zukunft gar nicht so unmöglich oder abwegig zu sein erscheint.

Aus dem Türkischen und Englischen übersetzt
von Sümeyye Kilicarslan und Emanuel Rasche.

HERBERT ROMMEL

Jugendliche – Leid – Gottesfrage

Zur Theologie und Didaktik des Theodizee-Problems

1. Drei Vorbemerkungen

Um die didaktischen und fachwissenschaftlichen Kontexte aufzuzeigen, in denen die folgenden Reflexionen zum Thema „Jugendliche, Leid und die Frage nach Gott" stehen, sind drei Vorbemerkungen notwendig: Diese Vorbemerkungen betreffen zum einen das didaktische Prinzip, von dem aus die Thematik erschlossen wird, und zum anderen ist es notwendig, auf das didaktische Konzept aufmerksam zu machen, das die Grundlage für die unterrichtspraktischen Reflexionen abgibt. Drittens ist noch auf diejenigen existentiellen Situationen einzugehen, in denen das Leid des Menschen und sein Gottesglaube immer wieder aufeinander bezogen sind. In diesem Sinne sind alle drei Vorbemerkungen als kritische Standortbestimmungen zu verstehen.

a) Korrelative Didaktik

Didaktisch beziehen sich die Überlegungen auf das religionspädagogische *Prinzip der Korrelation.*[1] Dieser didaktische Grundsatz geht davon aus, dass religiöse Bildungsprozesse nicht ohne die Einbeziehung lebensweltlicher Erfahrungen und Zugänge stattfinden können. Religiöse Bildungsprozesse gelingen in der Schule nur dort, wo strikte In-Beziehung-Setzungen von subjektiver Lebenserfahrung und objektiver Religion gestaltet werden. Strukturell geht es beim Korrelationsprinzip darum, zwischen den beiden Polen der Lebenswelt und der religiösen Botschaft einen wechselseitigen Erschließungsprozess zu initiieren: Dabei deutet eine Erschließungsbewegung die eigene

---

[1] Vgl. RUDOLF ENGLERT, Religionspädagogische Grundfragen. Anstöße zur Urteilsbildung, Bd. 5, Was ist Korrelation?, Stuttgart [2]2008, 122-158; GEORG BAUDLER, Korrelation von Glaube und Leben. In: GOTTFRIED BITTER u.a., Neues Handbuch religionspädagogischer Grundbegriffe, München 2002, 446-451; DERS., Korrelationsdidaktik. Leben durch Glauben erschließen, Theorie und Praxis der Korrelation von Glaubensüberlieferung und Lebenserfahrung auf der Grundlage von Symbolen und Sakramenten, Paderborn u.a. 1984 und GEORG HILGER, Korrelieren lernen. In: DERS./ STEPHAN LEIMGRUBER/ HANS-GEORG ZIEBERTZ, Religionsdidaktik, Ein Leitfaden für Studium, Ausbildung und Beruf, München 2001, 319-329.

Lebenswelt aus dem religiösen Glauben und eine gegenläufige Erschließungsbewegung interpretiert den religiösen Glauben aus der eigenen Lebenswelt.

Dieser korrelative Interpretationsvorgang muss heute sicher aus *beziehungstheologischer*[2], *abduktiver*[3], *alteritätstheoretischer*[4] und sicherlich auch aus *performativer Perspektive*[5] konzeptionell weiter reflektiert werden. Der doppelte Erschließungsprozess aber, den die korrelative Grundstruktur darstellt, ist und bleibt für beide Korrelationspole kritisch und produktiv zugleich.[6] Als Bildungsvorgang kann dieser Prozess nur unter der Bedingung von *Freiheit* gelingen.

Unterrichtspraktisch konzeptualisiert ist das Prinzip der Korrelation im *religionsdidaktischen Modell der Elementarisierung*, wie es von den Tübinger Religionspädagogen Karl Ernst Nipkow, Friedrich Schweitzer u.a. entwickelt wurde.[7]

---

2 Vgl. REINHOLD BOSCHKI, Dialogisch-kreative Religionsdidaktik, Eine Weiterentwicklung der korrelativen Hermeneutik und Praxis. In: KatBl 123 (1998) 13-23 und v.a. DERS., „Beziehung“ als Leitbegriff der Religionspädagogik. Grundlegung einer dialogisch-kreativen Religionsdidaktik, Ostfildern 2003 (Zeitzeichen; 13).

3 Vgl. HANS-GEORG ZIEBERTZ/ STEFAN HEIL/ ANDREAS PROKOPF (Hg.), Abduktive Korrelation, Religionspädagogische Konzeption, Methodologie und Professionalität im interdisziplinären Dialog, Münster-Hamburg-London 2003 (Empirische Theologie; 12).

4 Vgl. BERNHARD GRÜMME, Vom Anderen eröffnete Erfahrung. Zur Neubestimmung des Erfahrungsbegriffs in der Religionsdidaktik, Freiburg u.a. 2007.

5 Vgl. HANS MENDL, Religion erleben. Ein Arbeitsbuch für den Religionsunterricht. 20 Praxisfelder, München 2008.

6 *Kritisch* sind Korrelationsprozesse, weil vom Standpunkt des Glaubens aus aktuelle Lebenssituationen von einem bisher nicht gekannten Interpretationshorizont her ausgelegt werden können, aber auch deswegen, weil die traditionelle Glaubensbotschaft vor dem Hintergrund gegenwärtiger Lebensverhältnisse neu und differenziert gedeutet werden kann. Dieser gegenläufige Prozess ist zugleich *produktiv*. Er verändert die beiden Pole inhaltlich dadurch, dass die kritischen Interpretationen auf beiden Seiten zu inhaltlichen Weiterentwicklungen oder gar zu existentiellen Umbruchsituationen führen können. Als eine solche Umbruchsituation kann zum Beispiel der Wandel aufgefasst werden, den der jüdische Philosoph Hans Jonas in Bezug auf seinen Gottesbegriff durchgemacht hat. Die Konfrontation der Holocaust-Erfahrung mit seiner traditionell jüdischen Gottesvorstellung hat bei ihm dazu geführt, dass er Gott nicht mehr als eine geschichtsmächtige Macht bekennen konnte. Jonas sieht sich dazu gezwungen, „nach Auschwitz“ von einem ohnmächtigen Gott zu reden (vgl. HANS JONAS, Der Gottesbegriff nach Auschwitz. Eine jüdische Stimme, Frankfurt a. M. 1987 [^{1}1984], 14).

7 Vgl. KARL ERNST NIPKOW, Elementarisierung als Kern der Unterrichtsvorbereitung. In: Katechetische Blätter 111 (1986) 600-608; vgl. FRIEDRICH SCHWEITZER u.a., Religionsunterricht und Entwicklungspsychologie. Elementarisierung in der Praxis, Gütersloh ^{2}1997; vgl. FRIEDRICH SCHWEITZER (Hg.), Elementarisierung im Religionsunterricht. Erfahrungen, Perspektiven, Beispiele, Neukirchen-Vluyn 2003 und HERBERT ROMMEL, Normenkonflikte und Abwägungsprozesse. Moderne Schlüsselprobleme in der ethischen Bildung, Freiburg i. Br.-München 2007, 358-381.

b) Primat des Didaktischen

Bei der religiösen Bildungsrelation – mit ihren beiden Polen von Leben und Glauben – wird ein *didaktisches Primat* aufseiten der Lebenswelt angesetzt.[8] Die lebensweltlichen Erfahrungen unserer Jugendlichen können nicht in einem deduktiven Sinne durch eine – man könnte sagen – „Traktat-Theologie" erschlossen werden. Korrelationsfähig ist vielmehr nur eine Theologie, die Religion von Anfang an auf ihre eigene lebensweltliche Bedeutsamkeit hin reflektiert. In diesem Sinne beansprucht die didaktische Reflexion, einen eigenständigen und wissenschaftlichen Blick auf die biblischen, historischen und systematischen Inhalte der Theologie werfen zu können. Es geht darum, eine didaktische Theologie aus einer strikt lebensweltlichen Grundorientierung zu betreiben.[9]

c) Leidinhärente Gottes-Dialektik

Die dritte Vorbemerkung geht von einer lebensweltlichen Beobachtung aus und zieht daraus eine theologische Konsequenz. Mindestens für den westlichen Kulturkreis ist zu beobachten, dass Menschen in Leidsituationen auf die Frage nach Gott sehr unterschiedlich reagieren: Wenden sich die einen im Leid von Gott ab, so wenden sich die anderen Gott zu. Diese *grundsätzlich offene Gottes-Dialektik* ist für den Umgang mit Leidsituationen vor allem im 20. Jahrhundert geradezu typisch. Theologisch hat diese *leidinhärente Gottes-Dialektik* zur Folge, dass wir die Theodizee-Frage so offen formulieren, dass sie sowohl in Richtung eines Atheismus als auch in Richtung eines Theismus hin beantwortbar ist.[10] Weiterhin muss auch gesehen werden, dass in den Weltbildern vieler Jugendlicher nicht nur der Gottesglaube bzw. die Gottlosigkeit, sondern auch der *Gotteszweifel* präsent ist.

---

[8] Vgl. HANS-BERNHARD KAUFMANN, Muß die Bibel im Mittelpunkt des Religionsunterrichts stehen? Thesen zur Diskussion um eine zeitgemäße Didaktik des Religionsunterrichts. In: DERS. (Hg.), Streit um den problemorientierten Unterricht in Schule und Kirche, Frankfurt a. M.-Berlin-München 1973, 23-27.

[9] Vgl. MARTIN ROTHGANGEL/ EDGAR THAIDIGSMANN, Religionspädagogik als Mitte der Theologie, Theologische Disziplinen im Diskurs, Stuttgart 2005.

[10] Vgl. HERBERT ROMMEL, Mensch – Leid – Gott. Eine Einführung in die Theodizee-Frage und ihre Didaktik, Paderborn u.a. 2011.

2. Problemstellung und Methode: Suche nach theodizee-relevanten Anschlussstellen im Ausgang von den logischen Bedingungen des Theodizee-Problems

Im Folgenden ist es unser religionsdidaktisches Ziel, *Anschlussstellen* im Denken Jugendlicher ausfindig zu machen, deren didaktische Berücksichtigung es uns ermöglicht, das Theodizee-Problem in religiösen Bildungsprozessen zu thematisieren. Diese Anschlussstellen sind Komponenten in der kognitiven Weltbildstruktur Jugendlicher. Sie sind identisch mit den je individuellen Meinungen und Einstellungen, die sich Jugendliche über den Menschen, das Leiden und den Gottesglauben konstruiert haben. Eine didaktisch reflektierte Planung von Bildungsprozessen muss diese kognitiven Anschlussstellen im Voraus zur Kenntnis nehmen, um die Themen des Religionsunterrichts dann passgenau auf diese kognitiven Vorgaben hin abstimmen zu können. Wichtig ist es also, eine *didaktische Kohärenz* zwischen den *theodizee-relevanten Anschlussstellen* im Denken Jugendlicher und den *theodizeehaltigen Themen* im Religionsunterricht herzustellen.

Bei der Suche nach den theodizee-relevanten Anschlussstellen im Denken Jugendlicher können wir uns methodisch an den logischen Bedingungen orientieren, deren Akzeptanz Menschen überhaupt erst in das Theodizee-Problem hineinkommen lässt. Die *Logik des Theodizee-Problems*, die letztlich auf ein *Widerspruchsproblem* hinaus läuft, wird dadurch aufgebaut, dass mindestens vier Bedingungen als wahr bzw. als richtig akzeptiert werden müssen: Auf der Seite des Welt-Verständnisses muss (1.) der Behauptung zugestimmt werden, dass es *Übel in dieser Welt gibt*. Auf der Seite des Gottes-Verständnisses müssen mindestens drei weitere Bedingungen akzeptiert werden, um in den logischen Widerspruch des Theodizee-Problems hineinzukommen: nämlich (2.) die Prämisse, dass *Gott existiert*, (3.) dass *er gut* und (4.) dass *er allmächtig* ist.[11]

Unser didaktisches Forschungsinteresse ist es nun herauszubekommen, in welchen *empirischen Erscheinungsformen* die genannten vier logischen Bedingungen im Denken Jugendlicher präsent sind. Oder konkreter formuliert: Was denken Jugendliche über das Leid in der Welt? Glauben sie an die Existenz eines Gottes und – wenn ja – sprechen sie ihm überhaupt die Attribute der „Gutheit" und der „Allmächtigkeit" zu? Und weiter: Bringen Jugendliche diese vier Prämissen letztlich in denjenigen logischen Zusammenhang, der direkt zum Widerspruch im Theodizee-Problem führt (vgl. 3. Kap.)? Diese empirischen Fragen beantwortet zu haben, würde uns überhaupt erst in die

[11] Vgl. HERBERT ROMMEL, Der gute Gott und das Leid des Menschen. Eine Problembestimmung zur Theodizee-Frage. In: Christophorus 46 (2001) 64–73; GERHARD STREMINGER, Gottes Güte und die Übel der Welt. Das Theodizeeproblem, Tübingen 1992, 4ff und ARMIN KREINER, Gott im Leid. Zur Stichhaltigkeit der Theodizee-Argumente, Freiburg i. Br. 2005, 15-48.

Lage versetzen, die didaktische Version der Theodizee-Frage formulieren zu können (vgl. 4. Kap.). Eine solche erfahrungsbasierte Problemformulierung stellt dann – unter hermeneutischer Perspektive – die Voraussetzung dar, *elementarisierende Grundsätze* zur unterrichtlichen Behandlung der Theodizee-Frage präzise entwickeln zu können (vgl. 5. Kap.).

3. Empirische Suche nach theodizee-relevanten Anschlussstellen

Zunächst wird es also darum gehen, *empirische Studien* über die *theodizee-relevanten Anschlussstellen* im Denken Jugendlicher zu befragen. Im Fokus stehen hier v.a. qualitative und quantitative Untersuchungen, die junge Menschen nach ihren Leid- und ihren Gotteskonzepten befragen.

a) Gottesresistente Leidkonzepte Jugendlicher

Der empirische Befund zu den Leidkonzepten Jugendlicher fällt widersprüchlich aus. So behauptet eine Forschergruppe um Werner Ritter, dass viele Jugendliche, die an der Nürnberg-Leipzig-Studie teilgenommen hätten, über einen zu geringen Grad an persönlichen Leiderfahrungen verfügten, als dass sie in das Theodizee-Problem hineingekommen wären. Auch stünden die Leidkonzepte eines großen Teils der Jugendlichen in keinem unmittelbaren Bezug zu ihren Gottesvorstellungen. *Leidresistente Gotteskonzepte* würden so verhindern, im Ausgang von Leid die Frage nach Gott zu stellen. Immer wieder sei auch zu beobachten, dass Jugendliche dem Leid eine Sinnhaftigkeit zuschreiben würden, die sie davon entbinde, Gott im Angesicht des Leides rechtfertigen zu müssen. Ein Ergebnis der Ritter-Studie ist, dass die Theodizee-Frage bei heutigen Jugendlichen *an Relevanz verloren* habe, weil es auch bei der Frage nach dem Leid zu einem Brisanzverlust gekommen sei.[12]

Diese Begründung kritisiert Miriam Schambeck. Auf der Grundlage ihrer qualitativen Untersuchungen glaubt sie nachweisen zu können, dass das Problem des Leides für Jugendliche *sehr wohl ein wichtiges Thema* sei.[13] Leid werde von ihnen – wie sie sagt – „als etwas Unausweichliches, Allgegenwärtiges und Undurchdringliches"[14] gesehen. Das Ergebnis der Ritter-Studie, dass Jugendliche nicht aus persönlichen Leiderfahrungen sprächen, sei vom methodischen Setting der Datenerhebung abhängig und dürfe „nicht allgemein

---

[12] Vgl. WERNER H. RITTER u.a., Leid und Gott. Aus der Perspektive von Kindern und Jugendlichen, Göttingen 2006.

[13] Vgl. MIRJAM SCHAMBECK, Jugendliche fragen nach dem Leid – und Gott bleibt außen vor. Eine qualitativ-empirische Untersuchung als Konkretisierung einer „suchenden", subjektorientierten Theologie. In: KLAUS BIEBERSTEIN/ HANSPETER SCHMITT (Hg.), Prekär. Gottes Gerechtigkeit und die Moral der Menschen, Luzern 2008, 271.

[14] Ebd., 272.

[…] auf die Einstellung Jugendlicher zum Thema des Leids“[15] übertragen werden.[16] Zustimmend zeigt sich Schambeck in dem Punkt, dass Jugendliche die *Leidfrage ohne Rekurs auf die Gottesfrage* behandeln. Auch sie stellt fest, dass die Gotteskonzepte Jugendlicher eher leidresistent als leidsensibel seien und es deswegen häufig zu keiner Thematisierung des Theodizee-Problems komme.[17]

b) Gottesvermutung bei Jugendlichen

Wie lautet der empirische Befund, wenn es um den *Glauben* Jugendlicher an die *Existenz eines Gottes* geht? Die vorliegenden Studien kommen hier, über die letzten Jahre hinweg gesehen, zu einem relativ konstanten Ergebnis.[18] Wird nach der Existenz eines persönlichen Gottes, einer höheren Macht bzw. nach dem Gotteszweifel und nach dem Atheismus Jugendlicher gefragt, so weist etwa die 16. Shell Jugendstudie aus dem Jahr 2010 folgende Zahlen aus: 23% der befragten Jugendlichen glauben an die Existenz eines persönlichen Gottes, 19% an eine Höhere Macht, 27% geben an, Gotteszweifel zu haben, und 31% bekennen, eine gottlose Position zu vertreten.[19]

Etwas anders sieht die Verteilung aus, wenn man die Existenz Gottes im Kontext ausgewählter *Weltbildkomponenten* abfragt (vgl. Anhang!). So kommen etwa Ziebertz/Riegel[20] zu dem Ergebnis, dass immerhin 74,6 % der von ihnen befragten Jugendlichen der impliziten Existenzannahme Gottes zustimmen, wenn ihnen das religiös universale Item vorgelegt wird, dass „Der eine Gott […] in den verschiedenen Religionen unterschiedlich benannt“ (vgl. Item 1) wird. Innerhalb der Weltbildkomponente Agnostik liegt der Gotteszweifel immerhin noch zwischen 45 und 59,7%. Eine relativ geringe Zustimmung, nämlich lediglich 14,4%, erfährt hingegen die Behauptung: „An die Existenz Gottes zu glauben, ist Unsinn.“ (Item 15) Überhaupt finden

---

15 Ebd., 266, Anm. 4.

16 Zu einer ähnlichen Position kommt auch Astra Dannenfeldt. Sie untersuchte im Rahmen der Rostocker Langzeitstudie Gotteskonzepte von einzelnen Kindern (und Jugendlichen) in schwierigen Lebenslagen. Vgl. ASTRA DANNENFELDT, Gotteskonzepte bei Kindern in schwierigen Lebenslagen, Rostocker Langzeitstudie zu Gottesverständnis und Gottesbeziehung von Kindern, die in mehrheitlich konfessionslosem Kontext aufwachsen, Jena 2009; vgl. auch die Studie „Kinder fragen nach dem Leid“ von Sonja Gerichhausen, die in RAINER OBERTHÜR, Kinder fragen nach Leid und Gott. Lernen mit der Bibel im Religionsunterricht, München 1998, 46-49, rezipiert ist.

17 Vgl. SCHAMBECK, Jugendliche fragen nach Leid (Anm. 13), 270-272.

18 Vgl. EVA MARIA STÖGBAUER, Die Frage nach Gott und dem Leid bei Jugendlichen wahrnehmen. Eine qualitativ-empirische Spurensuche, Bad Heilbrunn 2011 (RpBF 1), 22-28.

19 Vgl. THOMAS GENSICKE, Wertorientierung, Befinden und Problembewältigung. In: SHELL DEUTSCHLAND HOLDING (Hg.), Jugend 2010. Eine pragmatische Generation behauptet sich (16. Shell Jugendstudie), Frankfurt a. M. 2010, 207.

20 Vgl. HANS-GEORG ZIEBERTZ/ ULRICH RIEGEL, Letzte Sicherheiten, Eine empirische Untersuchung zu Weltbildern Jugendlicher, Gütersloh-Freiburg i. Br. 2008.

Jugendliche nach der Studie von Ziebertz/Riegel eher Weltbildkomponenten zustimmungsfähig, in denen Gott vorkommt, als religionskritische oder atheistische Weltbildkomponenten.[21]

Insgesamt lässt sich dieser Befund in der These zusammenfassen, dass im Denken Jugendlicher die *Existenz eines Gottes* bzw. *einer Höheren Macht mehrheitlich vorkommt*. Diese Gottesvermutung ist bei vielen einem *gleichzeitigen Gotteszweifel* ausgesetzt. Gottlose Haltungen sind nur für relativ wenige Jugendliche akzeptabel.

c) Relativierung der Gutheit Gottes

Einen gravierenden Umbruch scheint die Gottesbildentwicklung in Bezug auf das Prädikat von der *Gutheit Gottes* durchgemacht zu haben. So sprechen Menschen der Aussage, dass Gott gut sei, auf der „deistischen Urteilsstufe" des strukturgenetischen Ansatzes eine *relativ geringe Bedeutsamkeit für das eigene Leben* zu.[22] Die große Distanz, die vor allem Jugendliche zwischen sich selbst und Gott projizieren, lässt die Gutheit Gottes für sie selbst als eher redundant erscheinen. Diese ethische (Um-)Interpretation wird auch von der Studie bestätigt, die das Forschungsteam um Werner Ritter durchgeführt hat. Diese Gruppe kommt zu dem Ergebnis, dass Begriffe wie „Allgüte", „Güte" und „gütig" für die Stichprobe ihrer Jugendlichen „fremde Theologumena"[23] seien. Angesichts des Übels in der Welt würde von diesen jungen Menschen nicht so sehr die Existenz Gottes, als seine Allgüte bestritten.[24]

Im Gegensatz dazu stehen Gottesvorstellungen, wie sie in der Rostocker Langzeitstudie von Anna-Katharina Szagun beschrieben werden.[25] In dieser qualitativen Untersuchung bekundet etwa die Jugendliche Hella, dass Gott ihr Halt gebe. Deswegen könne sie auch niemals ins Bodenlose fallen. In der Gottesbeziehung Hellas war über lange Jahre hinweg das *Kontinuum eines Grundvertrauens in die Gutheit Gottes* zu erkennen. Von daher muss damit gerechnet werden, dass diese theologische Figur auch bei anderen Jugendlichen präsent ist. Freilich scheint es insgesamt eher so zu sein, dass dieses Gottesprädikat bei heutigen Jugendlichen mit einer *geringeren Intensität* bzw. mit einer *eingeschränkteren Relevanz* im Vergleich zu früheren Generationen vorkommt. Von daher wird es didaktisch wichtig sein zu fragen, welche theo-

---

[21] Vgl. ebd., 53-80 (2. Kap.: Das Weltbild Jugendlicher) u. 207-219 (Anhang II: Tabellen zum Weltbild Jugendlicher).

[22] Vgl. FRITZ OSER/ PAUL GMÜNDER, Der Mensch – Stufen seiner religiösen Entwicklung. Ein strukturgenetischer Ansatz, Gütersloh [4]1996 [[1]1984], 86-89.

[23] RITTER u.a., Leid und Gott (Anm. 12), 146.

[24] Vgl. ebd., 147 sowie 119f.

[25] Vgl. ANNA-KATHARINA SZAGUN, Dem Sprachlosen Sprache verleihen. Rostocker Langzeitstudie zu Gottesverständnis und Gottesbeziehung von Kindern, die in mehrheitlich konfessionslosem Kontext aufwachsen, Bd. 1 (mit Beiheft), Jena 2006.

logischen Inhalte an diesen tendenziell deistischen Befund unterrichtlich *anschließbar* sind.[26]

d) Zurückdrängung des Allmachtprädikates

Eine ganz ähnliche Situation zeigt sich beim *Allmachtsprädikat.* Religiöse Urteile auf der dritten strukturgenetischen Stufe sprechen Gott die schöpferische Mächtigkeit, das Universum geschaffen zu haben, nicht ab. Was dem deistischen Gott dann aber doch abgesprochen wird, ist sein *lebensbedeutsamer Einfluss auf das eigene Leben.* So betont etwa die „Zwei-Reiche-Lehre", wie sie Oser/Gmünder ermittelt haben, die eigene Kompetenz, sein Leben gegenüber der transzendenten Welt autonom gestalten zu können.[27] Genau auf diesen Punkt läuft auch die Weltbild-Studie von Ziebertz und Riegel hinaus: Sie kommen zu dem Ergebnis, dass die subjektzentrierte Weltbildkomponente bei Jugendlichen über eine äußerst hohe Zustimmungsfähigkeit verfügt.[28] Das hat, wie man unschwer vermuten kann, auch Konsequenzen in Bezug auf den theologischen Allmachtsbegriff: *Wo Jugendliche für sich selbst eine hohe Lebensführungskompetenz in Anspruch nehmen, dort wird ein möglicher Einfluss Gottes auf ihre Leben eher kritisch gesehen und zurückgedrängt.* Ganz in diesem Sinne behaupten dann auch Ritter und sein Forschungsteam, dass Gottesattribute wie „Allmacht" und „Allwissenheit" für den Großteil der Kinder und Jugendlichen heute eine weniger wichtige Rolle spielen würden als noch vor 20 Jahren.[29]

---

26 HELMUT HANISCH kommt in seiner Studie (Die zeichnerische Entwicklung des Gottesbildes bei Kindern und Jugendlichen, Eine empirische Vergleichsuntersuchung mit religiös und nicht-religiös Erzogenen im Alter von 7-16 Jahren, Stuttgart-Leipzig 1996) zu dem Ergebnis, dass die Gottesbilder religiös erzogener Kinder und Jugendlichen eher einen freundlichen als einen bösen oder aggressiven Gott zeigen (vgl. ebd., 96), während die Gottesbilder bei nicht-religiös erzogenen Kindern und Jugendlichen weniger einen freundlichen, dem Menschen zugewandten, als einen distanzierten oder aggressiven Gott zeigen (vgl. ebd., 201).

27 Vgl. OSER/ GMÜNDER, Der Mensch (Anm. 22), 86-89.

28 Vgl. ZIEBERTZ/ RIEGEL, Letzte Sicherheiten (Anm. 20). Parallel dazu kommt auch THOMAS GENSICKE in der 15. Shell Jugendstudie zu dem empirischen Ergebnis, dass subjektorientierte Wertorientierungen wie etwa Eigenverantwortung, Unabhängigkeit, Kreativität, Fleiß und Ehrgeiz, Selbstdurchsetzung oder Macht und Einfluss für Jugendliche wichtiger sind als der Gottesglaube. Dieser erreicht auf einer Skala von 1 - 7 nur eine unterdurchschnittliche Zustimmung (3,7). Diese Befunde lassen darauf schließen, dass Jugendliche der eigenen Autonomie, also der subjektiven Fähigkeit, sich die Gesetze des eigenen Handelns selbst geben zu können, eine relativ hohe Lebensbedeutsamkeit zusprechen. Heteronome Einflüsse lehnen sie i.d.R. nachdrücklich ab. Insgesamt zeigt sich hier, dass gerade Jugendliche den Typus des *modernen Menschen* repräsentieren (vgl. THOMAS GENSICKE, Jugend und Religiosität. In: SHELL DEUTSCHLAND HOLDING [Hg.], Jugend 2006. Eine pragmatische Generation unter Druck. Konzeption u. Koordination KLAUS HURRELMANN, MATHIAS ALBERT u. THNS INFRATEST SOZIALFORSCHUNG, Frankfurt a. M. 2006, 203-239, bes. 177).

29 Vgl. RITTER/HANISCH/NESTLER/GRAMZOW, Leid und Gott (Anm. 12), 155.

An dieser Stelle ist es wichtig, eines zu betonen: Sowohl beim göttlichen Gutheits- als auch beim Allmachtsattribut ist deutlich geworden, dass Jugendliche nur einen *relativ geringen Einfluss Gottes auf ihr Leben* annehmen. Zwar gehen sie mehrheitlich davon aus, dass *Gott existiert*, sprechen ihm aber *kaum eine existentielle Bedeutsamkeit* oder eine *Relevanz für ihr eigenes Dasein* zu.

e) Theodizee-relevante Bedingungen: Plurale Modi ihrer In-Beziehung-Setzung

In diesem empirischen Teil ist noch die entscheidende Frage zu beantworten, in welche *semantische* – oder auch *logische* – *Beziehung* Jugendliche die vier theodizee-relevanten Bedingungen bringen. Das Datenmaterial, das Eva Maria Stögbauer in ihrer qualitativen Studie ausgewertet hat, lässt sie zu einer *Typologie von sieben Profilen* kommen, wie Jugendliche mit dem Thema Leid und Gott umgehen.[30] Die ermittelten Einstellungen reichen vom Gottesbekenner, vom Gottessympathisanten und vom Gottesneutralen über den Gotteszweifler, den Gottesrelativierer bis hin zum Gottesverneiner und zum Gottespolemiker. Beim Thema „Leid und Gott" ist also ein *sehr breites Spektrum jugendlicher Positionierungen* festzustellen. Ohne diese unterschiedlichen Typen nun näher beschreiben zu können, scheint eines deutlich zu sein: Jugendliche bewerten die vier theodizee-relevanten Bedingungen in ihrem je eigenen Wertesystem sehr unterschiedlich. Dies führt dann zu den *sehr divergierenden Arten und Weisen, wie Jugendliche die vier Bedingungen miteinander in Beziehung setzen*: Kommt z.B. der Gottessympathisant durch seine logische In-Beziehung-Setzung der vier Prämissen in die Theodizee-Frage hinein[31], so stellt sich diese Frage dem Gottesneutralen erst gar nicht. Seine semantische Bedingungskonstellation begründet vielmehr eine theodizee-resistente Gotteskonzeption[32]. Folglich ist im Anschluss an die qualitative Untersuchung von Stögbauer mindestens davon auszugehen, dass in unserer Schülerschaft eine *dezidierte Einstellungspluralität zur Frage nach Gott und dem Leid* charakteristisch sein könnte.

4. Veränderte didaktische Problemstellung

Damit sind wir nun in der Lage, die didaktische Problemstellung zu formulieren. Im Vergleich zu der Situation als Karl Ernst Nipkow noch behauptete, dass das Theodizee-Problem „die erste Einbruchstelle für den Verlust des

---

[30] Vgl. STÖGBAUER, Die Frage nach Gott (Anm. 18), 222-286.
[31] Vgl. ebd., 242-245.
[32] Vgl. ebd., 252-254.

Glaubens an Gott"[33] sei, muss heute die didaktische Ausgangsfrage zum Theodizee-Problem in einer – wie ich meine – *veränderten Weise* gestellt werden: Auf der Grundlage unserer empirischen Befunde lautet die neue Fragestellung:

Wie kann das Theodizee-Problem unterrichtlich im Kontext der Bedingungen behandelt werden,

1. dass die Rede von Gott in der Öffentlichkeit nahezu *verstummt*, Gott im Denken Jugendlicher aber *mehrheitlich präsent* ist und ihre Gotteskonzepte *divers* geworden sind,
2. dass die christliche Tradition zwar die Gutheit Gottes behauptet, Jugendliche dieses Gottes-Prädikat aber *eher relativieren*,
3. dass Jugendliche auf der einen Seite eine *autonome Lebensführungskompetenz* beanspruchen und auf der anderen Seite die Macht Gottes, auf menschliches Leben Einfluss nehmen zu können, *depotenzieren* und
4. dass das Thema Leid für Jugendliche zwar eine *gewisse Bedeutsamkeit* hat, sie selbst aber über eher *leidresistente* bzw. *leidneutrale Gotteskonzepte* verfügen.

Die veränderten Bedingungen im Denken Jugendlicher verstehen wir im Folgenden als *didaktische Andockstellen* für elementarisierende Reflexionen. Sie stellen *kognitive Anknüpfungspunkte* dar, deren didaktische Berücksichtigung eine korrelative bzw. elementarisierte Behandlung des Theodizee-Problems überhaupt erst möglich macht.

5. Zur Didaktik des Theodizee-Problems: elementarisierende Grundsätze

Auf der Basis des ausgewiesenen empirischen Befundes ist hier nun eine, wenn auch nur rudimentäre, Didaktik des Theodizee-Problems konzipierbar. Es geht jetzt um die Formulierung elementarisierender Grundsätze. Diese Grundsätze sind *didaktische Maßgaben* für den Kompetenzerwerb, dass Schülerinnen und Schüler die theologische Relevanz des Theodizee-Problems *nachvollziehen* und dieses Problem in Ansätzen auch *erörtern* können. Dabei fassen wir das Theodizee-Problem nicht als ein singuläres Problem unter

---

[33] KARL ERNST NIPKOW, Erwachsenwerden ohne Gott?, Gotteserfahrung im Lebenslauf, München [4]1992 [[1]1987], 56. - Zwölf Jahre nach der Publikation NIPKOWS behauptet der Wiener Religionspädagoge Martin Rothgangel, dass nicht das Theodizee-Problem, sondern der naturwissenschaftliche Unterricht die eigentliche Einbruchstelle für den Gottesglauben Jugendlicher sei: „Aus der vorliegenden Untersuchung geht hervor, daß bei den Jugendlichen, die das Thema Naturwissenschaft ansprechen, die Kategorie ‚Naturwissenschaft widerlegt Gott' eindeutig dominiert. Mit dem Thema Naturwissenschaft ist demnach ein Faktor benannt, der zu einem ‚Erwachsenwerden ohne Gott' führen kann. In Anspielung auf die Studie Nipkows lässt sich pointiert feststellen: Naturwissenschaft als Einbruchstelle des Gottesglaubens." (MARTIN ROTHGANGEL, Naturwissenschaft und Theologie. Wissenschaftstheoretische Gesichtspunkte im Horizont religionspädagogischer Überlegungen, Göttingen 1999, 72).

anderen theologischen Problemen auf. Die Theodizee-Frage ist überhaupt *das* zentrale Grundproblem der biblischen Frage nach Gott. Damit haben diejenigen Antworten, die hier gegeben werden, auch systematische Auswirkungen auf andere theologische Fragestellungen.

a) Didaktischer Anschluss über Leidsituationen

Zunächst gehen wir auf die theodizee-relevante Bedingung der Leiderfahrung ein. Die befragten empirischen Studien kamen hier zu dem widersprüchlichen Ergebnis, dass die befragten Jugendlichen kaum über eigene existentielle Leiderfahrungen verfügen würden bzw. dass Leiderfahrungen für sie doch auch eine gewisse Lebensbedeutsamkeit hätten. Einig war man sich hingegen in dem Punkt, dass die Gotteskonzepte Jugendlicher eher leidresistent als leidsensibel seien (vgl. 3.a).

Vor dem Hintergrund dieser kognitiven Anschlussstelle lässt sich der erste elementarisierenden Grundsatz formulieren: *Um das Theodizee-Problem verstehen und bedenken zu können, ist es didaktisch günstig, Jugendliche im Religionsunterricht mit dem konkreten Leid anderer Menschen zu konfrontieren.* Diese korrelativ-indirekte Vorgehensweise[34] folgt m.E. aus dem empirischen Befund, dass junge Menschen kaum über theodizee-relevante Leiderfahrungen verfügen. Begründet ist diese didaktische Konsequenz aber auch in dem Umstand, dass wir der Intimität des Jugendlichen einen gewissen Schutzraum gegenüber der Klasse gewähren möchten. Das Leid Anderer kann den Schülerinnen und Schülern auf sehr unterschiedliche Weisen gezeigt werden: etwa anhand literarischer Texte, durch Bilder aus der darstellenden Kunst oder durch den Einsatz realistischer Fotografien.[35]

---

[34] Zur religionsdidaktischen Vorgehensweise des indirekten Korrelierens vgl. BURKARD PORZELT, Jugendliche Intensiverfahrungen. Qualitativ-empirischer Zugang und religionspädagogische Relevanz, Graz 1999, 261-269.

[35] Zunächst ist hier an diejenigen literarischen Texte zu denken, die schon zu Klassikern des Theodizee-Problems geworden sind, etwa an Abschnitte aus Fjodor Dostojewskijs Roman „Die Brüder Karamasow“, aus Wolfgang Borcherts Drama „Draußen vor der Tür“ oder an Szenen aus Albert Camus‘ Roman „Die Pest“ (vgl. ROMMEL, Der gute Gott und das Leid des Menschen [Anm. 11], 64-66). Menschliches Leid kann Jugendlichen aber auch über Werke der darstellenden Kunst gezeigt werden. Einzubeziehen wären hier Bilder von Max Beckmann, George Grosz, Otto Dix und nicht zuletzt das bildnerische und plastische Werk von Alfred Hrdlicka, in dem immer wieder „der gekreuzigte Mensch“ zur Darstellung kommt (vgl. CHRISTIAN WALDA, Der gekreuzigte Mensch im Werk von Alfred Hrdlicka. Unmittelbar anschauliche Intersubjektivität durch Leiblichkeit in der Kunst, Wien-Köln-Weimar 2007 und didaktisch dazu: MIRIAM SCHAMBECK/ EVA MARIA STÖGBAUER, Zugänge zur Leidfrage im Religionsunterricht. In: KatBl 133 [2008] 374-380). Nicht zu vergessen sind auch Werke aus der realistischen Fotografie. Als exemplarisches Beispiel sei nur auf das weltberühmte Foto des Pressefotographen Huynh Cong Ut verwiesen: Auf der Schwarzweißaufnahme sind fliehende Kinder zu sehen, die schmerzverzerrt Brandwunden aus einem Napalm-Angriff während des Vietnamkrieges davongetragen haben. Schon diese wenigen Hinweise zeigen,

Bei der Bedingung des Leides kommen noch zwei elementare Aspekte hinzu: (i.) *Die Unterrichtsmaterialien müssen so ausgewählt werden, dass sie Schülerinnen und Schüler betroffen machen.* Nur dort, wo die moralische Empfindung der Betroffenheit entsteht, gibt es eine Mitleidenschaft mit den Opfern und eine Empörung gegen die Täter. Zu vermeiden ist hier eine emotionale Gleichgültigkeit ebenso wie eine einseitige moralische Emotionalisierung. (ii.) Beim zweiten elementaren Aspekt geht es darum, dass die dargestellten Leidsituationen für Schülerinnen und Schülern die Chance bieten müssen, *sich in die Perspektive des verletzten Menschen hineinversetzen* zu können. Gefordert ist hier also der soziale Perspektivenwechsel, sich selbst an die Stelle eines geschundenen und malträtierten Anderen versetzen zu können.[36]

b) Didaktischer Anschluss über den Zweifel

In unserem empirischen Abschnitt ist zudem deutlich geworden, dass zum Teil über die Hälfte aller befragten Jugendlichen einen Zweifel an der Existenz Gottes angemeldet hat (vgl. 3.b).

Dieses Ergebnis verfügt m.E. über eine so große didaktische Relevanz, dass dieser jugendliche Zweifel zu einer *didaktischen Anschlussstelle* für die unterrichtliche Behandlung der Theodizee-Frage gemacht werden muss. Denn, eines haben wir gesehen: Die Prämisse, dass Gott existiert, ist eine unverzichtbare Bedingung, um überhaupt in das Theodizee-Problem hineinzukommen. Von daher lautet der zweite elementarisierende Grundsatz: *Im Ausgang von den Gotteszweifeln vieler Schülerinnen und Schüler stellt eine diskursive Theologie des Zweifelns einen didaktischen Zugangsweg dar, mit jungen Menschen die Frage nach der Existenz Gott thematisieren zu können.*

Der Gotteszweifel selbst ist dem Christentum nicht fremd Er reicht vom gotteskritischen Ijob über den zweifelnden Thomas (vgl. Joh 20,24-29) bis hin zu Jesus selbst, der am Kreuz leidend den ersten Vers des Psalms 22 gegen seinen Vater hinausgeschrien hat: „Eloï, Eloï, lema sabachtani? […] Mein Gott, mein Gott, warum hast du mich verlassen?“ (Mk 15,34) Radikal und

---

dass das Leid des Menschen Jugendlichen auf sehr unterschiedliche Arten und Weisen gezeigt werden kann. Didaktisch bewährt hat sich aber immer der literarisch anspruchsvolle Text bzw. das künstlerisch hochwertige Bild. Der Respekt vor dem leidenden Menschen gebietet es, sein Leiden nicht in voyeuristischen Darstellungen zu missbrauchen. Oder umgekehrt formuliert: Nur ein qualitativ hochwertiges Unterrichtsmaterial kann Schülerinnen und Schüler die Autorität der Leidenden zeigen (vgl. SUSAN SONTAG, Das Leiden anderer betrachten. A. d. Engl. v. REINHARD KAISER, München-Wien 2003, 68 und JOHANN BAPTIST METZ, Memoria passionis. Ein provozierendes Gedächtnis in pluralistischer Gesellschaft. In Zusammenarbeit mit JOHANN REIKERSTORFER, Freiburg-Basel-Wien 2006).

[36] Zur didaktischen Relevanz des Betroffenheitsfaktors und des sozialen Perspektivenwechsels in ethischen und religiösen Bildungsprozessen vgl. ROMMEL, Normenkonflikte und Abwägungsprozesse (Anm. 7), 460-473.

modern wird der Zweifel an Gott in der Form, wie ihn Mitte des 19. Jahrhunderts Ludwig Feuerbach vorgetragen hat. Sein Zweifel hinterfragt nicht nur die Absenz Gottes im Leid, sondern dieser Zweifel stellt die Existenz Gottes prinzipiell in Frage. Seine These ist, dass unsere Gotteskonzepte nur menschliche Selbstkonstrukte seien, die sich auf nichts bezögen, was sich außerhalb des menschlichen Denkens befände. Gott ist eine Illusion, – so fasst Feuerbach seinen Grundgedanken zusammen. Diese Gottesfiktion kommt dadurch zustande, dass Menschen über die kognitive Kompetenz verfügen, Attribute negieren zu können: D.h., Menschen können die eigene endliche und sündige Individualität negieren, um daraus dann einen unendlichen und heiligen Gott zu projizieren. So erfährt hier der Zweifel an der Existenz Gottes eine psychologische Begründung.[37] Dieser Zweifel und seine Begründung sind mit den Gotteszweifeln heutiger Jugendlicher *didaktisch korrelierbar.* Das ist der gedankliche Kern unseres zweiten Elementarisierungsgrundsatzes.

In didaktischer, aber nicht simplifizierter Form lässt sich die feuerbachsche Argumentation in vier Sätzen elementarisieren:

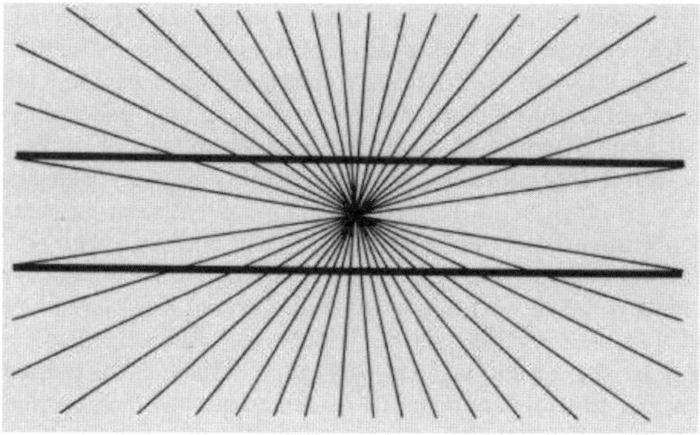

(1) Die Menschen *bilden* sich nur *ein*, dass Gott existiert.
(2) Gott ist eine *Wunschvorstellung*
(3) - wie eine *optische Täuschung* –
(4) In Wirklichkeit gibt es Gott also nicht.

Wir verzichten hier darauf zu erklären, warum die Sätze (1.) bis (4.) so und nicht anders formuliert sind. Wir gehen aber davon aus, dass diese vier Sätze für Jugendliche zu einem elementaren Impuls werden können, mit ihnen über die Existenz Gottes in ein argumentatives Gespräch zu kommen. Die entscheidende Aufgabe einer *diskursiven Theologie des Zweifelns* wäre es dann zu prüfen, inwiefern der feuerbachsche Gotteszweifel einer kritischen Erörterung Stand hält. Wichtige Argumentationen gegen Feuerbach könnten bei den Jugendlichen dazu führen, die Frage nach der Existenz Gott wenigstens offen zu halten. Vielleicht werden in der Erörterung aber auch theologische Argumentationen entdeckt, die der Existenz Gottes doch wenigstens eine gewisse

---

[37] Vgl. LUDWIG FEUERBACH, Das Wesen des Christentums [^{1}1841], bearb. v. WERNER SCHUFFENHAUER u. WOLFGANG HARICH. In: DERS., Gesammelte Werke (GW). Hrsg v. Berlin-Brandenburgische Akademie der Wissenschaften durch WERNER SCHUFFENHAUER, durchges. Aufl., Bd. 5, Berlin ^{3}2006 [^{1}1974].

Plausibilität zusprechen. Wo aber das Dasein Gottes wenigstens plausibel ist, da wird das Theodizee-Problem nicht von vorn herein unplausibel sein.[38]

c) Komparation: deistische – biblische Gotteskonzepte

Beim traditionellen Prädikat der „Gutheit" Gottes haben die empirischen Studien ergeben, dass Jugendliche dieses Attribut eher relativieren als dass sie es direkt in ihre Gotteskonzepte übernehmen. Die Gottesbilder auf der dritten

---

[38] In manchen Schulklassen mag es so sein, dass selbst der Gotteszweifel über keine didaktischen Anschlussmöglichkeiten an das Denken und Empfinden Jugendlicher mehr verfügt. Denn dort, wo die Gottesverdunstungen soweit fortgeschritten sind, dass sich Gott im Bewusstsein Jugendlicher nahezu aufgelöst hat, dort kommt nicht nur Gott selbst, sondern *auch der Zweifel an der Existenz Gottes* in eine eminente Krise; vgl. dazu BURKHARD PORZELT, Lob des Zweifel(n)s? Ein Movens religiösen Lernens im Spiegel aktueller Herausforderungen. In: Religionspädagogische Beiträge 59 (2007) 22. Im Anschluss an diese Problemformulierung verweist Burkard Porzelt auf den Umstand, dass in modernen Gesellschaften zwar vielfach der Gotteszweifel versiege, nicht aber der „grundmenschliche Zweifel" (ebd., 26) am eigenen Leben und an der eigenen Welt. Dieser Lebenszweifel ist gerade auch für Jugendliche, die sich ja in einer pubertären Umbruchsphase befinden, eine bedeutende anthropologische Konstante. Vor diesem Hintergrund macht Porzelt den didaktischen Vorschlag, den existentiellen Lebenszweifel Jugendlicher mit dem Gotteszweifel der jüdisch-christlichen Tradition zu *korrelieren.* Es ginge bei diesem indirekten Weg religiösen Lernens genauerhin darum, den Zweifel, den heutige Jugendliche in Bezug auf ihr eigenes Leben artikulierten, in eine *Relation* zu dem Zweifel zu setzen, den andere Menschen in Bezug auf ihr Leben bzw. auf ihren Gott hin formuliert haben. So bringen Jugendliche zum Beispiel immer wieder einen nachdrücklichen und sensiblen Zweifel an der Gerechtigkeit ihrer eigenen Lebenswelt vor: Nicht selten machen sie die Erfahrung, dass der gut Gesinnte in modernen Wirtschaftsgesellschaften, in denen eine Ellenbogenmentalität dominierend ist, seine persönlichen Interessen und Ziele nicht verwirklichen kann. Konkurrenzfähig sind meist nur die Starken. Es scheitern die Schwachen und die Kranken. Solch ein Gerechtigkeits- bzw. Lebenszweifel ließe sich mit demjenigen biblischen Gotteszweifel korrelieren, den der kranke und geschundene Ijob hinausgeschrien hat. Sein Lebenszweifel artikuliert sich im Vergleich zu den Jugendlichen zusätzlich noch als ein Gotteszweifel. Für Schülerinnen und Schüler besteht durch eine solch *indirekte Korrelation* die Chance, sich in die Zweifelsmodi anderer hineinzuversetzen und von ihren fremden religiösen Einstellungen zu lernen. PORZELT selbst formuliert folgende didaktische Zielperspektive: „Ein Religionsunterricht, der beiden Artikulationen des Zweifelns Wohnrecht gibt, um sie schätzen und verstehen zu lernen, könnte überlieferte *Gotteszweifel* gleichrangig mit heutigen *Lebenszweifeln* in ihrer je eigenen Logik und ihren Grenzen zu erkunden und erhellen suchen. Was den Gotteszweifel ausmacht, könnte sich am Gegenüber des Lebenszweifels schärfen. Vice versa könnte sich der Lebenszweifel am Gegenüber des Gotteszweifels seiner selbst vergewissern. Den Schüler/innen würde die Möglichkeit eröffnet, sich im verständigen Wissen um beide Formen menschlicher Daseinsdeutung kundig und eigenständig zu positionieren." (ebd., 26; der Kursivdruck stammt vom Vf.) Die korrelative Idee, die hier anvisiert wird, ist geradezu klassisch beschrieben: Durch eine *In-Beziehung-Setzung* von aktuellem Lebenszweifel und traditionellem Gotteszweifel wird ein religiöser Bildungsprozess initiiert, bei dem der eigene Lebenszweifel durch den fremden Gotteszweifel kritisch und kreativ interpretiert, aber auch umgekehrt der religiöse Gotteszweifel durch den säkularen Lebenszweifel weitergehend erschlossen werden kann. Vgl. noch ausführlicher dazu: ROMMEL, Mensch – Leid – Gott (Anm. 10), 224-228.

Stufe hätten, so sagen nicht nur Oser/Gmünder, eine deutlich deistische Form angenommen.[39]

Eine didaktisch angemessene Reaktion bestünde m.E. zunächst darin, heutigen Jugendlichen *ihren eigenen Deismus bewusst* zu machen. Das könnte dadurch geschehen, dass man mit ihnen zusammen deistische Gotteskonzepte reflektiert, wie sie etwa Anna-Katharina Szagun[40] oder Astra Dannenfeldt[41] auf der Grundlage von Interviews mit Jugendlichen dokumentiert haben. Diese deistischen Gotteskonzepte könnten dann in einem zweiten Schritt *mit biblischen Gotteskonzepten konfrontiert* werden. Worum es also didaktisch ginge, das wäre eine *Komparation* der eher neutralen Gottesvorstellungen Jugendlicher mit dem befreienden Gott der biblischen Tradition.

Textlich bietet sich hier die elementare Perikope von der Selbstvorstellung Jahwes im brennenden Dornbusch an (vgl. Ex 3,1-17). Gott offenbart sich hier als derjenige, der mit den Unterdrückten dieser Welt solidarisch ist und sie in eine neue Freiheit führen möchte.[42] Herauszuarbeiten wären die Gemeinsamkeiten, v.a. aber auch die Differenzen zwischen einem deistischen und diesem biblischen Gotteskonzept. Die komparative Vorgehensweise könnte bei den Jugendlichen eine zweifache Lernchance bewirken: Zum einen könnten sie durch einen sozialen Perspektivenwechsel lernen, dass andere Menschen von der Erfahrung erzählen, dass Gott gut ist, und deswegen für diese Menschen das Theodizee-Problem sehr wohl eine große Relevanz besitzt. Und zum anderen könnte eine solche Komparation auch dazu führen, das eigene Gottesbild aus biblischer Perspektive kritisch weiterzudenken. In diesem religionspädagogischen Sinne ist der dritte elementarisierenden Grundsatz zu formulieren: *Die Komparation des deistischen Gottesbildes Jugendlicher mit dem biblischen Konzept vom befreienden bzw. guten Gott kann die Theodizee-Sensibilität junger Menschen stärken und ihre theologische Selbstreflexion befördern.*[43]

---

[39] Vgl. OSER/ GMÜNDER, Der Mensch (Anm. 22), 86-89; SZAGUN, Dem Sprachlosen Sprache verleihen (Anm. 23); ZIEBERTZ/ RIEGEL, Letzte Sicherheiten (Anm. 20).

[40] Vgl. SZAGUN, Dem Sprachlosen Sprache verleihen (Anm. 25) u. vgl. DIES./MICHAEL FIEDLER, Religiöse Heimaten, Rostocker Langzeitstudie zu Gottesverständnis und Gottesbeziehung von Kindern, die in mehrheitlich konfessionslosem Kontext aufwachsen, Jena 2008, Bd. II (mit Beiheft).

[41] Vgl. DANNENFELDT, Gotteskonzepte bei Kindern (Anm. 15).

[42] Vgl. DANIEL KROCHMALNIK, JHWH, Im Spannungsfeld der jüdischen Theologie. In: REINHOLD BOSCHKI u.a., Gott nennen und erkennen. Theologische und philosophische Einsichten, Freiburg i. Br. 2010 (Theologische Module, 10).

[43] Interessant ist es in diesem Zusammenhang auch, die philosophische Theologie von Hans Jonas zu elementarisieren. Jonas stellt die Theodizee-Frage nach Auschwitz bewusst aus einem jüdischen Kontext: Der Gott des Exodus wird vom Judentum als Herr der Geschichte geglaubt. Wie konnte dieser geschichtsmächtige Gott die menschliche Katastrophe von Auschwitz zulassen? Jonas legt dann als Antwort auf diese Frage einen Theodizee-Versuch vor, der dem jugendlichen Bewusstsein der eigenen Freiheit und Autonomie sehr entgegen kommt. Gott, so spekuliert Jonas, habe seine eigene Freiheit eingeschränkt, um der Freiheit des Menschen Raum zu geben. Das Böse sei nichts anderes als eine Perversion der mensch-

d) Sozialer Perspektivenwechsel in den fremden Glauben an einen allmächtigen Gott

Die empirischen Studien haben gezeigt, dass Jugendliche Gott eher entmachten und einen eigenen Anspruch auf Handlungskompetenz erheben. Zwar wird Gott durchaus eine kosmische Schöpfungsmacht zugeschrieben. Diese unterscheiden viele Jugendliche aber strikt von ihrer eigenen Fähigkeit, sich die Regeln ihres Handelns selbst geben zu können. Aufgewertet wird also die eigene Autonomie, abgewertet wird der Einfluss der göttlichen Allmacht auf das eigene Handeln. Jugendliche depotenzieren Gott in seiner Göttlichkeit (vgl. 3.d). Welches Thema ist an diese empirische Version der theodizeerelevanten Allmachts-Bedingung anschließbar?

Im Kontext der Allmachtsprädikation lässt sich als vierter elementarisierender Grundsatz formulieren: *Die Unterrichtsthemen müssen so ausgewählt werden, dass den Schülerinnen und Schülern die Gelegenheit geboten wird, sich durch einen sozialen Perspektivenwechsel in fremde Menschen hinein zu versetzten, die an einen allmächtigen Gott glauben und gerade deswegen in das Theodizee-Problem hineinkommen.* Wieder wählen wir hier also einen korrelativ-indirekten Zugang, weil es im Ausgang von den Gotteskonzepten Jugendlicher oft keinen direkten Weg zur Theodizee-Frage gibt. Notwendig ist wieder die Durchführung eines sozialen Rollentausches in fremde Menschen hinein, die an einen allmächtigen Gott glauben und vielleicht sogar diesen allmächtigen Gott anklagen, weil er ihnen im Leid nicht helfend beisteht. So eine Figur könnte der biblische Ijob abgeben. Ijob verehrt ja einen Schöpfergott, bei dem er davon ausgeht, dass dieser Allmächtige einen Einfluss auf alles menschliche Leben hat. Durch die Erfahrung seines existentiellen Leides kommt Ijob aber dazu, gegen diesen allmächtigen Gott zu protestieren. Wer sich in die rebellische Situation Ijobs hineinversetzt, dem kann dadurch die Denkfigur der Theodizee-Frage eröffnet werden.[44] Hermeneutisch liegt auch hier wieder die Vorgehensweise der Komparation vor: Die Hineinversetzung

---

lichen Freiheit. Verantwortlich für das moralische Übel ist also nicht Gott, sondern allein der freie Mensch. Insofern behauptet Jonas Gott zwar als den Schöpfer allen Seins, es liege aber am Menschen selbst, die Menschheit von ihrem Leid zu befreien (vgl. HANS JONAS, Gottesbild nach Auschwitz [Anm. 6]. Didaktisch ließe sich hier der anthropologische Akzent, dass der Mensch in seiner Beziehung zu Gott ein autonomes Wesen sei, mit dem Selbstanspruch heutiger Jugendlicher korrelieren, dass ihre Subjektivität das Schaltzentrum des eigenen Denkens und Handelns ist. Freilich müsste in diesem thematischen Kontext mit den Schülerinnen und Schülern auch erörtert werden, in welche Aporien die free-will-defence von Hans Jonas dann letztlich führt (vgl. dazu HERBERT ROMMEL, Das Bedeutungsmoment des Geschichtlichen in der philosophischen Gottesrede bei HANS JONAS, Eine Analyse aus transzendentaler Perspektive. In: Theologie und Philosophie 81 [2006] 400-412). In der Sekundarstufe kann z.B. mit den folgenden elementarisierten Sätzen gearbeitet werden: (1.) Oft wird Menschen großes Leid zugefügt. (2.) Dafür machen viele Menschen Gott verantwortlich. (3.) Schuld sind aber allein die Menschen selbst: (4.) Denn Gott hat uns als freie und verantwortliche Wesen erschaffen (vgl. ROMMEL, Mensch - Leid - Gott [Anm. 10], 243ff.).

[44] Vgl. OBERTHÜR, Kinder fragen nach Leid und Gott (Anm. 16), 83-131.

in den fremden Andern, der an einen allmächtigen Gott glaubt, kann dazu beitragen, das eigene deistische Gottesbild bewusster wahrzunehmen, und es u.U. kritisch weiterzuentwickeln.

e) Differenzierte Wahrnehmung einer (nicht-)religiösen Vielgestaltigkeit

Unsere bisherigen empirischen Orientierungen sollten nicht darüber hinwegtäuschen, dass es bei Jugendlichen ein sehr breites Einstellungsspektrum zum Thema „Gott im Leid" gibt. Jugendliche stellen die vier theodizee-relevanten Bedingungen in sehr unterschiedlichen Bedingungsgefügen zusammen. Ihre unterschiedlichen Kompositionen führen dann zu divergenten Leid-Gottes-Konzepten. Das jedenfalls war der empirische Befund, den Eva Maria Stögbauer im Rahmen ihrer qualitativen Studie erhoben hat.[45]

Die Bildung einer religiösen Toleranz gegenüber dem religiös Anderen gebietet es, religiöse Heterogenität im Klassenzimmer als eine zentrale Lernvoraussetzung wahrzunehmen. Dieser Pluralität theologische gerecht zu werden, ist eine große didaktische Herausforderung, vor die sich Lehrpersonen gestellt sehen. In diesem differenzpädagogischen Sinne formulieren wir den fünften elementarisierenden Grundsatz: *Religionsunterricht zur Theodizee-Frage ist so zu gestalten, dass Jugendliche die Pluralität ihrer eigenen Leid-Gottes-Konzepte zunächst wahrnehmen, diese Konzepte dann miteinander vergleichen, um sie letztlich im Hinblick auf Leid-Gottes-Konzepte sowohl aus der eigenen Religion als auch aus fremden Religionen reflektieren zu lernen.* Religionsdidaktisch kann ein erster Schritt dazu sein, die Leid-Gottes-Konzepte im eigenen Klassenzimmer zu erheben. Anschließend könnten die Schülerinnen und Schüler dann, wie Eva-Maria Stögbauer sagt, „über ihre Gottesvorstellungen und -bedeutungen nachdenken und sich ein Bild von deren Vielfalt wie Unterschiedlichkeit machen."[46] Weitergehende Komparationen könnten folgen: so etwa Vergleiche des eigenen Leid-Gottes-Konzeptes mit Varianten aus der Bibel, mit den Heiligen Schriften anderer Religionen, mit Stellen aus der modernen Literatur oder mit Bildern aus der darstellenden Kunst.

Didaktisch sind an dieser Stelle zwei Dinge wichtig. Sie sollen noch eigens betont werden: (i.) Einen korrelativen Zugang zum Theodizee-Problem kann es nur *im Ausgang von den Leid-Gottes-Konzepten der Jugendlichen selbst* geben. (ii.) Zweitens werden die Leid-Gottes-Konzepte Jugendlicher sich v.a. durch eine *kritisch-komparative* und eine *reflexive Vorgehensweise* weiterentwickeln können, denn: Religiöses Lernen gibt es nur als eine korrelative In-Beziehung-Setzung der eigenen Welt mit einer inzwischen doch fremd gewordenen religiösen Welt.

---

45 Vgl. STÖGBAUER, Die Frage nach Gott (Anm. 18).
46 Ebd., 310.

6. Warum überhaupt das Theodizee-Problem als Gegenstand des Religionsunterrichts?

Der empirische Befund, dass das Theodizee-Problem heute bei vielen Jugendlichen an Relevanz verloren hat, drängt zu einer Frage, die bisher unausgesprochen im Hintergrund stand, zum Schluss aber doch noch explizit gemacht werden muss: Warum soll das Theodizee-Problem überhaupt im Religionsunterricht behandelt werden, wenn sich dieses Problem aus dem Denkhorizont vieler Jugendlichen selbst doch gar nicht stellt bzw. dieses Problem in der Lebenserfahrung junger Menschen nur über eine relativ geringe Brisanz verfügt?[47] Religionsunterricht sollte doch vielmehr Fragen thematisieren, die für Schülerinnen und Schüler aktuell und gleichzeitig lebensbedeutsam sind, – so könnte an dieser Stelle eingewandt werden. Auf den ersten Blick scheint dieses Bedenken durchaus berechtigt zu sein.

(i.) Aus bildungstheoretischer Sicht stellen sich m.E. die Aufgaben des Religionsunterrichts aber anders dar. Die Inhalte, die wir in schulischen Lernprozessen zu Bildungsgegenständen erheben, müssen in ihrer Gesamtheit *auf alle drei Zeitdimensionen bezogen* sein: Zunächst verfügt Bildung über einen *Gegenwartsbezug*. Es geht hier darum, die Inhalte des Lehrens und Lernens in der Tat an den aktuellen Entwicklungserfordernissen von Schülerinnen und Schülern auszurichten. Dann verfügen Bildungsprozesse aber auch über eine *historische Dimension*. Diese Bildungsvorgänge beabsichtigen den Aufbau der geschichtlichen Kompetenz, die eigene Herkunft zu verstehen und dort, wo es notwendig ist, auch ihre sozial relevanten Konsequenzen verantworten zu können. Wenn es richtig sein sollte, dass die Leiderfahrungen heutiger Jugendlicher nicht über einen so hohen Betroffenheitsfaktor verfügen, als dass diese Jugendlichen selbst in das Theodizee-Problem hineinkommen, dann ist die unterrichtliche Behandlung dieses Problems primär auf die *Zukunft* dieser Kinder und Jugendlichen ausgerichtet.[48] Die theodizee-relevante Frage nach Leid und Gott könnte sich in der Tat dann erst für den erwachsenen Menschen

---

[47] An dieser Stelle möchte ich ausdrücklich Professor Mohammad Reza Husseini Beheshti danken, der in seiner kritischen Erwiderung auf meinen Vortrag an der Paderborner Summer School (2011) diese Frage ausdrücklich thematisiert hat.

[48] Schon der frühe Wolfgang Klafki hat im Kontext seiner bildungstheoretischen Reflexionen darauf verwiesen, dass Bildung immer auch auf die Zukunft der Kinder und Jugendlichen bezogen ist. Die III. Frage seiner didaktischen Analyse lautet: „Worin liegt die Bedeutung des Themas für die Zukunft der Kinder?" (WOLFGANG KLAFKI, Didaktische Analyse als Kern der Unterrichtsvorbereitung [[1]1958]. In: DERS., Studien zur Bildungstheorie und Didaktik. Durch ein kritisches Vorwort ergänzte Auflage 1975, Weinheim-Basel 1975 [[1]1963], 137.) Ohne dass man die materiale Fixierung auf epochaltypische Schlüsselprobleme akzeptieren muss, zeigt sich die große bildungstheoretische Bedeutung, die die Dimension der Zukunft für Wolfgang Klafki hat. Vgl. DERS., Grundzüge eines neuen Allgemeinbildungskonzepts. Im Zentrum: Epochaltypische Schlüsselprobleme. In: DERS., Neue Studien zur Bildungstheorie und Didaktik. Zeitgemäße Allgemeinbildung und kritisch-konstruktive Didaktik, Weinheim-Basel [5]1996 [[1]1985], 43-81. Vgl. dazu auch ROMMEL, Normenkonflikte und Abwägungsprozesse (Anm. 7).

stellen. Existentielle Leiderfahrungen fordern, wenn schon nicht den jugendlichen, so doch den erwachsenen Menschen zu der Entscheidung heraus, im Leid an Gott zu glauben oder im Leid die Haltung des Atheismus einzunehmen. Argumentationen zu solch einer Entscheidung könnten die Behandlung des Theodizee-Problems im schulischen Religionsunterricht vorweg nehmen. In diesem Sinne wäre die Lebensbedeutsamkeit des Theodizee-Problems für heutige Jugendliche nicht so sehr in ihrer gegenwärtigen als in ihrer zukünftigen Relevanz zu sehen.

(ii.) Fernerhin mag von bestimmten Standpunkten aus eingewendet werden, dass die hier vorgelegten Reflexionen das Theodizee-Problem sowohl aus theologischer als auch aus didaktischer Perspektive *überbetone*. Dieser Einwand liefe auf die Position hinaus, dass es in den monotheistischen Religionen wichtigere Probleme als die Frage nach Gott im Leid gebe und insofern das Theodizee-Problem aus einem theologisch-systematischen Blickwinkel in seiner Bedeutung relativiert werden müsse. Diese Einstellung mag unter bestimmten Hinsichten, vielleicht auch vor dem Hintergrund muslimischer Glaubensrichtungen, durchaus zutreffend sein. Eine solche Haltung ist m.E. aber unter der Bedingung wirklichkeitsfern, dass vorgegebene historische und kulturelle Kontexte die Theologie dazu drängen, eine leidsensible Position einzunehmen. Dieser Herausforderung muss sich vor allem eine theologische Reflexion stellen, die in der Situation „nach Auschwitz" Theologie betreibt. Nach Auschwitz kann christliche Theologie nicht mehr mit dem Rücken zu den Opfern des Holocausts betrieben werden, wie Johann Baptist Metz nicht müde wird zu betonen.[49] Theologisch ist eine Gottesrede im Kontext „nach Auschwitz" nur noch dann gerechtfertigt, wenn diese Gottesrede eingedenk des Leides ist, das sich in Auschwitz bzw. in der Geschichte der Leidenden ereignet hat. Insofern kann durchaus behauptet werden, dass das Theodizee-Problem, systematisch und kontextuell gesehen, als *das* zentrale Problem christlicher Theologie behandelt werden muss. Sicher ist es so, dass kulturell-historische Differenzen die Ausbildung verschiedener Theologien bedingen und damit auch die unterschiedliche Gewichtung derjenigen theologischen Themen, die in diesen Theologien bedacht werden. Theologien sind immer kontextualisierte Theologien. Würden die Theologien auf je eigene Weltlagen nicht reagieren, würde sie sich selbst marginalisieren. Was hier fachwissen-

---

[49] Vgl. dazu v.a.: METZ, Memoria passionis (Anm. 35). Zur "Theologie nach Auschwitz" vgl. ebenfalls JÜRGEN MANEMANN/ JOHANN BAPTIST METZ (Hg.), Christologie nach Auschwitz, Stellungnahmen im Anschluss an Thesen von Tiemo Rainer Peters, Münster-Hamburg-London ²2001 und JAN-HEINER TÜCK, Christologie und Theodizee bei Johann Baptist Metz. Ambivalenz der Neuzeit im Licht der Gottesfrage, erw. Aufl., Paderborn u.a. ²2001 [¹1999]. Diverse Aspekte einer „Theologie nach Auschwitz" und anamnetischer Vergewisserungen in der Theologie bietet auch THOMAS POLEDNITSCHEK/ MICHAEL J. RAINER/ JOSÉ ANTONIO ZAMORA (Hg.), Theologisch-politische Vergewisserungen, Ein Arbeitsbuch aus dem Schüler- und Freundeskreis von Johann Baptist Metz, Münster-Berlin-Wien 2009.

schaftlich für die christliche Theologie gesagt wurde, gilt unter didaktischen Vorzeichen natürlich auch für die christliche Religionspädagogik.[50]

(iii.) Ein dritter Grund, das Theodizee-Problem, trotz seiner relativ geringen Relevanz für Jugendliche, zum Gegenstand des christlichen Religionsunterrichts zu machen, ist ein *systematischer*. Die Theodizee-Frage weist eine Problemstruktur auf, die sich inhaltlich an verschiedene systematische Probleme des christlichen Glaubens bzw. an systematische Probleme der monotheistischen Bekenntnisse überhaupt anknüpfen lässt: Im Kontext des Theodizee-Problems kann die Frage nach der Existenz Gottes gestellt und kritisch erörtert werden. Thematisieren lassen sich aber auch die Prädikationen, die Gott zu Recht oder auch zu Unrecht zugesprochen werden. Natürlich muss die brisante Frage nach dem Leid in der Welt zur Sprache kommen, aber auch das existentielle Problem, wie Menschen sich in Leidsituationen verhalten bzw. sich verhalten sollten. Eng damit verbunden ist die Frage, wie die monotheistischen Religionen mit der grundsätzlichen Leidsituation des Menschen umgehen, welche Wege sie bereitstellen bzw. welche Tröstungen sie anbieten, das Inhumane praktisch bestehen oder auch überwinden zu können. Das theologische Denken bewegt sich hier von der Auslegung der Heiligen Schriften über lehrförmige und ethische Reflexionen bis hin zu eschatologischen Hoffnungsreden über Mensch und Gott. Im Theodizee-Problem ist die ganze vernetzte Fülle theologischen Denkens herausgefordert. Schon aus diesem systematischen Grund sollte dieses Problem auch in religiösen Bildungsprozessen nicht zu einem Randthema marginalisiert werden.

---

50 Im Übrigen ist in diesem Zusammenhang die kritische Frage zu stellen, inwiefern historische Entwicklungen in einer Kultur nicht auch in einer anderen Kultur über eine theologische Relevanz verfügen. Wenn das Gottesthema ein universales Thema ist, dann kann sich theologisches Denken selbst nur noch als ein global vernetztes Beziehungsdenken begreifen: Geschichtliche bzw. kulturelle Phänomene, die sich auf die eigene Religion bzw. die eigene Theologie auswirken, betreffen dann in indirekter Form auch andere Religionen bzw. Theologien. In diesem Sinne kann jede konfessionell gebundene Theologie nur noch als eine Theologie in einem interreligiös vernetzten Horizont verstanden werden (vgl. KARL JOSEF KUSCHEL, Juden – Christen – Muslime, Herkunft und Zukunft, Düsseldorf 2007, bes. 21-29).

Anhang:

Existiert Gott? – Einstellungen Jugendlicher

Weltbild-komponenten	Items	Mittel-wert
I. UNIVERSA-LISMUS	(1) Der eine Gott wird in den verschiedenen Religionen unterschiedlich benannt.	4,00 74,6%
II. META-THEISMUS	(2) Gott oder das Göttliche lässt sich nicht in Worte fassen.	3,64
	(3) Was Gott oder das Göttliche ist, liegt vollkommen außerhalb unserer Vorstellung	3,59
	(4) Es gibt ein Höheres Wesen, das wir nicht in Worte fassen können.	3,42
III. DEISMUS	(5) Es gibt so etwas wie eine Höhere Macht, ohne die die Welt nicht wäre.	3,49
	(6) Das Höhere bzw. Gott ist keine Person, sondern eine Art Macht.	3,26
IV. AGNOSTIK	(7) Es ist eine große Frage, ob es Gott gibt.	3,53 59,7 %
	(8) Ob es Gott wirklich gibt, muss bezweifelt werden.	3,19 45 %
	(9) Ich weiß nicht, ob es einen Gott oder ein höheres Wesen gibt.	3,19
V. RELIGIONS-KRITIK	(10) Das Wort „Gott" wird immer noch gebraucht, um den Menschen etwas vorzumachen.	2,54
	(11) Die Menschen haben Gott erfunden, um ihre Verantwortung auf ihn abzuschieben.	2,51
	(12) Gott ist eine Erfindung der Kirchen, um die Menschen zu unterdrücken.	2,28
VI. ATHEISMUS	(13) Es gibt keinen Gott und keine göttliche Macht.	2,39 21,9 %
	(14) Es gibt keine Höhere Macht.	2,23 17,6 %
	(15) An die Existenz Gottes zu glauben, ist Unsinn.	2,08 14,4 %

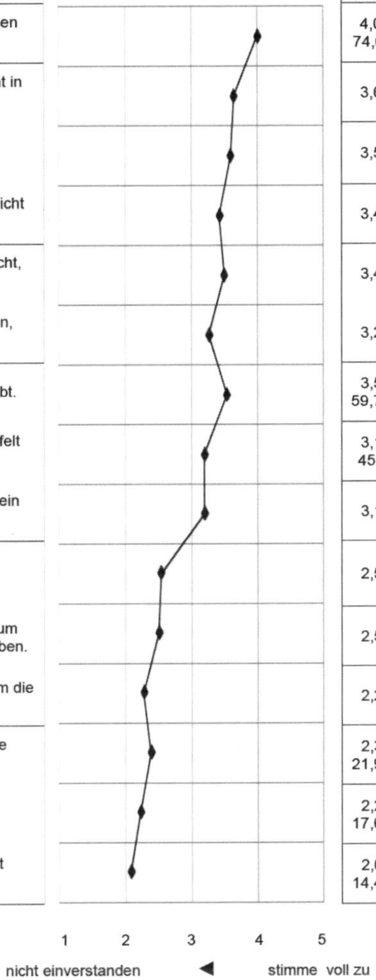

Quelle: auf der Grundlage von Ziebertz/Riegel (2008), 207-210.

1 = ich bin ganz und gar nicht einverstanden
2 = ich stimme nicht überein
3 = ich bin nicht sicher
4 = ich stimme zu
5 = ich stimme sehr stark zu

II. Jesus Christus als Wort Gottes

MAHMOUD AYOUB

Jesus Christus als Wort Gottes[1]

1. Einleitung

Unser Gott ist ein Gott, der sich mitteilt. *Jahwe*, der Gott des alten Israel und der Gott Jesu Christi und *Allāh,* der Gott der muslimischen Gemeinschaft, sind ein und derselbe, sind der Gott, der auf vielfältige Weise zu verschiedenen Zeiten zu den Menschen gesprochen hat. Für Christen und Muslime hat er sein letztes Wort durch Christus bzw. den Qur᾿ān gesprochen. Dennoch ist keine der beiden Gemeinschaften dazu bereit, der anderen Religion ebenfalls das Privileg zuzugestehen, konkret von Gott angesprochen worden zu sein. Dieser Exklusivismus ist ein Charakteristikum unserer monotheistischen Religionen, da wir es mit einer einzigen Gottheit zu tun haben, die ausschließlich uns gehören soll. Deshalb schließen wir den Anderen aus, wer immer er oder sie auch sein mag. Die Herausforderung des interreligiösen Dialogs besteht daher darin, Gott als den Herrn aller Weltbewohner anzuerkennen (vgl. Q 1:2)[2]. Es geht also darum, alle Menschen in die Familie Gottes mit einzuschließen; denn alle Lebewesen, so berichtet uns eine bekannte prophetische Hadith-Tradition, sind Kinder Gottes (*al-ḫalq kulluhum ʿiyāl allāh*)[3].

2. Manifestationen des Wortes Gottes im Islam

Im Folgenden möchte ich zunächst über einige der Manifestationen des Wortes Gottes im Islam nachdenken. Zuerst muss dabei darauf hingewiesen werden, dass das „Wort Gottes" im Islam Anteil hat an der göttlichen Erhabenheit und Transzendenz, ohne dass es deswegen mit ihm gleichgesetzt werden dürfte. So ist zum Beispiel der „zwischen zwei Buchdeckeln" niedergeschriebene Qur᾿ān, welcher sich bisweilen mit sehr profanen Gegenständen beschäftigen kann, nichtsdestotrotz das Wort Gottes, sodass der Qur᾿ān Folgendes überliefert: „Hätten wir diesen Koran herab auf einen Berg gesandt, dann hättest du ihn demütig niederknien sehen und zerbersten aus Furcht vor Gott [...]" (Q 59:21). Somit ist der Qur᾿ān beides, ein Buch der Orientierung,

---

1 Der nachfolgende Aufsatz stellt die übersetzte Fassung der Verschriftlichung eines frei gehaltenen Vortrags, den der Verfasser auf der Summerschool 2011 in Paderborn gehalten hat. Er wurde – teilweise mit Hilfe des Autors – um einige Fußnoten ergänzt, folgt aber in der Diktion weitgehend dem eher essayistischen Stil des Vortrags.

2 Die Qur᾿ān-Zitate folgen: Der Koran. Aus dem Arabischen neu übertragen von Hartmut Bobzin unter Mitarbeit von Katharina Bobzin, München 2010.

3 Aḥmad Abū Bakr al-Baihaqī, Šuʿāb al-Imān (=Zweige des Glaubens), Ḥadīṯ-Nr. 6943.

das nicht mit Gott verwechselt werden darf, aber ebenso eine mächtige Manifestation des Wortes Gottes.

Im Wesentlichen transzendiert das Wort Gottes den weltlichen Qurʾān dabei natürlich in vielfacher Weise. Das Wort Gottes ist, so wie im Qurʾān geoffenbart, begrenzt auf menschliche Laute und Buchstaben und ebenso auf eine Zeitspanne von 23 Jahren: die Zeit der Gesandtschaft des Propheten Muḥammad. Durch diese ganze Zeit der Gesandtschaft hindurch, wurde der Qurʾān in Teilen unterschiedlicher Länge geoffenbart, sodass man sagen kann, das Wort Gottes habe in der Form des Qurʾāns unsere Geschichte betreten und geprägt.

Doch das Wort Gottes im Qurʾān ist nur eine Erscheinungsform einer archetypischen oder urbildlichen Quelle der Offenbarung, die der Qurʾān *umm al-kitāb*, die Mutter oder das Wesen des Buches, nennt. In diesem Sinne lesen wir: „Gott löscht aus und setzt fest, was er will. Bei ihm ist das Urbuch" (Q 13:39). Dieser Qurʾān wird auch als der reine Qurʾān beschrieben, den niemand außer dem Reinen berühren möge (vgl. Q 56:79), ferner als Gottes glorreiches Wort, wie es Sure 85 ausdrückt: „[…] es ist eine ruhmreiche Lesung auf einer verwahrten Tafel" (Q 85:21-22). Daher ist der Qurʾān, den die Muslime jeden Tag in ihrem Gebet, in Andachten und an besonderen Anlässen, bei Sorgen, Glück, Erfolg und Scheitern lesen, eine weltliche Manifestation dieser archetypischen Quelle der Offenbarung, die als *umm al-kitāb* bezeichnet wird und welche die himmlische, archetypische Quelle aller Schriften darstellt, die von Gott geoffenbart wurden.

Doch das Wort Gottes transzendiert selbst *umm al-kitāb*, da es an Gottes Unendlichkeit teilhat, sodass der Qurʾān betont: „Sprich: Wenn das Meer Tinte wäre für die Worte meines Herrn, würde das Meer versiegen, ehe die Worte meines Herrn versiegen" (Q 18:109). Und in einer ähnlichen Aussage fügt der Qurʾān hinzu: „Wenn auf Erden aus Bäumen Schreibrohre würden und wenn für das Meer, wenn es erschöpft ist, sieben Meere Nachschub brächten, so wären Gottes Worte unerschöpflich" (Q 31:27). Denn in seiner Unendlichkeit bezieht sich das Wort Gottes eigentlich auf die ganze Schöpfung. In diesem Zusammenhang wissen wir durch Erkenntnisse der Wissenschaft, dass wir in einem unendlichen Universum leben, einem Universum, das möglicherweise nur ein einziges von unzähligen ist, die gewissermaßen alle das Wort Gottes anzeigen. Doch in welcher Weise ist das Wort Gottes in diesem Universum präsent?

Der Islam stellt sich die Manifestation des Qurʾāns in zwei Dimensionen vor: der Dimension des geschriebenen und des rezitierten Qurʾān. Die Entsprechungen dieser beiden Dimensionen sind der nieder- oder eingeschriebene Qurʾān, *al-qurʾān al-tadwīnī,* und der Qurʾān der Schöpfung, *al qurʾān al-takwīnī.* Letzterer repräsentiert das Wort Gottes als göttlichen Logos hinter der Schöpfung aller Dinge. Diese unendliche Form der Schöpfung begann mit den schallenden Worten: „Es werde Licht" (Gen 1,3), die wir im Buch Genesis nachlesen können. Bei dem, was wir hier lesen, handelt es sich um das göttliche „fiat“, das göttliche Wort des Befehls, so wie es uns der Qurʾān berichtet: „Wenn er eine Sache will, lautet sein Befehl doch nur, dass er zu ihr sagt: Sei! Und dann ist sie“ (Q 36:82).

Wie uns berichtet wird, ereignet sich diese Schöpfung nunmehr auf zweierlei Weise – und dies ist wesentlich für uns, um zu verstehen, wie sich das Wort Gottes zu Christus im Qurʾān verhält. Zunächst ist jeder neue Tag, jeder Atemzug, den wir tun, tatsächlich eine neue Schöpfung. Diese Art der Schöpfung ist als „Welt der Schöpfung“ (*ʿālam al-ḫalq)* bekannt und ereignet sich durch Ursache und Wirkung. Hält man beispielsweise seine Hand nah an ein Feuer oder elektrischen Strom, verbrennt man sich oder erhält einen Stromschlag, da Gott Hitze im Feuer und Energie im elektrischen Strom erschuf. Die Verbrennung der Hand oder der Stromschlag, den diese bekommt, sind Gott zwar aufgrund seiner Allwissenheit bekannt.

Das beantwortet aber nicht die Frage, ob sie in bestimmten Situationen auch von ihm gewollt sind. Denn ein Stromschlag kann auch einfach Wirkung einer Ursache sein, die in der mangelhaften Sorgfalt des Elektrikers begründet liegt, ohne dass hier Gott seine Finger im Spiel haben muss. Zumindest gilt das dann, wenn der Elektriker in seinem Handeln frei war und es so etwas wie Willensfreiheit gibt. Gerade diese Frage hat muslimische Denker jahrhundertelang beschäftigt: Sind Menschen frei oder vorherbestimmt, die Dinge zu tun, die sie tun? Bekanntlicherweise spaltet sich die Meinung der Menschen in dieser Frage in die eine oder andere Position. Ich ziehe die rationalistische Sichtweise vor, die betont, dass Gott uns mit Vernunft erschaffen hat und wir daher auch verantwortlich für unsere Taten sind, obwohl wir die Pläne Gottes nicht durchkreuzen können. Dennoch sind wir für das, was wir tun, verantwortlich und Gott wird uns in seiner Gerechtigkeit nach seinem Willen belohnen, bestrafen oder uns vergeben.

Das Wort Gottes erschafft also zunächst durch die kausal strukturiere Ordnung der Schöpfung. Doch gelegentlich ändert Gott seinen Willen, hebt die gewohnte Kausalität für seine eigenen Zwecke auf und vollbringt anstelle dieser Wunder, worin die zweite Art der Schöpfung besteht. Dies wird in den grundlegenden Quellen der Hadith- und Theologietradition *muʿǧiza* genannt. *Mu'ǧiza* bedeutet dabei „etwas, das Menschen nicht fähig sind zu tun“, das heißt Wunder. Bisweilen vollbringt Gott ebenfalls ein Wunder durch die Hand eines Propheten oder eines vertrauten Freundes Gottes (*walī*). Manchmal bezeichnet *muʿǧiza* Ereignisse, die die natürlichen Verläufe der Dinge außer Kraft setzen. Zum Beispiel brennt Feuer, doch als Nimrod, der tyrannische König zur Zeit Abrahams, diesen in ein loderndes Feuer warf, befahl Gott dem Feuer: „Feuer, sei kalt und taste Abraham nicht an!“ (Q 21:9). Wir haben es also mit einer zielgerichteten Schöpfung zu tun. Gott erschuf all dies nicht grundlos, sondern um eines bestimmten Zweckes willen. Gottes Absicht in der Erschaffung der Welt ist, dass alle Schöpfung ihm huldigt, sodass er spricht: „Ich schuf die Dschinne und die Menschen nur, damit sie mir dienen“ (Q 51:56).

3. Jesus Christus als besondere Schöpfung und als Wort Gottes

Im Bezug auf das eben Gesagte, gibt es ebenfalls eine einmalige Manifestation des Wortes Gottes in einem menschlichen Wesen, Jesus Christus. Im Hinblick auf Jesus bezieht sich „Wort Gottes" nicht auf seine Entstehung oder seine Zeugung als Mensch, sondern auf seine Identität als besondere Schöpfung. Der Qur'ān berichtet davon, dass die Engel zu Maria sagten: „[...] Maria! Siehe, Gott verkündet dir ein Wort (*kalima*) von sich. Sein Name sei: Christus Jesus, Sohn der Maria. Er soll im Diesseits und Jenseits angesehen sein und einer von den Nahestehenden" (Q 3:45). Im Arabischen ist das Wort *kalima* Femininum und bedeutet Wort, Diskurs, Gedicht, Lesung oder jede Art der Rede; hier jedoch bedeutet es ein einziges Wort. In der gleichen Sure lesen wir: „Siehe, vor Gott gleicht Jesus Adam. Aus Staub erschuf er ihn, dann sagte er zu ihm: Sei! Und dann war er" (Q 3:59). Gott erschuf Jesus also im Mutterleib der Jungfrau Maria und das Wort Gottes wird dann als dieses Geschenk Gottes als besondere Schöpfung identifiziert, als das Wort, das er in Maria einsetzte und welches Jesus Christus wurde.

Diese Ausführungen werfen eine Frage auf, die ich ansonsten nicht so offen in meinen Artikeln über Jesus als Wort Gottes diskutiere: Haben wir hier eine Art Hinweis auf eine Quasi-Inkarnation, das heißt ist das Wort Gottes identisch mit „Jesus", ist das Wort Gottes das Wort, das Fleisch wurde?

Es scheint so, als ob man diese Interpretation auf die qur'anischen Hinweise über das Wort Gottes, die sich auf Jesus beziehen, stützen könnte. Da Jesus „Wort Gottes" genannt wird und das Wort Gottes andersherum „Jesus Christus, Sohn der Maria", gibt es hier eine Entsprechung zwischen dem Wesen Christi und dem Wort Gottes.

Damit hat man allerdings noch keine Annäherung an die christliche Position vollzogen. Denn schaut man sich in diesem Zusammenhang die Verse des Johannesprologs an, erhält man folgende Botschaft, die der Evangelist überliefert: „Im Anfang war das Wort, und das Wort war bei Gott, und das Wort war Gott" (Joh. 1,1). Auch im orthodox-sunnitischen Islam wird der Qur'ān zwar als ewiglich mit Gott unerschaffen angesehen, sodass man sagen kann, dass das göttliche Wort im Anfang war und das Wort bei Gott war, aber wir können im muslimischen Verständnis nicht sagen, dass das Wort Gott war. Denn an dieser Stelle bekräftigt der Islam unmissverständlich die Einheit und Einzigkeit Gottes (*tauḥīd)*. Dies ist sehr wichtig und ausschlaggebend für den Islam, weshalb wir das Wort Gottes nicht mit Gott identifizieren können. Bestenfalls können wir sagen, dass das Wort Gottes eine Manifestation der Attribute Gottes sei, nicht jedoch Gott selbst. Doch im Johannesevangelium lesen wir weiter: „Alles ist durch das Wort geworden, und ohne das Wort wurde nichts, was geworden ist" (Joh 1,3). Jesus wäre (nach christlichem Verständnis) also auch der Akteur der Schöpfung.

Wie ist aber nun die qur'ānische Aussage „Das ist Jesus, Marias Sohn, als Wort der Wahrheit" (Q 19:34) zu verstehen? Ist Jesus selbst „das Wort der

Wahrheit“ oder ist vielmehr das, was der Qur᾿ān über Jesus sagt dieses Wort der Wahrheit? Betrifft der Zweifel – und daher der Konflikt und die unfruchtbare Debatte, die die muslimisch-christliche Beziehung über Christus charakterisiert hat, Jesus persönlich oder die Zuschreibung das „Wort der Wahrheit“ zu sein? Zuletzt, ist es der Prophet Muḥammad oder Jesus Christus, der uns rät Gott, unseren Herrn, zu verehren?

Diese und viele andere Fragen haben Qur᾿ān-Exegeten kaum beschäftigt. Ihre Interpretationen dieser Passagen zu wiederholen, hieße dieselbe unfruchtbare und heute allzu bekannte Debatte zu wiederholen. Der Qur᾿ān und das Evangelium stimmen darin überein, dass Gott „Gott“ ist, der Herr der ganzen Schöpfung. Sie bekräftigen beide, dass „sein Wille geschieht“ in seinem Universum. Auch Jesus selbst bestand darauf, dass nicht sein Wille, sondern der Wille dessen, der ihn gesandt hat, erfüllt werden müsse.

Was also ist die Botschaft des Qur᾿āns in diesem Zusammenhang, wenn er darauf besteht, dass Gott allein Gott ist? Er betont, dass Gott allein angebetet werden soll: „Sie nahmen sich ihre Schriftgelehrten und Mönche zu Herren an Gottes alleiniger statt – und Christus, Marias Sohn. Doch wurde ihnen befohlen, nur einem Gott zu dienen: Kein Gott außer ihm! Gepriesen sei er! Erhaben ist er gegenüber dem, was sie beigesellen!“ (Q 9:31). Würde der Qur᾿ān direkt an die heutige muslimische Gemeinschaft sprechen, würde er möglicherweise hinzufügen: ihre *ʿulamā᾿*, ihre Imāme, ihre Politiker, ihre Ideologien und selbst „ihre Religion“. Denn die Botschaft dieser Verse ist nicht ausschließlich für Christen bestimmt, sondern ebenso für Muslime. Für die Christen besteht ihr Sinn darin, daran erinnert zu werden, dass Gott allein Gott ist und für Muslime, dass die Wahrheit Gott allein ist.

Gegenüber dem oben bereits angesprochenen christlichen Verständnis, dass das Wort Gottes, der Logos, Akteur der Schöpfung ist, würde der Islam daher zwar nicht bestreiten, dass auch der Qur᾿ān Akteur der Schöpfung sei. Dieser würde jedoch bloß als Anteil-habend an der Schöpfung und menschlicher Vernunft betont werden. So lesen wir zu Beginn der Sure 55 „Der Barmherzige“: „Der Barmherzige. Er lehrte den Koran. Er schuf den Menschen. Er lehrte ihn die klare Rede. Die Sonne und der Mond sind zur Berechnung dar“ (Q 55:1-5). Auf diese Weise hat das Wort Gottes in der Tat Anteil an Wachstum und der Entwicklung menschlicher Rationalität und Zivilisation, allerdings ohne dabei selbst der Schöpfer von irgendetwas davon zu sein; der eine Gott ist vielmehr der Schöpfer aller Dinge, letzten Endes einschließlich seiner eigenen Worte.

Doch auf welche Weise ist es möglich, vom Wort Gottes als Quelle der Erlösung zu sprechen? Gott lehrte Adam und Eva um Vergebung zu bitten: „Sie sprachen: Unser Herr! Wir haben an uns selbst gefrevelt! Wenn du uns nicht vergibst und dich unserer erbarmst, wahrlich, dann sind wir verloren“ (Q 7:23). Dies sind die aus dem Qur᾿ān überlieferten Worte, die Adam von seinem Herrn empfing. Und Adam und Eva wurden auf die Erde geschickt, was bedeutet, dass Adam und seine Nachkommenschaft Gottes Stellvertreter auf Erden wurden und Gott Adam und Eva sagte: „Wir sprachen: Steigt von ihm herab, allesamt! Wenn dann Rechtleitung von mir zu euch kommt – wer dann meiner Leitung folgt, die brauchen keine Furcht zu haben und sollen auch nicht traurig sein!“ (Q 2:38).[4]

Hier klingt wieder an, was der Qurʾān als ursprünglichen Bund zwischen Gott und den Menschen darstellt. Dieser Bund gründet auf der göttlichen Frage, die nach den Sufis beständig im Universum als Tag von *alastu* (Bin ich nicht?) wiederhallt. An diesem stellte Gott allen seinen Geschöpfen die Frage: „Bin ich nicht euer Herr?“ (Q 7:172) und alle Menschen, noch in atomarem Zustand, antworteten: „So ist's; hiermit bezeugen wir‘s“ (ebd.). Daraufhin fährt Gott fort: „Damals, als dein Herr aus Adams Kindern, ihren Lenden, ihre Kindeskinder nahm und sie gegen sich zeugen ließ: Bin ich nicht euer Herr? Da sprachen sie: So ist‘s; hiermit bezeugen wir‘s. Damit ihr nicht am Tag der Auferstehung sagt: Siehe, wir wussten nichts davon! Oder dass ihr sagt: Unsere Väter betrieben früher Beigesellung, und wir sind nun ihre Nachkommenschaft nach ihnen. [...]“ (Q 7:171f.).

Daher sandte Gott Propheten als eine Quelle der Orientierung und des Heils. Wir sollen Gott gehorchen, indem wir den Propheten gehorchen, einer Idee, die auch von ʿAbū Ǧaʿfar Muḥammad ibn Ǧarīr aṭ-Ṭabarī (gest. 932) vertreten wird, der die islamische Geschichte als eine Dialektik zwischen zwei Mächten versteht: zwischen der menschlichen und der göttlichen. Für Tabarī ist die islamische Geschichte eine Geschichte von Königen und Propheten, die beide Mächte repräsentieren, als weltliche Macht der Könige und spirituelle Macht der Propheten, wobei die Quelle beider die Macht Gottes ist.[5]

Gott, so berichtet uns der Qurʾān, befahl dem Propheten und durch ihn der ganzen Menschheit: „Sprich: O Gott! Herrscher über alles! Du gibst die Herrschaft, wem du willst, und du entziehst die Herrschaft, wem du willst. Du stärkst, wen du willst, und du erniedrigst, wen du willst. Das Gute liegt in deiner Hand! Siehe, zu allem hast du die Macht“ (Q 3:26). Beide Mächte sind also von Gott geschenkt, doch gibt es eine Dialektik zwischen weltlicher und ewiger Macht, wobei die Könige die erste und die Propheten die zweite repräsentieren.

4. Das adäquate Verstehen des Offenbarungsbegriffs als Fundament des muslimisch-christlichen Dialogs

Ein weiterer wesentlicher Punkt, dem ich mich nun zuwenden will, ist die Frage, inwieweit das Wort Gottes im Islam zugleich mit dem Qurʾān und mit

---

[4] Vgl. ebenso den weiteren Kontext: Q 2:30-39.

[5] Vgl. ʿAbū Ǧaʿfar Muḥammad ibn Ǧarīr aṭ-Ṭabarī, Tāʾrīḫ ar-rusul wa-l-mulūk [= Geschichte der Könige und Propheten]. Div. Herausg. u. Übers. 40 Bde., New York 1985-2007.

Jesus Christus identifiziert werden kann. Die Idee, den Qur'ān mit Christus zu vergleichen, ist dabei keineswegs eine neue Idee des 20. Jahrhunderts. Zuerst begegnete sie mir in einem Buch von Wilfred Cantwell Smith.[6] Doch später fand ich heraus, dass bereits ein christlicher Autor des vierten islamischen Jahrhunderts, Abu Ra'itah at-Tikritī[7], auf diese Idee Bezug nimmt und schreibt, dass der Qur'ān nicht in Beziehung mit dem Evangelium, sondern mit Christus gesetzt werden müsse. Diese Einsicht führt uns schließlich zur Frage der Offenbarung.

Offenbarung ist dabei ein Kernbestand aller prophetischen Religionen, namentlich den vier großen: Zoroastrismus, Judentum, Christentum und Islam. Offenbarung ist in diesen Religionen das, was Gott seinen Propheten kundtut und diese an die betreffenden Gemeinden weitergeben. Im Arabischen wird das Wort Offenbarung dabei in einer Vielzahl von Weisen ausgedrückt. Diejenigen, die im Qur'ān benutzt werden, sind dabei im Wesentlichen zwei: *tanzīl* und *waḥī*. Ersteres meint die Offenbarung als herabgesendete. Letzteres hingegen – ein interessantes Wort, da es vermutlich einen nicht arabischen Hintergrund hat – bezeichnet etwas Dringliches, das kommuniziert werden muss. Vielleicht wird *waḥī* wie ein Geheimnis geflüstert, sicher jedoch von einer bedeutenden Persönlichkeit übermittelt, von einem bedeutenden Wesen an eine untergeordnete Person, so beispielsweise von Gabriel an Muḥammad. Bei Gottes Offenbarung an Muḥammad handelt es sich ebenfalls um *waḥī*, sodass Muḥammad in diesem Zusammenhang aufgefordert wird uns zu berichten: „Sprich: Siehe, ich bin ein Mensch wie ihr. Mir wurde eingegeben: Euer Gott ist *ein* Gott; und wer die Begegnung mit seinem Herrn wünscht, der tue frommes Werk und geselle dem Dienst an seinem Herrn niemanden bei!" (Q 18:110). Somit sind sowohl *waḥī* als auch *tanzīl* Formen der Kommunikation. Doch *waḥī* ist nicht ausschließlich auf Propheten und Botschafter begrenzt. So teilte Gott beispielsweise den Bienen *waḥī* mit und lehrte sie, wie und an welchem Ort sie ihre Bienenstöcke bauen können (vgl. Q 16:68f). Gott offenbarte sich in dieser Terminologie ebenfalls der Mutter des Moses, forderte sie auf, ihr Kind in einen Kasten zu legen und diesen in den Strom des Nils zu werfen (vgl. Q 20:38ff.). Schließlich ließ Gott die Frau des Pharaos Mose finden und sie wurde zur Märtyrerin ihres Glaubens, wahrscheinlich erst durch das Geschenk, das ihr in Mose zuteil geworden war (vgl. Q 28:7ff, ebenso 66:11ff.). Manchmal beschreibt *waḥī* auch die Kommunikation des Satans, sodass auch der Satan im Qur'ān, denjenigen Männern und Frauen, die ihm folgen, *waḥī* mitteilen kann. Doch besteht diese Art der Kommunikation aus fruchtlosen Worten, die schlussendlich keine Bedeutung haben, den Worten, die nur für das Nichts bestimmt sind und zur Selbstverblendung führen. Was wir ferner über *waḥī* sagen könnten und was uns der christlichen Idee ein

---

6 Vgl. WILFRED CANTWELL SMITH, Islam in Modern History, Princeton 1957, 17f.

7 Vgl. weiterführend DAVID THOMAS/ BARBARA ROGGENE (Hg.), A Bibliographical History, Bd. 1 (600-900), Leiden u.a. 2009, 567-580.

wenig näher bringen könnte, ist der Begriff *kašf*, der die Enthüllung apokalyptischer Offenbarung bezeichnet.

Doch wie immer man *waḥī* auch betrachtet, besteht ein fundamentaler Unterschied zur christlichen Vorstellung von Offenbarung, die ja zumindest in ihrer modernen Version als Selbstoffenbarung Gottes gedacht wird. Allerdings denke ich, dass wir in diesem Zusammenhang die Idee gemeinsam haben, dass unsere Bücher von Gott geoffenbarte Schriften sind, sodass auch der Qurʿān, wenn er Juden und Christen als *ahl al-kitāb*, als Menschen des Buches, bezeichnet, diese nicht abwerten möchte. Auch wenn gerade einige katholische Christen bestreiten würden, dass sie Menschen des Buches sind, so ist die Einsicht doch unausweichlich, dass alle Christen insofern Menschen des Buches sind, als ihre Christologie auf der Tradition des Evangeliums fußt, genauer der vier Evangelien, die uns zur Lektüre zur Verfügung stehen. In diesem Sinne und darüber hinaus in dem Umfang, wie die Christen die hebräische Bibel als Teil ihres Schriftcorpus übernommen haben, sind sie ebenfalls Menschen des Buches.

Dennoch lehrt uns ein Blick auf die Ganzheit des christlichen Offenbarungsverständnisses, dass hier die Idee der Offenbarung als Inkarnation im Mittelpunkt steht, dass also die Offenbarung als in Jesus Christus selbst bestehend gesehen wird. Dieses Verständnis ist äußerst wichtig, und ich denke, dass ein wichtiges Problem des muslimisch-christlichen Dialogs darin besteht, dass die Muslime nicht genügend bereit sind, diese Schwerpunktverlagerung im Offenbarungsdenken zu sehen. Denn oft wollen sie die Christen nur mit der niedergeschriebenen Offenbarung identifizieren, als ob sich die Offenbarung auf die Evangelien beziehe. Doch für die Christen sind sie bloß das Zeugnis des Handelns Gottes an der Menschheit durch die Inkarnation Jesu Christi, der selbst die Offenbarung Gottes darstellt.

In diesem Zusammenhang denke ich daher, dass wir beide Verständnisse unserer Lehrmeinungen in Bezug auf die Offenbarung in Christentum und Islam nehmen und anerkennen sollten, dass wir mehr als eine Idee der Offenbarung haben, wie man an beiden Traditionen ablesen kann. Wir sollten daher beide Ideen ergreifen und auf beide unseren Dialog über ein geeignetes Verständnis unserer Offenbarungsvorstellung bauen.

5. Der Sinn göttlicher Offenbarung in Qurʾān und Tradition und Jesus als Heiler

Im Folgenden möchte ich mich nun dem Sinn der göttlichen Offenbarung, wie ich sie im Qurʾān und der prophetischen Tradition finden kann, zuwenden. Ich bin davon überzeugt, dass der Qurʾān und die prophetische Tradition eine Art interreligiöse Ökumene etablieren wollten, in anderen Worten eine Gemeinschaft von Glaubensgemeinschaften. Es ist die Idee einer Gemeinde, in der sowohl Christen den Qur'ān als Offenbarung und Muḥammad als glaubwürdigen Botschafter Gottes anerkennen können, als auch die Muslime zur selben Zeit die Offenbarung Gottes durch Christus, ohne notwendigerweise ihre Religion verlassen zu müssen. Der Qur'ān und die prophetische Tradition sind ein Anruf an alle drei Glaubensgemeinschaften den anderen anzuerkennen, wie wir es im Qur'ān lesen können: „Sprich: Ihr Buchbesitzer! Kommt her zu einem Wort zwischen uns und euch auf gleicher Basis! Dass wir keinem dienen außer Gott, dass wir ihm nichts beigesellen und dass wir uns nicht untereinander zu Herren nehmen neben Gott" (Q 3:64). Dieses Wort, „auf gleicher Basis", das besonders durch die Schrift „Ein gemeinsames Wort zwischen Uns und Euch"[8] bekannt wurde, ist ein qur'ānischer Aufruf zu dem Humanismus, der in diesem Artikel vorgestellt wird und der letztendlich zur Liebe Gottes und der Menschen führen würde. Man kann nur dankbar für die Art und Weise sein, wie das angesprochene Dokument von evangelischen Christen und anderen aufgenommen wurde. Die Juden zeigten zwar nicht ebenso viel Enthusiasmus; dennoch ist das Dokument auch für sie wichtig gewesen.

Der Qur'ān, der sowohl nach der Tora als auch dem Evangelium entstand, kann dabei eine Blaupause für unseren Dialog darstellen, der eine Glaubensgemeinschaft zwischen unseren drei Glaubensrichtungen etablieren könnte. Dabei stellt dieser sogar eine wichtige Regel für die Etikette in diesem Dialog vor, indem er den Muslimen Folgendes auferlegt: „Streitet mit den Buchbesitzern nur auf schöne Art, doch nicht mit denen von ihnen, die freveln. Sprecht: Wir glauben an das, was auf uns herabgesandt [der Qur'ān; Anm. M.A.] und was auf euch herabgesandt [die Tora und das Evangelium; Anm. M.A.] wurde. Unser Gott und euer Gott sind einer. Ihm sind wir ergeben" (Q 29:46).

Die Idee, den Begriff „Islam" zu nutzen, um sich damit auf alle Menschen zu beziehen, die in ihrem Leben danach streben, nach dem göttlichen Willen zu leben und sich diesem unterzuordnen, ist dabei sehr sinnvoll. Denn unter den Religionen der abrahamischen Tradition kennt allein der Islam dieses Kriterium der Einstellungen zu Gott, und betont dieses mehr als die Identifikation mit einer konkreten Person wie Christus im Christen – oder einem konkreten Ort wie Judäa im Judentum. Es ist gerade diese Idee, die den Islam dazu veranlasst, Christus und seine Jünger sowie Moses und seine Gefolgschaft, als Muslime zu bezeichnen. Und wir Muslime haben selbst die Tiefen dieser Idee, den Tenor dieser Lehre nicht ausreichend verstanden. Damit ist nicht das gemeint, was wir in einigen muslimischen Erzählungen zum Leben Jesu lesen können, die betonten, dass er und seine Jünger vergleichbar mit den

[8] Die Schrift „Ein gemeinsames Wort zwischen uns und euch" wurde am 13. Oktober 2007 als offener Brief vieler muslimischer Gelehrter an zahlreiche Führungspersönlichkeiten der christlichen Welt geschickt. Für nähere Informationen vgl. den Internetauftritt der Initiative: http://www.acommonword.com/

Gefährten des Propheten Muḥammad gewesen seien, bereits die Idee der Gebetsrichtung (*qibla*) gekannt, die rituelle Waschung (*wuḍūʾ*) vollzogen und auch sonst all die Dinge getan hätten, die Muslime tun; darum kann es nicht gehen. Was vielmehr gemeint ist, ist die innere Einstellung des Willens zur Unterordnung unter den göttlichen Willen. An dieser Stelle finden wir also die Verbindung zwischen der Bedeutung der Idee der Erlösung und der Offenbarung Gottes an seine Propheten.

In diesen Zusammenhang kann man daher die Bedeutung Christi als Heiler, seine Wundertätigkeit, die eindeutig nur ihm zukommt, anerkennen. Niemand anderem hat der Qurʾān die Wunder zugeschrieben, die er Christus zuerkennt. In gewisser Weise können wir verstehen, dass die Wunder Christi die Bedürfnisse seiner Zeit reflektieren. Christus lebte nach der Entwicklung griechischer Wissenschaft und griechischer Heilkunde im Besonderen, so dass Heilung ein großes Thema seiner Zeit war. Ebenso waren Tod und Auferstehung große Themen seiner Zeit und so gelang es ihm auch hier, auf die Auseinandersetzungen seiner Zeit zu antworten – etwa auf die Auseinandersetzungen zwischen Pharisäern und Sadduzäern hinsichtlich des Verständnisses des Lebens nach dem Tod und der Auferstehung.

Seine Heilungswunder und die Wunder, die Leben verleihen, einschließlich des Wunders im Bezug auf die Vögel aus Ton, die er mit Gottes Erlaubnis zum Fliegen brachte (vgl. Q 3:49), lassen sich daher gut aus ihrem zeitgeschichtlichen Kontext erklären.[9] Ebenso erhielt Jesus die Kraft, den Lahmen, den Kranken und den Blinden zu heilen, er konnte sogar mit Gottes Erlaubnis die Toten zum Leben erwecken. Keinem anderen Propheten wurden diese großen Wundergaben verliehen. Und wenn wir die Idee der Erlösung in dem Sinne verstehen, wie sie im deutschen Verständnis des Begriffs „Heilsgeschichte" enthalten ist, können wir begreifen, auf welche Weise Christus an der Geschichte oder der Ökonomie der göttlichen Erlösung der Menschheit beteiligt ist.

Der Qurʾān konfrontiert uns also mit der großen Herausforderung Jesus in diesem weiteren Kontext der menschlichen Beziehung mit Gott zu sehen und berichtet: „Siehe, Gott erwählte Adam und Noah und das Haus Abraham und das Haus Imran vor aller Welt, Nachkommen die einen von den anderen […]" (Q 3:33f.). Auch Jesus und seine Mutter symbolisieren als besondere Mitglieder dieser gesegneten Nachkommenschaft die Einheit der menschlichen Familie um das prophetische Modell herum. Wenn alle Propheten eine Familie darstellen, so kann man fragen, warum sind dann nicht auch wir, ihre Nachfolger, Mitglieder dieser Familie, die Gott auserwählt und gesegnet hat?

Was jedoch sind die Grenzen dieser islamischen Christologie, so möchte ich zusammenfassend fragen, einer Christologie, die auf einer bestimmten Darstellung des Lebens Christi gründet, auf seiner Geburt, seinen Wundern,

---

9 Das Wunder der Lehmvögel wird erstmalig im apokryphen Protoevangelium des Jakobus erwähnt.

seiner Rede in der Wiege, Inhalten, die alle Teile der Untersuchung zu Christus darstellen, die wir Christologie nennen?

6. Die Grenzen islamischer Christologie

Christus ist göttlich und doch ein Geschöpf Gottes, ein Prophet, doch zugleich mehr als ein Prophet, ein Heiler, ein Beispiel der Frömmigkeit und tiefgehender Mystik. Nichtsdestotrotz ist er ein Geschöpf Gottes, ein besonderes Geschöpf zwar, das seinen Ursprung nicht der Ursache und Wirkung, der Heirat zweier Menschen, eines Mannes und einer Frau, verdankt. Vielmehr zeugte Gott sein Wort, Jesus Christus, im Leib seiner Mutter. Doch berichtet der Qur'ān: „Christus wird es nie verschmähen, ein Knecht Gottes zu sein [...]" (Q 4:172); und ferner: „Sprich: ‚Wer besitzt denn irgendeine Macht gegenüber Gott, wenn er vernichten wollte Christus, Marias Sohn, und seine Mutter und wer sonst auf der Erde ist – allesamt?" (Q 5:17). Die Theologie der vier Evangelien stellt meines Erachtens kein Problem dar, wo Christus als Lehrer, jüdischer Rabbiner, Prophet Gottes und metaphorisch gesprochen als Sohn Gottes verstanden wird, und ich denke auch, dass weder Muslime noch Christen ernsthaft behaupten wollen, dass Jesus durch tatsächliche (biologische) Zeugung Christi durch Gott und Maria „Sohn Gottes" ist.

In diesem Zusammenhang wird dabei von Muḥammad Rašīd Riḍā deutlicher als von jedem anderen Ausleger des Qur'āns herausgestellt, warum im Qur'ān der Begriff *walad* gebraucht wird, um den christlichen Glauben an die Gottesohnschaft Christi zu kritisieren, im Gegensatz zu dem Begriff *ibn*, den Christen benutzen würden, wenn sie ihren Glauben ausdrückten wollen. Er betont dabei, dass der Grund in der Begriffswahl von *walad* darin bestehe, dass dieser den biologischen Prozess der Befruchtung durch den Vater bei der Zeugung bezeichne, was jedoch von Gott nicht behauptet werden könne. Doch wenn die Christen „Sohn" ausschließlich in einer eher metaphorischen Bedeutung verwendeten – so wie der Begriff auch in den Büchern des Alten und Neuen Testaments für Israel, David, die Friedfertigen oder Aufrichtigen verwendet wird – führe dies zu einem Problem. Denn dann hätte diese Bezeichnung Jesu nichts mehr mit Göttlichkeit zu und Jesus scheine kein besonderer Status mehr zuzukommen.[10]

Wer also ist Jesus, das Wunder des Lebens, der Liebe und der Heilung? Er ist das Wort Gottes, der Diener und der Botschafter Gottes. Er ist unser aller Retter; denn was ist Erlösung anderes als Heilung? Ein Erlöser ist nicht nur jemand, der sich für die Sünden anderer hingibt, sondern ebenso einer, der die

---

[10] Vgl. Muḥammad Rašīd Riḍā, Tafsīr al-manār, 6:87; vgl. besonders auch meinen eigenen Artikel zu einem verwandten Thema Mamoud Ayoub, Jesus the Son of God. In: Irfan A. OMAR (Hg.), A Muslim view of Christianity. Essays on Dialogue by Mahmoud Ayoub, Maryknoll/N.Y. 2007, 117-133, 130.

Krankheit der menschlichen Seelen heilt; einer, der den verlorenen Seelen durch sein eigenes Leben und seinen eigenen Geist neues Leben einhaucht. Daher ist die ursprüngliche Bedeutung von Erlösung auch nichts anderes als „geheilt werden", „wieder gesund gemacht werden", „wirklich ins Leben zurückgebracht werden". Genau dies war nach dem Qur'ān der Auftrag Jesu.

In der Tat glauben Muslime an die Einheit und Transzendenz Gottes, sodass sie nicht mehrere Götter und deren Nebeneinander wie in den primitiven Religionen alter Kulturen akzeptieren können. Und auch die Theologie der Evangelien behält meines Erachtens diese Unterscheidung zwischen Christus Jesus, dem Menschen, und Gott dem Vater und Schöpfer aller Dinge, im Blick. Selbst das Johannesevangelium in seiner Hoheitschristologie der Inkarnation, verkündet, dass der Vater größer als der Sohn sei und auch Jesus verkündet seinen Jüngern nach seiner Auferstehung: „Geh aber zu meinen Brüdern, und sag ihnen: Ich gehe hinauf zu meinem Vater und zu eurem Vater, zu meinem Gott und zu eurem Gott" (Joh 20:17). Diese Stelle ist nicht einfach eine Bekräftigung des Menschseins Christi, sondern eine Bestätigung der Menschlichkeit und Göttlichkeit Jesu zugleich, einer Göttlichkeit, die die Lehre der göttlichen Einheit nicht verletzt. Im Qur'ān finden wir ebenso viele Aussagen Jesu in dieser Hinsicht, die bekannteste ist dabei sicherlich die Äußerung in Sure 5: „Und damals, als Gott sprach: O Jesus, Sohn Marias, hast du den Menschen denn gesagt: ‚Nehmt mich und meiner Mutter zu Göttern neben Gott? Er sprach: Gepriesen seist du! Mir steht nicht zu, dass ich etwas sage, wozu ich nicht berechtigt bin. Und hätte ich es gesagt, so weißt du es; du weißt ja, was in meinem Inneren ist, doch ich weiß nicht, was in deinem Inneren ist. Bestrafst du sie, so sind sie deine Knechte, und vergibst du ihnen, so bist *du* der Mächtige, Weise! Ich habe ihnen nur gesagt, was du mir aufgetragen hast: Dient Gott, meinem Herrn und eurem Herrn! Doch als du mich zu dir abberufen hast, da hast du selber auf sie achtgegeben" (Q 5:116-118). Was sagt der Qur'ān also über die christliche Lehrmeinung der Göttlichkeit Jesu?

Er nennt sie nicht direkt *kufr* oder Ablehnung des Glaubens, obwohl der Qur'ān über diejenigen, die behaupten, dass Gott der Dritte von Dreien sei, in der Tat aussagt, dass sie *kufr* begangen hätten. So wie ich jedoch das Christentum verstehe, behaupten Christen nicht, dass Gott der Dritte von Dreien sei und daher charakterisiert der Qur'ān die Christologie der Christen, zumindest die Mainstream-Christologie, wenn man so will, lediglich als eine Erscheinungsform extremer religiöser Ansichten, die auf Arabisch *ġulūw* genannt werden, was so viel wie Extremismus bedeutet und der Qur'ān in diesem Zusammenhang berichtet: „Ihr Buchbesitzer! Geht nicht zu weit in eurer Religion, und sagt nur die Wahrheit über Gott! Siehe, Jesus Christus, Marias Sohn, ist der Gesandte Gottes und sein Wort, das er an Maria richtete, und ist Geist von ihm. So glaubt an Gott und seine Gesandten und sagt nicht: ‚Drei!' Hört auf damit es wäre für euch besser […]" (Q 4:171). Teilen wir mit den Christen also den Glauben an Christus? Ich glaube in der Tat, dass wir das tun.

Wenn man alles in Betracht zieht, erscheint der Herr (Jesus) in der Heilsbotschaft daher als demütiger Diener Gottes, der jedoch zur gleichen Zeit ein besonders auserwählter und erhobener Freund Gottes ist. Jesus ist bevollmächtigt, den Menschen die Wahrheit zu lehren und sie so näher zu Gott zu bringen. Dennoch wird er eindrücklich davor gewarnt, die menschlichen Grenzen der Demut und Dienerschaft gegenüber der göttlichen Majestät zu überschreiten. Eine Aussage in dieser Hinsicht, die die Aufmerksamkeit westlicher Gelehrter auf sich gezogen hat, ist der Qurʾānische Vers, der die Knechtschaft Jesu gegenüber Gott betont, und Folgendes berichtet: „Christus wird es nie verschmähen, ein Knecht Gottes zu sein, und auch die Engel, die ihm nahestehen, nicht. Wer es jedoch verschmäht, ihm zu dienen, und sich erhaben dünkt, die wird er allesamt zu sich versammeln" (Q 4:172). Für sich betrachtet ist diese Ausführung präzise und unzweideutig. Sie versucht, einen Ausgleich zu finden zwischen der Stellung Jesu als Wort Gottes und Gottes Geist (vgl. Q 4:171), und ebenfalls den Ausgleich zwischen jemandem, der in dieser und in der nächsten Welt hoch angesehen sein soll (*waǧīh*) (vgl. Q 3:45), und seiner Menschlichkeit, sodass der Vers Jesus trotz seiner hohen Stellung zum Diener (*ʿabd*) Gottes erklärt, ohne dies in irgendeiner Art und Weise als Abwertung seiner hohen Stellung zu verstehen.

Gemäß der Botschaft ist Jesus der strenge Lehrer und Mahner, der die Menschen unterweist und auch hart über ihre Torheiten und Heucheleien urteilt. Wiederum muss Jesus in diesem Zusammenhang als der auserwählte Botschafter angesehen werden, gesendet, um die Menschen zu warnen und sie in der göttlichen Offenbarung zu unterweisen. Der Jesus des Qurʾāns bleibt daher einer in einer langen Reihe von Propheten und Botschaftern Gottes für die Menschheit.

Wir können also sehen, dass ebenso wie der Christus des christlichen Glaubens und der christlichen Hoffnung, auch der Jesus des Qurʾāns und später der Jesus der muslimischen Frömmigkeit weit mehr als bloß ein menschliches Wesen oder bloßer Botschafter eines Buches ist.

Während der Jesus des Islams nicht der Christus des Christentums ist, spricht auch der Christus des Evangeliums oft in Form des nüchternen, menschlichen Jesus muslimischer Frömmigkeit. Tatsächlich entdeckten die freien Denker der islamischen Mystik im Menschen Jesus nicht nur ein Beispiel für Demut, Liebe und Entsagung, Eigenschaften, welchen sie nacheiferten, sondern auch den Christus, der vollkommene Menschlichkeit verkörpert, eine Menschlichkeit, die durch Gottes Licht erleuchtet ist. In der Sprache der islamischen Mystik wird diese Reflexion des göttlichen Lichts im menschlichen Herzen und in der menschlichen Seele dabei als *taǧallī* bezeichnet, die Manifestation göttlicher Schönheit und Herrlichkeit im und durch den Menschen.

In diesem Verständnis göttlicher Erscheinung treffen die christlichen und muslimischen Vorstellungen Jesu in vielen Punkten aufeinander. Der Islam betont, dass die Menschen näher an Gott rücken können und müssen. Im *mi'rāǧ* (der Auffahrt des Propheten in den Himmel) und auch in der Aufnahme Christi zu Gott (vgl. Q 4:158), nimmt dieses Verständnis seine konkreteste Form an. Nichtsdestotrotz besteht der Islam unabdingbar darauf, dass der Mensch „Mensch" und Gott „Gott" ist. Denn auch das Christentum, das in einem anderen spirituellen und kulturellen Milieu (als der Islam) entstand, beginnt nicht mit dem Aufstieg des Menschen zum Göttlichen, sondern eher dem Abstieg des Göttlichen zum Menschen.

Und wenn man es rein vom Standpunkt einer theoretischen Religionsgeschichte aus betrachten würde, könnte man sagen, dass die islamische Tradition, die mit dem Qur'ān beginnt, für die Christen eine bleibende Erinnerung an die Notwendigkeit darstellt, theozentrisch und nicht christozentrisch denken zu müssen. Doch ebenso ist die Christologie eine Erinnerung für die Muslime daran, Gottes Kraft auch in den göttlichen Wesen seiner Geschöpfe verwirklicht zu sehen, in dieser Hinsicht besonders in Jesus Christus.

„Das Wort ist Fleisch geworden und hat unter uns gewohnt" (Joh 1:14) – diese zentrale Aussage des Johannesprologs drückt die Begegnung des Menschlichen mit dem Göttlichen aus. Die beiden Ansätze (von Christentum und Islam) in der Frage nach dem Gott-Mensch-Verhältnis, die in diesem Artikel angesprochen wurden, gehen in gewisser Weise weit auseinander; doch beschränkt sich diese Beobachtung lediglich auf manche Schwerpunkte, vor allem auf den Punkt, von dem aus beide religiösen Traditionen ihren Ausgang nehmen.

Trotz dieser und anderer Unterschiede halten wir jedoch daran fest, dass Muslime und Christen viel vom Menschen Jesus des Islams und Christus, dem Herrn des Christentums, lernen können und müssen. Dies kann nur geschehen, wenn wir uns alle aufrichtig und ehrlich darum bemühen, uns hineinziehen zu lassen in die Bedeutung und den Sinn unserer Existenz in einer Welt der Sünde und der Unvollkommenheit, die jedoch zugleich eine geheiligte Welt ist, durch die göttliche Gegenwart unter und in uns allen.

Übersetzt von Jessy Stirnberg und Emanuel Rasche.

KLAUS VON STOSCH

Jesus im Qur'ān

Ansatzpunkte und Stolpersteine einer qur'ānischen Christologie

1. Einleitung

Die Christologie gilt unter Christen und Muslimen gemeinhin als der entscheidende Differenzpunkt beider Religionen. Während für Christen der Glaube an Jesus Christus als Sohn Gottes den entscheidenden Glaubenskern darstellt, scheint eben die Absage an dieses Bekenntnis für die islamische Identität konstitutiv zu sein. Nicht der Glaube an Gott oder das Gottesbild gilt deswegen in der Regel als das Hauptproblem im islamisch-christlichen Dialog, sondern das christliche Bekenntnis zu Jesus als dem Christus.[1] Das Gespräch über Jesus scheint „also notwendigerweise zu den zentralen Kontroverspunkten des christlich-islamischen Dialogs" zu führen.[2]

Auf der anderen Seite gibt es wahrscheinlich keine andere Religion neben dem Christentum, die in den normativen Grundlagen ihres eigenen Glaubens eine so tiefe Wertschätzung von Person und Werk Jesu von Nazaret vorfindet wie der Islam. Von daher kann man in der islamischen Tradition immer wieder eine beachtliche Faszination wahrnehmen, die die Gestalt Jesu schon immer auf Muslime ausgeübt hat.[3] Jesus von Nazaret erhält an einigen Stellen sogar „eine höhere Stellung als Mohammed"[4], so dass man berechtigterweise fragen kann, ob man nicht auch die Besonderheit Jesu als des Christus aus-

---

1 Vgl. HORST GEORG PÖHLMANN, Jesus im Islam und Christentum. In: GERHARD HOTZE/ EGON SPIEGEL (Hg.), Verantwortete Exegese. Hermeneutische Zugänge – exegetische Studien – systematische Reflexionen – praktische Konkretionen. FS F.G. Untergaßmair, Berlin u.a. 2006, 497, sowie die Rede von „ultimately irreconcilable differences between the two faiths" bei AMAR DJABALLAH, Jesus in Islam. In: The Southern Baptist journal of theology 8 (2004) 24.

2 Vgl. JOHANNES TRIEBEL, Das koranische Evangelium. Kritische Anmerkungen zur koranischen Darstellung der Person und Botschaft Jesu. In: Theologische Beiträge 38 (2007) 269-282, hier 269.

3 Vgl. TARIF KHALIDI, Islam: Jesus und die Welt des Dialogs. In: Concilium 39 (2003) 442-453, hier 444, der an dieser Stelle hinzufügt: „es ist, also ob Jesus für die Moslems zu wichtig ist, um ihn den Christen allein zu überlassen." Vgl. zur Rezeption Jesu in der sunnitischen Literatur TARIF KHALIDI, The Muslim Jesus. Sayings and stories in Islamic literature, Cambridge 2003, und in šiʿītischen Ḥadīṯüberlieferungen vgl. MUHAMMAD LEGENHAUSEN, Preface. In: Jesus. Through the Qur'an and Shi'ite narrations. Selected by MAHDI MUNTAZIR QA'IM. Übers. v. AL-HAJJ MUHAMMAD LEGENHAUSEN, Qom 2009, 9-37.

4 TRIEBEL, Das koranische Evangelium (Anm. 2), 269.

gehend von islamischen Quellen bezeugen kann. Entsprechend verletzt reagieren Muslime immer, wenn ihre Wertschätzung Jesu von Nazaret von christlicher Seite so wenig gewürdigt wird. Umgekehrt reagieren Christen immer wieder leicht gereizt, wenn Muslime ihre Bewunderung für Jesus ausdrücken, dabei aber eine Ausdrucksweise verwenden, die aus der Geschichte christlicher Häresien bekannt zu sein scheint.

Könnte man an dieser Stelle einen Schritt weiterkommen und von christlicher Seite die muslimischen Würdigungen Jesu von Nazaret als Christologie anerkennen, die auch Christen etwas Entscheidendes zu sagen hat? Galt diese Möglichkeit um der Identität beider Religionen willen lange Zeit als ausgeschlossen, so mehren sich in letzter Zeit die Stimmen auf christlicher und islamischer Seite, die an dieser Stelle einen Neuaufbruch für möglich halten. So schrieb beispielsweise der evangelische Theologe Martin Bauschke, der vermutlich die gründlichste Studie zum Qur'ānischen Jesusbild der letzten Jahre vorgelegt hat[5], bereits vor über 10 Jahren, dass es an der Zeit ist, „das Jesusbild des Qur'āns als einen Sonderfall externer Christologie zu akzeptieren."[6] Seine Begründung, dass die qur'ānische Christologie an Christen gerichtet ist und also auch Christen angeht[7], greift allerdings etwas kurz. Denn auch wenn der Qur'ān fraglos Passagen enthält, die auch an Christen gerichtet sind, bedarf es einer eingehenden Untersuchung, ob diese Anrede aus christlicher Sicht etwas Fruchtbares zu einem christlichen Nachdenken über Jesus beizutragen vermag.

Genau dies behaupten neuerdings verschiedene muslimische Theologen, wenn sie wie beispielsweise der amerikanische Pionier islamischer Beschäftigung mit Jesus von Nazaret Mahmoud Ayoub von einer legitimen Christo-

---

5 MARTIN BAUSCHKE, Jesus – Stein des Anstoßes. Die Christologie des Korans und die deutschsprachige Theologie, Köln u.a. 2000 (Kölner Veröffentlichungen zur Religionsgeschichte; 29). Das Werk bietet neben einer gründlichen Diskussion des qur'ānischen Jesusbildes einen hervorragenden Überblick über dessen Rezeption in der neueren deutschsprachigen Theologie. Methodisch ist Bauschke einem religionswissenschaftlichen Zugriff verpflichtet und sieht es entsprechend als seine „Aufgabe an, so unvoreingenommen und einfühlsam wie möglich das qur'ānische Jesusbild gemäß dem Selbstverständnis des Qur'āns nachzuzeichnen und dabei die islamische Interpretation der qur'ānischen Christologie mitzuberücksichtigen." Entsprechend hält er programmatisch fest: „Ich bediene mich der Methode der *Epoché* und versuche, den Stoff so wiederzugeben, daß ich mich dabei jeglichen normativen Wertens und subjektiv-willkürlichen Urteilens enthalte" (ebd., 97). So verdienstvoll die Studie von Bauschke auch in islamwissenschaftlicher Sicht ist, so kann sie wegen ihrer Beschränkung auf eine methodische Außenansicht des Islams und Bauschkes gleichzeitiger Parteinahme für die pluralistische Theologie der Religionen (vgl. ebd., 403) doch eine Behandlung aus der Perspektive der Komparativen Theologie nicht ersetzen. Als ersten Überblick über die neuere muslimische Diskussion über Jesus Christus vgl. ODDBJØRN LEIRVIK, Images of Jesus Christ in Islam, London-New York [2]2010, 127-220.

6 MARTIN BAUSCHKE, Der koranische Jesus und die christliche Theologie. In: MThZ 52 (2001) 30.

7 Vgl. ebd., 32.

logie auf dem Boden des Qur'āns sprechen[8] oder wenn sie wie der in Qom lehrende schiitische Theologe Muhammad Legenhausen sagen, dass die Zeit gekommen ist, in der Muslime sich in den Diskurs der Christologie einklinken sollten.[9] Legenhausen ist dabei der Meinung, dass auf diese Weise die Gemeinsamkeiten und Unterschiede von Islam und Christentum in einem neuen Licht erscheinen können und erhebt den bemerkenswerten Anspruch, dass Muslime Christen möglicherweise helfen können, Jesus noch besser und tiefer als Heiler und Retter zu erkennen.[10] Kann man christlich also tatsächlich etwas vom qur'ānischen Verständnis Jesu von Nazaret lernen?[11] Oder ist an dieser Stelle die Abgrenzung für die eigene Identitätsbildung so elementar, dass die Abwertung des anderen für beide Seiten konstitutiv und unverzichtbar ist?

Der vorliegende Beitrag möchte einen ersten Gehversuch zur Beantwortung dieser Fragen aus der Perspektive Komparativer Theologie leisten. Als Beitrag zu einer christlichen Komparativen Theologie besteht sein Ziel darin, die islamische Würdigung Jesu von Nazaret möglichst ernst zu nehmen und zu prüfen, ob sie ohne Preisgabe der eigenen Wahrheitsansprüche in die eigene Theologie integriert werden kann. Es geht also um die Sondierung, ob ich dem qur'ānischen Zugang zu Jesus von Nazaret gewissermaßen ein Wohnrecht in der eigenen Glaubensreflexion zubilligen kann und ob ich die Fremdheit dieses Zugangs als Bereicherung der eigenen Identität entdecken kann.[12] Zugleich stellt er eine Einladung an eine muslimische Komparative Theologie dar, auch aus ihrer Sicht das Verhältnis von christlichem Bekenntnis zu Jesus als dem Christus und den qur'ānischen Aussagen neu zu überdenken, um auch von muslimischer Seite zu prüfen, ob man moderner Christologie nicht doch auch ein Wohnrecht im islamischen Denken geben kann. Dabei stellt die vorliegende Untersuchung natürlich nur einen ersten Gesprächsauftakt dar, der intensivere Forschungsbemühungen einleiten soll.[13] Insbesondere stellt die

[8] Vgl. MAHMOUD AYOUB, A Muslim view of Christianity. Essays on dialogue by Mahmoud Ayoub. Edited by Irfan A. Omar, Maryknoll/ N.Y. 2007, 156.: „there is an authentic Islamic understanding of Christ that deserves careful consideration as a legitimate Christology."

[9] Vgl. LEGENHAUSEN, Preface (Anm. 3), 27f.: „The time has come for Muslims to begin work in this area, as well. Through the development of an Islamic Christology we can come to a better understanding of Islam as contrasted with Christianity, and Islam in consonance with Christianity, too."

[10] Vgl. ebd., 30: „The Muslim always seems to appear as a stranger to the Christian, but perhaps it is from the stranger that the Christian can best come to know his savior."

[11] Davon geht ganz selbstverständlich PÖHLMANN, Jesus im Islam und Christentum (Anm. 1), 500, aus, wenn er schreibt: „Wie auch immer, der Islam erkennt etwas Wahres an Christus, das wir innerchristlich vergessen haben und das wir durch ihn wieder entdecken."

[12] Vgl. zur Methodologie Komparativer Theologie KLAUS VON STOSCH, Komparative Theologie als Wegweiser in der Welt der Religionen, Paderborn u.a. 2012 (Beiträge zur Komparativen Theologie; 6), 203-208.

[13] Grundlage dieser Ausführungen war das gemeinsame Seminar, das ich im Sommer 2011 gemeinsam mit Mahmoud Ayoub für muslimische und christliche Studierende an der Universität Paderborn anbieten konnte. Für die inspirierenden Dialoge bei dieser Veranstaltung danke

diachrone Erforschung der qur'ānischen Bezüge zu Jesus von Nazaret und ihre genauere historische Verortung in die entsprechende Theologiegeschichte noch ein Desiderat dar, das auch dieser Beitrag noch nicht zufriedenstellend zu befriedigen vermag. Mir scheint es aber legitim zu sein, im Sinne einer ersten Orientierung erst einmal eine synchrone Lesart des Qur'āns zu wählen und nur an besonders auffälligen Stellen auf diachrone Aspekte der Exegese einzugehen.[14]
Ich will in meinem Beitrag so vorgehen, dass ich zunächst die qur'ānische Wertschätzung der Person Jesu von Nazaret entlang der qur'ānischen Titel Prophet, Gottesknecht, Messias, Heiler, Wort und Geist Gottes zu würdigen versuche (2.). Danach gehe ich auf die qur'ānische Absage von Jesus als Sohn Gottes und andere scheinbar antichristliche Interpretationen Jesu von Nazaret ein und verorte diese in ihrem historischen Entstehungskontext (3.). Schließlich wende ich mich dem aus christlicher Sicht schwierigsten Problemfall islamischer Christologie zu: der Weigerung des Qur'āns, den Kreuzestod Jesu zu würdigen (4.), um auf diese Weise Probleme und Chancen der qur'ānischen Christologie auszuloten. In einem kurzen Fazit versuche ich dann ein erstes Zwischenergebnis zu Chancen und Grenzen einer qur'ānischen Christologie zu formulieren (5.).

2. Zur qur'ānischen Wertschätzung der Person Jesu von Nazaret

Jesus von Nazaret ist einer der am häufigsten erwähnten Propheten im Qur'ān. Martin Bauschke spricht von 15 Suren, sechs mekkanischen und neun medinensischen, und insgesamt 108 Versen, die Jesus erwähnen oder sich auf ihn beziehen.[15] Wegen der indirekten Erwähnungen könnte man ggf. noch 15 Verse hinzuzählen, so dass sich 18 Suren und 123 Verse ergeben.[16] In diesem Beitrag kann ich natürlich nicht auf alle diese Verse eingehen, sondern beschränke mich auf solche, die für die Bewertung der qur'ānischen Christologie zentral sind. In diesem Kapitel konzentriere ich mich auf die wichtigsten Titel, Attribute und Beinamen, die Jesus von Nazaret im Qur'ān gegeben werden.

---

ich dem Kollegen Ayoub herzlich. Außerdem danke ich den Kollegen Hamideh Mohagheghi, Muna Tatari und Mouhanad Khorchide, die die ersten Versionen des vorliegenden Beitrags kritisch durchgesehen haben und die ihn durch ihre Rückmeldungen zum Zeugnis einer dialogisch entwickelten Theologie machen.

[14] Vgl. zur Erforschung einer diachronen Lesart des Qur'ān unter Einbeziehung seines spätantiken Entstehungskontexts die äußerst hilfreichen Analysen von ANGELIKA NEUWIRTH, Der Koran als Text der Spätantike. Eine europäischer Zugang, Berlin 2010.

[15] BAUSCHKE, Jesus – Stein des Anstoßes (Anm. 5), 22.

[16] Vgl. ebd., Anm. 229. Die meisten der Suren, die sich mit dem Jesus befassen, stammen also aus medinensischer Zeit und beschäftigen sich hauptsächlich mit seiner Geburt. Vgl. JOHN FLANNERY, Christ in Islam. In: One in Christ 41 (2006) 27-36, hier 27.

a) Jesus als Prophet und Gottesknecht

Die bekannteste qur'ānische Kennzeichnung Jesu von Nazaret dürfte die des Propheten sein. Der Qur'ān betont immer wieder, dass Jesus Prophet ist (19:30; 33:7).[17] Erst in medinensischer Zeit wird Jesus dann auch als Gesandter (*rasūl*) Gottes gewürdigt (3:48f.; 4:171; 5:75.111; 57:27; 61:6). Der Titel des Gesandten wird im Qur'ān nur auf neun Personen angewandt, wobei nur vier, nämlich Abraham, Mose, Jesus und Muḥammad als „Besitzer der Standhaftigkeit" besonders gewürdigt werden.[18] Bereits der Prophetentitel ist eine der höchsten Auszeichnungen, die der Qur'ān zu vergeben hat. Gemeinsam mit den anderen Titeln wird deutlich, dass Jesus die höchste Ehre zu Teil wird, die der Qur'ān einem Menschen zubilligen kann.[19]

Zugleich kann man auch aus christlicher Sicht zugeben, dass der Jesustitel „Prophet" im Zentrum des Neuen Testaments steht.[20] Der Grund dafür, dass die qur'ānische Auszeichnung als Prophet bzw. Gesandter christlicherseits auf so wenig Gegenliebe stößt, besteht darin, dass der Qur'ān hier zugleich betont, dass Jesus nur *ein* Prophet neben anderen ist. Programmatisch erklärt er mehrfach: „Wir machen zwischen keinem von ihnen einen Unterschied." (2:136 und 3:84) Diese Aufforderung wird zwar an anderer Stelle relativiert und insbesondere Jesus wird immer wieder herausgehoben.[21] Aber das ändert nichts daran, dass er wie die anderen auch „nichts als ein Gesandter" ist (5:75), so dass sich dieser Titel nicht so zu eignen scheint, um die Besonderheit Jesu ausreichend zu würdigen.

Ein anderer Titel, der im Qur'ān mehrfach auf Jesus von Nazaret angewendet wird, ist der des Gottesknechts. Bereits in der Wiege bezeichnet der qur'ānische Jesus sich als „der Knecht/ Diener Gottes" (19:30), der, wo immer er auch ist, vom Segen Gottes begleitet wird (19:31). Interessant ist, dass er gerade als dieser Knecht Beispiel für Israel ist und es aus seiner Streitsucht befreien kann (43:58f.). Offenbar ist dieser Knecht der, der Frieden ausstrahlt und sich der Gewalt verweigert (19:32f.). Damit steht er nicht nur vom Wortgebrauch her (hebräisch *ebed* entspricht hier arabisch *ʿabd*), sondern auch in seinen inhaltlichen Bestimmungen dem Gottesknecht nahe, den wir aus den Gottesknechtsliedern des Propheten Jesaja kennen und die vermutlich auch für das Selbstverständnis des historischen Jesus von hoher Bedeutung waren.

---

[17] Die Qur'ānverse werden von mir in der Regel im Fließtext in Klammern eingefügt. Ich beziehe mich dabei auf die Übersetzung von Hartmut Bobzin.

[18] Vgl. BAUSCHKE, Jesus – Stein des Anstoßes (Anm. 5), 129.

[19] Vgl. ABDULLAH T. ANTEPLI, Muslim Mary and Jesus. In: American Baptist quarterly 26 (2007) 298-312, hier 301.

[20] Vgl. PÖHLMANN, Jesus im Islam und Christentum (Anm. 1), 499.

[21] Vgl. 2:253: „Das sind die Gesandten. Einigen von ihnen gaben wir den Vorrang vor den anderen. … Und einige von ihnen erhöhte er um Stufen. Jesus, Marias Sohn, brachten wir Beweise."

Sicher ist die Selbstprädikation Jesu als Knecht Gottes auch eine Korrektur übertriebener Ansprüche, die Jesus etwa in den apokryphen Kindheitsevangelien in den Mund gelegt werden.[22] Wie an vielen Stellen im Qur᾽ān soll also auch hier jede Übertreibung in der Jesusverehrung zurückgewiesen werden. Zugleich ist die Kennzeichnung Jesu als Knecht Gottes keine Herabwürdigung seiner Person, sondern „die erste urchristliche Bekenntnisformel. Diese lautete nicht ‚Jesus ist der Kyrios!‘, sondern ‚Jesus ist der Knecht Gottes!‘“[23] In der Tat fällt an dieser Stelle die Analogie zu ganz ähnlichen Aussagen bei Paulus ins Auge.[24] Auch wenn sich im Qur᾽ān keine spezifischen Anspielungen auf Paulus finden[25], ist die spezifisch paulinische Verknüpfung des Knechtseins Jesu mit seinem Herrsein und seinem Vollmachtsanspruch auch im Qur᾽ān zu finden. Denn Jesus wird im Qur᾽ān nicht nur als Knecht dargestellt, sondern auch als der, dem (die Juden) unbedingt Gehorsam leisten sollen: „So fürchtet Gott, und leistet mir Gehorsam!“ (3:50; 43:63) – so heißt es gleich mehrfach im Qur᾽ān.

Sicher ist die qur᾽ānische Christologie auch an diesen Stellen immer strikt theozentrisch ausgerichtet.[26] Jesus ist gerade als Knecht derjenige, der radikal von sich weg und auf Gott hin verweist. Der Gehorsam zu ihm ist immer eingebettet in den Dienst an Gott (vgl. 3:51). Insofern ist Jesus ein Modell für das, was Islam eigentlich ausmacht, eben die totale Hingabe an Gott.[27] Entsprechend gilt Jesus für Mahmoud Ayoub als Beispiel erfüllter Menschlichkeit[28]; in ihm kann ich sehen, wozu der Mensch bestimmt ist und in welches Gottesverhältnis er hineingestellt ist.[29] Die Besonderheit Jesu sieht er

---

22 Vgl. HORST BÜRKLE, Jesus und Maria im Koran. In: GÜNTER RISSE u.a. (Hg.), Wege der Theologie: an der Schwelle zum dritten Jahrtausend, Paderborn 1996, 575-586, hier 583: „Anstelle der Selbstbezeugung des Jesusknaben im apokryphen Kindheitsevangelium (‚Ich bin Jesus, der Sohn Gottes‘) lässt der Qur᾽ān das Jesuskind jetzt sagen: ‚Wahrlich ich bin der Diener Allahs.‘ (19:30)“

23 CLAUS SCHEDL, Muhammad und Jesus. Die christologisch relevanten Texte des Koran, Freiburg-Basel-Wien 1978, 565.

24 Vgl. PÖHLMANN, Jesus im Islam und Christentum (Anm. 1), 499.

25 Vgl. JOACHIM GNILKA, Die Nazarener und der Koran. Eine Spurensuche, Freiburg-Basel-Wien 2007, 91; BAUSCHKE, Jesus – Stein des Anstoßes (Anm. 5), 162 Fn. 170.

26 Vgl. ebd., 192: „Diese Christologie ‚von unten‘ ist konsequent *theozentrisch* ausgerichtet. Sie ist als Gottesknechts- und Gesandten-Christologie integriert in die Prophetologie des Korans.“

27 Vgl. AYOUB, A Muslim view of Christianity (Anm. 8), 117: „Jesus is a model of true Islam, or total submission to God.”

28 Deshalb gilt Jesus auch in islamischer Tradition nicht nur als “the example of piety, love, and ascetism …, but also the Christ who exemplifies fulfilled humanity.” (ebd., 152) “The humanity of Jesus is evident in the narrations of the Shi’ah, but it is a humanity transformed, a perfected humanity, and as such there is no denying its supernatural dimension.” (LEGENHAUSEN, Preface [Anm. 3], 30)

29 Vgl. AYOUB, A Muslim view of Christianity (Anm. 8), 115.

dabei darin, dass Jesus in einzigartiger Weise, die Liebe und Kreativität, den Glauben und die Hoffnung des Menschen ausdrückt.[30]

Jesus ist in dieser Interpretation „viel mehr als ein bloßer Mensch oder als ein einfacher Gesandter“[31]. Seine Besonderheit würde gerade in der Radikalität seines Menschseins liegen, das in der islamischen Tradition immer wieder „mit Attributen wie Liebe und Sanftmut ausgezeichnet“ wird.[32]
Betrachtet man die neueren christologischen Entwürfe bei Theologen wie Wolfhart Pannenberg oder Georg Essen, aber auch schon die suchende Christologie eines Karl Rahner, so wird deutlich, dass diese Konzentration auf das Menschsein Jesu durchaus im Einklang mit einer modernen Christologie stehen könnte, so dass man hier vor einer vorschnellen Abgrenzung nur warnen kann.[33] So geht Essen in seinem viel diskutierten und bedenkenswerten Entwurf einer freiheitsanalytischen Aneignung der neuchalkedonischen Enhypostasielehre von Pannenbergs oft zitierter Einsicht aus, dass Jesus gerade aufgrund seiner besonderen Art des Menschseins Gott ist.[34] Aber auch bereits Karl Rahner sieht bekanntermaßen gerade die besondere Menschlichkeit Jesu als Anknüpfungspunkt für die Christologie. Die Göttlichkeit Jesu wird demnach auch bei modernen christlichen Zugängen nicht in irgendwelchen supranaturalen und übermenschlichen Eigenschaften Jesu gesucht, sondern gerade an seiner Menschlichkeit festgemacht. Ob sich die Besonderheit der Freiheit Jesu, die Essen als Ausgangspunkt seiner Christologie verwendet, auch vom Qur'ān her einsichtig machen lässt, wäre zu prüfen, scheint mir aber von dem bisher Gesagten her zumindest nicht ausgeschlossen zu sein.

b) Jesus als Messias und Heiler

Noch offensichtlicher anschlussfähig an eine Christologie als die Titel Prophet und Gottesknecht scheint die Tatsache zu sein, dass der Qur'ān Jesus immer

---

[30] Vgl. ebd., 111: „The human spirit in all its richness, its faith and hope, its love and creativity, is mirrored and indeed celebrated in the life of Jesus."

[31] Vgl. ebd., 152.

[32] TRIEBEL, Das koranische Evangelium, 276.

[33] Leider sind solche vorschnellen Abgrenzungen immer noch die Regel. So betont beispielsweise Josef Imbach, dass der Gottesknechtstitel im Qur'ān keinerlei Gemeinsamkeit mit dem biblischen Gebrauch des Titels aufweist, weil es nicht um einen Ehrentitel geht, sondern darum, dass Jesus von Nazaret nichts als ein Knecht ist (JOSEF IMBACH, Wem gehört Jesus? Seine Bedeutung für Juden, Christen und Moslems, München 1989, 103) – eine Interpretation, die aufgrund des qur'ānischen Kontexts der Gottesknechtsprädikationen in meinen Augen sehr fragwürdig ist.

[34] Vgl. GEORG ESSEN, Die Freiheit Jesu. Der neuchalkedonische Enhypostasiebegriff im Horizont neuzeitlicher Subjekt- und Freiheitsphilosophie, Regensburg 2001 (ratio fidei; 5), 206-241, als ausführliche Explikation des Schlüsselsatzes Pannenbergs: „Als dieser Mensch ist Jesus Gott.“

wieder als Messias bezeichnet. Diese Kennzeichnung Jesu als Messias begegnet insgesamt 11mal im Qur'ān und zwar v.a. in medinensischen Suren.[35] Im islamwissenschaftlichen Diskurs gilt es mittlerweile als ausgemacht, dass dieser Titel aus dem Judenchristentum stammt[36] und eine wörtliche Übersetzung des Christustitels ist.[37] Zudem wird normalerweise davon ausgegangen, dass ihm keine erkennbare titulare Bedeutung zukommt, sondern dass es sich hier einfach um einen Eigennamen handelt.[38] Allerdings kann im Umfeld der Entstehung des Qur'āns natürlich nicht unbekannt sein, dass der Messiastitel eine Reihe von christologischen Konnotationen evoziert. Und auch für die traditionellen Kommentatoren des Qur'āns ist klar, dass der Messiastitel eine theologische Würdigung Jesu darstellt. In der Regel wird dies so verstanden, dass Jesus der mit dem Segen Gottes Gesalbte und der ohne Sünde ist.[39] Auch wenn die Sündlosigkeit aus traditionell muslimischer Sicht nicht nur Jesus zukommt, und insbesondere im schiitischen Islam unverzichtbares Kennzeichen aller Propheten und Imame ist, ist es auffällig, dass auf diese Weise die für Christen zentrale Besonderheit Jesu von Nazaret als Sündloser aufgegriffen wird. Damit ist ein theologisch entscheidender Bezugspunkt für eine islamische Würdigung der Besonderheit Jesu von Nazaret gegeben, der einen großen Schritt auf moderne Konzepte der Christologie zugeht.

Jesus wird im Qur'ān aber nicht nur in seinem Beinamen als Messias bezeichnet, sondern auch durch eine weitere Eigenschaft gewürdigt, die christlich zentral zum Messias gehört: er wird als Heiler und Retter erfahrbar. So macht der Qur'ān deutlich, dass Jesus Blinde und Aussätzige heilt und Tote wieder lebendig macht.[40] Dadurch dass der Qur'ān zugleich in keiner Weise an die apokalyptischen Auslegungstradition der Messiasprädikation anknüpft, wird der Beiname und Ehrentitel Jesu in einen neuen Zusammenhäng gerückt. Damit nimmt der Qur'ān einige zentrale Merkmale des charismatischen Wunderheilens Jesu auf und übernimmt vor allem den biblischen Gedanken, die Wunder als Zeichen zu verstehen. In diesem Sinne betont beispielsweise

[35] Vgl. BAUSCHKE, Jesus – Stein des Anstoßes (Anm. 5), 107, beispielsweise in 3:45.

[36] Vgl. zur Bedeutung der Judenchristen für den Koran auch GNILKA, Die Nazarener und der Koran (Anm. 25), 111f., sowie insgesamt zum Judenchristentum HANS-JOACHIM SCHOEPS, Theologie und Geschichte des Judenchristentums, Hildesheim 1998.

[37] Vgl. BAUSCHKE, Jesus – Stein des Anstoßes (Anm. 5), 108.

[38] Vgl. GNILKA, Die Nazarener und der Koran (Anm. 25), 117; TRIEBEL, Das koranische Evangelium, 277.

[39] Vgl. ADEL THEODOR KHOURY, Jesus Christus im Koran. In: Communio 40 (2011) 466-473, 467; AYOUB, A Muslim view of Christianity (Anm. 8), 117.

[40] 3:49; 5:110. Vgl. ANTEPLI, Muslim Mary and Jesus, 308; TRIEBEL, Das koranische Evangelium, 274. Der Qur'ān legt dabei darauf Wert, dass Jesus diese Wunder nur mit Gottes Erlaubnis vollbringen kann. Christlich kann das als Kritik am besonderen Vollmachtsanspruch Jesu aufgefasst werden, ist aber eigentlich eine Selbstverständlichkeit, weil auch der biblische Jesus sich ganz von Gott her und auf ihn hin versteht und nur von ihm her seine Vollmacht empfängt.

Mahmoud Ayoub, dass alle Wunder Jesu im Qurʾān auf einen Zweck ausgerichtet sind und also immer eine Zeichenfunktion haben.[41] Und Mehdi Bazargan stellt heraus, dass der Qurʾān auf diese Weise Jesus Besonderheiten zubilligt und eine Stellung einräumt, „die er keinem anderen Propheten … zugesteht."[42] Jesus erscheint eben nicht nur als ein Prophet neben vielen, sondern erhält eine einzigartige Stellung, die insbesondere in seiner heilenden und rettenden Funktion besteht. Mahmoud Ayoub ist es, der hier das Retten und Erlösen vom Heilen her versteht und der auf diese Weise dann den christlichen Messiasgedanken im Heilungs- und Rettungsgeschehen aufnimmt.[43] Und Muhammad Legenhausen geht sogar so weit, Jesus als Retter von der Sünde anzusehen, ohne hier aber die Exklusivität zu akzeptieren, die man aus christlicher Sicht Jesus in der Sündenvergebung zubilligen würde.[44]
Insgesamt wird man die qurʾānische Messiasbezeichnung Jesu also nicht als theologisch funktionslos abtun dürfen, sondern sollte auch hier aufmerksam untersuchen, ob nicht Anknüpfungsmöglichkeiten für eine genuin qurʾānische Christologie denkbar sind. Die spannendste Bezeichnung Jesu im Qurʾān dürfte für christliche Ohren allerdings seine Würdigung als Wort Gottes sein, auf die ich nun in einem dritten Schritt eingehen möchte.

c) Jesus als Wort, Geist und Zeichen Gottes

Ich hatte bereits im letzten Abschnitt auf die Zeichenfunktion der Wunder Jesu hingewiesen, die der Qurʾān ganz im Einklang mit der Bibel festhält. Aus christlicher Sicht *tut* Jesus aber nicht nur Zeichen Gottes, sondern er *ist* das Zeichen. Jesus spricht nicht nur das Wort Gottes, sondern er ist es und ist eben dadurch das Fleisch gewordene Zusagewort Gottes an die Welt. Gibt es für diese Sicht auch Hinweise im Qurʾān?

Hierzu sind verschiedene Stränge des Qurʾāns zu betrachten. Zum einen ist es tatsächlich so, dass Jesus im Qurʾān direkt als *ein* Wort von Gott bezeichnet wird – und zwar in einer der ersten Suren aus medinensischer Zeit (3:45). Wenig später wird er sogar *das* Wort Gottes genannt, das er offenbar schon kurz nach seiner Geburt ist.[45] Gerade ältere Kommentatoren sahen in dieser

---

41 Vgl. AYOUB, A Muslim view of Christianity (Anm. 8), 112.

42 MEHDI BAZARGAN, Und Jesus ist sein Prophet. Der Koran und die Christen. Mit einer Einleitung von Navid Kermani. Aus dem Persischen von Markus Gerhold, München 2006, 26.

43 Vgl. AYOUB, A Muslim view of Christianity (Anm. 8), 115: „He is the savior of us all, for what is salvation but healing?"

44 Vgl. LEGENHAUSEN, Preface (Anm. 3), 28: „Muslims accept Jesus as savior, along with all the other prophets, for the prophetic function is to save humanity from the scourge of sin… Islam denies that salvation is through redemption resulting from the crucifixion."

45 Vgl. BÜRKLE, Jesus und Maria im Koran. 579, mit Verweis auf 4:171: Er ist „sein Wort, das er an Maria richtete". Zumindest ist es die wahrscheinlichste Deutung dieser Stelle, dass Jesus von Nazaret bereits kurz nach seiner Geburt zu seiner Mutter spricht (vgl. BAUSCHKE, Jesus – Stein des Anstoßes [Anm. 5], 118).

Beschreibung Jesu einen Hinweis auf die Besonderheit der Erschaffung Jesu, die ihn noch einmal von allen anderen Menschen unterscheidet.[46] Einige meinen sogar, dass dieser Titel deutlich machen soll, dass Jesus „die Verkörperung von der frohen Botschaft von der Barmherzigkeit Gottes“ darstellt und liegen damit schon sehr nah am Kern der christlichen Interpretation.[47] „*Rāzī* … [beispielsweise] versteht Jesu Wort- ebenso wie sein Geist-Sein auch in dem Sinne, dass er als Person die frohe Botschaft von Gottes Barmherzigkeit verkörpere.“[48] Nicht zuletzt aus apologetischen Gründen wurde dieser Weg im Laufe der islamischen Theologiegeschichte aber immer seltener betreten.

Umso interessanter ist es, dass derartige Deutungen in der zeitgenössischen iranischen Theologie wieder an Boden gewinnen. In kritischer Weiterentwicklung der Positionen des äußerst einflussreichen modernen Theologen Muḥammad Ḥusain Tabātabāī (gest.1981) unterscheidet beispielsweise Muhammad Legenhausen drei verschiedene Weisen der Interpretation von Jesus als Wort Gottes, die er gleichermaßen für legitim hält. Zunächst einmal referiert er eine Deutung, die Jesus als Wort Gottes bezeichnet, weil er als die Erfüllung von Gottes Versprechen an die alttestamentlichen Propheten gilt.[49] Und in der Tat gibt es einige Qur᾽ānstellen, die es nahe legen, Jesus als die Erfüllung der Tora anzusehen. So spricht beispielsweise der qur᾽ānische Jesus: „Ich kam zu euch, um zu bestätigen, was vor mir war von der Tora, und um euch manches von dem zu erlauben, was euch verboten war.“ (3:50) Außerdem heißt es an anderer Stelle über ihn: „Ihm (Jesus; Vf.) gaben wir das Evangelium. Darin ist Rechtleitung und Licht, und es bestätigt, was vor ihm von der Tora bestand, und ist Rechtleitung und Mahnung für die Gottesfürchtigen. Die Leute des Evangeliums sollen nach dem richten, was Gott in ihm herabgesandt hat.“ (5:46f.) Damit wird ausdrücklich die Autorität Jesu für die nach dem Evangelium Lebenden bestätigt und Jesus erscheint als die Bestätigung und Erfüllung der Tora. Jesus übernimmt für die Christen gewissermaßen die Funktion, die die Tora für die Juden hatte – eine Verhältnis-

---

[46] Vgl. AYOUB, A Muslim view of Christianity (Anm. 8), 129: „While earlier commentators saw a special creation in Jesus as , the Word of God‘, more recent ones have consistently attempted to play down any distinction between Jesus and the rest of humankind.”

[47] FRIEDMANN EIẞLER, Jesus und Maria im Islam. In: CHRISTFRIED BÖTTRICH/ BEATE EGO/ FRIEDMANN EIẞLER, Jesus und Maria in Judentum, Christentum und Islam, Göttingen 2009, 120-205,177; vgl. IMBACH, Wem gehört Jesus?, 93.

[48] Vgl. BAUSCHKE, Jesus – Stein des Anstoßes (Anm. 5), 115.

[49] Vgl. LEGENHAUSEN, Preface (Anm. 3), 14: „According to the promissory interpretation, Jesus is called the Word of God because he was the fulfillment of God’s promise to the Hebrew prophets that he would send a Messiah. According to the revelatory interpretation Jesus is the Word of God because he was the recipient of divine revelation. According to the creative interpretation Jesus is the Word of God because God created Jesus without a father. ‘Allamah argues in favor of the creative interpretation and rejects the others. To the contrary, I would suggest that all three are consistent.”

bestimmung, der man auch aus einer modernen christlichen Hermeneutik einiges abgewinnen kann.[50]

Eine weitere von Legenhausen unterstützte Deutung der Bezeichnung Jesu als Wort Gottes besteht darin, dass Jesus als Wort Gottes bezeichnet wird, weil er Empfänger der göttlichen Offenbarung ist. Und schließlich referiert er die – übrigens von Tabātabāī selbst favorisierte – Möglichkeit, dass Jesus wegen seiner jungfräulichen Geburt als Wort Gottes bezeichnet wird. Die jungfräuliche Empfängnis markiert seine Geburt in dieser Sichtweise als direkt von Gott kommend und zwar als direkter Ausdruck der göttlichen Macht, so dass sie eine besondere Auszeichnung Jesu darstellt.[51] Die Erschaffung Jesu wird ganz offenkundig parallelisiert mit der Erschaffung der Menschheit. In beiden Fällen sagt Gott: Kun fa-yakūn („'Sei!' Und dann war er.").[52]

In der klassischen muslimischen Theologie wird an dieser Stelle immer betont, dass Jesus damit auf die Ebene von Adam gestellt wird und dass er damit auf eine reine Menschlichkeit degradiert wird. Gerne wird in diesem Zusammenhang dann auch herausgestellt, dass Adam ohne biologischen Vater, ja sogar ohne biologische Eltern ist. Und in der Tat wird Jesus im Qur'ān deutlich auf eine Stufe mit Adam gestellt: „Siehe, vor Gott gleicht Jesus Adam." (3:59) Allerdings wird auch näher erläutert wie diese Gleichstellung gemeint ist: „Aus Staub erschuf er ihn und dann sagte er zu ihm: ‚Sei!' Und dann war er." (3:59) Es geht also darum, dass beide direkt von Gott erschaffen werden. Damit ist aber keine Gleichrangigkeit präjudiziert, sondern nur dass beide eine bestimmte Schlüsselrolle in Gottes Schöpfungsplan einnehmen und deswegen anders erschaffen werden als alle anderen Menschen. Bedenkt man, dass der Qur'ān natürlich die biblische Zeichnung Jesu als neuer Adam kennt, kann man ihn durchaus in dieser Tradition sehen. Der alte Adam wird erneuert durch Jesus, der den Menschen das neue Wort Gottes gibt und es für sie lebt – so könnte man durchaus im Einklang mit dem Qur'ān festhalten.

Die Rede vom Wort Gottes kann also qur'ānisch als Titel verstanden werden, der dem christlichen Bekenntnis zur Gottessohnschaft gegenüber gestellt wird. Die Gegenüberstellung meint hier keinen direkten Widerspruch, sondern eher die Fokussierung auf einen anderen Aspekt, den der Qur'ān offenbar für wichtiger und weniger missverständlich hält. Ja, vielleicht kann man hier sogar mit Muhammad Legenhausen von einer ähnlichen Bedeutung der biblischen und qur'ānischen Rede sprechen, wenn man erst einmal von der qur'ānischen Absage an die Rede von Jesu Sohnschaft absieht, die uns gleich

[50] Vgl. K. v. STOSCH, Philosophisch verantwortete Christologie als Komplizin des Antijudaismus? In: ZKTh 125 (2003) 370-386.

[51] Vgl. KENNETH CRAGG, Jesus and the Muslim. An exploration, London u.a. 1985, 32.

[52] Vgl. ebd., mit Verweis auf 3:59.; EIẞLER, Jesus und Maria im Islam, 177. Interessanterweise scheint dieser Vers auch der chronologisch erste zu sein, der zu Jesus von Nazaret offenbart worden ist.

noch unter 3. beschäftigen wird.[53] Jedenfalls gibt es einige Qur'ānstellen, die eine solche positive Anknüpfung an die biblische Tradition nahe legen – nicht zuletzt auch die Rede von Jesus als „Wort der Wahrheit" (19:34), die doch sehr an den johanneischen Jesus erinnert, der dort bekanntermaßen als Wort/ Logos (Joh 1,1) und Wahrheit (Joh 14,6) bezeugt wird.

Interessant ist, dass der Qur'ān Jesus nicht nur als Wort Gottes, sondern auch als seinen Geist bekennt und damit die im Christentum üblichen trinitätstheologischen Unterscheidungen in Unordnung bringt. Jesus ist *ein* Geist von Gott – so heißt es im Qur'ān (4:171). Damit ist nicht nur die Kennzeichnung Jesu als Wort Gottes, sondern auch die als Geist Gottes im Qur'ān etwas, was ihn von allen anderen Menschen unterscheidet.[54] Von dieser direkten Identifizierung von Wort und Geist abgesehen, die offensichtlich gegen überzogene trinitätstheologische Spekulationen gerichtet ist, wird der Geist Gottes allerdings im Qur'ān in einer sehr ähnlichen Beziehung zu Jesus von Nazaret gesehen wie in der Bibel. Besonders auffällig ist das an Lk erinnernde Bekenntnis, dass Jesus vom Geist Gottes empfangen ist (21:91), wobei hier durch die Parallelisierung mit Adam die Rede zugleich wieder relativiert wird (15:29). Darüber hinaus sieht der Qur'ān Jesus als mit dem Geist der Heiligkeit bzw. mit dem Heiligen Geist gestärkt (2:87; 2:253; 5:110). Er ist gestärkt mit dem Heiligen Geist, um so in seinem ganzen Leben Gottes Botschaft verkünden zu können – „in der Wiege und als reifer Mann." (5:110). Gottes Geist ist es, der die Gesandten stärkt und auch die Empfängnis Jesu ankündigt; hierbei wird in der Tradition dieser Geist mit Gabriel identifiziert, ohne dass der Qur'ān das selber tut (26:192f; 58:22; 70:4;78:38; 97:4).

Noch wichtiger als dieser interessante Seitenstrang zum Geist Gottes, scheint mir für das richtige Verstehen der qur'ānischen Rede von Jesus als Wort Gottes allerdings die qur'ānische Zeichentheologie zu sein. Nach dieser Theologie ist die ganze Welt voller ‚Zeichen' (*āyāt*), die auf Gottes Güte und Allmacht verweisen. An dieser Stelle kommt Jesus von Nazaret eine ganz besondere Stellung zu, so dass er im Qur'ān gleich dreimal als Zeichen Gottes bezeichnet wird. Einmal betont der Qur'ān, dass Gott Jesus zu einem Zeichen für die Menschen macht, das zugleich Ausdruck der göttlichen Barmherzigkeit ist, ja diese geradezu personifiziert. (19:21) Als „Zeichen für die Weltbewohner" (21:91; vgl. 23:50) ist diese Rolle Jesu offenbar auch nicht auf Israel oder die Christenheit beschränkt, sondern von universaler Bedeutung. Jesus ist also ein göttliches Zeichen für die Welt, nicht ein bloßes Mirakel[55],

[53] Vgl. LEGENHAUSEN, Preface (Anm. 3), 15: „So, since the Qur'an uses the expression ‚Word of God' where the Bible uses ‚Son of God' and the Biblical term is used to explain the virgin birth, we could consider the phrase of the Qur'an as having as similar significance minus the idea of divine fathering to which the Qur'an objects."

[54] Vgl. FLANNERY, Christ in Islam, 34: „for the Qur'an no other being is said to be *Kalima* of God, *ruh* of God."

[55] Vgl. LEGENHAUSEN, Preface (Anm. 3), 17.

und das gilt nicht bloß für seine Geburt, sondern sein ganzes Leben.[56] „Jesus ist ganz und gar der Mensch Gottes und als solcher in seinem Sein, Tun und Reden ein ‚Zeichen' Gottes."[57] Wie sonst nur Adam und die Schöpfung als Ganze „ist Jesus sogar schon vor seiner Geburt ein auf Gottes Allmacht verweisendes Zeichen".[58] So wie Jesus nach der paulinischen Tradition Zeichen und Bild Gottes ist (vgl. Kol 1,15), sieht also auch der Qur'ān in Jesus ein Zeichen für die Menschheit.[59] Und offenkundig sieht er hier eine Besonderheit Jesu, die ihn vor den anderen Propheten auszeichnet, so dass man von diesem Gedanken her auch verstehen kann, warum nur Jesus als Wort Gottes bezeichnet wird. Offenbar ist auch für den Qur'ān nur er die personifizierte Anrede Gottes, die zeichenhaft und realsymbolisch die barmherzige Nähe Gottes zu den Menschen erfahrbar macht.
So jedenfalls könnte man den Qur'ān aus christlicher Perspektive lesen und auch seinen Deutungen der Person Jesu etwas abgewinnen, wenn nicht andere Qur'ānstellen gegen eine solche christentumsfreundliche Interpretation sprechen. Dies scheint aber der Fall zu sein, weil eine Reihe von Qur'ānstellen immer wieder als explizite Ablehnung der spezifisch christlichen Vorstellungen angesehen wird. Mit derartigen scheinbar antichristlichen Abgrenzungen will ich mich im folgenden Kapitel auseinandersetzen.

3. Antichristliche Abgrenzungen?

a) Die Rolle Jesu im Endgericht

Betrachtet man die muslimische Ḥadīṯliteratur, so könnte man den Eindruck gewinnen, dass Jesus sich aus muslimischer Sicht eschatologisch als Vernichter des Christentums gebärdet. Jesus wird hier immer wieder als vollkommener Muslim geschildert, der alle Christen tötet, die sich nicht zum Islam bekehrt haben.[60] Derartige Deutungen können sich allerdings nicht auf den Qur'ān stützen. Der Qur'ān erwähnt die endzeitliche Wiederkunft Jesu nicht ausdrücklich, auch wenn die klassische Exegese in 4,159 und 43,61 und gelegentlich auch an anderen Stellen Anspielungen darauf sieht.[61] Jedenfalls findet sich im Qur'ān kein Beleg für die Vorstellung, dass Jesus ein endzeit-

---

[56] Vgl. MOHAMMAD ALI SHOMALI, Mary, Jesus and Christianity: An Islamic perspective. In: DERS./ ANTHONY O'MAHONY/ WULSTAN PETERBURS (Hg.), Catholics and Shi'a in dialogue. Studies in Theology and Spirituality, London 2011, 71-86, hier 73.

[57] BAUSCHKE, Jesus – Stein des Anstoßes (Anm. 5), 192.

[58] Ebd., 114. Auch Sayyid Qutb bestätigt in diesem Zusammenhang die einzigartige Besonderheit des Zeichencharakters Jesu (vgl. ebd., 193).

[59] Vgl. MARTIEN E. BRINKMANN, Christian-Muslim dialogue: The relationship between Jesus and God. In: Reformed world 59 (2009) 103-110, hier 108.

[60] Vgl. KHOURY, Jesus Christus im Koran (Anm. 39), 470f.

[61] Vgl. NEAL ROBINSON, Christ in Islam and Christianity. The representation of Jesus in the Qur'ān and the classical Muslim commentaries, Basingstoke u.a. 1991, 78.

liches Massaker an Christen veranstalten wird. Wohl aber gibt es Hinweise darauf, dass Jesus eschatologisch eine richtende Funktion innehaben wird. Zumindest kann man Sure 4:159f. so verstehen – je nachdem, wen man hier für das grammatische Subjekt hält.
Da diese Richterfunktion nun aber zentrales Merkmal der christlichen Vorstellung von Jesus von Nazaret ausmacht, ist dieser qurʾānische Hinweis gerade als positiver Anknüpfungspunkt für die Christologie bedeutsam und nicht etwa als antichristliche Abgrenzung zu werten. Auch die muslimische Tradition hat ja die Erinnerung aufbewahrt, dass Jesus bei Gericht Fürsprache für die an ihn Glaubenden einlegen kann und dass er insofern als eschatologischer Zeuge auftreten wird.[62] Und von daher kann man es eigentlich als gemeinsames Kennzeichen von Islam und Christentum ansehen, dass die Vollendung der Welt mit der Wiederkunft Jesu in Verbindung gebracht wird, auch wenn die Rolle Jesu in der islamischen Tradition natürlich noch einmal relativiert wird.

b) Zur Zurückweisung der christlichen Deutung Jesu als Sohn Gottes

Deutlicher antichristlich als die spärlichen eschatologischen Andeutungen scheint die qurʾānische Zurückweisung der Bezeichnung Jesu als Gott bzw. als Sohn Gottes zu sein. So wird im Qurʾān immer wieder die Identifizierung von Gott mit Christus abgewehrt: „Ungläubig sind, die sagen: ‚Siehe, Gott ist Christus, Marias Sohn.'" (5:17 und 5:72; ähnlich 19:35) Hier wird man noch sagen können, dass das orthodoxe Christentum ja auch nicht Gott und Christus gleichsetzt.[63] Jesus Christus ist ja auch nach christlichem Verständnis nicht der dreieine Gott, sondern nur der göttliche Logos, also das Zusagewort Gottes an die Menschen. Die christliche Rede kann hier also an das qurʾānische Verständnis von Jesus als Wort Gottes anknüpfen und deutlich machen, dass Jesus eben dieses Wort Gottes in Menschengestalt ist. In der Tat gibt es keine biblische Stelle, die Gott und Christus direkt identifiziert.[64]

---

[62] Vgl. KHOURY, Jesus Christus im Koran (Anm. 39), 471; BAUSCHKE, Jesus – Stein des Anstoßes (Anm. 5), 186.

[63] Auch Angelika Neuwirth betont zumindest im Blick auf Q 19:35, dass derartige Aussagen über Jesus noch nicht als Polemik gegen christliche Glaubenswahrheiten zu verstehen sind, sondern im Kontext der Auseinandersetzung mit paganen Gegnern stehen (vgl. NEUWIRTH, Der Koran als Text der Spätantike, 491).

[64] Durch die etwas ungenaue Übersetzung von Joh 1,1 könnte der Eindruck entstehen, dass hier der Logos mit Gott identifiziert wird. Tatsächlich ist es aber so, dass das Wort hier als bei Gott (HO THEOS) seiend bekannt wird, aber nur mit THEOS identifiziert wird, so dass man besser übersetzen sollte, dass das Wort von Gottes Wesen ist, aber nicht dass es Gott ist. Wenn Thomas in Joh 20,28 Jesus mit „Mein Herr und mein Gott" anredet, so ist auch hier offenkundig keine metaphysische Rede gemeint, sondern davon Zeugnis abgelegt, dass Jesus hier die Rolle einnimmt und überbietet, die im heidnischen Umfeld Kaiser Domitian beansprucht, der sich ja auch als Herr und Gott verehren ließ, ohne dass die Menschen des-

Doch der Qur'ān wendet sich nicht nur gegen die Identifizierung Gottes mit Christus, sondern auch gegen den Glauben, dass Jesus der Sohn Gottes ist. So heißt es: „Gott ist *ein* Gott; fern sei es, dass er einen Sohn habe.“ (4:171). Denn Gott braucht keinen Mittler (10:68; 2:116f.). Immer wieder betont der Qur'ān, dass Jesus von Nazaret ein normaler Mensch bzw. „nichts als ein Gesandter“ ist (5:75) und bezeichnet ihn deswegen konsequent als „Sohn der Maria“ (2:87 u.ö.).[65]

Achtet man jeweils auf den Kontext dieser Abgrenzungen, wird allerdings fraglich, ob der Qur'ān sich wirklich gegen ein richtig verstandenes Christentum wendet und wirklich die orthodoxe Christologie kritisiert. Wenn er beispielsweise in 5:75 die Menschlichkeit Jesu betont, argumentiert er, indem er darauf aufmerksam macht, dass sich Jesus genauso wie seine Mutter ganz normal ernährt hat. Dem Qur'ān ist also wichtig, dass es sich um reale menschliche Personen mit menschlichen Bedürfnissen handelt, was vom Christentum ja weder in Bezug auf Maria noch in Bezug auf Jesus bestritten wird. Außerdem wendet sich der Qur'ān gegen die Vorstellung, Gott brauche einen Sohn, um sich den Menschen zuwenden zu können (10:68), was wiederum auch nicht von christlicher Seite behauptet wird. Schließlich warnt der Qur'ān davor, dass Menschen an die Stelle Gottes gesetzt werden[66], wobei der Kontext deutlich macht, dass es hier zunächst einmal um die Vergöttlichung von Schriftgelehrten oder Priestern geht. Die Szene mutet schon deshalb etwas surreal an, weil hier den Juden vorgeworfen wird, Esra als Gottes Sohn zu verehren (9:30), was für keine mir bekannten Juden der Geschichte und Gegenwart zutrifft. Offenbar hat der Qur'ān hier sehr spezifische Gruppen von Juden und Christen vor Augen, denen er verdeutlicht, dass sie nichts an die Stelle Gottes setzen dürfen. Ob seine Kritik an der Verehrung Jesu als Sohn Gottes dagegen wirklich gegen das orthodoxe christliche Verständnis gerichtet ist, wird man nur schwer entscheiden können.

Aufschlussreich scheint mir in diesem Zusammenhang eine Beobachtung von Mahmoud Ayoub zu sein. Er macht darauf aufmerksam, dass der Qur'ān

---

wegen geglaubt hätten, dass er vom Götterhimmel gefallen ist. Offenbar geht es Johannes an dieser Stelle nicht um theologische Spekulation, sondern darum, dass dieses Fleisch gewordene Wort Gottes alle auf Erden nur denkbare Autorität in Anspruch nehmen und unbedingten Gehorsam verlangen darf – ein Gedanke, der dem Qur'ān ja, wie wir bereits gesehen hatten, in Bezug auf Jesus nicht fremd ist.

65 Martin Bauschke bezeichnet den Jesus des Qur'ān in Anknüpfung an die Rede vom „Sohn der Maria“ als den Vaterlosen schlechthin, ohne göttlichen und ohne irdischen Vater (vgl. BAUSCHKE, Jesus – Stein des Anstoßes [Anm. 5], 124). Wie viele andere Interpreten sieht er in der Rede vom Sohn der Maria im Qur'ān die „Funktion eines Gegenbegriffs zu ‚Sohn Gottes‘“ (TRIEBEL, Das koranische Evangelium, 278). Allerdings könnte „Sohn der Maria“ auch mit der Anknüpfung an eine besondere Marienverehrung zu tun haben und dem Einfluss äthiopischer Christen geschuldet sein (vgl. BÜRKLE, Jesus und Maria im Koran, 578).

66 „Sie ahmen die Rede der Ungläubigen vor ihnen nach. Gott verfluche sie! .../ Sie nahmen sich ihre Schriftgelehrten und Mönche zu Herren an Gottes alleiniger statt – und Christus, Marias Sohn. Doch wurde ihnen befohlen, nur einem Gott zu dienen.“ (9:30f.)

dem Christentum an keiner Stelle vorwirft, Jesus als *walad* von Gott anzusehen. Und nur gegen die Kennzeichnung eines Menschen als *walad* von Gott, also gegen eine biologisch verstandene Sohnschaft, wehrt er sich. „Sohn" im Sinne dessen, der aus der Liebe des Vaters kommt und sich metaphorisch auf ihn bezieht, wäre im Arabischen *ibn*. In der Bibel meint Sohnschaft aber dieses metaphorische Verständnis der Liebe und Intimität zwischen Jesus und Gott, so dass es besser durch *ibn* zu übersetzen wäre. Die Angriffe des Qur'āns gegen die Idee, Gott einen *walad* hinzuzufügen, richten sich also – Ayoubs Diagnose zufolge – gegen die mekkanischen Araber, die ihre Göttinnen als Kinder Gottes ansehen und nicht gegen die Christen.[67] Jedenfalls sei an keiner Stelle klar, dass wirklich das orthodoxe Christentum Ziel der qur'ānischen Angriffe ist. Ayoub verortet den eigentlichen Gegensatz zwischen Christen und Muslimen deshalb nicht beim Streit um die Sohnschaft Jesu, sondern um seine Göttlichkeit.[68] Dabei übersetzt er allerdings Joh 1,1 ungenau[69], so dass er zu der von Joh gar nicht behaupteten direkten Identifizierung Gottes mit Jesus bzw. dem Logos Stellung nimmt, nicht aber darüber nachdenkt, was es heißen könnte, dass Jesus Christus von Gottes Wesen ist. Denn wenn man wirklich mit dem Qur'ān ernst nimmt, dass Jesus tatsächlich das Wort Gottes ist, dürfte es metaphysisch nicht nachvollziehbar sein, wie man ihm dann eine – wie auch immer näher zu denkende – Teilhabe am Wesen bzw. an der Natur Gottes vorenthalten kann.[70]

Mir scheint also mehr als fraglich zu sein, ob sich der Qur'ān wirklich gegen die Form der Christologie wendet, die wir heute in den Großkirchen finden. Man kann vielleicht sogar mit Kenneth Cragg sagen, dass eben die „Logik, die den Qur'ān davon abhält, Jesus als Sohn Gottes zu bezeichnen, es ist, die

---

67 Vgl. AYOUB, A Muslim view of Christianity (Anm. 8), 125. Auch Angelika Neuwirth macht deutlich, dass sich Passagen wie Q 19:35f. (noch) nicht gegen christliche Glaubenswahrheiten richten, sondern pagane Gegner vor Augen haben (NEUWIRTH, Der Koran als Text der Spätantike, 491) und auch sie sieht im Begriff walad „eine Polemik gegen das pagane Pantheon" (ebd., 497).

68 Vgl. ebd., 122: „the disagreement between Christians and Muslims is not over the divine sonship of Christ, figuratively speaking, but over his divinity." Auch al-Ġazālī scheint durchaus offen für den Gedanken gewesen zu sein, dass es im christlichen Sprachspiel auch aus muslimischer Sicht legitim sein kann, Jesus als Sohn Gottes zu bezeichnen (vgl. HANS ZIRKER, Islam. Theologische und gesellschaftliche Herausforderungen, Düsseldorf 1993, 151f.).

69 Vgl. MAHMOUD AYOUB, The word of God in Islam. In: The Greek orthodox theological review 31 (1986), 73. Wie viele muslimische Interpreten achtet er nicht darauf, dass Joh hier keinen direkten Artikel von THEOS setzt.

70 Vgl. bereits die entsprechende Nachfrage bei Johannes von Damaskus (JOHANNES VON DAMASKUS/ THEODOR ABU QURRA, Schriften zum Islam. Kommentierte griechisch-deutsche Textausgabe von Reinhold Glei und Adel Theodor Khoury, Würzburg-Altenberge 1995 (Corpus Islamo-Christianum; 3), 79: „Da ihr doch selbst sagt, dass Christus das Wort und der Geist Gottes ist, wieso schmäht ihr uns als ‚Beigeseller'? Denn das Wort und der Geist sind von dem, in dem sie sind, nicht trennbar: Wenn also in Gott etwas als sein Wort ist, dann ist klar, dass dies auch Gott ist." Den Hinweis auf diese Textstelle verdanke ich Georg Seelmann.

Paulus und das Neue Testament dazu bringt, ihn als solchen zu bekennen".[71] Sicher wird man als Unterschied zwischen Christen und Muslimen festhalten dürfen, dass Muslime in Jesus Gott finden, ohne ihn deswegen zu vergöttlichen.[72] Aber ob man deswegen so weit gehen muss, jede Besonderheit und Einzigartigkeit Jesu zu negieren, scheint mir fragwürdig.[73] Und insbesondere scheint mir fraglich, an wen die qur'ānische Kritik im Blick auf Verirrungen in der Christologie und Trinitätslehre gerichtet ist. An dieser Stelle scheint es mir hilfreich zu sein, einen Blick auf die historische Lage der Christologie des siebten Jahrhunderts auf der arabischen Halbinsel zu werfen. Denn auch wenn man annimmt, dass der Qur'ān das letztgültige Wort Gottes darstellt, wird man kontextualisierend nachvollziehen müssen, an wen er sich in welcher Situation eigentlich richtet bzw. welche historische Situation er in seiner Botschaft vor Augen hat.[74]

c) Historische Lage zur Christologie im 7. Jh. auf der arabischen Halbinsel

Schon lange geht man in der Orientalistik davon aus, dass wir zur Zeit der Herabsendung des Qur'āns auf der arabischen Halbinsel einen zugespitzten Streit zwischen monophysitisch und nestorianisch orientierten Interpretationen der Christologie hatten.[75] Während es im südlichen Arabien christliche Siedlungen syrischen Ursprungs gab, die durch monophysitische Einflüsse in der Christologie geprägt waren[76], dominierte der Nestorianismus in Persien, weil er durch die Perserkönige zwischenzeitlich gewissermaßen zur Staatsreligion gemacht wurde.[77] Entsprechend scheinen auch die im arabischen Nordwesten ansässigen Ghassaniden Monophysiten gewesen zu sein, während die im Nordosten residierenden Lachmiden dagegen Nestorianer waren.[78] Nirgendwo in Arabien gab es eine allgemein anerkannte Christologie, „sondern verschiedene, im christologischen Dauerstreit befindliche, regional-nationale Kirchentümer und Sekten, die zum Teil recht unterschiedliche Formen von Christologie verfochten."[79]

---

[71] CRAGG, Jesus and the Muslim, 30, vgl. zustimmend FLANNERY, Christ in Islam, 31.

[72] Vgl. LEGENHAUSEN, Preface (Anm. 3), 27.

[73] Gegen SHOMALI, Mary, Jesus and Christianity, 81, der sich dagegen wendet, die Einzigartigkeit Jesu herauszustellen, weil das der muslimischen Auffassung widersprechen würde, dass alle Propheten die gleiche Botschaft und Rolle haben. Ich hatte oben bereits darauf hingewiesen, warum ich meine, dass man hier 2:253 gegen Shomali ins Feld führen kann.

[74] Vgl. FAZLUR RAHMAN, Islam and modernity. Transformation of an intellectual tradition, Chicago-London 1982, 6.

[75] Vgl. TOR ANDRAE, Der Ursprung des Islam und das Christentum, Uppsala 1926, 27f.

[76] Vgl. BÜRKLE, Jesus und Maria im Koran, 575.

[77] Vgl. ANDRAE, Der Ursprung des Islam und das Christentum, 16f.

[78] Vgl. HARTMUT BOBZIN, Mohammed, München ^{3}2006, 57.

[79] BAUSCHKE, Jesus – Stein des Anstoßes (Anm. 5), 104.

Innerhalb der offenbar in Arabien besonders starken Monophysiten gab es auch deutlich tritheistische Tendenzen, die beispielsweise bei Johannes Grammaticus Philoponus (gest. um 575) greifbar werden.[80] Erklären lässt sich diese tritheistische Schlagseite der orientalisch-christlichen Frömmigkeit durch auch in Äthiopien immer noch einflussreiche altägyptische Vorstellungen von Göttertriaden.[81] Eng hiermit zusammen hängt die im Monophysitismus bereits seit Cyrill von Alexandrien verbreitete göttliche Verehrung Mariens. So erwähnt beispielsweise Epiphanius von Salamis „eine Gruppe thrakischer Frauen, die nach Arabien ausgewandert waren und der Muttergottes … göttliche Verehrung erwiesen. Analog zum rituellen Genuss des Leibes Jesu brachten sie Maria besondere (Brot-)/ Kuchen … dar. *Theodor Klauser* zufolge ist es ‚so gut wie sicher, dass diese Sektenbildung auf der Annahme beruhte, dass mit dem sich einbürgernden Gottesgebärerintitel Marias Göttlichkeit ausgesprochen werden sollte'."[82] In diese Richtung weisen auch Tendenzen in der judenchristlichen, koptischen und syrischen Theologie, die den Heiligen Geist mit Maria identifizieren, „woraus die triadische Gottesvorstellung Vater (Gott) – Mutter (Geist) – Sohn (Jesus) resultierte. Diese weibliche, besser: mütterliche Pneumatologie ist bereits bei den Judenchristen in Ägypten bekannt, wie das *Hebräerevangelium* dokumentiert. In Fragment 3 wird das *Pneuma Hagión* ausdrücklich als die Mutter Jesu bezeichnet."[83] Auch ein als Marianiten bezeichneter Zweig der Montanisten hielt Maria wie Jesus für gottgleich[84] und in der monophysitischen Kirche Abessiniens, „der Kirche, wo Maria – als Erbin der Isis – eine Verehrung genossen hat wie sonst nirgends in der Christenheit", wurde Maria ebenfalls in geradezu anstößiger Weise verehrt.[85] So kommt Martin Bauschke zu dem überzeugenden Fazit: „Religionsgeschichtlich kann kein Zweifel daran sein, dass Maria im Orient an die Stelle der Kulte der Muttergöttinnen trat."[86]

Diese monophysitische Überformung des christlichen Glaubens auf der arabischen Halbinsel war natürlich nie Mehrheitsmeinung im Christentum. Im Gegenteil wurden die Monophysiten im Byzantinischen Reich unterdrückt und zeitweise verfolgt. Aber auch in Arabien selbst gab es Widerstand gegen den Monophysitismus – allerdings nicht so sehr durch die Orthodoxie, sondern viel mehr von den Gegenspielern der Monophysiten auf dem Konzil von Ephesus, den Nestorianern. So widerrief die nestorianisch geprägte Kirche in Ostsyrien bereits 484 offiziell auf der Synode von Beth Lapat das Konzil von Ephesus und identifizierte damit Marias Titel als Gottesgebärerin als Wurzel

[80] Vgl. ebd., 153.
[81] Vgl. ebd., 154.
[82] Vgl. ebd., 154f.; BOBZIN, Mohammed, 56.
[83] BAUSCHKE, Jesus – Stein des Anstoßes, 156f. „Auch die judenchristliche Sekte der Elkesaïten vertrat eine weiblich-mütterliche Pneumatologie." (ebd., 157 Fn. 157)
[84] Vgl. ebd., 155.
[85] ANDRAE, Der Ursprung des Islam und das Christentum, 205.
[86] BAUSCHKE, Jesus – Stein des Anstoßes (Anm. 5), 155.

aller Probleme. Dieses nestorianische Christentum breitete sich von Südarabien seit dessen Eroberung durch die Perser 597 auch über die arabische Halbinsel aus, so dass zur Zeit Muḥammads eben auch der Nestorianismus erheblichen Einfluss in Arabien hatte.[87]
Betrachtet man vor dem Hintergrund dieser historischen Auseinandersetzungen die Stellungnahmen des Qur'āns, dann wird deutlich, dass sich dieser eindeutig gegen den Monophysitismus und die ihm inhärenten tritheistischen Tendenzen positioniert. Von daher dürfte sich auch der Vorwurf des Unglaubens in Sure 5:17,72 konkret gegen monophysitische Christen richten, die in ihren Gottesdiensten selbstverständlich Christus mit ‚unser Gott' oder sogar mit ‚allmächtiger Gott' anriefen.[88] Und es ist fraglich, ob der Qur'ān nur die triadisch-tritheistischen Gottesvorstellungen der orientalisch-christlichen Volksfrömmigkeit zurückweist oder sich tatsächlich auch gegen die orthodoxe Trinitätstheologie wendet.[89] Jedenfalls macht der Blick auf den historischen Zusammenhang deutlich, dass die qur'ānischen Abgrenzungen im Zusammenhang der Christologie nicht so eindeutig als antichristlich einzuordnen sind, wie dies auf den ersten Blick wirkt. Allerdings gibt es eine qur'ānische Aussage, die es aus christlicher Sicht äußerst schwierig macht, im Qur'ān Ansätze für eine auch christlicherseits ernst zu nehmende Christologie zu finden; und das sind die qur'ānischen Aussagen zur Kreuzigung Jesu.

4. Der Streit um das Kreuz

In der Regel werden die für die Frage nach der Kreuzigung Jesu entscheidenden Qur'ānverse so verstanden, dass sie die historische Tatsache des Kreuzestodes Jesu leugnen. Hält man diese Interpretation für zwingend, wird es aus christlicher Sicht so gut wie unmöglich, den Qur'ān als mögliches Wort Gottes anzuerkennen und seiner Christologie mit Wertschätzung zu begegnen. Denn nicht nur ruht der christliche Erlösungsglaube auf dem Kreuz. Auch rein historisch ist die Kreuzigung Jesu ein kaum bezweifelbares Faktum, mit dem die Christenheit selbst Jahrhunderte größte Schwierigkeiten hatte.
Umgekehrt wird der christliche Erlösungsglaube und die damit zusammenhängende Kreuzestheologie nach gängiger islamwissenschaftlicher Auf-

---

87 Vgl. ebd.,156, mit Verweis auf ANDRAE, Der Ursprung des Islam und das Christentum, 7ff., 201ff., sowie SEBASTIAN BROCK, The Christology of the Church of the East in the Synods of the fifth to early seventh centuries. In: DERS., Studies in Syriac Christianity. History, literature and theology, Hampshire/ Brookfield 1992, 125-142.

88 Vgl. BAUSCHKE, Jesus – Stein des Anstoßes, 151. Auch nach *aṭ-Ṭabarī* richtet sich diese Stelle gegen die monophysitischen Jakobiten (vgl. ebd., 152).

89 Vgl. zu dieser spannenden Frage MUNA TATARI/ KLAUS VON STOSCH (Hg.), Trinität – Anstoß für das muslimisch-christliche Gespräch, Paderborn u.a. 2013 (Beiträge zur Komparativen Theologie; 7).

fassung im Qur'ān nicht kommentiert, so dass man kaum sagen kann, dass der Qur'ān sie kritisiert.[90] Versteht man 4:157f. aber als Absage an die Möglichkeit einer historischen Kreuzigung, ist die Ablehnung der christlichen Soteriologie damit implizit mitgegeben. Schauen wir also, ob die Verse in 4:157f. in dieser Weise verstanden werden müssen. Sie lauten in der Übersetzung von Hartmut Bobzin:

> Und weil sie (die Juden; Vf.) sprachen: „Wir haben Christus Jesus,
> den Sohn Marias, den Gesandten Gottes getötet!"
> Aber sie haben ihn nicht getötet und haben ihn auch nicht gekreuzigt.
> Sondern es kam ihnen nur so vor.
> Siehe, jene, die darüber uneins sind,
> sind wahrlich über ihn in Zweifel.
> Kein Wissen haben sie darüber, nur der Vermutung folgen sie.
> Sie haben ihn nicht getötet, mit Gewissheit nicht,
> vielmehr hat Gott ihn zu sich erhoben.

In der islamischen Tradition werden diese Verse gewöhnlich durch eine *Substitutionstheorie* gedeutet. Der Versteil, den Bobzin mit „es kam ihnen nur so vor" übersetzt, wird dann als „er (ein anderer) wurde ihm (Jesus) ähnlich gemacht" verstanden. Das Problem dieser Übersetzung ist, dass im arabischen Text Plural steht, also *šubbiḥa lahum* und nicht *šubbiḥa lahu* und dass keine andere Person im Text genannt wird.[91] Auch theologisch schafft diese Übersetzung Probleme, weil sie voraussetzt, dass Gott einen Unschuldigen an Stelle von Jesus tötet. Selbst wenn man davon ausgeht, dass diese Person ein Verbrecher war oder sich freiwillig gemeldet hat – in der muslimischen Tradition wird hier oft davon ausgegangen, dass Judas von Gott hierzu ausersehen wurde oder sich irgendein anderer Jünger freiwillig für diese Aufgabe gemeldet hat[92] –, bleibt der Vorgang anstößig, weil hier durch Gottes Intervention jemand mit einer Strafe für ein Tun behaftet wird, das ihn gar nicht betrifft. Denn Jesus ist es ja, der im Prozess darauf beharrt, der Messias zu sein und damit die römische Gerichtsbarkeit dadurch dazu bringt, ihn zu töten. Von daher ist es Jesus, der eigentlich für sein Tun einstehen müsste, und es ist merkwürdig, dass Gott da einen Unschuldigen mit hineinzieht. Ohne Gottes Intervention hätte eine derartige Verwechslung jedenfalls nicht unerkannt bleiben können, da die Frauen unter dem Kreuz, allen voran die Mutter Jesu, mit Sicherheit diese Substitution aufgefallen wäre, wenn Gott sie nicht

---

[90] Laut Bauschke ist Idee der Heilsbedeutung des Kreuzes dem Qur'ān unbekannt, „was wohl daran liegt, dass Muhammad Paulus und seine Kreuzestheologie gar nicht kannte" (BAUSCHKE, Jesus – Stein des Anstoßes [Anm. 5], 162 Fn. 170). Abgesehen davon, dass diese Formulierung unterstellt, dass der Qur'ān durch die Begrenztheit der Kenntnisse Muḥammads eingeschränkt ist, was aus islamischer Sicht keineswegs eingeräumt werden kann, bin ich auch inhaltlich angesichts mancher Qur'ānstellen (z.B. 17:15) nicht sicher, ob Bauschke hier Recht hat, will die genauere Untersuchung dieser Frage, aber einer späteren Studie überlassen.

[91] Vgl. BAUSCHKE, Jesus – Stein des Anstoßes (Anm. 5), 164.

[92] Vgl. ebd., 165f.

entsprechend verwirrt hätte. Schon Faḫr ad-Dīn ar-Rāzī fragt an dieser Stelle völlig zu Recht, wieso Gott die Menschen so sehr in Konfusion geführt haben sollte, dass sie diese Verwechslung nicht bemerken.[93] Wenn Gott tatsächlich einfach nur zeigen wollte, dass seine Propheten unter einem besonderen Schutz stehen und Jesus deshalb vor dem Kreuzestod bewahrt hat, ist es nicht verstehbar, wieso er das erst knapp 600 Jahre nach diesem Ereignis verrät und die armen Christen jahrhundertelang mit diesem katastrophalen, für sie traumatischen Ereignis allein lässt. Von einem barmherzigen Gott sollte man erwarten, dass er die Mutter eines zu Tode Verurteilten nicht so bösartig mit Blindheit schlägt, damit sie denkt, dass ihr Sohn gestorben ist, obwohl dieser in Wirklichkeit bei Gott gerettet ist. Außerdem gibt es einige andere Qur'ānstellen, die selbstverständlich davon ausgehen, dass Jesus gestorben ist[94], so dass auch sie gegen die Vorstellung sprechen, dass jemand anders an Jesu Stelle getötet wurde. Theologisch ergibt die Substitutionstheorie also keinen Sinn, und auch philologisch ist sie angreifbar.[95]

Verwirft man deshalb die Substitutionstheorie, so bietet sich als Alternative die *Doketismustheorie* an, die insbesondere von den Ismaeliten und gnostizierenden Interpreten des Qur'āns favorisiert wird, aber nur wenig Anhänger unter den klassischen muslimischen Kommentatoren hat. Sie geht davon aus, dass durch Gottes Eingreifen nur Jesu äußere, menschliche Hülle gekreuzigt und getötet wurde, „doch sein göttliches Wesen sei unantastbar geblieben."[96] In ähnlicher Stoßrichtung hält auch Claus Schedl fest, dass die Juden zwar den Leib des Messias kreuzigen konnten, aber den Geist-Messias konnten sie nicht töten, weil er von Gott gerettet und zu sich erhöht wurde.[97] Gegen derartige Deutungen spricht der latente Dualismus und die Leib-

93 Vgl. ebd., 168.

94 So sagt der qur'ānische Jesus selbst in der Wiege: „Friede über mir am Tag, an dem ich sterben werde, und an dem Tag, da ich zum Leben auferweckt werde." (19:33), so dass man davon ausgehen kann, dass Jesus von seinem eigenen Tod ausgeht. An den anderen Qur'ānstellen ist die Rede vom Dahinscheiden Jesu (*tawaffā*), und es ist umstritten, ob das heißen muss, dass Jesus von Nazaret wirklich gestorben ist. Allerdings scheint mir tawaffā einfach nur eine frommere Ausdrucksweise für das Wort *sterben* zu sein und den realen Tod von Jesus nicht in Abrede zu stellen. Diese Frage ist innerislamisch insbesondere wegen des traditionellen Glaubens an die Wiederkunft Jesu allerdings umstritten (siehe oben).

95 Dass sie dennoch in der islamischen Kommentartradition so prominent wurde, könnte damit zu tun haben, dass derartige Substitutionstheorien auch in frühchristlichen Häresien verbreitet waren, die die muslimische Kommentartradition möglicherweise beeinflusst haben. „Nach Auskunft von Irenäus soll bereits Basilides (gest. 160) gelehrt haben, dass nicht Jesus, sondern Simon von Cyrene … an Jesu statt gekreuzigt worden sei" (vgl. ebd., 175; IMBACH, Wem gehört Jesus?, 97).

96 BAUSCHKE, Jesus – Stein des Anstoßes (Anm. 5), 170.

97 „Der Irrtum der Juden bestand vielmehr darin, ‚dass sie im Menschen Jesus nicht den gekommenen Messias anerkannten. Sie konnten zwar den Leib des Messias, d.i. den Menschen Jesus kreuzigen, den Geist-Messias aber konnten die Nägel nicht mehr erreichen, da ihn Allah zu sich erhöhte (vgl. Sure 3,55).'" (IMBACH, Wem gehört Jesus?, 98, mit Verweis auf SCHEDL, Muhammad und Jesus, 469f.).

feindlichkeit, die in ihnen zum Ausdruck kommt. Entsprechend betont Mahmoud Ayoub, dass der Islam keine Form des Doketismus anerkennt.[98]

Lehnt man deshalb eine doketistische Lösung oder auch eine Phantomtheorie[99] ab, kann man dennoch einige Fäden der soeben entwickelten Deutung aufgreifen und den in ihr enthalten Dualismus zu vermeiden suchen. Hierzu haben Kenneth Cragg und Hans Zirker interessante Vorarbeiten geleistet. Cragg geht in seiner Deutung zunächst einmal von der Beobachtung aus, dass auch der Qur'ān das Kreuz thematisiert. Der Qur'ān akzeptiert ganz offenkundig, dass Jesus gekreuzigt werden soll und dass Jesus sich mit diesem Foltertod auseinandersetzt.[100] Von daher kann man nicht davon ausgehen, dass der Qur'ān die Erinnerung an das Kreuz ganz verdrängen will und man darf ganz unbefangen fragen, ob er nicht vielleicht auf einen ganz anderen Punkt hinaus will.

Vielleicht – so die Vermutung von Cragg – soll einfach nur deutlich gemacht werden, dass es nicht die Juden waren, die Jesus getötet haben, sondern Gott selbst oder die Römer.[101] Und in der Tat ist der Kontext der Qur'ānstelle zur Kreuzigung ja ein Gespräch Gottes mit den Juden, die behaupten, dass sie Jesus von Nazaret getötet haben. Bestritten wird von Gott lediglich, dass sie, also die Juden, ihn getötet und gekreuzigt haben, nicht aber dass er überhaupt getötet und gekreuzigt wurde. Man kann diese Stelle also auch so verstehen, dass hier deutlich wird, dass Gott in allem der handelnde Akteur bleibt und sich das Heft des Handelns nicht aus der Hand nehmen lässt. Die Juden hätten dann Unrecht, weil sie für sich reklamieren, was in Gottes Vorsehung beschlossen wurde.

Noch interessanter wäre die Deutung, dass Gott an dieser Stelle deutlich machen will, dass nicht die Juden, sondern die Römer die Hinrichtung Jesu vollzogen haben. In der Tat wissen wir ja heute, dass die Evangelien aus missionstaktischen Gründen die Schuld der Römer an der Hinrichtung Jesu eher klein reden und es durchaus sein kann, dass doch die Römer die eigentlichen Drahtzieher der Ermordung Jesu waren. Immerhin war die Kreuzigung sicher eine Form von Strafe, die nur den Römern zustand und die Versuche der Evangelien hier trotzdem den Juden die Hauptschuld zuzuschieben, wirken etwas gekünstelt. Gottes projüdische Intervention würde dann gewissermaßen im Hinblick auf den um sich greifenden Antijudaismus die Juden

---

[98] Vgl. AYOUB, A Muslim view of Christianity (Anm. 8), 160: „Islam, however, does not admit of docetism in any form."

[99] Die Phantomtheorie stammt von Ibn Arabi und geht davon aus, dass „weder Jesus noch ein Ersatzmann gekreuzigt [wurde], sondern ein Phantom, welches Gott extra zu diesem Zweck erschaffen habe." (BAUSCHKE, Jesus – Stein des Anstoßes [Anm. 5], 171) Sie bringt allerdings einige der oben aufgeführten Schwierigkeiten mit sich, die auch die Substitutionstheorie kritikwürdig erscheinen lassen. Insbesondere bleibt die Frage offen, warum Gott diese Konfusion nicht früher aufgeklärt hat.

[100] Vgl. CRAGG, Jesus and the Muslim, 168.

[101] Vgl. ebd., 170.

in Schutz nehmen und zugleich deutlich machen, dass Folter und Tod nicht das letzte Wort über Jesus von Nazaret hatten, sondern Gott ihn zu sich erhoben hat, er also auferstanden ist.

Auch wenn man einer derartigen projüdischen Deutung misstraut, weil sie nicht in der islamischen Tradition verankert ist, kann man der hier aufgezeigten Deutungslinie folgen und wie etwa Hans Zirker folgern, die qur'ānische Darstellung der Begleitumstände von Jesu Kreuzigung ließe die Deutung zu, Jesus habe sich im (tatsächlich erfolgten) Tod am Kreuz letztlich als stärker erwiesen (als der Tod).[102] Zirker kommt so zu der überraschenden Deutung, dass Sure 4:156-159 als Bestätigung des christlichen Auferstehungsbekenntnisses verstanden werden kann.[103] Zirker wörtlich: „Die Gegner Jesu wollten ihn mit der Kreuzigung vernichten; sie dachten, dass sie den Gesandten Gottes ausrotten könnten. Dem Anschein nach ist ihnen dies auch gelungen; aber sie erlagen dabei einem Irrtum. Der Tod hat nicht über Jesus triumphiert; Gott hat ihn zu sich erhoben." Zirker fährt fort: „In solcher Paraphrase wird der Text [des Qur'āns, Vf.] zu einem Stück Osterverkündigung."[104]

Entscheidend für die Frage, ob eine solche Deutung vom Qur'āntext her zulässig ist, ist die oben bereits diskutierte Frage, ob sich *šubbiḥa* auf „ihn" oder „es" bezieht, ob es sich also um eine nicht offensichtliche wirkliche Kreuzigung geht oder ob es nicht wirklich Jesus war, der gekreuzigt wurde. Geht man hier wie Kenneth Cragg und viele andere Exegeten davon aus, dass ‚es', also die Kreuzigung gemeint ist[105], scheidet die Substitutionstheorie als Deutungskategorie aus und es wird spannend in welcher Weise man die Doketismustheorie weiterdenkt. Auch Cragg zeigt in diesem Zusammenhang verschiedene Deutungen, die allesamt in die Richtung gehen, dass hier dennoch nicht das reale Geschehen einer historischen Kreuzigung geleugnet wird.[106] Akzeptiert man einmal diese Deutung, dann müsste sich der Qur'ān –

---

[102] Vgl. ZIRKER, Islam (Anm. 68), 135–142.

[103] Vgl. ebd., 136, mit dem Verweis auf Joh 3,14; 12,34; Apg 2,33 und Phil 2,9. Zirker hält die von ihm vorgetragene Deutung zwar vom Qur'āntext her für legitim, macht sich jedoch wenig Hoffnung, dass gläubige Muslime seinem Vermittlungsvorschlag Folge leisten werden, weil er allzu deutlich dem christlichen Credo entspricht. Der neue Gesprächskontext Komparativer Theologie gibt mir aber Anlass zu der Hoffnung, dass das von ihm entwickelte Deutungsangebot, durchaus auch von muslimischer Seite als mögliche Deutung anerkannt werden kann.

[104] Vgl. ebd., 141. Zirker macht freilich direkt im Anschluss an diese Deutung deutlich, dass sie in der Gefahr steht, den muslimischen Glauben besser zu verstehen als er sich selbst. Von daher wird man abwarten müssen, ob eine derartige Deutung auch von muslimischer Sicht rezipiert wird. Mahmoud Ayoub hat in diese Richtung jedenfalls bereits wichtige Vorarbeiten geleistet.

[105] Vgl. CRAGG, Jesus and the Muslim, 172.

[106] Vgl. ebd., 175. In eine ähnliche Richtung weist die Studie von TODD LAWSON, The crucification and the Qur'an. A study in the history of Muslim thought, Oxford 2009, 95, 143, wie beispielsweise TOBIAS SPECKER, Das Kreuz – der trennende theologische Skandal. In: ThPQ 161 (2013) 243-252, hier 246, deutlich macht.

so die Diagnose bei Cragg – nicht einmal gegen die Verbindung von Kreuz und Heil richten, sondern nur gegen die Exklusivität dieser Bindung.[107] Abgelehnt wird im Qur'ān letztlich – so ist auch die Auffassung von Mahmoud Ayoub – lediglich die Macht des Menschen, das Wort Gottes zu vernichten.[108] In dieser Absage weiß er sich mit dem Christentum einig, und es ist eine offene Frage, ob man seine Ausführungen zu Jesus von Nazaret nicht doch als Christologie würdigen kann, die auch dem Christentum Bedeutsames zu sagen hat.

5. Ausblick

Dieser erste Durchgang durch qur'ānische Aussagen zu Jesus von Nazaret aus dem Blickwinkel Komparativer Theologie sollte deutlich machen, dass die qur'ānischen Aussagen an vielen Stellen in größerer Konvergenz zur modernen christlichen Theologie stehen als das bisher in der Forschung gemeinhin gesehen wird. Von daher ist es gar nicht so selbstverständlich, dass eine Absage an das christliche Bekenntnis zu Jesus als dem Christus tatsächlich für die islamische Identität konstitutiv sein muss. Im Gegenteil bieten die muslimischen Würdigungen Jesu von Nazaret eine Reihe von Anregungen, die man durchaus auch in eine orthodoxe Christologie einbauen kann, die auch Christen Wichtiges zu sagen hat.

So scheint es mir durchaus lohnend für die Christologie zu sein, der Rolle Jesu als Prophet und Gottesknecht wieder mehr Raum zu geben, und die Entwicklung der letzten Jahrzehnte hat gezeigt, wie wichtig es für eine überzeugende Christologie ist, an der Menschlichkeit Jesu anzusetzen. Die muslimische Würdigung Jesu als Verkörperung der Barmherzigkeit Gottes und die Betonung seiner friedensstiftenden Kraft, kann ebenso als hilfreicher Anstoß wirken, wie die Entschlüsselung des Erlösungsbegriffs durch den des Heilers und Retters. Auch wenn man hier aufpassen muss, dass die christliche Soteriologie auf diese Weise nicht unterbestimmt wird, zeigt gerade die Entwicklung in den indigenen Christologien Afrikas und Lateinamerikas, wie fruchtbar die Wiederentdeckung Jesu als Heiler ist. Zudem könnte auch das qur'ānische Verstehen Jesu von Adam her vielleicht einen neuen Zugang zur entsprechenden paulinischen Typologie bahnen. Schließlich dürfte die Rede von Jesus als Wort und Zeichen Gottes eine Ergänzung der traditionellen Rede von der Sohnschaft Jesu darstellen, die für ein modernes Verständnis interessante Rezeptionsmöglichkeiten bahnt.

Insgesamt provoziert die qur'ānische Christologie den christlichen Zugang zu Jesus von Nazaret dadurch, dass sie Jesus tendenziell in die Reihe der Boten Gottes einreiht und so seine Besonderheit aus den Augen zu verlieren

---

[107] Vgl. CRAGG, Jesus and the Muslim, 183.
[108] Vgl. AYOUB, A Muslim view of Christianity (Anm. 8), 176.

droht. Trotz dieser aus christlicher Sicht gefährlichen Tendenz kann dieses Hineinholen Jesu von Nazaret ins menschliche Verstehen und in die biblische Tradition hilfreich sein, um einen Zugang zu ihm zu bekommen und um ihn auch als Kind Israels angemessen zu würdigen. Denn die traditionelle christliche Rede von Jesus Christus steht immer in der Gefahr, Jesus durch ihre dogmatischen Formeln so weit vom Menschen und seiner eigenen Religion wegzurücken, dass seine heilende und erlösende Kraft gar nicht mehr erfahrbar wird.

Umgekehrt ist es natürlich auch die spannende Frage an die islamische Theologie, ob sie bereit ist, auch für das christliche Verständnis von Jesus von Nazaret ein Wohnrecht im eigenen Denken zu suchen. Entscheidend dürfte hierzu die Frage sein, wie Muslime ihr Verständnis zur biblischen Tradition bestimmen. Sind sie bereit, den Weg den Christen in den vergangenen Jahrzehnten im Blick auf das Judentum gegangen sind, in Hinsicht auf die biblischen Religionen zu gehen und Juden und Christen als ältere Geschwister im Glauben an den einen Gott anzuerkennen? Sind sie dabei bereit, der Bibel ein Eigenrecht zuzubilligen und etwa auch die Evangelien hermeneutisch für das muslimische Verstehen Jesu fruchtbar zu machen? Wenn eine solche Bereitschaft bestehen sollte, wäre es durchaus auch aus der Mitte des muslimischen Glaubens heraus möglich, die Besonderheit Jesu von Nazaret zu würdigen und ihn in seiner einzigartigen Rolle anzuerkennen. Die christliche Art der Hervorhebung Jesu wird dabei für muslimische Ohren immer auch anstößig und übertrieben wirken. Aber sie muss vom Qur'ān her nicht Anlass für Abgrenzung und Herabwürdigung des Christentums sein, sondern sie kann durchaus zu einer behutsamen Würdigung der Besonderheit Jesu führen, die dann in ihrer Weise das Gespräch über Jesus als den Christus voranbringt.

III. Der Mensch in seiner Verantwortung vor Gott

M. R. HOSSEINI BEHESHTI

Moralisches Handeln als Antwort auf Gottes Aufruf

Erläuterung einiger Grundfragen der islamischen Ethik

Mein Gott, werfe Deinen Blick auf mich, als jemanden, den Du aufriefst und der Dir antwortete, den Du ansahst und der vor Deiner Majestät niederfiel, den Du ansprachst im Geheimen und der auf Deinem Wege handelte im Offenbaren!
(Imām ʿAlī, Bittgebet zum Monat Šaʿbān)[1]

1. Methodische Vorbemerkung

In der langen Geschichte der religiösen Ethik haben sich weitverzweigte Themenkreise entfaltet, die sich fortwährend weiterentwickeln und aufgrund ihrer Vielfalt und Mannigfaltigkeit nahezu einer Übersicht entziehen. Beachtenswerte Forschungen in diesem Gebiet begrenzen sich jedoch meistens auf einzelne Religionen und Konfessionen, mit denen der Forschende aufgrund seiner religiös-kulturellen Herkunft oder seinem wissenschaftlichen Interesse vertrauter gewesen ist. Die Anzahl von Forschungen, die konfessions- bzw. religionsübergreifend auf einem profunden Wissen basieren und an die Grundfragen der Ethik in den Religionen herangetreten sind, ist jedoch bedauerlicherweise nur sehr gering. Ernstzunehmende *vergleichende* bzw. *komparative* Studien stehen noch weitgehend aus. Bisherige methodische Ansätze, die sich als komparativ oder vergleichend bezeichnen, scheinen kaum über Definitionsversuche oder methodische Empfehlungen bzw. Mahnungen hinausgekommen zu sein. Der sachlichen Ausarbeitung von ethischen Grundproblemen im religiösen Denken stehen auf komparativer Basis anscheinend bis jetzt noch Hindernisse und Unklarheiten im Weg. Die entsprechenden religions- bzw. moralsystemübergreifenden Begriffe sowie die erforderlichen methodischen Paradigmen und Deutungsmodelle müssen noch erarbeitet werden. Es besteht die Gefahr einer zu groben Behandlung durch Generalisierungen oder Formalisierungen beim Gewinn allgemeiner Begriffe, die nicht nur epistemologische Verunstaltungen zur Folge haben, sondern auch axiologisch, zu falsch wertenden Beurteilungen verleiten können.

---

[1] ABBĀS QUMMĪ, Mafātīḥ al-ǧanān (= die Schlüssel zum Paradies; Sammlung von Bittgebeten.) Hrsg. v. Isl. Zentrum Hamburg, Hamburg 1992, 49 (Übers. v. Vf.).

Bis dahin besteht anscheinend nur die Möglichkeit sich provisorisch ein bestimmtes Deutungsmodell als Basis beidseitiger Verständigung vorzunehmen und zu versuchen, anhand von Analogisierungen, Korrekturen, Annäherungen und Ergänzungen, soweit möglich, ein besseres Verständnis der zu behandelnden Themen zu gewinnen.

Einer der bedeutendsten und einflussreichsten philosophischen Beiträge zur neueren abendländischen Ethik, der unzweifelhaft zu einer grundlegenden Neubesinnung auf Sittlichkeit und Moralität geführt hat, ist die praktische Philosophie Kants, die in fast allen kontroversen Diskussionen im Bereich der gegenwärtigen Ethik ausdrücklich oder latent präsent ist. Kants Bestreben nach Präzision der moralischen Begriffe sowie der Anspruch auf allgemeine und objektive Gültigkeit seines Moralverständnisses und die an ihm ansetzenden Kritiken und Verteidigungen, Korrekturen und Ergänzungsversuche oder Neuansätze haben seiner philosophischen Ethik eine prägnante, kaum zu überschätzende Sonderstellung im ethischen Diskurs erteilt.

Wir werden hier versuchen, anhand der deontologischen Ethik Kants punktuell einige Grundfragen der islamischen Ethik zu erläutern. Dabei wird zunächst die Frage nach der Möglichkeit einer religiösen authentischen Ethik im Hinblick auf die islamische Ethik in das Blickfeld genommen. Es werden ebenfalls einige Aspekte dieser Ethik im Vergleich zur Ethik Kants angesprochen.

2. Religion und die Möglichkeit einer *authentischen* Moralität

Die Frage nach der grundsätzlichen Möglichkeit einer authentischen moralischen Handlung im Kontext der Religion, hat sich insbesondere seit Kants Hervorhebung der *Autonomie* als Grundprinzip jeglicher Moralität gestellt. Diese Frage erscheint mehr als seltsam, wenn wir uns in Erinnerung rufen, dass historisch betrachtet weltweit fast alle großen ethischen Systeme ihren Ursprung in Religionen haben. Dennoch ist sie aus philosophischer Sicht nicht irrelevant.

Für Kant gilt Moralität sowohl für Gott als das vernünftig handelnde und wollende Wesen *par excellence*, dessen Wille immer nach den Gesetzen der Vernunft bestimmt (heilig) ist, als auch für uns Menschen als vernünftig und willentlich, aber aus Pflicht handelnde Wesen, deren Entscheidungen aus einem Widerstreit von konativen Elementen und der Vernunft und deren letztendlichen Überwindung durch die Vernunft entspringen. *Conditio sine qua non* der Moralität ist in beiden Fällen die freie *Autonomie*.[2] Bei uns

---

2 IMMANUEL KANT, Kritik der praktischen Vernunft. Hrsg. v. K. Vorländer, Hamburg 1990 (PhB 38), A 59 (in Zukunft abgekürzt mit dem Sigel KpV); DERS., Grundlegung zur Metaphysik der Sitten. Hrsg. v. K. Vorländer, Hamburg 1994 (PhB 41), BA 87 (in Zukunft abgekürzt mit dem Sigel GMS).

menschlichen Wesen kann nur eine Handlung, die aufgrund einer freien Selbstgesetzgebung der praktischen Vernunft geschieht, als *moralisch* charakterisiert und bewertet werden. Ihr gegenüber kann eine Handlung (bei ihm identisch mit der Bestimmung des Willens selbst), die unter dem Einfluss jeglicher anderen inneren Motive oder äußerer Instanzen zustande kommt, nur als *Heteronomie* (Gesetzgebung durch Andere) betrachtet werden und verliert somit ihren moralischen Wert.

Die Verabsolutierung der aufgeklärten Vernunft als alleiniger Instanz theoretischen Wissens und moralischer Verpflichtung lässt keinen anderen Bestimmungsgrund des moralischen Willens zu.[3] Diese Grundannahme wird rigoros beibehalten und verbannt unter dem Vorwurf der Fremdbestimmung alle anderen Auffassungen aus dem Kreis der Moralität.

Nun rechnet Kant auch die sog. *theonome* Moral der Heteronomie zu. Sowohl rechtliche als auch moralisch relevante Gebote der Religion sind für ihn nicht ohne weiteres moralisch verpflichtend. Für Kant sind religiöse bzw. göttliche Gebote – *soweit sie nicht durch Selbstbestimmung sanktioniert werden* – ebenfalls Imperative einer fremden Macht, deren Befolgung unsere Autonomie verletzt und somit das Kriterium jeglicher moralischen Handlung entbehrt.[4] Dies insbesondere, da diese Gebote in den faktischen Religionen irdische bzw. jenseitige Belohnungen oder Strafen für die jeweiligen Handlungen in Aussicht stellen, auf die sie abzielen bzw. die sie vermeiden wollen. Damit erhalten diese Art von Imperativen für Kant einen hypothetischen Charakter, welcher für ihn im praktischen Bereich ein Kennzeichen für *Imperative der Geschicklichkeit*[5] ist. So können diese Imperative auch in seiner Terminologie allenfalls als *technisch-praktisch*, aber nicht als *moralisch-praktisch* bezeichnet werden. Es erhebt sich hiermit für ihn die Frage, inwieweit die Moralität grundsätzlich mit einer religiösen Ethik in Einklang kommen kann.

3. Die Verflechtung des Glaubens mit der rechten Handlung im Islam

Die göttliche Offenbarung im Islam, die sich vor allem im Qur᾽ān, aber auch in den Überlieferungen (*aḥādīṯ*) niederschlägt, spricht an den meisten Stellen vom Glauben und vom guten Handeln in einem Zug (*allaḏīna āmanū wa-ʿamilū aṣ-ṣāliḥāt: diejenigen, die glauben und gute Taten verrichten*).

Die Offenbarung versteht sich als Aufruf Gottes:

> Oh ihr Gläubigen, antwortet Gott, wenn Er euch aufruft, um euch zu beleben. (Q 8:24).

Dieser Aufruf findet zunächst im Glauben seine Antwort:

---

3 Kant behauptet, dass Moralität allein in der Vernunft ihren Ursprung hat. Vgl. GMS, IV 411.
4 KpV, A 71.
5 GMS, A 44.

> Herr, wir haben den Ruf eines Verkünders gehört, der zum Glauben aufrief, und wir glaubten... . (Q 3:190: rabbanā innanā samiʿnā munādīyan yunādī li-l-īmān, an āminū bi-rabbikum, fa āmannā).

Er vollzieht sich dann, in zügiger Hinwendung zu Gott:

> Oh Mensch, du strebst nach deinem Herrn, ein zügiges Streben und wirst Ihm begegnen... (Q 84:6: innaka kādiḥun ilā rabbika kadḥan, fa-mulāqīhi).

Und dieses Streben manifestiert sich in der rechten Handlung:

> *Wer sich Gott ganz hingegeben hat und dabei Gutes tut, der hat das feste Band ergriffen.*" (Q 31:22: man yuslim wağhahu ilā l-llāh wa-huwa muḥsin fa-qad istamsaka bi-lʿurwati l-wuṯqā).

Das Verhältnis des Glaubens zur rechten Handlung äußert sich auf verschiedenen Ebenen in den islamischen Wissenschaftsdisziplinen:

a) Es hat in der islamischen systematischen *Theologie* (*kalām*) bei der Erörterung des Glaubens und den dazugehörigen Kontroversen zu seiner Umschreibung als „Überzeugung des Herzens, Bekenntnis durch Worte und Vollziehung durch Taten" geführt (*al-īmān iʿtiqādun bi-l-ğanān, iqrārun bi-l-lisān wa-'amalun bi-l-arkān*) [6]. Die Definition spiegelt die enge Verflechtung des Glaubens mit der Praxis als dessen konstituierendes Moment, wider.

b) Die islamische *Rechtslehre* (*fiqh/šarīʿa*) erklärt die Beziehung Gottes zum Menschen im Rahmen eines rechtlichen Paradigmas als Pflichtaufgabe seitens eines gütigen Gebieters und als Pflichtvollzug seitens eines gehorsamen Pflichtschuldigen, also als Rechtsetzung (*tašrīʿ*) und Rechtsbefolgung (*imtiṯāl*).

c) In der islamischen *Ethik* (*aḫlāq*) wird die Moralität als Quintessenz der Offenbarung verstanden. Dieses Verständnis stützt sich u.a. auf einen bekannten Spruch des Propheten: „*Wahrlich, ich wurde gesandt, um die Tugenden der Moral zu vollenden*"[7] (innama

---

[6] Diese Umschreibung beruht auf einer Überlieferung, die in unterschiedlichen Variationen mit geringen Abweichungen vom Propheten als auch vom Imām ʿAlī tradiert worden ist. Vgl. ʿALĪ AL-MUṬṬA QĪ, Kanz al-aʿmāl (= Schatz der Handlungen) I, ḥadīṯ 2, 27; MUḤAMMAD B. YA'QŪB AL-KULAYNĪ, Kitāb al-Kāfī (= das Buch von al-Kāfī) , ed. 'Alī Akbar al-Ġifārī, 1-8, Teheran 1381, Bd. 2, 27; MUḤAMMAD BĀQIR MAĞLISĪ, Biḥār al-anwār (= Meere der Lichter), ed. Ğawād al-'Alawī, Muḥammad Āḫundī u. a., 1-110, Teheran 1376/1956-1392/1972, 74ff.

[7] Bekannt als ḥadīṯ al-tatmīm (= Überlieferung zur Vervollkommnung). Vgl. AḤMAD B. AL-ḤUSAIN BAIHAQĪ, Sunan al-kubrā (= die große Traditionssammlung), 1-10, Haidarabad 1344/1925-1356/1937, Sunan X,192; ABŪ ʿABD ALLAH MĀLIK B. ANAS, Muwaṭṭa', ed. Muḥammad Fu'ād 'Abd al-Bāqī, 1-2, Kairo 1370/1951, Bd. 2, 904; AḤMAD B. MUḤAMMAD IBN ḤANBAL, Musnad, 1-6, Kairo 1313/1895, 381; IMĀM BUKHĀRI, Al-Adab al-mufrad (= gutes Benehmen). A Code for Everyday Living: The Example of the Early Muslims. Trans. by Aisha Bewley. Leicester 1990, Nr.27367; AḤMAD B. 'ALĪ ṬABRISĪ, Mağma' al-baīyān fī-tafsīr al-qurʿān (= Sammlung der Erläuterung der Qurʾāninterpretation), 1-10, Teheran

buʿiṯtu li-utammima makārim al-aḫlāq).
Im Qurʾān wird der Prophet wegen seines moralischen Charakters gelobt: „*Wahrlich du hast einen großartigen Charakter*" (Q 68:3) und als Vorbild bezeichnet: „*Und ihr habt im Gesandten Gottes ein gutes Vorbild*" (Q 21:33)
Die islamische Ethik betrachtet, wiederum in Bezugnahme auf einem *ḥadīṯ*, den glücklichen Lebensvollzug des Menschen in seinem Streben nach moralischer Gottähnlichkeit: „*Handelt nach dem moralischen Handeln Gottes*" (taḫallaqū bi-aḫlāqi l-llāh)[8].

d) Eine noch tiefere Verwurzelung des Glaubens und der Tat zeigt sich in der islamischen Mystik (*ʿirfān*), in der die steigende Erkenntnis Gottes seitens des Menschen, die sich als eine momentane unvermittelte Einsicht (*ḥāl*) einstellt, auf jeder Stufe durch die entsprechende Tat verfestigt wird und den Zustand eines Ranges (*maqām*) gewinnen muss. Der Mensch ist im ständigen Zwiegespräch mit Gott (*muḥādaṯa/taḥāduṯ; muḥāwara/taḥāwur*)[9], den er mit seinem Dasein in Wort und Tat anspricht und dem er antwortet. Diese Stellung des Menschen erhöht sich in der Bestimmung des Menschen als Abglanz Gottes. Jeder Mensch ist in seinem Dasein eine Manifestation des sich zu erkennen gebenden Gottes und strebt in seinem Leben und Tod, seinem Wandeln und Ruhen, nach der Selbsthingebung (*taslīm*) oder gänzlichen Selbstaufgabe (*fanāʾ*) in Gott, in der er, im diesseitigen und jenseitigen Leben, seine Seinsvollendung erreicht, so dass nicht er, sondern Gott auf der höchsten Stufe dieser *unio* (*qurb an-nawāfil*), letztendlich durch seine Augen sieht, durch sein Ohr hört und mittels seiner Zunge spricht (*yanẓuru bi-ʿainihi wa-yasmaʿu bi-samʿihi wa-yanṭiqu bi-lisānihi*).
Dieses Verhältnis zu Gott umgreift in der islamischen Mystik auch alle vorhergehenden Einstellungen und steht ihnen nicht entgegen. Es kulminiert in einer gegenseitigen Liebe (*maḥābba*) zwischen Mensch und Gott: „*Er liebt sie und sie lieben Ihn*" (Q 5:59: yuḥibbuhum wa-yuḥibbunahu); eine Liebe die den Ausgang und das Endziel des menschlichen Daseins ausmacht.
Die hier angedeutete Spannweite zeigt die verschiedenen Gesichtspunkte, hinsichtlich derer hier die menschliche Handlung jeweils betrachtet werden kann.

1382/1962, Bd. 9, 500; IBN BĀBŌYA AL-QUMMĪ AṢ-ṢADŪQ, ʿAlī: Fiqh, 325; MUḤĀMMAD IBN Amālī, (= meine Hoffnungen), 596 u.a..

8 MUḤAMMAD BĀQIR MAǦLISĪ, Biḥār LVIII, 129.

9 Über dieser gegenseitigen Ansprache vgl. MUḤYĪ AD-DĪN IBN ʿARABĪ, Futūḥāt al-makkīya (= Mekkanische Eröffnungen) II, 46-48.

4. Glaubensunabhängige Einsicht des Guten und Bösen

Aus Sicht der islamischen Ethik, ist eine Handlung nur dann als moralisch zu bewerten, wenn sie auf eine freie Willensentscheidung des vernünftigen und pflichtbewussten Handelnden beruht. Moralische Verpflichtung ist vernünftig einsehbar und Grundlage für eine allgemeine Forderung und Erwartung menschlichen moralischen Handelns, die an keine andere Voraussetzung gebunden ist. Gut und Böse sind glaubensunabhängig mittels der Vernunft einsehbar (*mustaqillāt ʿaqlīya*).

Historisch betrachtet, war dieses Prinzip lange Zeit (besonders im 2. und 3. Jh. nach der Hiğra) Thema einer Kontroverse in der islamischen Theologie. Kern dieser Diskussion war die Frage, der wir auch prinzipiell in der Antike im platonischen Dialog *Euthyphron* als ein Dilemma begegnen: Sind moralische Gebote an sich gut oder werden sie dies erst durch Gottes Willen und Setzung?

Den ersten Standpunkt, den der sog. Intellektualisten, treffen wir hauptsächlich bei den Muʿtaziliten an, während der zweite, eher von den sog. Voluntaristen und Fideisten bzw. den Ašʿarīten vertreten wird. Wir können hier nicht auf die einzelnen Positionen dieser Streitfrage eingehen, obwohl sich aus der Erörterung der differenzierten und z.T. interessant raffinierten Einstellungen der Kontrahenten Beachtliches für unser Thema gewinnen lässt. Aus dieser Debatte entwickelte sich das für Moralität unentbehrliche Prinzip der grundsätzlichen Einsehbarkeit des Guten und des Bösen durch die Vernunft.

Dies jedoch macht die Vernunft nicht zur alleinigen Quelle dieser Verpflichtung. Gottes Gebote sind als zusätzliche Gaben Gottes eine Gnade (*luṭf*), die er in Gestalt der Offenbarung dem Menschen zuteil kommen lässt. Sie stehen als die sog. *äußere Prophetie* der inneren zur Seite; als Wegweiser, die den Handelnden auch dann zur Verfügung stehen, wenn ihre Vernunft *nicht* bzw. *noch nicht* diese Einsicht erschlossen hat. Diese Aussage gewinnt im Kontext des hermeneutischen Denkens, das sich seiner Geschichtlichkeit und Horizonthaftigkeit bewusst ist, ein besonderes Gewicht.

Jenseits der Differenzierung von Theorie und Praxis, von Ontologie und Sittlichkeit, sind nicht nur die Einsicht des Guten in seiner Jeweiligkeit, sondern auch die entsprechend gute Handlung, die als Bestandteil des Glaubens gilt, menschliche Antwort auf den göttlichen Aufruf zum Glauben und Streben nach Seinsvollendung in einem. Obwohl auch hier Freiheit, Wille und freie Wahl unabdingbare Bedingungen für die moralische Handlung sind, braucht ihr Bestimmungsgrund zwar nicht vernunftwidrig zu sein, muss jedoch deswegen nicht ausschließlich auf der Vernunft beruhen. Hinter solch einer dezidierten Betonung der Vernunft als dem alleinigen Bestimmungsgrund des Willens und seiner Autonomie für die Möglichkeit der Moralität, steht die Annahme eines nicht aufhebbaren Zwiespalts zwischen Vernunft und Glauben, der im islamischen Denken keinen Halt hat. Glaube, Vernunft und mystische Einsicht stehen sich nicht horizontal rivalisierend gegenüber, sondern sind vertikal einander übergeordnet.

5. Gottesgesetzgebung ist keine Heteronomie

Voraussetzung für die Befolgung von Gottes Geboten ist die vernünftige Erkenntnis oder zumindest die Einsicht der rationalen Widerspruchslosigkeit des Glaubens an sein Dasein, die für eine tiefere Überzeugung an Ihn Raum lässt, sowie die nachweisbare Authentizität seiner Offenbarung, die die Hauptquelle all seiner Gebote ist. Die Verkündung des Guten durch die Offenbarung, in Gestalt des Buches oder der Lebensführung seines Gesandten (*sunna*), ist in diesem Sinne nichts der Vernunft Entgegenstehendes und die Befolgung von Gottes Geboten ist kein Hindernis für die Ausübung seiner Autonomie. Der Mensch braucht sich nicht Gott entgegenzustellen, um dadurch seine vermeintliche Selbstständigkeit zu beweisen. Gott ist nicht das *heteros*, das dem *autos* des Menschen gegenüber und seiner Selbständigkeit im Wege steht.[10] Gute Taten sind einerseits menschliche Entscheidungen, andererseits aber auch Eingebungen Gottes:

> *Wir offenbarten Ihnen die guten Taten* (Q 21:73: wa-auḥainā ilaihim fiʿl al-ḫairāt).

6. Gesinnung als Differendum von Moral und Recht

Nicht alle bzw. alle willentlichen Handlungen des Menschen gehören zum Bereich der Moral. Weder die unmittelbare imperative bzw. auf eine imperative (oder gar kategorisch-imperative) Aussageform zurückführbare Äußerung der Gebote noch ihre kategoriale Bestimmung oder ihre Verallgemeinerungsfähigkeit macht sie moralisch relevant. In der islamischen Ethik bleibt die Gesinnung für die Moralität der Handlung grundlegend:

> *Die Handlungen werden nach ihrer Gesinnung bewertet* (al-aʿmāl bi-n-nīyāt)[11],

ja anscheinend sogar entscheidend:

---

[10] Die an Kants Heteronomie anknüpfende Kritik aus der Perspektive einer religiösen Ethik, welche die verschiedenen Ansätze von Bergson, Marcel, Levinas anregen, aber auch Derridas und Dussels Versuche für eine Überwindung der transzendentalen Subjektivtätsphilosophie bieten hier weiterführende Gedanken an, die sich zweifellos eine vielversprechende vergleichende Studie mit der islamischen Ethik als Ausganspunkt nehmen dürfte.

[11] AḤMAD B. ʿALĪ IBN ḤAĞAR AL-ʿASQALĀNĪ, Fatḥ al-bārī, 15. Er überliefert diesen Spruch von allen Imamen der Sunna. Vgl. MASĀʾIL MURTAḌĀ, 110; MUḤAMMAD IBN ḤASAN AṬ-ṬUSĪ, Amālī, 618, §28, 10.

> *Die Gesinnung des Menschen ist bedeutender als seine Tat* (nīyat al-mar'i ḫairun min ʿamalihi)[12].

Dieses Kriterium unterscheidet auch die rechtliche Handlung von der moralischen. Während die rechtliche Verpflichtung nicht auf die dahinterstehende Gesinnung Rücksicht nimmt, bleibt sie für die moralische weithin bestimmend.

Auch ist das Erkennen dieser seiner Gesinnung dem Menschen selbst nicht verschlossen:

> *Der Mensch ist sich selber einsichtig; obwohl er Ausreden findet* (Q 75:15: inna al-insān ʿalā nafsihi baṣīrā, wa-lau ʿalqā maʿāḏīra).

Ebenso, wie sie Gott, als dem Menschen am nächsten oder sogar noch näher stehenden Wesen nicht verborgen ist:

> *Er weiß, was die Augen entwinden und was sich in den Brüsten verbirgt* (Q 40,19: fa-innahu yaʿlamu ḫā'ina al-aʿyun wa-mā tuḫfī aṣ-ṣudūr).

Sie bleibt jedoch den anderen Menschen verborgen. Sie dürfen die Taten ihrer Mitmenschen, soweit möglich, nur nach der besten Gesinnung beurteilen (*al-ḥaml bi-ṣ-ṣiḥḥa*).

Die islamische Rechtslehre bezieht sich lediglich auf Handlungen mit rechtlichen Folgen. Nur rund 300 von den insgesamt 6000 Versen im Qur'ān betreffen die Handlungen, die eine rechtliche Verpflichtung des Menschen gegenüber Gott, gegen sich selbst, gegen seinen Mitmenschen oder gegen andere Kreaturen Gottes zum Inhalt haben (*āyāt al-aḥkām*). Der Qur'ān ist in diesem Sinne kein „Gesetzbuch".

Auch kennt die islamische Rechtslehre neben den vier Kategorien der gebotenen, verbotenen, gebilligten und missbilligten Handlungen (*wāǧib, ḥarām, mandūb, makrūḥ*), die unvergleichbar breite Spanne der rechtlich belanglosen, erlaubten Taten des Menschen (*mubāḥāt*), die aber partiell unter moralische Beurteilung fallen. Die legale Rechtsregelung im Islam (*fiqh/šarīʿa*) beschränkt sich auf rechtlich relevante Handlungen und lässt breiten Raum für Moralität zu.

Die Geschichte der Ethik zeigt in vielen ihrer historischen Ausprägungen, dass die Tendenz zu einer Vergesetzlichung moralischer Normen die Moralität zu bloßer Legalität erstarren lässt und sie ihres Geistes beraubt. Eine der prägnantesten Auseinandersetzungen mit dieser Entartung der Moral finden wir in der häufig barschen Kritik Abaelards an seiner zeitgenössischen Ethik.[13] Dieses Phänomen ist jedoch nicht spezifisch die Erscheinung eines besonderen Zeitalters (wie des Mittelalters) in einem spezifischen Kulturkreis (wie des

---

[12] KULAYNĪ, Kāfī (=das Genügende; Traditionen des Propheten und der Imāme) II, 84. Über dieses vielbesprochene *ḥadīṯ* vgl. ʿALĪ B. ḤUSSAIN KARBALĀYI, Šarḥ ḥadīṯ nīyat (= Erklärung der Überlieferung zur Absicht).

[13] Vgl. MICHAEL HAUSKELLER, Geschichte der Ethik. Mittelalter, München 1999, 134.

Abendlandes). Das Bestreben, alle Beziehungen der Menschen in die Zwangsjacke der rechtlichen Regelung zu zwingen, scheint eine immer wieder attraktive Versuchung zu sein, und dies beileibe nicht nur in den Religionen.

Eine interessante Nuance in der islamischen Ethik liefert als Alternative wiederum die Lehre, wonach die moralische Gesinnung sowohl rechtliche als auch rechtlich belanglose Handlungen beseelt und in moralische umwandeln kann. Danach erhalten diese an sich nicht moralischen Handlungen einen moralischen Wert. Somit kann das gesamte Leben eines Menschen, ein Leben mit und für Gott werden:

> *Sage, wahrlich mein Gebet, meine Rituale, mein Leben und mein Sterben, sind alle des Gottes, des Herrn aller Welten.* (Q 6:162: inna ṣalātī wa-nusukī wa-maḥiāya wa-mamātī li-l-llāhi, rabbi l-ʿālamīn).

Diesen Aspekt der moralischen Handlung hat Kant auch in der Rede vom *heiligen* moralischen Wesen in Betracht gezogen, dessen Handlungsmaximen alle dem moralischen, d.h. praktisch–vernünftigen Gesetz unterliegen und dessen Neigungen und Triebe mit diesem Gesetz konform gehen.

7. Graduelle Unterscheidungen im moralischen Handeln

Kants deontologische Ethik kennt keine graduellen Unterscheidungen im moralischen Handeln. Eine Handlung ist entweder ausschließlich durch das Gesetz der praktischen Vernunft bestimmt und somit moralisch oder sie hat ihren Bestimmungsgrund in den Trieben bzw. inneren Begehren und Neigungen des Menschen bzw. in den äußeren Umständen und kann deswegen nicht als moralisch bewertet werden. Dieser rigorose Exklusivismus lässt keine graduellen Unterscheidungen im moralischen Handeln zu. Der Handelnde als die alleinige Instanz von *Selbstbestimmung* und *Selbstbeurteilung* vermag exakt zwischen den Bestimmungsgründen seines Willens zu unterscheiden und das moralisch wertvolle Handeln vom wertlosen bzw. wertneutralen abzusondern. Eine solche Einstellung hat nicht zu Unrecht die Kritik des Rigorismus auf sich gezogen. Dagegen scheint die islamische Ethik durchaus eine graduelle Unterscheidung der Handlungen respektive ihrer Gesinnung zu akzeptieren.

Ein schönes Beispiel dazu liefert diese Aussage Imām ʿAlīs:

> *Mein Gott, ich diene Dir nicht aus Furcht vor deiner Strafe, denn dies ist der Dienst des Sklaven; auch nicht aus Begehren deines Paradieses, denn dies ist der Dienst der Tauschhändler; ich diene Dir nur, weil ich Dich für dienenswürdig halte, dies ist der Dienst der Freien*[14].

---

[14] IMAM 'ALĪ, Nahǧ al-balāġa (= Pfad der Eloquenz); Aussagen und Reden Imam Alis (a.), gesammelt von Scharif Radhi Muḥammad ibn Hussain, Bremen 2007-2009, 229.

Der islamische Denker al-Ġazālī differenziert in seinem monumentalen Werk „Die Wiederbelebung der Wissenschaften der Religion" (*iḥyā ʿulūm ad-dīn*)[15] zwischen den Taten des Volkes und der Eingeweihten in den tieferen Ebenen der Erkenntnis und des Glaubens. Dabei beruft er sich auf ein berühmtes Prinzip in der islamischen Mystik, die man dort auf eine Überlieferung des Propheten zurückzuführen pflegt: „Manches, was für die Guten als rechte Handlung zählt, ist für die Vertrauten Gottes eine schlechte Tat." (*ḥasanāt al-abrār, saiyiʾāt al- muqarrabīn*)[16]

8. Moralische Handlung und ihre Konsequenzen

Ein bedeutendes Kriterium der deontologischen Ethik ist die Loslösung der moralischen Handlung von ihren tatsächlichen Konsequenzen. Dieses Merkmal ist für Kant umso wichtiger, als dass wir uns im Bereich des theoretischen Wissens nicht auf eine Wesensschau seitens der reinen Vernunft oder des Verstandes stützen können. Es bleibt uns also nur die Möglichkeit einer empirischen Erkenntnis der eventuellen Folgen einer Handlung, die sich auf Phänomene beschränkt. Sie liefert eine theorienabhängige Prognose, die sich unter empirischen Bedingungen bewähren muss. Wir können bei der Vielzahl von Faktoren, die Voraussetzung für das Zustandekommen eines Ereignisses sind, die realen Konsequenzen unserer Handlungen kaum voraussehen. Dies ist auch der Grund, warum Kant die moralische Handlung auf unsere freie Willensbestimmung begrenzt und das moralische Gesetz nur formal bestimmt.

Dies bedeutet jedoch nicht, dass Kant in der Moral jegliche Zwecksetzung aufhebt. Es gibt für ihn die Verpflichtung des Menschen für seine eigene Vervollkommnung und das Kultivieren seines Charakters und seiner Talente. Außerdem soll er sich in seiner moralischen Gesetzgebung zum einen als Selbstzweck und zum anderen als Angehörigen eines moralischen Reiches vorstellen, in dem er sowohl Untertan als auch Oberhaupt ist. Obwohl diese letztere Art von teleologischen Aussagen bei Kant lediglich den Status von Als-ob-Sätzen beansprucht, kann sie sich in der Tat nur durch den Rückbezug auf die vierte (anthropologische) Frage Kants (Was ist der Mensch?) rechtfertigen, deren Antwort er zu Recht nicht nur für die Ethik, sondern auch für die Metaphysik und die Religion als entscheidend anerkennt.

Sollte der Mensch nicht mehr Bürger zweier separater Welten bleiben und die Verbürgung für die Koinzidenz der Glückseligkeit und Glückswürdigkeit als Bedingung für die Möglichkeit von Moralität, aber nur „transzendental" und in Gestalt einer notwendigen Voraussetzung einer übermenschlichen Instanz überlassen, deren Existenz er jedoch aus eben dieser Moralität selbst

---

15 MUḤAMMAD AL-ĠAZĀLĪ, Iḥyāʾ ʿulūm ad-dīn (= Die Wiederbelebung der Wissenschaften der Religion), 1-5. Kairo o. J. (um 1960), Bd. 4, 191.

16 Ebd.

heraus zu erschließen hat, so muss das Menschenbild der transzendental-kritischen Philosophie einer grundlegenden Kritik unterworfen werden und die fiktive subjektivistische Trennung der beiden Bereiche der Natur und der Freiheit in einer realen Einheit aufgehoben werden.

Jegliche Moral gründet jedenfalls letztendlich in einem gegenwärtigem und einem idealen Menschenbild und strebt danach, sie zu verwirklichen. Dies gilt sowohl für die religiöse als auch für die deontologische Ethik.

Ohne nun näher auf die theoretischen Voraussetzungen Kants einzugehen, auf die seine Ablehnung eines moralisch unmittelbar zweckorientierten Handelns gründet, sei hier zu bemerken, dass in der islamischen Ethik sowohl der Inhalt, als auch die Beschaffenheit einer Handlung in ihrer Charakterisierung als moralisch bestimmend sind: Es kommt in der moralischen Handlung nicht nur auf die „Güte des Handelnden" (*ḥusn al-fāʿilī*) an, sondern auch auf die „Güte der Handlung" (*ḥusn al-fiʿlī*).[17]

Gleichwohl gibt es jedoch auch in der islamischen Ethik Tendenzen, die sich mit ähnlichen Argumenten einzig auf die Pflicht berufen, ohne eine Verantwortung für die konkreten Handlungen und ihre Konsequenzen in Kauf nehmen zu wollen. Hier spielt die Erkenntnis und der Glaube an Gott, als ein allmächtiges, allwissendes, allgütiges Wesen, der Schöpfer (*ḫāliq*), aber auch Lenker (*mudabbir*) des Universums ist, die Rolle eines vermittelnden Garants für die unsichere und verunsichernde Einsicht des Unvermögens einer vollständigen Erkenntnis der Beschaffenheit sowie des Voraussehens aller Konsequenzen seiner Handlungen seitens der endlichen Vernunft. Danach sind wir berufen, aufgrund unserer Pflicht zu handeln (*maʾmūr bi-l-waẓīfa*), nicht jedoch deren erwünschten Folgen herbeizuführen oder deren eventuellen schädlichen Auswirkungen entgegenzuwirken (*maʾmūr bi-l-natīǧa*), mit dem Argument, dass die Erfüllung einer solchen Forderung unsere Macht übersteigt (*taklīf mā lā yutāq*). Manche weisen dabei auf den Gottesnamen "*ǧābir*" bzw. "*ǧabbār*" (der Ausgleichende, der Kompensator) hin: als *ǧābir* oder *ǧabbār* im wahren Sinne des Wortes ist Gott derjenige, der der aufrichtig gewollten moralischen Handlung zu ihrer Erfüllung verhilft und ihre Mängel behebt. Diese Tendenzen sind jedoch in der Entwicklungsgeschichte und Ausprägung der islamischen Ethik eher Randerscheinungen geblieben.

9. Menschenwürde als Basis

Die Menschenwürde erhält in der deontologischen Ethik eine Schlüsselrolle, die man als Erbe der humanistischen Tradition der Renaissance und Neuzeit zu erwägen hat, in der auch Kant steht. Sie bietet eine nicht zu unterschätzende gemeinsame Grundlage für eine religions- und konfessionsübergreifende

---

[17] Eine einschlägige Auseinandersetzung mit diesem Thema liefert G. SUBḤĀNI, Ḥusn wa-qubḥ ʿaqlī (= Gut und Böse aus der Vernunft generiert), Teheran 1991.

Minimalethik, die in den meisten Religionen Anhaltspunkte zu finden vermag. In der islamischen Rechtslehre finden sich etliche Grundlagen für die Behandlung von Gläubigen anderer Religionen in Gestalt der menschlichen Grundrechte von Andersgläubigen. Viel wichtiger scheint jedoch, angesichts der globalen Zustände in vielleicht allen Lebensbereichen der gegenwärtigen Welt die Ausarbeitung einer gemeinsamen Ethik zu sein, die das moralische Verhältnis von Menschen unterschiedlicher Überzeugungen und Glauben zueinander ausdrücklich reflektiert. Auch in der islamischen Ethik finden wir dafür eine Vielzahl von Grundüberlegungen. Als Beispiel wäre hier der Brief Imām ʿAlīs zu nennen, in dem er seinen Statthalter in Ägypten, Mālik al-Aštar, nicht nur zur Gerechtigkeit und Milde, sondern auch zu einer moralischen Stellungnahme gegenüber den Angehörigen anderer Religionen mit der folgenden Begründung aufruft: „...denn sie sind entweder deine Brüder im Glauben, oder Deinesgleichen in der Schöpfung.“[18]

Diese Erwägung hat sich in der islamischen Mystik (*ʿirfān*) zu einer tiefsinnigen Lehre von der Achtung aller Menschen, ja sogar aller Seienden, als Manifestationen Gottes weiterentwickelt, die nach ihrer Seinsweise und Seinsfülle (*siʿa al-wuǧūd*) die Einheit Gottes jeweils in ihrer Vielfältigkeit widerspiegelt; eine Vielfältigkeit, die jeweils einmalig und unwiederholbar ist: „Denn es gibt keine Wiederholung in der Manifestation Gottes“ (*lā takrāra fī-t-taǧallī*).

Schlussbemerkung

In diesem Beitrag habe ich versucht einige Grundfragen der islamischen Ethik anhand der deontologischen Ethik Kants zu erläutern. Es ist ein Versuch, der noch in der Entwicklungsphase steht. Das Deutungsmodell erlaubte, dass wir uns durch Feststellungen von Konvergenzen manchen Aspekten dieser Ethik annäherten. Allerdings sind mit dem, was hier angesprochen wurde, bei Weitem nicht alle Kapazitäten des Modells und seiner Vergleichsmöglichkeiten ausgeschöpft. Es gab natürlich auch Divergenzen und Differenzen, die wir durch Kontrastierungen und konträre bzw. kontradiktorische Gegenüberstellungen zu enthüllen versuchten. Für diejenigen, die sich einer ihnen unvertrauten Denktradition annähern wollen, ist damit schon einiges gewonnen. Trotzdem bleibt die Frage offen, inwieweit diese Zugangsweise phänomenologisch gesprochen uns „zu den Sachen selbst“ hinführt. Ich muss gestehen, dass mir als jemandem, der einerseits zusätzlich zu seinen Forschungsinteressen mit der Denktradition einer Religion wie dem Islam aus jahrelanger Erfahrung in nächster Nähe vertraut ist, und andererseits nun mehr als drei Jahrzehnte die abendländische Philosophie studiert und gelehrt hat noch vieles

[18] IMAM ALI, Nahǧ al-balāġa, Brief an Mālik al- Aštar, 53. Anweisung – Regierungsauftrag an Mālik al-Aštar.

als unzureichend anmutet. Damit werden jedoch Themen angedeutet, die sich mit Zielsetzungen und Kompetenzen von komparativen Studien im Allgemeinen und die Verortung eines „fremden“ Denkens im – metaphorisch gesprochen – eigenen gedanklichen „Koordinatensystem“ verbinden.

HELGA KUHLMANN

Religionsfreiheit in der Geschichte der Christenheit:

Tragödien der Nähe in Angst vor den „Anderen"?

Wenn unter der Überschrift des Verhältnisses von göttlichem und menschlichem Handeln über Religionsfreiheit nachgedacht wird, ist zunächst zu klären, ob Religionsfreiheit eher göttlichem oder eher menschlichem Handeln zuzuordnen ist. Dass sie in der modernen Rechtsprechung zur menschlichen politisch-rechtlichen Verantwortung von Staaten gehört, ist evident. Moderne Demokratien sehen sich verpflichtet, Religionsfreiheit zu gewähren, in dem Sinn, dass keine Person aufgrund ihrer Religionszugehörigkeit oder aufgrund dessen, dass sie keiner Religionsgemeinschaft angehört, benachteiligt oder bevorzugt werden darf. Darüber hinaus dürfen Religionsgemeinschaften ihre Religion ausüben, solange sie nicht mit Grundrechten und anderen Rechtsverpflichtungen in Konflikt geraten. Diese Vorstellung von Religionsfreiheit impliziert, dass Personen frei sind, Religionsgemeinschaften anzugehören, ihnen beizutreten und sie zu verlassen.

Könnte sie aus theologischer Sicht auch einen Bezug zu göttlichem Handeln haben? In meinem Beitrag möchte ich zeigen, dass ein theologisches Verständnis von Religionsfreiheit Religionsangehörigen einen Maßstab für ihre Gewähr oder Vorenthaltung von Religionsfreiheit bietet, hinter dem die Christenheit in entscheidenden Phasen ihrer Geschichte im Verständnis und in der Gewähr religiöser Freiheit weit zurückgeblieben ist. Ich meine, dass Angehörige der christlichen Religion aufgrund ihres offenbarungstheologischen Verständnisses Gottes, ihrer eigenen ethischen Erkenntnisse sowie ihrer eigenen Geschichte nicht nur von außen, also aus rechtlichen Gründen, sondern von innen heraus, aus theologischen Gründen, zur Religionsfreiheit verpflichtet sind. Dies beinhaltet die Achtung der Religionsfreiheit nach außen – gegenüber Personen anderen Glaubens und keines Gottesglaubens – sowie nach innen – gegenüber Personen der eigenen Glaubensgemeinschaft, die gegenüber dem als verbindlich Festgelegten eine andere christlich begründbare Position einnehmen. Statt auf das eigene Potenzial zurückzugreifen, haben sich Christen in der Auseinandersetzung mit Anderen von Angst und Abwehr bestimmen lassen statt großzügig die als anders Wahrgenommenen zu respektieren und ihnen Religionsfreiheit zu gewähren. Im ersten ausführlicheren Teil denke ich über Religionsfreiheit an zwei Wendepunkten in der Geschichte der Christenheit nach, im zweiten Teil erläutere ich das lange vernachlässigte Potenzial der Traditionsbestände und ende mit einem knappen Ausblick auf aktuelle Fragen der Religionsfreiheit.

1. „Tragödien der Nähe" in der christlichen Geschichte der Religionsfreiheit

An einigen Knotenpunkten der Geschichte der Religionsfreiheit erläutere ich, warum es aus christlicher Sicht angemessen ist, die Geschichte der Religionsfreiheit weitgehend als eine Geschichte religiöser Schwächen und Fehler im Rahmen von Tragödien der Nähe zu verstehen.

a) Wende zur christlichen Staatsreligion

In den ersten Jahrhunderten der christlichen Zeitrechnung kam Jüdinnen und Juden im Römischen Reich das Recht zu, sich nicht an der Kaiserverehrung zu beteiligen und vom Zwang befreit zu sein, dem Kaiser opfern zu müssen.[1] Dabei umfasste die Kategorisierung des Jüdisch-Seins sowohl die Juden, die in Jesus von Nazaret den Israel verheißenen Messias nicht erkennen konnten, als auch die messiasglaubenden Juden. Zwischen beiden jüdischen Gruppen war umstritten, ob Jesus von Nazaret der erwartete Messias sei. Die Hamburger Neutestamentlerin Christine Gerber hat herausgestellt, dass keineswegs klar ist, wie erbittert in den ersten Jahrhunderten n.Chr. gestritten wurde und ob die unmittelbar Beteiligten, die messiasglaubenden Juden und die rabbinischen Juden ihr Verhältnis tatsächlich als Trennung betrachteten, wie es die spätere Ausdifferenzierung der Religionen vermuten lassen könnte. Paulus jedenfalls verstand sich auch als Messiasglaubender weiterhin als jüdisch. Nirgends bezweifelt er die Anerkennung der jüdischen Religion. In allen seinen Texten ist für ihn offensichtlich, dass der jüdische Gott zugleich der Gott der messiasglaubenden Juden und Nicht-Juden ist. Gerber hält es für möglich, dass die belegte Feindschaft zwischen den Mehrheits-Juden und den messiasglaubenden Juden eine nachträgliche Konstruktion sei, die erst aus der späteren Geschichte erklärbar sei.[2] Sie fragt, ob die Geschichtskonstruktion

---

[1] Schon unter Augustus wurden den Juden volle Bürgerrechte zuerkannt. Micha Brumlik schreibt in seiner Geschichte des Judentums, dass die Juden bis zur Konstantinischen Wende als einzige Religionsgemeinschaft „das Privileg besaß, nicht dem Kaiser opfern und ihm als Gott Steuern entrichten zu müssen" (MICHA BRUMLIK, Kurze Geschichte Judentum, Berlin 2009, 53).

[2] Gerber schlägt vor, die verbalen antijudaistisch formulierten Aussagen des Mt und des Joh eher als Ausdruck innerjüdischer Trennungen zu verstehen statt als Trennung vom Mehrheitsjudentum. Vgl. CHRISTINE GERBER, Tragödie der Nähe. In: SIEGFRIED VON KORTZFLEISCH/ WOLFGANG GRÜNBERG/ TIM SCHRAMM (Hg.), Wendezeit im Verhältnis von Juden und Christen, Berlin 2009, 84-120, 101f. Daniel Boyarin möchte die Aufmerksamkeit statt auf die Grenze zwischen Christen und Juden auf die Frage fokussieren, wie die Grenze jeweils unter-

der Trennung zwischen Judentum und Christentum nicht zumindest partiell als „Tragödie der Nähe“ zwischen den beiden Perspektiven zu deuten ist. Während zur Zeit des Paulus als Gegensatz zum Jüdischen das „Griechische“ bestimmt wurde, hat sich später die Ausdifferenzierung zwischen Juden und Christen entwickelt. Viele Einzelheiten sind noch unerforscht, aber belegt ist, dass nicht nur Christen schon in den ersten Jahrhunderten missioniert haben, sondern auch Juden vom dritten Jahrhundert bis ins achte Jahrhundert. Das Verbot, nichtjüdische Mitglieder der Synagogengemeinden beschneiden zu dürfen, dokumentiert, dass die Juden durchaus missionierten. Die Konversion war möglich.[3]

Für Nordafrika, die Türkei, Spanien, Südarabien, Südrussland sowie für das Römische Reich ist die Möglichkeit der Konversion zum Judentum nachgewiesen.[4]

Die jüdische Mission endete erst, nachdem sie bei Androhung der Todesstrafe verboten worden war.[5]

Mission setzt eine Identitätsbestimmung sowie eine Abgrenzung von anderen voraus. Die Herausbildung einer christlichen Identität bedarf einer Klärung dessen, was diese nicht ist. Im Prozess der Identitätsbildung fungieren Konstruktionen des jeweils anderen als Bestimmung der Grenze. Die Ausdifferenzierung der christlichen und der jüdischen Identität impliziert Vorstellungen darüber, was das Eigene und das jeweils als Anderes Wahrgenommene ausmacht.

Christine Gerber spricht die aus meiner Sicht naheliegende Hypothese aus, die auch das innerchristliche Verhältnis zwischen den unterschiedlichen Konfessionen und das Monotheistische zwischen den Religionen des Judentums, des Christentums und des Islams zutreffend beschreiben könnte. Je näher sich die Beteiligten auf der Suche um die Wahrheit stehen, desto erbitterter wird um die Abgrenzung gekämpft, desto deutlicher werden die Trennlinien wahrgenommen und die Gemeinsamkeiten in den Hintergrund gedrängt. Diejenigen, denen sich die Wahrheit erschlossen hat, die – aus der Perspektive religiöser Menschen – größer ist als sie selbst, weil sie das eigene Selbstverständnis, das eigene Weltverständnis und das eigene Gottesverständnis verändert und – aus der je eigenen Sicht überzeugend – neu konstituiert hat, bedienen sich solcher Unterscheidungen, um sich selbst als Gruppe zu finden und eine Identität auszubilden, durch die eine Differenz zu denen erkennbar wird, die die eigene Wahrheitserkenntnis nicht teilen. Offenbar

---

schiedlich beschrieben, verändert und auch überschritten wurde. Vgl. DANIEL BOYARIN, Border Lines. The Partition of Judaeo-Christianity, Philadelphia 2004; DERS., Als Christen noch Juden waren. Überlegungen zu den jüdisch-christlichen Ursprüngen. In: Kirche und Israel 16 (2001) 112-129.

3 Brumlik gibt der Zahl der in Rom lebenden Juden mit etwa 8000 an (vgl. BRUMLIK, Kurze Geschichte Judentum, 61f.).

4 Vgl. ebd., 46-48; 61.

5 Über die theologischen Gründe des Wandels werden damit noch keine Aussagen gemacht.

werden die Grenzziehungen, gerade dann besonders ausgeprägt, wenn die als Andere wahrgenommenen nicht sehr weit vom eigenen Selbstverständnis entfernt scheinen. In mancher Hinsicht scheint sich das Verhältnis der Konfessionen und der monotheistischen Religionen dem harten Streit von Geschwistern um elterliche Liebe in einer Familie zu ähneln, in der sich einzelne Kinder nicht genügend geliebt erfahren. Insofern können sie aus meiner Sicht zu Recht als „Tragödien der Nähe" bezeichnet werden.

Zurück zur Frage der Ausdifferenzierung von jüdischer und christlicher Religion. Was heute als Judentum bekannt ist, entstand in den ersten beiden Jahrhunderten unserer Zeitrechnung. Das rabbinische Judentum sammelte den Tenach, stellte die Mischna zusammen und kanonisierte beide; beide wurden im Ende des zweiten Jahrhunderts abgeschlossenen Jerusalemer Talmud sowie im frühen sechsten Jahrhundert abgeschlossenen Babylonischen Talmud kommentiert.[6] In derselben Zeit formiert sich die frühe Kirche in hierarchischen Strukturen. Bis ins zweite und dritte Jahrhundert aber werden in historischen Texten nicht Christen von Juden, sondern christliche bzw. messiasglaubende Juden von messiasglaubenden nichtjüdischen Angehörigen der Völker unterschieden. Letztere werden schon von Paulus als „griechisch" und in deutschen Bibelübersetzungen mit dem heute noch immer oft diskriminierend verwendeten Begriff „Heiden" bezeichnet. Da Juden schon seit Jahrhunderten in der Diaspora lebten und die Sprachen der Gegend sprechen konnten, wo sie lebten, unterschieden sie sich nur durch die Teilnahme am Synagogengottesdienst und rituelle Feiern in der Familie von Nicht-Juden. Das Römische Reich hatte zeitweise allen jüdischen Gruppen die Möglichkeit gewährt, den Kaiser nicht anzubeten und ihm nicht zu opfern. Die männliche Beschneidung war im ganzen Mittelmeerraum unterschiedlich verbreitet.

Die Trennung zwischen der jüdischen und der christlichen Religion erfolgte vermutlich bis zur sogenannten Konstantinischen Wende im Jahr 312/313, als zunächst Judentum und Christentum toleriert und seit 380 das Christentum zur Staatsreligion im zerfallenden Römischen Reich wurde. In diesem Reich durfte seit dem im Theodosianum 380 festgehaltenen Edikt allein das Bekenntnis zum dreieinigen Gott vertreten werden, das ausdrücklich die Gottheit der drei Hypostasen anerkennt. Außerdem mussten die Namen des römischen und des alexandrinischen Bischofs genannt werden. Nicht nur Juden, sondern auch als Ketzer geltende Personen mussten nach 380 ihre Überzeugung ändern oder das Reich verlassen. Alle, die nicht anerkannten, dass Jesus Christus wahrer Mensch und wahrer Gott sei, unvermischt und ungetrennt, wie es in der Zweinaturenlehre 451 festgehalten wurde, durften verurteilt werden. Für nicht zulässig wurde die Position des Eutychos erklärt, auch der Körper Christi sei zu vergotten, der wie ein menschlicher Körper ausgesehen, aber nicht menschlich gewesen sei. Ebenso wenig galt die Position des Nestorius als akzeptabel, Maria sei nicht Gottesgebärerin (=theotokos), sondern Chris-

---

6 Vgl. BRUMLIK, Kurze Geschichte Judentum, 51.

tusgebärerin (=christotokos) gewesen. Diejenigen christlichen Gruppen, die die durchaus biblisch begründbare arianische Lehre vertraten, Jesus sei von Gottvater adoptiert worden, wurden zu Ketzern erklärt, ebenso diejenigen, die einen qualitativen Unterschied zwischen Gott und Christus vertraten.

Politisches kaiserliches Recht und Kirchenrecht bestätigten sich gegenseitig. Häresie, die von der Kirche festgestellt wurde, galt zugleich als Staatsverbrechen. In dieser Koalition des Römischen Staats mit der einzig erlaubten christlichen Staatsreligion wurde Religionsfreiheit verweigert. Jüdisch-christliche Ehen wurden verboten, Ehebruch wurde mit dem Tod bestraft, auf Beschneidung von Sklaven stand die Todesstrafe, wenn ein Christ zum Judentum konvertierte, verlor er das Eigentum. Neue Synagogen durften nicht gebaut und leerstehende sollten zerstört werden.[7] Immerhin setzte das Theodosianum eine Grenze: Trotz der Geltung dieser Gesetze sollte von der Verfolgung und Verletzung von Personen abgesehen werden.[8]

Die Christenheit als mächtige Religion in der Entstehungszeit des Islams im europäischen und ostasiatischen Raum betrachtete und behandelte die inneren und die äußeren Gegner relativ unterschiedslos als Götzen- oder Satansdiener. Während Häresie im Römischen Reich noch zum staatlichen Recht gehörte, wurden Ketzer in germanisch-romanischen Staaten mit Kirchenstrafen des Banns und der Klosterhaft bestraft. Auf die Entstehung großer Ketzerbewegungen im 12. und 13. Jahrhundert wie der Katharer und der Waldenser allerdings reagierte die katholische Kirche mit der Ausgestaltung des Ketzerrechts (seit 1184 in Italien Reichsbann und in Aragon seit 1197 die Todesstrafe) und der Einrichtung eines ständigen kirchlichen Gerichtshofs, der Inquisition in Rom, der einzig den Zweck hatte, Ketzerei festzustellen und zu bestrafen. Keineswegs alle Christen, aber Christen im Auftrag der Kirche und der kirchlich sanktionierten Rechtsprechung beanspruchten im Kampf gegen die Ketzer in der Inquisition sowie in den Kreuzzügen, die Gegner im Namen Gottes töten zu dürfen. Ein Anlass für bleibende christliche Scham liegt darin, dass die aus der Christlichen Kirche ausgeschlossene Gruppe der Kopten ebenso im nördlichen Afrika überleben konnte wie eine nicht unerhebliche Anzahl von Juden, beide in Gebieten, in denen der Islam herrschte.

Die Betrachtung der Geschichte der Christenheit vor und nach dem Wendepunkt zur Staatsreligion zeigt, dass die Christen im Umgang mit Differenz nicht gelernt haben, obwohl sie selbst bis zu dieser Wende Zeiten zu durchleben hatten, in denen ihre eigene Religionsausübung die Todesstrafe nach sich ziehen konnte, und andere Zeiten, in denen sie am Vorrecht der Juden teilhaben durften. Wenige Jahrzehnte, nachdem die katholische Kirche im

---

[7] Vgl. BRUMLIK, Kurze Geschichte Judentum, 75.

[8] „Wir haben den Geist und die Unverfrorenheit der abscheulichen Heiden ebenso unterdrückt wie die der Juden und der Ketzer. Dennoch ist es unser Wille, dass jene Personen, die unter Berufung auf das ehrwürdige Christentum unbesonnen handeln, davon ablassen sollen, [die Juden] zu verletzen und zu verfolgen." (ebd., 76).

römischen Staat zur Staatsreligion emporgestiegen war, wurde theologisch die Auffassung Augustins vertreten, nur die Getauften könnten aus der Verstrickung in die Macht der Sünde befreit werden, während die Ungetauften, sogar wenn sie noch Kinder waren, ewig in der Hölle bzw. in der Vorhölle Qualen erleiden müssten. Augustinus hatte die theologische Lehre der schon im Mutterleib vererbten Sünde entwickelt, aus der Gott durch die Taufe eine Rettung ermöglichte. Statt den Dialog mit den konkreten Personen und Gruppen zu führen, die als abweichend vom Eigenen wahrgenommen wurden, haben die Religionsinstitutionen, die mit der politischen Macht verbunden waren, Gruppenidentitäten von Ketzern entlang vermeintlicher Bekenntnisgrenzen konstruiert. Als Kriterium der Grenzziehung fungierte im Rahmen einer in Ämter strukturierten und mit der politischen Macht vereinten Institution der Kirche ein bestimmtes, in einer bestimmten historischen Konstellation von Synoden fixiertes Bekenntnis: das trinitarische Bekenntnis und die Zweinaturenlehre, obwohl biblisch durchaus anderes begründbar gewesen wäre und gewesen war. Wenn sich Christusglaubende vor dem Ketzervorwurf schützen wollten, wurde von ihnen das Bekenntnis zur Trinität und zur Kirche verlangt. Freiheit für Angehörige anderer christlicher theologischer Positionen und für Angehörige anderer Religionen gab es nicht.

b) Wende zum konfessionellen Zeitalter

Als nächstem Knotenpunkt in der Geschichte der Religionsfreiheit wende ich mich der Reformationszeit zu. Aufgrund seiner theologischen Einsicht, die Kirche verfehle ihre schrift- und evangeliumsgemäße Aufgabe und diene mehr als Gott und den Menschen ihrer eigenen Machterhaltung, machte der Augustinermönch und Professor der Theologie Martin Luther vor knapp fünfhundert Jahren seine Kritik an der katholischen Kirche öffentlich. Seine Intention war, die leitenden Instanzen der Kirche dazu zu bewegen, die Missstände zu ändern. Dabei nutzte er ein neues Medium seiner Zeit, den Buchdruck. Er ließ ein Flugblatt mit 95 Thesen über den Ablass drucken, das der Legende nach an die Tür der Wittenberger Schlosskirche geheftet und verschickt wurde. Der Ablass diente dazu, Sündenstrafen für Verstorbene oder für die eigene Person zu reduzieren. Die Leitung der Katholischen Kirche bis hin zum Papst war entweder nicht in der Lage oder nicht willens, Luthers Impulse als Möglichkeit zur Besserung kirchlicher Missstände zu verstehen. Dass sie Luther vom Abendmahl und damit aus der christlichen Gemeinschaft wie einen Ketzer ausschlossen, weist darauf hin, dass sie sich stark angegriffen fühlten. Aufgrund der geltenden engen Verzahnung politischen und religiösen Rechts gegen Ketzer wurde die Exkommunikation, die auf dem Reichstag zu Worms 1522 erfolgte, von Acht und Bann begleitet. Damit war es legal, Martin Luther jederzeit zu töten.

Weil sich Kurfürst Friedrich der Weise von Sachsen und einige andere Luthers theologischen Ansichten anschlossen und zugleich in einer Loslösung von der kaiserlichen Macht politische Vorteile erhofften, stellten sie Luther unter ihren Schutz. Friedrich der Weise ließ Luther 1522 gefangen nehmen und auf die Wartburg bringen, wo er an der Übersetzung des Neuen Testaments arbeitete.

Obwohl dem Protestantismus der Status der Ketzerei buchstäblich in die Wiege gelegt wurde und er ohne diese Ausgrenzung möglicherweise gar nicht entstanden wäre, waren auch die innerreformatorischen Gruppen nicht in der Lage, einander und anderen Religionsfreiheit zu gewähren. Zwölf Jahre nach dem Beginn der Auseinandersetzung Martin Luthers mit der Kirchenleitung und keine zehn Jahre nach dem Ausschluss Martin Luthers und seiner Anhänger vom Abendmahl gerieten auch die reformatorischen Gruppen 1529 beim Abendmahlsgespräch auf dem Schloss in Marburg über das theologische Verständnis des Abendmahls so tiefgehend in Streit, dass sie sich gegenseitig die Mahlgemeinschaft verweigerten. In der Zwischenzeit hatten sich Martin Luther und der Zürcher Theologe Huldrich Zwingli mehrfach zum Abendmahlsverständnis geäußert. Die Anhänger der Reformation konnten sich nicht darüber einigen, wie sie die Gegenwart Christi im Abendmahl verstehen könnten: leiblich, so Luther, oder symbolisch, so Zwingli. Während Luther darauf bestand, dass Christus im Brot ganz, leiblich und geistlich-geistig, göttlich und menschlich gegenwärtig sei, lehnte Zwingli dies ab und bestand auf der symbolischen Gegenwart Christi in den Elementen Brot und Wein. Eine Lösung, mit den Differenzen ohne Spaltung umzugehen, wurde nicht gefunden. Das Tischtuch wurde zerschnitten. Der Kelch der Gemeinschaft mit Gott in Jesus Christus wurde ab 1529 in voneinander abgetrennten christlichen Gemeinschaften getrunken, unter den Römisch-Katholischen, den Lutheranern und den Reformierten.

Auch die Kontroverse innerhalb der reformatorischen Konfessionen kann als Tragödie der Nähe gedeutet werden: Trotz der Einigkeit in der Abwehr des römisch-katholischen Abendmahlsverständnisses fanden die evangelischen Christen keinen Weg, gemeinsam das Abendmahl zu feiern, sondern schließen einander gegenseitig aus. Die in der Mahlgemeinschaft sinnlich und symbolisch erfahrbare Gemeinschaft der Gottglaubenden mit Gott und untereinander wird den jeweils Ausgeschlossenen versagt, wie sie der eigenen Gruppe von römisch-katholischer Seite versagt wurde.

Hätten die damals streitenden ihre Aufmerksamkeit auf die Aussagen der biblischen Überlieferung gerichtet, dass Jesus den Verräter Judas nicht vom Abendmahl ausschließt, wäre vielleicht eine andere Lösung gefunden worden. Die Frage der Jünger: „Bin ich's?", die im Matthäusevangelium über diese Szene überliefert wird, vor dem Mahl legt die Bereitschaft nahe, die eigene Person zutiefst infrage zu stellen: könnte ich die Verräterin, der Verräter sein? Aber alle reformatorischen Streitparteien waren nicht in der Lage, sich selbst zu relativieren und in diesem Punkt die Lehren der eigenen Heiligen Schrift ernst zu nehmen.

Die Augsburger Konfession, die ein Jahr später von Melanchthon verfasst wurde, bot eine Einigung mit der Römisch-Katholischen Kirche an, die potenziell auch für die reformierte Position akzeptabel gewesen wäre. Die siebte These empfiehlt, mit den Differenzen so umzugehen, dass sie die Gemeinschaft nicht zerbrechen können, indem zwischen dem, was unbedingt anzuerkennen ist, und den weniger relevanten Dingen, die nicht einheitlich geregelt sein müssen, qualitativ unterschieden wird. Das Evangelium ist im Wort (der Predigt) und im Sakrament ordnungsgemäß zu verkündigen. Das reicht aus, „satis est". Darüber hinaus geltende Differenzierungen müssen keinen trennenden Charakter besitzen.

Warum konnte innerevangelisch nicht anerkannt werden, dass auch die andere Konfession das Sakrament ordnungsgemäß verwalten könne, wenn dies potentiell sogar den Römisch-Katholischen als Kompromissformel gesagt werden konnte? Was hinderte die reformatorischen Gruppen, die Gemeinsamkeiten stärker zu gewichten als die Differenzen? Aus meiner Sicht scheint auch für die Trennung zwischen Lutheranern und Reformierten im Abendmahl die Deutung als Tragödie der Nähe zutreffend zu sein.

Darüber hinaus ist der Beginn reformatorischer Kirchen durch eine weitere Spaltung in Genf belastet. Der Genfer Reformator Johannes Calvin, der selbst erleiden musste, in seiner religiösen Überzeugung nicht geduldet zu werden, hat es nicht vermocht, die Achtung religiös Andersdenkender in seiner Vorstellung von öffentlichem christlichen Leben zu etablieren.

Er wurde erst 1509 ein halbes Jahrhundert nach dem Aufbruch zur Reformation 1517 in Nordfrankreich (Noyon) geboren wurde, hatte nach dem Studium der Freien Künste auf Geheiß seines Vaters zunächst Rechtswissenschaft studiert, bevor er dann nach dem Tod des Vaters 1531 das Theologiestudium in Paris begann. Dass seinem Vater wegen einer Erbstreitigkeit die kirchliche Bestattung verweigert wurde und sieben Jahre später sein Bruder, ein Priester, exkommuniziert wurde, sind biographische Hintergründe für seine Zweifel an der römisch-katholischen Kirche und Theologie. Er selbst hatte sich 1533 daran beteiligt, die Rede des Universitätsrektors mit zu verfassen, die aus römisch-katholischer Sicht Sympathien für die Reformation erkennbar werden ließ. Aufgrund der Mitarbeit an dieser Rede musste er aus Paris fliehen und setzte dann bei einem Freund seine Studien des Humanismus, der biblischen Schriften und der reformatorischen Schriften fort. Ein Jahr später 1534 verließ er seine Heimatkirche. Kurz darauf musste er aus Frankreich fliehen, nachdem König Franz I. angeordnet hatte, die Protestanten zu verfolgen.

In Genf gehörte er dann seit 1541 zu den führenden Personen, die den reformatorischen Impuls auch auf die Kirchenverfassung und auf das Alltagsleben der Gemeindemitglieder übertrugen. Die Genfer Kirchenverfassung hatte die Tendenz, weltliche und kirchliche Macht transparent aufeinander zu beziehen, so dass beide eine Art Gleichgewicht bildeten. Die vier vorgesehenen Ämter wurden im Vergleich zur römisch-katholischen und auch zur lutherischen Kirchenverfassung relativ gleich gestellt: Pastoren, Lehrer, Älteste, Diakone. Alle waren beauftragt, wöchentlich in einer Kongregation zusammenzukommen und Fragen der Bibel und der Theologie zu diskutieren, daneben die öffentliche Armenkasse durch die Diakone zu übernehmen und ein Konsistorium aus 12 Ratsherren und den Pastoren der Genfer Gemeinden zu gründen. Als Zielvorstellung betrachteten die Beteiligten, die Bürger auf den christlichen Weg zurückzubringen. Dazu setzten sie Sanktionen ein. Eins der umstrittenen Mittel war der Ausschluss vom Abendmahl. Calvin befürwortete auch die Todesstrafe.

Obwohl Calvin und Mitglieder seiner Familie selbst unter der Verweigerung der Religionsfreiheit gelitten hatten, ist auch die Genfer Kirchenverfassung durch die Nichtgewähr der Religionsfreiheit theologisch Andersdenkender gekennzeichnet. Der spanische Arzt Michel Servet, der nicht zuletzt mit biblischen Argumenten Dogmen der Trinitätstheologie und die theologische Berechtigung der Kindertaufe bestritt, wurde der Ketzerei bezichtigt. Mit Billigung von Calvin wurde er zum Tod verurteilt und auf dem Scheiterhaufen verbrannt.

Als Fazit über die Geschichte der Religionsfreiheit an den beiden entscheidenden Umbrüchen der christlichen Geschichte, der sogenannten Konstantinischen Wende und dem Beginn des konfessionellen Zeitalters ist festzuhalten, dass sich die Leitungen der katholischen wie der reformatorischen Kirchen berechtigt fühlten, als Erkenntnis ihrer Theologie und nicht selten im göttlichen Namen die jeweils „anderen“ zu diskriminieren. Im Verbund mit der politischen Macht war die Leitung der christlichen Kirche darauf ausgerichtet, bestimmte Personen als Ketzer zu verurteilen, die andere theologische christliche Positionen vertraten, sowie darauf, Nicht-Christen auszugrenzen, zu vertreiben oder gar zu töten. Wenn ich dies hier als Tragödie der Nähe bezeichne, soll damit die Verantwortlichkeit Einzelner und kirchlicher Institutionen keineswegs geleugnet werden. Mit dem Begriff der Tragödie verweise ich darauf, dass die Geschichte sich so ereignet hat, dass mehr Aggressions-, Abgrenzungs-, Intoleranz- und Feindlichkeitspotenzial Realität wurde als es hätte sein müssen.

Abschließend soll noch eine Auffälligkeit erwähnt werden, die auch Micha Brumlik bemerkt: Alle monotheistischen Religionen sind durch eine Gemeinsamkeit gekennzeichnet, obwohl es auch marginalisierte Gegenströmungen gab: ein hierarchisch bestimmtes Geschlechterverhältnis, das – zwar begrenzt, aber ungleich – Männern in der institutionalisierten Religion größere Herrschaft über Frauen einräumte als umgekehrt. Diese männliche Dominanz prägt auch die Kulturen, in denen sich die monotheistischen Religionen entfaltet haben und von der sie zugleich ein Teil sind. Die amerikanische Philosophin Martha Nussbaum hat gezeigt, dass sich Frauen quer über kulturelle und religiöse Grenzen hinweg darin einig zu sein scheinen, dass solch eine patriarchale Hierarchisierung religiös und kulturell prinzipiell zu verurteilen und zu verändern ist.[9]

Mit den Mitteln der kritischen Geschlechtertheorie ist die Geschichte der gegenseitigen Gewähr von Religionsfreiheit in den Religionen noch nicht untersucht worden, aber es spricht einiges dafür, dass Frauen in höherem Maß als Männer ihrer Religionsfreiheit beraubt wurden. Ob sie auch ein höheres Maß an religiöser Freiheit gewährt hätten, wenn sie stärker an der religiösen und politischen Macht beteiligt gewesen wären, bleibt Spekulation. In der Aufarbeitung der Verweigerung von Religionsfreiheit für Frauen und für alle, die der Norm der Heterosexualität nicht entsprachen, liegt eine Aufgabe für alle drei monotheistischen Religionen.

c) Religionsfreiheit als Aufgabe des Staates

Sehr konzentriert nenne ich einige Prozesse, die es ermöglicht und zugleich nahegelegt haben, dass die Gewähr der Religionsfreiheit eine Aufgabe staatlichen Rechts wurde.[10]

Die konfessionelle Differenzierung macht eine Änderung der Zuordnung von politischer Herrschaft und Religion erforderlich. Im Augsburger Religionsfrieden 1555 wird das Bekenntnis der Bevölkerung an das Bekenntnis des jeweiligen Landesherren gebunden. Angehörige anderer Konfessionen dürfen auswandern, weitere Religionsfreiheit wird ihnen allerdings nicht zugestanden. Nach dem dreißigjährigen Krieg im Westfälischen Frieden 1648 wurde festgehalten, dass die christlichen Konfessionen rechtlich gleich gestellt sind und dass zwischen konfessionellen Parteien keine Gewalt zulässig ist.

Wesentlich für das moderne Zugeständnis und für das moderne Verständnis individueller Religionsfreiheit wurde die Forderung nach Religionsfreiheit im Rahmen der Erklärung der Menschenrechte. Die Französische Revolution 1789 und schon zuvor die amerikanische Erklärung der Menschenrechte 1776 entkoppelten Religionszugehörigkeit und staatsbürgerliche Freiheit und stellten alle Religionen formal gleich. Damit war der Weg dafür geöffnet, dass Religionsfreiheit zur Aufgabe staatlichen Rechts werden konnte, die darin bestimmt ist, dass einerseits Gewissensfreiheit der Einzelnen gegeben wird und sie andererseits von einem Recht gegeben wird, das sich selbst nicht religiös bindet – in Deutschland gilt die Norm, dass der Rechtsstaat weltanschaulich neutral sein muss – das bedeutet, dass diese Freiheit unabhängig davon gewährt werden muss, um welche Religion es sich handelt. Damit ist auch deutlich, dass die Religionsfreiheit Angehörigen einer Religion nur in einem begrenzten Rahmen Freiheit zugestehen kann. Eine Grenze liegt darin, dass eine Person aufgrund der individuellen Religionsfreiheit eine Religions-

---

[9] Vgl. MARTHA NUSSBAUM, Sex and Social Justice, New York-Oxford 1999.

[10] Vgl. MARTIN OHST, Art. Religionsfreiheit. Historisch. Europa. In: RGG 7 (2004), 310f.

gemeinschaft auch verlassen darf. Die andere Grenze betrifft die Geltung der Grundrechte anderer Personen und der Grundrechte für die eigene Person. Die Ausübung religiöser Freiheit reicht nur soweit, wie sie mit anderen Grundrechten nicht in Widerspruch gerät, die jeder Person in der Demokratie zustehen. So darf niemand aufgrund seiner Geschlechtszugehörigkeit oder aufgrund seiner ethnischen Herkunft benachteiligt werden. Erst in den letzten Jahrzehnten wurden in die Grundrechte in Europa und anderen Teilen der Welt die sexuelle Orientierung und die sexuelle Selbstbestimmung einbezogen.

Festzuhalten ist, dass erst die aus den Kirchen ausgewanderten Rechte der Gewissensfreiheit (Protestantismus) und der im Gedanken der allgemeinen unveräußerlichen jeder einzelnen Person unabhängig vom religiösen Bekenntnis, ethnischer Zugehörigkeit, sexueller Orientierung und Besitz zuerkannten Menschenwürde und der damit verbundenen Menschenrechte (1789, 1776) die Durchsetzung der Religionsfreiheit auch gegen die religiösen Institutionen, in Europa gegen die Kirchen, ermöglichten. Erst nach dem Zweiten Weltkrieg bekannten sich Evangelische und Katholische Kirche zu den Menschenrechten.[11]

2. Theologische Argumente für die Gewähr und für den Anspruch von Religionsfreiheit

Obwohl Christen schon in den ersten Jahrhunderten unter der Verweigerung von Religionsfreiheit zu leiden hatten, obwohl die Anhänger der Reformation das Schicksal Martin Luthers teilten, von der Römischen Kirche vom Abendmahl ausgeschlossen zu sein, haben Christen an beiden aufgeführten Knotenpunkten der Geschichte des Christentums aus ihren Erfahrungen nicht gelernt, denen respektvoller zu begegnen, die das Christsein oder den Gottesglauben anders verstanden. Dabei hätten sie neben ihren eigenen schweren Erfahrungen auch auf Texte in ihrer eigenen Tradition zurückgreifen können.

a) Gewähr und Norm der Fremden- und der Feindesliebe

In beiden Teilen der Bibel finden sich Weisungen, die die Norm der Religionsfreiheit begründen könnten. Die alttestamentliche Weisung, die Fremden zu lieben (Lev 19,34), und die neutestamentliche Weisung, die Feinde zu lieben, sind konzentrierte normative Sätze, die von zahlreichen Geschichten und ähnlichen Normen begleitet werden.

---

[11] Vgl. dazu WOLFGANG HUBER, Gerechtigkeit und Recht. Grundlinien christlicher Rechtsethik, Gütersloh ^{3}2006, 514-518.

Schon in der in Lev 19 festgehaltenen Erinnerung lag das Potenzial vor, den „Anderen“ Religionsfreiheit zu gewähren. Die Heiligkeit Gottes wird mit der Aufforderung und dem Zutrauen verbunden, dass auch die zu diesem Gott Gehörenden selbst heilig seien. Die Heiligkeit zeigt sich darin, die Fremden zu lieben. Dort heißt es zu Beginn: „Ihr sollt heilig sein, denn ich bin heilig, der Herr, euer Gott.“ (Lev 19,1) und im selben Kapitel wird ausgeführt: „Wenn ein Fremdling bei dir wohnt in eurem Lande, so sollt ihr ihn nicht bedrücken. Wie ein Einheimischer aus eurer eigenen Mitte soll euch der Fremdling gelten, der bei euch wohnt, und du sollst ihn lieben wie dich selbst – seid ihr doch auch Fremdlinge gewesen im Lande Ägypten: ich bin der Herr, euer Gott.“ (Lev 19,33f.)[12]

Als Begründung für die Liebe zu den Fremden wird Gott selbst in seiner Proexistenz für Israel angegeben sowie die eigene Erfahrung, in Ägypten fremd gewesen zu sein. Wie der eigenen Gemeinschaft Gottes Liebe und Treue auch in der Fremde zuteil geworden war, sollen auch in Israel Fremde geliebt werden. In der Bergpredigt wird diese Norm nochmals gesteigert zur Feindesliebe (Mt 5,44f.).

Hätte sich die junge christliche Kirche diese Haltung zu eigen gemacht und hätte sie aus der eigenen Erfahrung, verfolgt worden zu sein, zu einer Norm friedlichen oder sogar liebevollen Umgangs mit den Fremden gefunden, wäre vielen Menschen Diskriminierung, Unterdrückung, Verfolgung und der Tod erspart geblieben. Dass die Kirche es trotz dieser Aussagen in der Mitte ihrer Heiligen Schrift nicht vermocht hat, sollte ihr eine dauerhafte Mahnung sein, ihren eigenen Umgang mit Fremden und mit Feinden immer neu kritisch zu prüfen.

In zahlreichen weiteren biblischen Texten werden die Norm der Fremden- und der Feindesliebe bestätigt. Der Tradition der Fremden- und Feindesliebe entspräche es, freundlich und von sich aus initiativ auf Fremde und Feinde zuzugehen, ihnen ihr Fremdsein zu erleichtern, indem sie nicht nur in Ruhe gelassen, sondern auch einbezogen werden in Vorgänge des allgemeinen und öffentlichen Lebens.

b) Reformatorisch neu entdeckte Freiheit des Glaubens als Freiheit des Gewissens

Eine der, wenn nicht sogar die wichtigste theologische Erkenntnis Martin Luthers war die Entdeckung der von Gott geschenkten und dem Menschen ohne jedes Verdienst zukommenden Freiheit, wie sie mehrfach in der Theologie des Paulus formuliert wird. (z.B. Röm 3,28; Gal 5,1; 5,13f; 2. Kor 5,20) Diese Freiheit ist zum einen „negativ“ als „Freiheit von“ lebensfeindlichen,

---

[12] Übersetzung nach der Zürcher Bibel 2007. Die Bibel in gerechter Sprache übersetzt: „Ihr seid heilig. Ja, seid es! Wenn eine Fremde in Eurem Land lebt, bedrücke sie nicht!“

schuldhaften und egoistischen Zwängen, Bindungen, Ängsten und Gewohnheiten zu verstehen. Andererseits setzt sie selbst im positiven Sinn „Freiheit zu“ friedlichem, liebevollem und angstfreiem Zugang mit anderen aus sich heraus. Die Freiheit befreit zum Gewähren von Freiheit, Mitgefühl und Unterstützung in sozialen Beziehungen und in Gruppen, im Verhältnis zur eigenen Person wie gegenüber Institutionen. Diese Freiheit kommt der eigenen Person durch die Liebe Gottes zu, ohne dass diese dafür etwas leistet und ohne dass sie dafür besondere Bedingungen erfüllen muss.

In der Auseinandersetzung Martin Luthers mit der Katholischen Kirche war deutlich geworden, dass ein Individuum in der eigenen Glaubenserkenntnis diese Wahrheit der geschenkten Freiheit auch auf eine Weise erkennen kann, die nicht von der Institution der Kirche geteilt wird. Martin Luther verstand die ihm im Glauben geschenkte Freiheit als eine, die das Gewissen bindet. Da sie allein von Gott gewährt wird, da sie allein individuell erkannt wird und – auch in Formulierungen eines gemeinsamen Glaubens – nur individuell anerkannt und bekannt werden kann, ist sie unhintergehbar an die individuelle Person gebunden. Die der reformatorischen Überzeugung des christlichen Glaubens zustimmende Koalition von Reichsstädten und Landesfürsten in der „Protestatio“ zu Speyer 1529 forderten dementsprechend Gewissensfreiheit für das Glaubensbekenntnis, weil „in den Sachen Gottes Ehre und unserer Seelen Heil und Seligkeit belangend ein jeglicher für sich selbst vor Gott stehen und Rechenschaft geben muss“[13]. Das Wort „Protestantismus“ ist darauf zurück zu führen, dass Menschen selbst öffentlich etwas bezeugen wollten. Die Institution, der sie zuvor angehörten, ihre eigene Kirche, die allgemeine, das bedeutet „katholische“ Kirche hatte sie von sich ausgeschlossen und dennoch weiter die Qualifikation „allgemein“ für sich beibehalten. Ihr Name stimmte aus reformatorischer Sicht nicht mehr. In der Formulierung des in evangelischen Kirchen gegenwärtig gebeteten apostolischen Glaubensbekenntnisses aus dem 2. Jahrhundert wird daher diese Qualität der Kirche, griechisch mit dem Wort „katholike“ bezeichnet, mit „christlich“ übersetzt.

Wenn eine Person in letzter Instanz nur selbst Auskunft über ihre religiöse Überzeugung geben kann, muss ihr auch die Konversion gewährt werden. Deshalb gehört zur Religionsfreiheit im Kern die Möglichkeit, die religiöse Überzeugung auch bei einer neuen Erkenntnis der Wahrheit auch anders bestimmen zu können, die frühere Konfession verlassen zu können.

Obwohl die Freiheit, sich selbst religiös bestimmen zu dürfen, am Beginn der Reformation formuliert wurde, wurde sie auch von evangelischen Herrschern in den folgenden Jahrhunderten nicht gewährt. Bis in die Mitte des 17. Jahrhunderts bestimmten gewalttätige Auseinandersetzungen den Umgang der Konfessionen; bis ins neunzehnte Jahrhundert war das Verhältnis der Konfessionen durch Feindschaft geprägt.

---

[13] WALTER KAEMMERER (Hg.), Deutsche Reichstagsakten, JR 7/2, Göttingen 1963, 1277.

c) Offenbarungsreligionen und Religionsfreiheit

Jede Religion, die als ihren eigenen Ausgangspunkt die göttliche Selbstpräsentation er- und bekennt, müsste sich von innen heraus zur Religionsfreiheit verpflichten. Denn diese kommt Einzelnen oder Gruppen zu, die das von ihnen in ihrer Perspektive Wahrgenommene weitergeben. Dass die Selbstpräsentation des Göttlichen die Grundlage der christlichen, aber auch der anderen monotheistischen Religionen ist, impliziert, dass die Instanz, die darüber Auskunft geben kann, immer nur die prinzipiell begrenzte und endliche, eigene Gotteserkenntnis sein kann. Jede menschliche Gotteserkenntnis aus der Sicht der monotheistischen Religionen aber ist darauf angewiesen und gründet sich darin, dass Gott dem Menschen in unverfügbarer und auch von der Erkenntnis her in nicht vollständig erfassbarer Weise zeigt. Gott wird so vorgestellt, dass er sich auch anders und wieder neu zeigen kann. Aus monotheistischen Perspektiven ist Gott nicht an die menschliche Gotteserkenntnis gebunden, sondern ihr gegenüber frei. Schon biblische Texte verweisen auf die Vorläufigkeit jeder Gotteserkenntnis. Besonders pointiert drückt dies 1 Kor 13,12 aus: „Denn wir sehen jetzt nur wie mittels eines Spiegels in rätselhafter Gestalt, dann aber von Angesicht zu Angesicht. Jetzt ist mein Erkennen Stückwerk, dann aber werde ich völlig erkennen, wie ich auch völlig erkannt worden bin." Schon in diesem Text werden Gotteserkenntnis, eigenes Erkennen und Erkanntwerden in einen engen Zusammenhang gestellt. Die Verknüpfung von Gotteserkenntnis, Selbsterkenntnis und der Erkenntnis der eigenen Person durch andere drückt auch 1 Joh 3,2f. aus: „Geliebte, jetzt sind wir Kinder Gottes, und noch ist nicht offenbar geworden, was wir sein werden. Wir wissen, dass wir, wenn es offenbar geworden ist, ihm gleich sein werden; denn wir werden ihn sehen, wie er ist." Die Unverfügbarkeit Gottes gegenüber allen menschlichen Vorstellungen wird in der jüdischen Religion konzentriert im Bilderverbot festgehalten, das alle drei monotheistischen Religionen übernommen haben. Die prominente islamische Formulierung „Gott ist größer" bestätigt dies auf andere Weise. In der theologischen Denktradition wurde dies oft als „Geheimnis" des Göttlichen festgehalten.

Werden die Geheimnishaftigkeit und Selbstsouveränität Gottes gegenüber jeder Gotteserkenntnis festgehalten, die immer nur Individuen und Gemeinschaften zuteilwerden kann, in denen sich die Individuen über ihre Gotteserkenntnis verständigen, folgt daraus, die jeweils von Personen geäußerte Gotteserkenntnis und das entsprechende Gottesbekenntnis von jedem äußeren Zwang frei zu halten.

Über das Lernen aus der eigenen Erfahrung heraus, die Religion oder Konfession nicht immer frei ausüben zu dürfen, sprechen schwerwiegende innertheologische Argumente dafür, Religionsfreiheit abweichenden Stimmen in der eigenen religiösen Gemeinschaft und andersglaubenden Stimmen zu gewähren.

3. Grenzen und Spielräume möglicher Religionsfreiheit in der Balance mit der Geltung der Grundrechte möglichst weit gestalten

Nachdem die Konfessionen in Europa nach der Reformation nur feindlich und kriegerisch mit den Differenzen in der Glaubenserkenntnis umzugehen vermochten, wurde den Kirchen das Recht jeder Gewaltausübung in religiösen Angelegenheiten verboten und der Staat beauftragt, Religionsfreiheit notfalls auch mit Gewalt und mit dem Gesetz durchzusetzen. Da sich in allen Religionen immer wieder Menschen berechtigt sehen, mit Gewalt für ihre Überzeugung und gegen die religiösen Überzeugungen anderer eintreten zu dürfen, wird dies heute aus der Sicht vieler christlicher Theologien als große Errungenschaft gewürdigt. Allerdings erlaubte die Übergabe der Verantwortung für Religionsfreiheit, die religionsinterne Klärung der eigenen Position zur Religionsfreiheit nicht vorrangig voranzutreiben. In evangelischen und in katholischen Kirchen ist es bis in die Gegenwart noch nicht selbstverständlich, Nicht- und Andersglaubende nicht nur zu dulden – im Minimalsinn von Toleranz – sondern auch wertzuschätzen, das Gespräch mit ihnen zu suchen und von den Auseinandersetzungen mit ihnen auch etwas für die eigene Perspektive zu erwarten.

Dennoch fordern neue Entwicklungen dazu heraus, über die Bedeutung, die Grenzen und Gestalten von Religionsfreiheit heute neu politisch und in den Religionen nachzudenken. Konsens scheint zu sein, dass Religionsfreiheit in dem Sinn staatlich zu gewährleisten ist, nicht aufgrund von Religionszugehörigkeit benachteiligt zu werden und nicht zur Zugehörigkeit zu einer Religion gezwungen zu werden. Ob darüber hinaus positive Religionsfreiheit zu gewährleisten ist und wenn ja, wie weit diese reichen soll, steht zur Debatte und muss unter den Bedingungen zunehmender religiöser und weltanschaulicher Pluralisierung neu bestimmt werden.

In der bundesdeutschen Verfassung wird in den Paragraphen 2 und 4 sowie in den aus der Weimarer Reichsverfassung übernommenen Paragraphen 137 bis 141 das Recht auf freie Entfaltung der Persönlichkeit einschließlich der Religionsfreiheit zugestanden. Dies Recht umfasst negativ, niemanden aufgrund einer vorhandenen oder nicht vorhandenen Religionszugehörigkeit zu benachteiligen. Positiv wird den als Körperschaft des öffentlichen Rechts geltenden beiden großen christlichen Kirchen zugestanden, Privilegien öffentlicher Religionspraxis beanspruchen zu dürfen. Dazu gehört, dass an Sonntagen nicht gearbeitet werden muss und die Geschäfte geschlossen sind, sowie das Recht der evangelischen und der katholischen Kirche, an öffentlichen Schulen und an staatlichen Universitäten Religion von Lehrerinnen und Lehrern in konfessioneller Gestalt erteilen zu dürfen, die an staatlichen Universitäten studiert und das Staatsexamen absolviert haben. In den fünfziger Jahren, als über 90 Prozent der Bevölkerung einer der beiden christlichen Kirchen angehörten, waren damit genügend Regelungen getroffen. In der

Gegenwart aber, in der nur noch gut 60 Prozent der Bevölkerung einer der beiden christlichen Kirchen angehören und mehr als 35 Prozent einer anderen oder keiner Religionsgemeinschaft, muss über die Religionsfreiheit neu nachgedacht werden.

In den letzten Jahren fordern mehrere Anlässe zum neuen Nachdenken über das in der westlichen Welt anerkannte Grundrecht der Religionsfreiheit heraus. Besonders relevant sind die Frage nach positiver Freiheit für Angehörige des islamischen Glaubens und die Frage nach negativer Religionsfreiheit für Agnostiker.

Zum einen sehen sich vermehrt Gruppen und Einzelne berechtigt, aus religiösen Motiven Personen zu töten und Anschläge zu verüben, die der eigenen religiösen Vorstellung öffentlichen Lebens und moralischer Standards nicht entsprechen. Dazu gehören in der westlichen Welt die religiös legitimierten Anschläge auf das World Trade Center am 11.9.2001, die Ermordung des niederländischen Regisseurs Thilo van Gogh 2007 und der gegen die sozialdemokratische Politik der Integration gerichtete Amoklauf des Anders Breivik in Norwegen im Juli 2011.

Die ersten beiden Ereignisse werden „dem Islam" zugeschrieben. Nicht zuletzt solche Interpretationen tragen dazu bei, dass Mehrheits- und Verwaltungsentscheidungen die Religionsfreiheit von Muslimen beschränken.

An mehreren Orten durften Moscheen und Minarette nicht gebaut werden.[14] In mehreren bundesdeutschen Ländern wurde Frauen im öffentlichen Dienst das Tragen des Kopftuchs untersagt. Nordrhein-Westfalen ist das erste Bundesland, das im Januar 2012 bisher nach jahrzehntelanger Diskussion zur Gewähr positiver Religionsfreiheit für Muslime beschlossen hat, ab Herbst 2013 islamischen RU an staatlichen Schulen durchzuführen.[15]

Während sich Muslime in ihrer positiven Religionsfreiheit eingeschränkt sehen, fordern nicht-religiöse Personen Freiheit davon, religiös vereinnahmt zu werden. Seit mehreren Jahren klagten mehrfach Eltern bayrischer Schüler gegen Kruzifixe in Klassenräumen. Im Bundesland Berlin-Brandenburg wurde als ordentliches Schulfach mehrheitlich nicht der konfessionelle Religions-

---

[14] Am bekanntesten wurde das Minarettverbot in der Schweiz nach der Abstimmung im Juli 2010. Vgl. dazu MATTHIAS TANNER u.a. (Hg.), Streit um das Minarett. Zusammenleben in der religiös pluralistischen Gesellschaft, Zürich 2009 (Beiträge zur Theologie der Religionen; 8).

[15] Ein Urteil über das Verbot in Frankreich, Belgien und seit Januar 2012 in den Niederlanden, Burka bzw. Nidjab zu tragen, sollte auch die symbolische Wirkung eines solchen Verbots bedenken. Viele halten ein solches Verbot derzeit nicht für erforderlich. Dabei spielt die Frage der Verhältnismäßigkeit juristisch eine zentrale Rolle. Vgl. MATTHIAS ROHE, in einem Interview im Deutschlandradio Kultur am 11.4.2011, http://www.deutschlandradiokultur.de/wir-brauchen-einen-freien-raum-in-der-gesellschaft.954.de.html?dram:article_id=146188 (aufgerufen am 10.11.2013)

unterricht, sondern das sich als weltanschaulich neutral verstehende Fach „Lebenskunde – Ethik – Religion“ akzeptiert.[16]

Da Recht in der Demokratie immer das geronnene Ergebnis diskursiver Auseinandersetzungen darüber ist, was als Recht gelten soll, ist gegenwärtig eine neue und breite Diskussion über die Grenzen und die Möglichkeiten von Religionsfreiheit erforderlich. Dabei liegt es nicht nur im Interesse der Religionsgemeinschaften, sondern auch im Interesse der Politik, möglichst viele Diskurse über Religionsfreiheit zu führen. Denn nur, was einsichtig ist, wird auch als Recht anerkannt und entsprechend praktiziert.

Zum einen sind Klärungen zwischen den Religionsgemeinschaften und dem Staat darüber erforderlich, was gegenseitig verlangt und gewünscht werden kann. Wenn mehrheitsfähige, politisch tragfähige Lösungen gefunden werden können, können diese in rechtliche Regelungen einfließen. Je interaktiver solche Prozesse gestaltet werden und je mehr sie öffentlich diskutiert werden, desto größer ist die Möglichkeit, dass die Regelungen auch einsichtig sind und akzeptiert werden können.

Die Geschichte der nicht gewährten Religionsfreiheit und die starken theologischen Gründe für die Religionsfreiheit sprechen dafür, die Grenzen der Religionsfreiheit möglichst weit zu ziehen. Die der Religionsfreiheit gesetzte Grenze der Geltung der anderen Grundrechte darf nicht überschritten werden. Infrage steht, was im Rahmen dieser Grenzziehung, unter der Voraussetzung, über die Religionszugehörigkeit frei bestimmen zu können, öffentlich erlaubt werden kann.

Auch wenn manche Schülerinnen möglicherweise durch ihre Eltern dazu gezwungen werden, Kopftuch zu tragen, ist nicht einzusehen, dass eine Kopftuch tragende Lehrerin oder Professorin Schülerinnen und Schüler oder Studierende in ihrer Religionsfreiheit einschränkt. Seitdem muslimische Jugendliche und Frauen in Deutschland häufiger Kopftuch tragen, ist die Mehrheit der Grundschulkinder daran gewöhnt, dass kopftuchtragende Frauen zu unserer Gesellschaft gehören. Die Lehrerinnen im Schuldienst geben an, freiwillig ihr Kopftuch zu tragen. Es ist nicht plausibel zu machen, dass Schülerinnen aufgrund dessen zum Tragen des Kopftuchs gezwungen werden, weil eine Lehrerin in der Schule Kopftuch trägt. Eine kopftuchtragende Lehrerin schränkt die negative oder die positive Religionsfreiheit oder die

[16] Auch innerkirchlich wird die Frage nach dem Verhältnis individueller Grundrechte und institutioneller Rechte diskutiert. In Deutschland werden Körperschaften des Öffentlichen Rechts begrenzt gewährt, für Beschäftigte in ihren eigenen Institutionen die institutionelle Autorität über allgemeingültige Rechte und Gesetze zu stellen. In der katholischen Kirche gilt das z.B. für die Spannung von Gewissensfreiheit und kirchlichem Lehramt, für die Verweigerung der Zulassung von Frauen zum Priesteramt, für die Forderung des Zölibats für Priester, für die Nicht-Anerkennung homosexueller Partnerschaften. In der Evangelischen Kirche wird derzeit um das Streikrecht in Betrieben der Diakonie gestritten.

Gleichstellung von Männern und Frauen bzw. Mädchen und Jungen nicht unzumutbar ein. Auch von einer Habit tragenden Nonne gilt dies nicht.[17]

Gerade weil Muslime in unserer Gesellschaft noch immer weitgehend zu den marginalisierten Gruppen gehören, könnten die christlichen Kirchen in der Forderung der Möglichkeit, auch im öffentlichen Dienst Kopftuch tragen zu dürfen, hier eine Funktion der Anwaltschaft übernehmen. Da ihnen selbst als Körperschaften des öffentlichen Rechts viele Rechte und positive Religionsfreiheit in breitem Rahmen eingeräumt werden, könnte es das genuine Anliegen von Kirchen sein, auch anderen Religionsgemeinschaften, auf der Basis der Geltung der anderen Grundrechte in möglichst breitem Rahmen positive Religionsfreiheit zuzugestehen. Dies ist auch das Anliegen vieler Muslime in Deutschland. Kirchen könnten mit der öffentlichen Forderung größerer Religionsfreiheit auch für Muslime zu Anwältinnen der Freiheit werden und damit zeigen, dass sie mit der eigenen Geschichte lernfähig umgehen. Die Möglichkeit auch im öffentlichen Dienst Kopftuch tragen zu dürfen, kann dazu beitragen, dass sich Muslime stärker mit den öffentlichen Institutionen identifizieren können. Das Zusammenleben von Muslimen und Nicht-Muslimen könnte entspannter und immer öfter zur Normalität werden.

---

[17] Die Debatte darüber, was Kopftuchtragen aus der Sicht der christlichen und aus der Sicht der islamischen Theologie bedeutet, ist eine andere und möglicherweise kontroverse Frage, die im angemessenen Rahmen diskutiert werden sollte. Die christliche Interpretation des biblischen Kopftuchgebots in 1 Kor 11,3-16 hat sich in den letzten beiden Jahrhunderten massiv geändert.

EBRAHIM MOOSA

Politische Implikationen islamischer Theologie

Über Blasphemie, den Abfall vom Islam und den Ausschluss aus der Gemeinde

1. Einführung

Pakistan und Afghanistan sind mehr als Nachbarn. Im ersten Jahrzehnt des 21. Jahrhunderts waren beide ebenfalls Epizentren von Blasphemie-bezogener Gewalt, die sich in Strafverfolgungen, politischem Chaos und Attentaten in diesen Ländern niederschlug. In beiden Ländern brach immer wieder Wut über Ereignisse aus, die in islamischer Terminologie weit gefasst mit dem Begriff der „Blasphemie" identifiziert werden – sei es als Antwort auf europäische Cartoons, die muslimische religiöse Figuren erniedrigen, oder als Reaktion auf böswillige Akte von Qur'ān-Verbrennungen durch religiöse oder politische Gegner.

Doch derartige muslimische Reaktionen auf Provokationen religiöser Art beschränken sich nicht auf Südasien allein. Vielmehr hat der Konflikt über religiöse Werte und Glaubensüberzeugungen von Muslimen seit drei Jahrzehnten zu diversen Verwerfungen geführt – unter anderem auf religiösem, politischem, kulturellem oder ökonomischem Gebiet und immer in intensiver Begleitung durch die global agierenden Medien.

Die Beteiligten in diesen Dramen verknüpfen dabei die lokalen Akteure mit weltumspannenden Diskussionsverläufen über Religion und Politik; sie unterstreichen die Unterschiede zwischen nationalen Empfindlichkeiten in Religionsfragen in mehrheitlich muslimischen Ländern in Abgrenzung zu einer internationalen und säkularen gesetzlichen, politischen und moralischen Ordnung. Innerhalb des nationalen Kontextes verdeutlichen die Debatten über Blasphemie darüber hinaus die Unterschiede zwischen verschiedenen Gruppierungen innerhalb der muslimischen Gemeinschaft selbst. Dabei werden in diesem Zusammenhang oft zwei Gruppen konstruiert und einander gegenüber gestellt. Auf der einen Seite spricht man gern von denjenigen, die eine säkulare politische Ordnung befürworten, auf der anderen Seite von denjenigen, die einen größeren Einfluss der Religion auf das öffentliche Leben fordern, obwohl es zwischen diesen beiden entgegengesetzten Positionen im Grunde genommen eine ganze Reihe nicht so leicht identifizierbarer Standpunkte gibt.

Besonders in Zeiten des Konflikts wird die Lage daher unübersichtlich und bedarf gerade deshalb eines genaueren Hinsehens.

2. Ereignisse im Zusammenhang mit Blasphemie

Was in den Debatten über Blasphemie bisher viel zu wenig bedacht wird, ist die Art und Weise, wie der Islam und seine Lehren von allen Seiten auf breiter Linie instrumentalisiert werden – angefangen von muslimischen Eliten über Repräsentanten internationaler Institutionen bis hin zu ausländischen Regierungen und ihren politischen Führern. In den muslimischen Gemeinschaften konkurrieren dabei sowohl politische als auch religiöse Führer darum, die Lehren des Islams und ihre eigene Legitimität zu verteidigen. In einem leicht entzündlichen politischen Klima werden aus solchen Verhaltensweisen oft riskante und tödliche Vabanquespiele.

So verurteilte der afghanische Präsident Hamid Karzai im Jahr 2011 öffentlich die Qurʾān-Verbrennung des christlich-amerikanischen Extremisten Pastor Terry Jones in Florida. Nur einige Stunden nach Karzais öffentlicher Anprangerung des Vorfalls zogen bereits tausende seiner Landsleute protestierend in verschiedenen Städten durch die Straßen, randalierten auf einem UN-Gelände und töteten dort mehrere Angestellte. Ebenso starben viele Afghanen in den anschließenden Zusammenstößen mit der Polizei. Auch 2012, ein Jahr später, entflammte die (im Rahmen eines Entsorgungsprozesses erfolgte) versehentliche oder absichtlich-provokative Verbrennung von gebrauchten Qurʾān-Exemplaren durch US-Soldaten erneut Proteste und Gewalt quer durch Afghanistan. Das Resultat: mindestens 40 Tote auf Seiten der afghanischen Zivilbevölkerung und mehrere tote US-Soldaten.

Ein weiteres Beispiel ist das benachbarte Pakistan. Hier werden kontroverse Blasphemieverordnungen, die bis in die Kolonialzeit zurückreichen und unter der Diktatur von General Zia ul-Haqq verändert wurden, regelmäßig zur Drangsalierung und Schikane von Gläubigen religiöser Minderheiten benutzt. Versuche von politischer Seite, die kontroversen Gesetzesbestimmungen abzuändern, haben dort wütende öffentliche Proteste hervorgerufen. Die religiöse Drohkulisse führte schließlich dazu, die Zivilregierung des Landes zum Erliegen zu bringen. Zudem kam es zu Mordanschlägen auf hochrangige Persönlichkeiten wie den Gouverneur Punjabs, Salman Taseer. Der Gouverneur wurde von einem seiner Leibwächter niedergeschossen, weil dieser davon überzeugt war, dass sein Arbeitgeber mit der Forderung nach Reform oder Abschaffung der Gesetze ein religiöses Verbrechen begehe. Auch Shabbaz Bhatti, ein Minister der christlichen Minderheit, wurde erschossen, da er ebenfalls davon überzeugt war, dass die Bestimmungen Mitglieder seiner Glaubensgemeinschaft diskriminieren würden.

Gegner des Gesetzes betonen dabei, dass die Verordnungen in der Vergangenheit zur Schikane missbraucht worden seien und weiterhin dafür benutzt würden. Zudem zielten sie angeblich auf Minderheiten wie Christen oder heterodoxe muslimische Gruppen ab. Doch wurden die Blasphemieparagraphen ebenso dazu benutzt, private und politische Rachefeldzüge auszuüben. Alles was ein Kläger in dieser Hinsicht tun muss, ist zu behaupten, dass jemand der Blasphemie gegen den Islam schuldig geworden sei, und ihn der Polizei zu melden. Diese Anklage reicht dann oft aus, um den Beschuldigten in einen unentwirrbaren und bedrohlichen Strafverfolgungsprozess zu verwickeln. Und orthodoxe Verfechter des Gesetzes bestehen sogar darauf, dass die bestehenden Strafen für Blasphemie noch verschärft und in Übereinstimmung mit der strengen Auslegung der Scharia zu bringen sind, anstatt das Gesetz über Reformen zu entschärfen.

Auch im Iran wurde der Mord am aserbaidschanischen Regierungskritiker Rafiq Ṭaqi im November 2011 von Mohammad Jawad Lankarani, einem Kleriker, gutgeheißen. Er lobte die Mörder dafür, dass „sie den Verdammten, der den Propheten beleidigt habe, zur Hölle geschickt hätten“[1].

Ferner hört man gelegentlich auch in Indonesien und Malaysia von Blasphemievorwürfen. In der Türkei hingegen scheint der religiöse Sektor umsichtiger gewesen zu sein, sodass er erfolgreich in der Lage war, diejenigen zu ignorieren, die den Islam und seine religiösen Figuren kritisierten. Es scheint so, als ob sich der religiöse Sektor dort dagegen entschieden habe, den Strategien der Provokateure in ihrer Suche nach öffentlicher Aufmerksamkeit nachzugeben.

Hinter der jüngsten Geschichte scheint sich zudem ein beständiger Trend abzuzeichnen, Blasphemieanklagen dazu zu benutzen, Kritiker zum Schweigen zu bringen. So wurde im Sudan im letzten Viertel des 20. Jahrhunderts Maḥmud Muḥammad Ṭāḥā, eine hochrangige religiöse Persönlichkeit, nicht zufällig gerade infolgedessen exekutiert, dass der bisherige sozialistische Präsident Jaʿfar Nimeiry seinen religiösen Glauben entdeckte. Auch in Ägypten wurde der Akademiker Nāṣr Ḥāmid Abū Zaid bekanntlich dafür verfolgt, Überzeugungen zu vertreten, die gegen apriorisch wahre Glaubenslehren des Islams verstoßen würden. Nachdem er des Glaubensabfalls verurteilt worden war, wurde seine Heirat vom höchsten Gericht Ägyptens für nichtig erklärt, da es einer muslimischen Frau nicht gestattet sei, weiterhin mit einem Nichtmuslim verheiratet zu bleiben. Und weil die ihm unterstellte Apostasie Stimmen von Militanten laut werden ließ, die die Todesstrafe für ihn forderten, blieb ihm nichts anderes übrig, als ins Exil zu gehen.

Den berühmtesten Fall von Blasphemie jedoch stellt natürlich die Veröffentlichung des Romans „Die Satanischen Verse“ von Salman Rushdie dar. Ein Rechtsgutachten (*fatwā*) des iranischen Staatsoberhaupts Ayatollah Ruḥullah Khomeinis, demzufolge eine Person, die den Propheten Muḥammad

---

1 Eigene Übersetzung des Übersetzers, für das englische Original vgl.: SHALOM GOLDMAN (2012), A Writer's Murder Raises Fears of Death-by-Decree. Download unter: http://bit.ly/wxrEG2; [Zugriff am 11.09.2013].

beleidige, nach islamischem Gesetz die Todesstrafe verdiene, heizte die Debatte nur weiter an. Obwohl Blasphemievorwürfe im Zentrum der Rushdie-Kontroverse standen, gerieten die Ereignisse bald außer Kontrolle, schwappten in den Bereich innerstaatlicher Beziehungen über und führten zum Abbruch der diplomatischen Beziehungen zwischen dem Iran und Großbritannien. In der Folge kam es auch zu Debatten über die Freiheit der Meinungsäußerung und die Rechte religiöser Minderheiten in Großbritannien und später in ganz Europa. In diesen Debatten wurde auch immer wieder in hartnäckiger Weise die Behauptung erhoben, dass der Islam unvereinbar mit liberalen Freiheiten sei.

Schließlich führte die Veröffentlichung einer Reihe von Cartoons über den Propheten Muḥammad im Jahr 2006 durch die dänische Zeitung „Jyllands Posten“ zu globaler Empörung unter den Muslimen und zu Chaos und Toten in zahlreichen Ländern.

Vergleicht man den Rushdie- und Jyllands-Posten-Fall, fällt dabei auf, dass Rushdie damals behauptet hatte, er wolle gewisse statische Denkbilder über die Religion, vor allem die fundamentalistische Auslegung des Islams, in Frage stellen. Man könnte daher sagen, dass er mit einer literarischen Form postmoderner Satire experimentierte, um als Autor und Kulturkritiker Fragen aufzuwerfen. Das Projekt der „Jyllands Posten“-Cartoons wurde hingegen beschritten, nachdem ein Kinderbuchautor, der ein Buch über den Propheten Muḥammad verfasste, behauptet hatte, er könne keinen Zeichner finden, der mutig genug sei, islamische Inhalte für sein Buch zu zeichnen, besonders, wenn es um die Darstellung heiliger Figuren, wie die des Propheten Muḥammad, ginge. Diese Behauptung führte dazu, dass in der rechtsgerichteten Zeitung die Idee aufkam, eine Reihe von Cartoons anzuregen, um sich vom angeblichen Würgegriff der wachsenden muslimischen Gemeinschaft auf die kulturellen Normen Europas und im weitesten Sinne des ganzen Westens zu befreien. Während Rushdie bestimmte Denkformen muslimisch-religiöser Weltbilder durch deren Entweihung (bzw. die Provokation durch seine fiktionalen Charaktere) in Frage stellen wollte, fühlte „Jyllands Posten“ anscheinend das Bedürfnis, die europäische Kultur zu verteidigen, auch wenn das bedeutete, die religiösen Werte und die Kultur einer neuen muslimischen Bürgerschaft in Europa zu verletzen. Einige Beobachter waren gegenüber der Zeitung dabei nachsichtig und betonten, Jyllands Posten“ teste nur die Grenzen der Freiheit der Meinungsäußerung aus. Allerdings stellte sich ganz im Gegenteil heraus, dass die Zeitung keineswegs ein gleiche Chancen eröffnender Advokat religiöser Freiheiten war. Denn im Jahr 2003 hatte sich die Zeitung selbst zensiert, als sie sich weigerte, Cartoons zu veröffentlichen, die Jesus in erniedrigender Weise darstellten. Hier war die Zeitung also achtsam gegenüber den Empfindlichkeiten ihrer christlichen Leserschaft gewesen.

Auch 18 Jahre nach der Rushdie-Kontroverse stellte die Darstellung des Propheten Muḥammad in den Cartoons daher wiederum die religiöse Kultur der muslimischen Minderheiten in Europa und ihren Widerwillen sich anzupassen, zu integrieren oder in die dominante Kultur einzufügen, in den Vordergrund. Dieser Fokus war jedoch nicht nur Thema der Cartoons allein. Vielmehr lauerten in deren Hintergrund Spannungen über die muslimische Immigration nach Europa, das Tragen von Kopftüchern muslimischer Frauen oder die Darstellung religiöser Symbole in Frankreich. Des Weiteren trugen die anhaltenden Kriege in Afghanistan und dem Irak inmitten wachsender europäischer Ängste vor religiös-motiviertem Terrorismus durch muslimische Akteure in Europa das ihre dazu bei, dem Vorfall eine globale Dimension zu verleihen. Als die Empörung über die beleidigenden Cartoons auch muslimische Mehrheitsländer erreichte, wurden Dänemarks ökonomische und politische Interessen daher Ziel von Boykotten und Verurteilungen.

Obwohl die Verteidiger der dänischen Zeitung die Kontroverse über die Cartoons weiterhin als Symbol des Kampfes der Kulturen hinstellten, war dies ein unzutreffendes Urteil. Der Sonderberichterstatter der Vereinten Nationen, Doudou Diène, fasste die Angelegenheit treffend zusammen:

> Die unnachgiebige Verteidigung unbegrenzter Meinungsfreiheit durch die Zeitung stimmt nicht mit internationalen Normen überein, die die Freiheit der Meinungsäußerung und die Religionsfreiheit auf angemessene Weise miteinander zu vermitteln versuchen, wobei es besonders darum geht, die Aufwiegelung zu religiösem und rassistischem Hass zu verhindern.[2]

Die Debatte, die durch die Publikation der Cartoons entzündet worden sei, habe das Aufkommen einer Rhetorik des Kampfes der Kulturen in einigen Intellektuellen-, Medien- und Politikzirkeln offen gelegt. Diese Zirkel teilen die Welt ein in einerseits säkulare, demokratische und zivilisierte Länder, die die Meinungsfreiheit verteidigten, und andererseits in obskurante, rückschrittliche und unterentwickelte Länder, die beabsichtigen würden, die religiöse Freiheit und die Stellung der Religion in der Gesellschaft zu zementieren. Diese Argumentationslinie nähre sich aus demselben Geist der Karikatur wie die Zeichnungen der dänischen Zeitung, so Diène weiter.[3]

Im Zentrum der Cartoon-Debatte treffen sich daher verschiedene und vielleicht unvereinbare Wahrnehmungen von Religion. Und in der Tat ergeben sich diese Differenzen aus unterschiedlichen Verstehensweisen von Kultur. Diese kulturellen Unterschiede sind es auch, die sich in unterschiedlichen muslimischen Verstehensweisen von Religion bemerkbar machen, gerade was die Frage der Blasphemie angeht.

---

[2] Eigene Übersetzung des Übersetzers, für das englische Original vgl. ECONOMIC AND SOCIAL COUNCIL OF THE UNITED NATIONS (Hg.) (2006), Racism, Racial Discrimination, Xenophobia and all forms of Discrimination. Situation of Muslims and Arab peoples in various parts of the world. Report from Mr. Doudou Diène, Special Rapporteur on contemporary forms of racism, racial discrimination, xenophobia and related intolerance, 11. Download unter: http://daccess-dds-ny.un.org/doc/UNDOC/GEN/G06/107/32/PDF/G0610732.pdf?Open Element ; [Zugriff am 11.09.2013]

[3] Vgl. zum ganzen Abschnitt ebd.

Die Kultur und ihre Artefakte sind es ja, die dem Leben Bedeutung geben und es verständlich machen. Die moderne Frage nach dem rechten theologischen Verstehen von Blasphemie ist verstrickt in die europäische Kultur und die in ihr inszenierten medialen Debatten. Dagegen leiten sich im Islam die mit Blasphemie verbundenen Prügelstrafen von kulturellen Normen und Werten ab, die bis in die Antike zurückreichen. Im Laufe der Zeit hat sich das muslimische Empfinden an diese Art der Bestrafungen als Norm gewöhnt, obwohl Gelehrte ihre Anwendung als Bestandteil des nationalen Gesetzescodes in modernen Zeiten in Frage stellen. Diese Debatten hängen daher vor allem davon ab, was unter islamischer Reform verstanden werden kann und von dem Einfluss der Moderne auf die Empfindungen von religiösen und säkularen Eliten. Die leidenschaftlichsten Debatten jedoch bewegen sich um die Frage, welche Bedeutung man den politischen Theologien zumessen sollte, die während der Zeit muslimischer Großreiche entwickelt wurden. Welche Bedeutung kann ihnen in Gesellschaften zukommen, die auf Demokratie, Bürgerrechtsgleichheit, freier Meinungsäußerung und religiöser Vielfalt gegründet sind?

Die Forderung nach Ehrfurcht und Respekt gegenüber religiösen Persönlichkeiten, besonders der Person des Propheten, ist ein substanzieller Bestandteil der theologischen Werte und der spirituellen Praxis, der sich viele Muslime verpflichtet fühlen. Obwohl Liebe und Ehrfurcht gegenüber dem Propheten zwar zunächst religiöse Werte darstellen, die von der bzw. dem einzelnen Gläubigen für wichtig gehalten werden, haben sich diese im Laufe der Zeit in Werte verwandelt, die sich mit theologisch-politischen Dimensionen muslimisch öffentlichen Lebens während einander folgender muslimischer Reiche verbunden haben. Denn während des Wandlungs- und Veränderungsprozesses der islamisch-diskursiven Tradition wurden neben dem politischen Sektor diejenigen zum Beschützer des prophetischen Erbes, die dazu befugt waren, die muslimische Tradition auszulegen, die *ʿulamāʾ*. Infolgedessen schlossen sich die diskursive Tradition der *ʿulamāʾ*, ihre Methoden und ihre Autorität, an das Charisma des Propheten an. Verstöße gegen gewisse Lehren, die mit der Autorität der Tradition verbunden sind, werden daher oft direkt als Verstoß gegen die Autorität des Propheten eingeordnet. Daher verursachen sie regelmäßig Blasphemie- und Apostasievorwürfe und führen zum Ausschluss der Betreffenden aus der Gemeinde.

Nicht nur für Europäer, sondern auch für moderne Muslime war es durchaus eine Überraschung, dass es geradezu ein ganzes Trojanisches Pferd von Lehren in Bezug auf die muslimische politische Theologie gibt, die u.a. die Satire gegen den Propheten Muḥammad, seine Familie und seine Weggefährten verbietet. Ebenfalls mussten sie erfahren, dass die Wächter dieser politischen Theologie größtenteils die religiösen Gelehrten, die *ʿulamāʾ*, sind und an manchen Orten ebenfalls der islamische Staat, u.a. in Saudi Arabien, Iran, Pakistan und im Sudan. Schließlich mussten die liberalen Muslime ebenso verwundert feststellen, dass die *ʿulamāʾ* die Unantastbarkeit des Propheten auch auf ihre Methode der Interpretation der Lehren des Propheten übertragen haben. Deshalb finden sich viele kritisch denkende Gelehrte selbst als Adressaten der *ʿulamāʾ*-Kritik wieder, die ihnen mit Ausschluss aus der Gemeinschaft drohen. Dieser Form politischer Theologie möchte ich mich daher im Folgenden zuwenden.

3. Politische Theologie

Die Konsequenzen, die man eingeht, wenn man den Islam als Glaubensgemeinschaft verlässt oder den Propheten Muḥammad kritisiert, bedürfen hier zunächst der Erläuterung. Die muslimische politische Theologie entwickelte sich über Jahrhunderte unter den Gegebenheiten muslimischer Großreiche und Elemente dieser Gegebenheiten finden ihren Nachhall bis in die heutige Zeit. Was also ist politische Theologie? In den Worten Jan Assmanns hat sie es „mit den wechselvollen Beziehungen zwischen politischer Gemeinschaft und religiöser Ordnung, kurz: zwischen Herrschaft und Heil zu tun“[4]. Auch muslimische Denker äußerten eine ähnliche Idee. So betonte zum Beispiel der muslimische Rechtsgelehrte auf dem Gebiet politischer Theorie, *Abū Ḥasan al-Māwardī* (gest. 1058), wenn auch etwas unterschiedlich, aus der Perspektive der Herrschaft und Staatsführung: „Die politische Herrschaft (*imāma*) wurde errichtet, um der Aufgabe des Prophetentums über den Schutz der Heilsordnung (*dīn*) und der Regelung der weltlichen Angelegenheiten nachzufolgen.[5]“ Auch in al-Māwardīs Perspektive gab es also eine Verknüpfung zwischen religiöser und politischer Ordnung. Doch was die muslimische politische Theologie von ihrem christlichen Gegenstück unterschied, war die Tatsache, dass das Politisch-Theologische im Islam aufs Engste mit der Idee der Prophetie verknüpft war, die ihrerseits wiederum den Weg zur Erlösung bedeutete. Das politische Element des Islams bereitete daher einem öffentlichen Sektor den Weg, der sich zwar der Vergrößerung des Allgemeinwohls verschrieb, jedoch immer teilweise auch mit der Erlösungsordnung verknüpft blieb.

Nach dem Tod des Propheten Muḥammad übertrug sich die Leitungsfunktion der Gemeinde auf seine gottesfürchtigen politischen Nachfolger oder auf die Mitglieder der Hausgemeinschaft des Propheten, je nachdem ob man der sunnitischen oder der šiʿītischen Interpretation der Nachfolge Richtigkeit zuschreibt. Daneben entwickelte sich in der muslimischen Kultur im Laufe der Zeit eine Verehrung für diejenigen, die zu den Wächtern des Wissensnachlasses des Propheten bestellt wurden. Da Erlösung eine Kernidee des Islams

---

4 JAN ASSMANN, Herrschaft und Heil: Politische Theologie in Altägypten, Israel und Europa, München 2000, 15.

5 ABŪ AL-ḤASAN AL-MĀWARDĪ, al-Aḥkām as-Sulṭānīya (= Die Regeln des Regierens), Kairo 1966, 5.

als *dīn* darstellte, war auch das Wissen um Praktiken ein integraler Bestandteil der Ordnung, die sich entwickelte. Um die Praktiken mit der Zeit zu verstetigen, zu erklären und zu interpretieren, entwickelte sich eine diskursive Tradition. Diese diskursive Tradition hob den Status und die Macht derer hervor, die die gelernte Tradition vermittelten, namentlich der Gelehrten (*ʿulamāʾ*). Im Laufe der Zeit erlangte diese diskursive Tradition, die auch von einer Vielzahl von Untertraditionen innerhalb des Islams anerkannt wurde, quasi sakrosankten Charakter. Bald wurden die Gelehrten als die wahren Erben des prophetischen Charismas angesehen und Aussagen, die dem Propheten zugeschrieben wurden, unterstrichen den Status der Gelehrten als ebenbürtig zu den israelischen Propheten.[6] Nachdem so die Gleichwertigkeit zwischen den Gelehrten und den Propheten früherer Tage hergestellt worden war, erlangten die *ʿulamāʾ* und ihre Tradition eine Macht und Autorität, die zumindest in der Vergangenheit untrennbar verbunden mit den vorherrschenden Modellen muslimisch-politischer Theologie war.

Anders ausgedrückt hatte der Prophet im Islam sozusagen zwei Körper. Diese „Seinsweisen“ des Propheten füllten dabei durchgehend das moralische Vorstellungsvermögen der Glaubensgemeinschaft (*umma*) aus. Die beiden imaginierten Körper des Propheten parallelisierten dabei die beiden primären Rollen und Funktionen, die der Prophet Muḥammad während seines weltlichen Lebens ausübte. Die erste war der politische Körper des Propheten in seiner Funktion als politisches Zentrum der muslimischen Gemeinschaft als Bote Gottes, der eine politische Ordnung etablierte und diese auf ein transzendentes Gut hin ausrichtete. Durch die oben angesprochene Verstetigung dieses prophetischen Charismas wurde der politische Körper des Islams ebenfalls permanent ausgefüllt und durch unterschiedliche Konzepte der Wärterschaft – das Kalifat im sunnitischen und das Imamāt im šiʿitischen Islam – aufrecht erhalten.

Der zweite Körper des Propheten hingegen bestand in seiner Rolle als Lehrer eines transzendenten Guts und einer transzendenten Weisheit (*yuʿallimuhum al-kitāb wa-l-ḥikma*) und darin, dass er diese in seinem Leben verkörperte (*sunna*) und so gerade das Musterbeispiel für dieses transzendente Gut wurde. Dieser durch den Propheten bereitgestellte Wissenskörper wurde ebenfalls durch die islamische Wissenstradition und ihre Verwalter die *ʿulamāʾ* bewahrt, um nicht sogar zu sagen, sakralisiert. Die Muslime verehren den Propheten daher auf der kollektiven und der individuellen Ebene; in der öffentlichen und privaten Sphäre der Erlösung. Die beiden Körper des Propheten – der politische und der religiöse – wurden deshalb eng miteinander verknüpft. Und in der Meinung mancher waren sie nur schwer voneinander zu trennen. Genau diese Untrennbarkeit der beiden Rollen des Propheten gilt es

[6] Diese Überlieferung ist unter anderem zu finden in: ŠAIḪ AḤMAD AL-AHSĀʾĪ/ MULLA MUḤAMMAD TAHĪR, Ǧawāmiʿ al-kalīm (= Sammlung der Überlieferungen) I, ii, 15:219-220.

daher in Erinnerung zu behalten, wenn man heute über verschiedene Aspekte der Bedeutung von Blasphemie nachdenkt.

Des Weiteren gilt es zu bedenken, dass der Prophet in der politischen Theologie der meisten muslimischen Denker, sowohl von Sunniten als auch Šiʿīten, ein zentrales ontologisches Faktum darstellt und nicht bloß einen epistemologischen Bezugspunkt. Anders ausgedrückt wird er zur Entsprechung eines Souveräns: dem symbolischen Souverän, der jeden weltlichen übersteigt. In der Tat handelt jeder weltliche muslimische Souverän oder jeder, der Politik im Interesse des Propheten ausübt, stets bloß als dessen Nachfolger und handelt nur in seinem Namen, als *ḫalīfatu rasūli l-llāh* [Nachfolger der Gesandten Gottes]. Einige würden sogar noch weitergehen und behaupten, dass die souveräne Identität des Propheten mit der Identität der muslimischen Gemeinschaft gleichzusetzen sei. Wenn solch eine religiöse Vorstellungswelt vorherrschend ist, wird es sehr schwer, Muslime davon zu überzeugen, dass die klassischen Blasphemiegesetze, die während der imperialen Phase des Islams entwickelt wurden, der Veränderung und Anpassung an das Heute bedürfen. Einige mögen sich an die alten Gesetze klammern, da sie davon ausgehen, dass der Prophet der symbolische Grund der weltlichen muslimischen Gemeinschaft sei. Sie meinen, dass die Begründung der Gewalt in den Anfängen des Islam notwendig war, um die Ehre des Propheten zu verteidigen und dies auch heute seine Notwendigkeit behalte, um das Schlüsselsymbol ihres Glaubens zu verteidigen. Daher wird diejenige Person, die den Propheten Muḥammad beleidigt, auch in politischen Begrifflichkeiten eine verworfene Person. Oder wenn man die Sprache des italienischen Politiktheoretikers Giorgio Agamben bemühen möchte, zu einem *homo sacer*, zu jemandem, der zu töten, nicht zu opfern, ist.[7]

Jede Veränderung und jedes Umdenken hinsichtlich der Frage der Blasphemie – und zu einem geringeren Grad ebenfalls der Apostasie – bedarf daher ebenfalls des Versuches, die muslimische politische Theologie neu zu gestalten. Um hier die Initiative zu ergreifen und voranzukommen, müsste ebenfalls ernsthaft über die Neuinterpretation des *Šarīʿa*-Bildes und ihrer Ausgestaltung nachgedacht werden. Eine zentrale Frage besteht dabei darin, ob muslimische Denker bereit sind, das vielfältige Wissen und die Erfahrung der Gegenwart einzubeziehen, wenn sie über die normativen Werte des Islams urteilen.

4. Methodenwechsel

Im Hinblick auf das eben Gesagte ist ein entscheidender Methodenwechsel die Ursache dafür, dass es innerhalb der innermuslimischen Debatte zu einigen

---

[7] Vgl. GIORGIO AGAMBEN, Homo Sacer: Sovereign Power and Bare Life. Übers. Daniel Heller-Roazen, Stanford 1998, 72.

Veränderungen gekommen ist und die doktrinäre Gültigkeit einiger Strafen, die mit dem Vergehen der Blasphemie oder Apostasie in Beziehung stehen, hinterfragt wird. Dies bedarf einer kurzen Erläuterung. Die Standardmethode unter muslimischen Denkern war bisher immer der Rekurs auf eine kanonische Tradition und die dementsprechende Privilegierung der Hermeneutik. Sowohl der Qurʾān als auch die prophetische Tradition, die Sunna, wurden dafür als gleichberechtigte autoritative Quellen angesehen. Der Interpretationsprozess (Hermeneutik) vertraute dabei auf die Autorität der Tradition und wertete die frommen Beispiele aus der Gründungszeit des Islams aus. Auch hier wurde bereits die Möglichkeit von Wandlungen für eine vernünftige dialogische Beziehung zwischen Text, Zeit und Kontext berücksichtigt. Ebenfalls war in dieser Hinsicht die Variation in der Auslegung des Kanons auf der Grundlage unterschiedlicher Schulen und eines unterschiedlichen Kontextes mit verschiedenen Arten der Argumentation akzeptiert. Die Auslegung konnte sich dabei aus formaler Argumentation oder affektiven Formen gemeinschaftlicher Argumentation speisen – letzere nochmals durch geteilte Glaubensüberzeugungen, Verhalten oder Sehnsüchte.

Doch seit dem Ende des 19. Jahrhunderts, vielleicht sogar etwas früher, haben bedeutsame Methodenwechsel ein anderes Verstehen der kanonischen Tradition herausgebildet, und obwohl es Einiges an Kontinuität mit der traditionellen kanonischen Methode gibt, lassen sich auch Diskontinuitäten feststellen. Denn einige moderne muslimische Denkrichtungen haben – ganz im Einklang mit Teilen der Traditionalisten – damit begonnen, den Kanon in einer mehr instrumentellen Funktion zu sehen. Ihr Ziel war es dabei, die Offenbarung als ergebnisbasiert zu betrachten und die primären Ziele muslimischer Offenbarung fest im Blick zu behalten. Einige moderne Kritiker waren dabei der Überzeugung, dass die klassische und nachklassische kanonische Tradition diese transzendenten Werte des Islam oft verfehlt habe. Denn die ältere Tradition, so die Kritiker, sei darin stecken geblieben, die kulturellen Praktiken der Vergangenheit zu bewahren, anstatt das moralische Ethos des Islam zu fassen zu bekommen.

Auf Grundlage dieser Überzeugungen gewann ein älteres, weniger bekanntes gesetzlich-moralisches Verständnis nach und nach an Popularität und Einfluss. Dieser Ansatz, der im Gewand islamischer Reform vorangetrieben wurde, unterstrich die übergreifenden Ziele (maqāṣid) der muslimischen Offenbarung und behauptete, dass Moral und Werte auf bestimmten Interessen (maṣlaḫa pl. maṣāliḥ) beruhen würden. Die Offenbarung sei demnach dazu bestimmt gewesen, die Religion, das Leben, die Vernunft, das Eigentum und die Familie zu bewahren.[8] In dieser veränderten Methode wurde der Qurʾān die entscheidende Quelle für die religiöse und moralische Unterweisung. Zwar wurde die prophetische Tradition (*ḥadīṯ*) nicht außer Acht gelassen, doch

8 Vgl. ABŪ ISḤĀQ AŠ-ŠĀṭIBĪ, al-Muwāfaqāt fī uṣūl aš-ṣarīʿā [Konsens der Methodenlehre zur Šarīʿa]. Hrsg. v. Ibrāhīm Ramḍān, Bd, 2., Beirut 2006, 326.

wurde sie einer stärkeren Überprüfung unterzogen. Diese Methode beeindruckte einige muslimische Traditionalisten aus den Reihen der *ʿulamāʾ*, ist aber vor allem die zentrale Position der nicht-*ʿulamāʾ* Gelehrtenschaft geworden. Als Resultat dieses Methodenwechsels ist es dazu gekommen, dass eine Anzahl von Lehren, die vorher auf der Autorität der Überlieferung (*ḥadīṯ*) beruht hatten, aufgegeben wurden, vor allem dann, wenn die Werte der *ḥadīṯ* in Spannung mit den weiteren Zielen der qurʾānischen Lehren standen oder wenn der Qurʾān sich über Sachverhalte, beispielsweise auch die Strafen für Blasphemie oder Apostasie, ausschwieg. Dieser reformerische und auf dem Qurʾān basierende Ansatz verspricht daher eine ganze Menge an Debatten über das hier diskutierte Thema auslösen zu können und das gleiche gilt für andere, sehr gewichtige Themen, die einst unhinterfragt waren, jetzt aber Gegenstand von Neuinterpretationen sind.

5. Bann, Blasphemie und Apostasie im Islam

In einer Zeit westlich-liberaler Hegemonie werden diskursive Debatten religiöser Natur unter den Bürgerinnen und Bürgern muslimischer Mehrheitsgesellschaften oft als Begrenzung der Meinungs- und als Verweigerung der Religionsfreiheit angesehen. Die Hegemonie einer bestimmten Terminologie ist dabei Teil des Problems. Denn der Begriff „Blasphemie“ stellt einen Medienbegriff dar, der häufig dazu benutzt wird, hitzige innermuslimische Debatten zu charakterisieren oder um den Modus zu bezeichnen, durch welchen Muslime ihr Missfallen über die Art und Weise, wie der Islam dargestellt wird, äußern. Doch sollte man in Erinnerung behalten, dass der Begriff auch in der westlichen Moralphilosophie und -theologie eine Vielfalt von Dimensionen bezeichnen kann. Beispielsweise können „jedes profane Reden über Gott oder heilige Dinge“, „unfromme Pietätlosigkeiten“ oder jede Art des „Tadelns“ einer heiligen Figur mit dem Begriff der Blasphemie belegt werden. Und ebenso vielfältig und nuanciert sind die muslimischen Redeweisen über verschiedene theologische Streitpunkte.

Dementsprechend werden auch in der Diskurstradition des Islams verschiedene Begrifflichkeiten benutzt, um die Verletzung von doktrinären Grenzen und Lehren anzudeuten. Innerhalb gewisser vereinbarter und allgemein akzeptierter Grenzen gibt es daher reichlich Spielraum für Meinungsverschiedenheiten. Doch wenn eine Meinungsverschiedenheit etwas betrifft, das als Ablehnung einer apriorisch wahren Glaubenslehre des Islam aufgefasst werden kann, dann löst diese Verschiedenheit Forderungen aus, den Autor oder Proponenten solch anstößiger Ansichten für ungläubig zu erklären (*takfīr*). Sowohl in vormodernen als auch modernen Zeiten haben sich theologische Gegner, die unterschiedliche Lehrmeinungen vertraten, gegenseitig mit diesen gefährlichen Forderungen überzogen, da sie entweder als Gruppen oder Individuen untereinander um die Meinungshoheit und Autorität kämpften.

Obwohl deshalb Vorsicht bei der Verwendung dieser gegenseitigen Anschuldigungen nötig wäre, um sie für wirklich entscheidende Fälle aufzusparen, kann der Leser von Schriften zeitgenössischer Autoritäten, die einen muslimisch-traditionellen Blickwinkel einnehmen, feststellen, wie verbreitet die Benutzung von *takfīr* ist, um Dissens innerhalb der *ʿulamāʾ* selbst und außerhalb von ihr, bei den Nicht-*ʿulamāʾ*-Rivalen, zum Schweigen zu bringen. Doch obwohl die Verwendung der Rhetorik des den-Anderen-zum-Ungläubigen-Erklärens den Wertekonsens unter den Muslimen spaltet, führt sie dennoch auch zu einer diskursiven Spannung zwischen den Muslimen und feuert eine lebhafte öffentliche religiöse Sphäre an, vorausgesetzt, dass diese Debatten nicht in Gewalt enden. Doch wenn einige dieser Meinungsverschiedenheiten in den Hallen moderner säkularer Gerichtsverfahren ausgetragen werden, mutieren diese in politische Tatbestände und der Täter wird zu einem Kriminellen, sofern er für schuldig befunden wird. Genau das ist es, was in den Fällen von Maḥmūd Muḥammad Tāhā, Nāsr Ḥāmid Abū Zaid oder anderen, die für theologische Verstöße verfolgt wurden, passiert ist.

6. Das Beleidigen des Propheten

Auch zwei weitere Verstöße, das Beleidigen des Propheten Muḥammad und der Glaubensabfall, ziehen beide ernste Bestrafungen nach sich und sind Teil des muslimisch-theologischen Vokabulars. So ist die Benutzung von Satire, Pamphleten oder persönlichen Beleidigungen gegenüber dem Propheten unter dem Begriff *sabb al-raṣūl* bekannt und wird in der muslimischen politischen Theologie für einen schwerwiegenden Verstoß gehalten. Taqī ad-Ḍīn Ibn Taīmīya, ein renommierter Rechtsgelehrter des 14. Jahrhunderts, hat dabei ebenso wie viele Gelehrte vor ihm dafür argumentiert, dass die Beleidigung des Propheten im Verständnis des Islams nicht nur eine schwere Sünde, sondern auch ein Kapitalverbrechen darstelle. Nach dieser Ansicht sei es für einen Muslim ohnehin undenkbar, den Propheten Muḥammad absichtlich zu beleidigen. Und auch wenn eine andersgläubige Person, beispielsweise ein Jude, Christ, Zoroastrier oder Hindu, den Propheten beleidigen sollte, habe diese Person den Schutzvertrag gebrochen, den sie in den vormodernen islamischen Reichen als Recht genossen habe. Die Strafe für die Verleumdung des Propheten büßt man daher durch die ernste Konsequenz der Todesstrafe. Und da die Ehrerbietung für den Propheten eine der zentralen Glaubensgrundlagen sei, stelle die Beleidigung des Propheten darüber hinaus nicht nur die Absicht, den Islam zu verlassen, heraus, sondern zeige im Gegenteil noch Schlimmeres an: dessen Verleumdung. Man kann daher in Kürze sagen, dass die Beleidigung und Verleumdung des Propheten, unabhängig vom Glaubensabfall, nach Meinung vieler Gelehrter einen Verstoß *sui generis* darstellt. Andere würden beide als eine extreme Form der Apostasie werten, da die

Todesstrafe die vorgeschriebene Bestrafung für beide Formen darstelle, obwohl es Unterschiede in den formalen Abläufen beider gebe.

Besonders verleumderische Satire über den Propheten lässt sich nach *Ibn Taimīya* nochmals als „spezifisches Verbrechen" (*ǧināya mufrada*) bezeichnen.[9] Ibn Taimīya betont dabei, dass der Prophet bei der Eroberung Mekkas auf die Todesstrafe für eine Anzahl von Menschen bestanden habe, die in ihren Gedichten und Reden verleumderische Aussagen getätigt hätten. Dabei seien Gegner, die sich nicht an diesen Verleumdungen beteiligt hätten, bei diesem Vorfall mit einer Amnestie davongekommen. Nach Ibn Taimīya seien denjenigen Gefährten des Propheten, die die Beleidigungen gegenüber diesem gerächt hätten, ebenfalls besondere Ehren als „Hilfen Gottes und Seines Boten" (*nāṣiran li-l-llāhi wa-rasūlihi*) zu Teil geworden.[10]

Der Präzedenzfall für die Todesstrafe in diesem Zusammenhang ist die Exekution von vier bis fünf Personen, die vom Propheten bei der Eroberung Mekkas angeordnet wurde. Obwohl traditionelle sunnitische und šiʿitische Gelehrte dabei an der bindenden Autorität dieses Präzedenzfalles festhalten, sind einige Traditionalisten und auch eine Reihe anderer Gelehrter im 20. und 21. Jahrhundert von diesem Konsens abgerückt, um die Bedeutung, Interpretation und bindende Autorität dieses Vorfalls infrage zu stellen. Die von der Mehrheitsmeinung Abweichenden hinterfragen dabei die Ansicht, dass die oben Angesprochenen in den ersten Tagen des Islams wegen ihrer Verleumdung des Propheten bestraft wurden und betonen, dass diese Strafen möglicherweise doch die Konsequenz aus früheren Verbrechen, wie Totschlag oder Mord, die diese begangen hätten, gewesen seien.

Ebenso argumentieren einige dafür, dass es im Qurʾān keine vorgeschriebene Bestrafung für die Verleumdung des Propheten gebe, obwohl dieser sehr wohl diejenigen verdamme, die physische oder emotionale Gewalt an dem Propheten verüben würden. Auch Unterstützer der Schwere des Verstoßes folgern ihre Ansichten gerade aus diesen Passagen. Doch haben sie dabei Schwierigkeiten, ihre Forderung nach der Todesstrafe aus dem Qurʾān zu beweisen. Denn die Autorität ihrer Forderung leitet sich nicht aus dem Qurʾān, sondern aus dem *hadīṯ* ab, in dem der Prophet die Hilfe seiner Begleiter in Anspruch nimmt, um Kaʿb bin al-Ašraf dem Schwert zu übergeben, da dieser Gott und seinen Propheten beleidigt hat.[11]

Doch auch die Gegner der Todesstrafe für die Verleumdung des Propheten haben Schwierigkeiten. Denn auch wenn sie im Hinblick auf das eben Gesagte betonen, dass der Erlass der Todesstrafe aus politischer und nicht religiöser Motivation heraus erfolgt sei, haben sie verständlicherweise große Schwierigkeiten zu erklären, warum die Blasphemievorschrift als Teil des Apostasie-

---

9 AHMAD IBN TAIMĪYA, Aṣ-Ṣārim al-maslūl ʿalā šātim ar-rasūl (= Das gezückte Schwert gegen die Schmähungen des Propheten). Hrsg. von Ibrāhīm Šams ad-Dīn, Beirut 1975, 209.

10 Vgl. ebd. 208.

11 Vgl. ebd., 211.

gesetzes durch die ganze muslimische Geschichte praktisch als ungebrochener Rechtskonsens erhalten geblieben ist.

7. Apostasie

Die Lehre vom Glaubensabfall (*ridda*) und die mit ihr verbundenen Strafen haben ebenfalls eine Reihe von Diskussionen unter Experten islamischen Rechts ausgelöst. Ebenso wie im Hinblick auf die Verleumdung des Propheten wird im Qurʾān keinerlei Strafe für den Glaubensabfall überliefert. Vielmehr geht diese ebenfalls auf die *hadīṭ*-Tradition zurück. So überliefert ein Bericht, der dem Propheten Muḥammad zugeschrieben wird: „derjenige, der seine Religion ändert, soll getötet werden" (*man baddala dīnahu fa-l-yuqtal*)[12]. Nach Meinung einiger Autoritäten geht diese Strafe ebenfalls auf ein Dekret des Propheten Muḥammad bei der Eroberung Mekkas zurück, in welchem er die Exekution einer Handvoll von Personen für ihren angeblichen Abfall vom Islam beschließt. Doch mittlerweile hat sich eine Anzahl von Gelehrten in die Debatte eingeschaltet, die die bisherige Apostasielehre infrage stellen.

So hat Ṭāhā Ǧābir al-Alwānī, ein ehemaliger traditioneller Gelehrter, der einst sehr aktiv in den USA war und sich nun in Kairo aufhält, dafür argumentiert, dass die traditionelle Bestrafung für den Glaubensabfall, die Todesstrafe, gegen den islamischen Grundsatz „keinen Zwang in Glaubensfragen" verstoße.[13] In seiner ausführlichen Studie über diese Lehren kommt al-Alwānī zu dem Schluss, dass die Bedeutung der Apostasie (*ridda*) schon in den Anfangszeiten des Islams umstritten gewesen und Teil der politischen, nicht der religiösen Rechtsprechung des Islams gewesen sei. Auf der Grundlage dieser frühen Meinungsverschiedenheiten bestreitet er ebenfalls, dass es einen ungebrochenen Konsens gegeben habe, der die Todesstrafe für Apostasie befürwortet habe. Und al-Alwānī gesteht auch dem *ḥadīṯ*, der befiehlt, dass derjenige, der seinen Glauben ändert, getötet werden soll, nicht viel Glaubwürdigkeit zu.

Der freimütige, in Katar lebende Kleriker *Yūsuf al-Qaraḍāwī* hat hingegen dafür argumentiert, dass Apostasie in zwei Typen unterschieden werden könne.[14] Der erste Typ sehe Apostasie als eine Form subversiver Propaganda an, welche die muslimische Gemeinschaften irreführen und durcheinander bringen solle, um so die Identität der Gemeinschaft, die öffentliche Ordnung

---

12 ṢAḤĪḤ AL-BUḪĀRĪ (Sammlung der authentischen Überlieferungen nach AL-BUḪĀRĪ), o.O, o.J., Nr. 6922.

13 Vgl. ṬĀHĀ ǦĀBIR AL-ALWĀNĪ, ‚Lā ikrāha fī d-dīn: iškāliyat ar-ridda wa-l-murtaddīn min ṣadr al-islām ḥattā al-yaum (= Kein Zwang im Glauben. Zweideutiggkeiten bezüglich Apostasie und Apostaten von den Anfängen des Islam bis heute), al-Qāhira 2003.

14 Vgl. YŪSUF AL-QARAḌĀWĪ, Ǧarīma ar-ridda…wa-ʿuqūba al-murtadd fī Ḍauʿ al-qur ʾān wa-l-sunna (= Das Vergehen der Apostasie und die Strafe für Apostaten im Lichte des Qurʾān und der Sunna), Kairo 1996, 44-63.

und die Stabilität zu untergraben. Diese Form öffentlicher Äußerung von Apostasie, die andere dazu verleiten würde, den Islam zu verlassen, sei nach al-Qaradāwī zu bestrafen. Die zweite jedoch, die weniger öffentliche, eher private Form der Apostasie, bei der ein Individuum vom Islam abfalle, ohne andere dazu zu verleiten, das Gleiche zu tun, sei nicht strafbar. Dies würde in der Perspektive muslimischer Theologie zwar in der Tat als Sünde gelten, für solch einen Verstoß müsse man sich aber erst im Jenseits verantworten.

Auch der indische Gelehrte *Mawlana Waḥīduddīn Khan* weist die traditionelle Position im Hinblick auf Apostasie und Blasphemie in einer ausführlichen Analyse zurück. So seien die Zeugnisse, die die Strafen für Blasphemie unterstützten, fragwürdig und zudem verstieße die Bestrafung für Blasphemie gegen den Auftrag des Islams die Menschen unablässig zu seinen Lehren und der Erlösung einzuladen (*da'wa*).

Ebenso hat der prominente pakistanische Gelehrte *Javed Ahmad Ghamidi* dafür argumentiert, dass die Strafe für Apostasie aus einem Missverständnis bezüglich eines *ḥadīṯ* entstanden sei,[15] und bietet eine Erklärung für den bereits oben angeführten *ḥadīṯ* an, der die Bestrafung nach Ansicht der meisten Gelehrten festschreibt: „derjenige, der seine Religion ändert, soll getötet werden“ (*man baddala dīnahu fa-l-yuqtal*)[16]. Anstatt den *ḥadīṯ* dabei als unauthentisch zurückzuweisen, glaubt Ghamidi, dass dieser in Bezug auf den Kontext der Äußerung missverstanden worden sei. Denn die Aussage entstamme einer Übergangsphase, die viele Propheten, so auch der Prophet Muḥammad gehabt hätten, nachdem sie die Verkündigung der Offenbarung ausgeschöpft (*itmām al-ḥuǧǧa*) hätten. Nach dieser Zeit seien sie dazu befugt gewesen, Ultimaten an ihre Gefolgschaft zu stellen, um eine Gemeinschaft der Gläubigen zu etablieren, die subversive Aktivitäten nicht akzeptieren würde. Als Teil dieses Plans hätten die Araber des 7. Jahrhunderts, und zwar nur die Menschen, die ethnisch mit dem Propheten verwandt gewesen seien, zum Islam konvertieren oder sonst ihren Tod in Kauf nehmen müssen. Der Plan sei der Idee gefolgt, die arabische Gemeinschaft Muḥammads zu einer hegemonialen, vollständig muslimischen, Gemeinschaft zu formen, die dann andere Menschen zum neuen Glauben habe einladen können. Diese Regel habe keine universale Anwendung gefunden, sondern sich nur auf diejenigen Araber bezogen, die als *ummīyūn*, als spirituell bisher Ungebildete, bekannt gewesen seien. Der in Frage stehende *ḥadīṯ* sei daher nur auf die *ummīyūn* bezogen gewesen, die zu ihrem vorherigen Glauben hätten zurückkehren wollen, nachdem sie den Islam akzeptiert hätten. Nur solche Personen hätten dann den Tod finden sollen.

Ebenso unterstreicht der der Deoband-Schule in Pakistan zugerechnete traditionelle Kleriker *Ammar Khan Nasir*, dass es nicht immer Einstimmigkeit

---

[15] Vgl. JAVED AHMAD GHAMIDI, The Penal Shari'ah of Islam, Lahore 2004, 36.

[16] ṢAḤĪḤ AL-BUḪĀRĪ (Sammlung der authentischen Überlieferungen nach AL-BUḪĀRĪ), o.O., o.J., Nr. 6922.

zwischen den muslimischen Rechtsschulen über die Todesstrafe für diejenigen, die den Propheten beleidigt hätten, gegeben habe. Während er die Mehrheitsmeinung nicht bestreitet, weist er doch darauf hin, dass glaubwürdige Persönlichkeiten innerhalb der hanafītischen Rechtsschule die Möglichkeit gekannt hätten, dass ein Schuldiger seinen Verstoß, den Propheten Muḥammad zu beleidigen, habe zurückziehen können. Ebenso gebe es Minderheitsmeinungen, die einem Abtrünnigen die Möglichkeit zugestehen würden, zu widerrufen und sich vor dem schlimmen Tod zu retten. Nasir hat auf diese Weise versucht, eine Diskussion unter den traditionellen Gelehrten zu eröffnen, um eine toleranteres und realistischeres Gesicht islamischer Lehren in Pakistan zu ermöglichen. Und obwohl ihm die Verbreitung dieser die hegemonialen Ansichten in Frage stellenden Ideen viel Kritik eingebracht hat, lässt er nicht nach, seine Vorschläge und die mit ihnen verbundene Debatte voranzubringen.

Auch unter šiʿitischen Theologen gibt es eine dynamische Debatte über die Gültigkeit der Strafen für Apostasie und das Beleidigen des Propheten. Eine Reihe von Gelehrten, wie Mohsen Kadivar, haben dafür argumentiert, dass die Todesstrafe für den Abfall vom Islam gegen das islamische Verständnis vom Recht auf Glaubensfreiheit verstoße.[17] Ebenso betont *Sayyid Muḥammad Hasan al-Amīn*, ein bekannter libanesischer Šiʿīt und Denker, die Notwendigkeit das muslimische Gedankengebäude eine Revision zu unterziehen, wenn es Relevanz für eine Gegenwart behalten wolle, in der Muslime sich der Idee eines Zusammenlebens über Religionsgrenzen geöffnet haben.[18]

In all diesen Diskussionen zeichnet sich daher ab, dass es Meinungsverschiedenheiten über einige der wesentlichsten Fragen in Bezug auf Religion, Kultur, Toleranz und die Freiheit der Meinungsäußerung gibt. Diese produktiven Meinungsverschiedenheiten ermöglichen dabei gleichzeitig Raum für Diskussionen und Debatten, auch in den Kreisen derjenigen, die am einflussreichsten bezüglich der Veränderung des religiösen Denkens sind, der *ʿulamāʾ*.

8. Gedanken über den Islam in einem vielgestaltigen geopolitischen Kontext

Während Ideen, Werte und Prinzipien zu universaler Geltung tendieren und die Vernunft ansprechen, sind sie auch unweigerlich Produkte ihrer Zeit und ihres historischen Ortes. Man tappt in eine Falle, wenn man historische Realitäten ignoriert, da deren Nichtbeachtung die falsche Ansicht befördert, dass

[17] Vgl. ḤAIDAR ḤUBB ALLĀH, al-ʿUnf wa-l-ḥurriyāt al-dīnīya: qirāʾāt wa-l-iǧtihādāt fī l-fiqh al-islāmī (= Radikalität und religiöse Freiheit. Rezeptionen und neuere Ansätze im Islamischen Recht), 2 Bände, Band I, Beirut 2011, 77-123.

[18] Vgl. ebd., 33-73.

Menschen ohne Geschichte seien. So können soziale Kontinuitäten und die Tradition zwar den Eindruck erwecken, dass die Dinge in einem quasi veränderungs- und bruchlosen Universum immer die gleichen gewesen seien. Doch wenn man genauer hinsieht, zeigt sich, dass sich die Tradition anpasst, Wörter neuen Glanz und neue Bedeutungen erhalten. So kann der gleiche Begriff, beispielsweise das Wort *ʿaql,* Vernunft oder formale Vernunft während der einen, jedoch Rationalität, wissenschaftliche oder empirische Begründung oder Alltagsverstand in einer anderen Zeit bedeuten. Daher mögen Gesetzeskanons und theologische Lehrmeinungen zwar dieselbe Terminologie im Interesse der Kontinuität bemühen; doch bedeuten diese dennoch sehr verschiedene Dinge zu verschiedenen Zeiten und Orten.

Die muslimische religiöse Tradition anerkennt die Historizität der göttlichen Kommunikation mit der Menschheit auf vielfältige Weise. So wird allgemein anerkannt, dass das Ziel des menschlichen Daseins auf dieser Erde darin besteht, sich in die erlösende Beziehung zu Gott hineinzubegeben, was der Begriff *dīn* ausdrückt. *Dīn* zu folgen heißt, Gott gegenüber Verpflichtungen einzugehen. Die muslimische Theologie behauptet, dass *dīn* – die Suche nach Erlösung – eine Konstante in allen religiösen Traditionen der Geschichte ist. Dennoch erkennt die muslimische Theologie ebenfalls an, dass sich die Form und die Art dieser Erlösungspraxis im Laufe der Geschichte verändern können. Die Form ist dabei die Modalität, der Modus und das Mittel, die Erlösung auszudrücken, weshalb sich die *Šarīʿa* oder der Weg zur Erlösung permanent wandeln können. Gerade das ist der Grund, warum die Offenbarung des Glaubens so unterschiedliche Formen angenommen hat und sich in den abrahamitischen Religionen auf so unterschiedliche Art und Weise ausdrückt.

Dennoch ist gerade die Frage nach der Geschichte eine ziemlich komplexe und komplizierte. Die entscheidende Frage ist, ob wir *in der Zeit* oder *durch die Zeit* leben. Im ersten Fall stellt man sich die Zeit als bloßes Gefäß vor, einen Bereich, durch den wir uns bewegen, von dem wir jedoch relativ stark getrennt sind. In dieser Konzeption wird Zeit als Mittel angesehen, dem gegenüber wir eine ganz bestimmte Art von Objektivität bewahren können. Doch neuere Reflexionen behaupten, dass wir vielmehr *durch die Zeit* leben.[19] In dieser Konzeption wird der Mensch durch seine Zeitlichkeit erst konstituiert, wird von ihr geformt und verändert, ja kann ohne diese nicht existieren und hat kein Wesen. Menschen sind in dieser Lesart in anderen Worten die Verkörperung der Zeit. Doch wie verhalten sich diese Konzeptionen zur Geschichte? Wenn die Zeit objektiv und getrennt von uns existiert, kann man

---

[19] Vgl. zum Konzept von Zeit REINHART KOSELLECK, Future's Past: On the Semantics of Historical Time. Übers. Keith Tribe. Cambridge u.a. 1985, 246. Aufgeführt nach: MOOSA, EBRAHIM, Transitions in the 'Progress' of Civilization: Theorizing History, Practice, and Tradition." In: OMID SAFI (Hg.), Voices of Change. (Voices of Islam; 5), Westport & London 2007, 115-130.

die Fiktion der Zeitlosigkeit aufrechterhalten und die Idee, dass menschliche Wesen von der Geschichte nicht verändert werden, da Mensch und Zeit unverbunden sind. Wenn Menschen jedoch gerade die Verkörperung der Zeit sind, dann verändern wir uns auch im Laufe der Zeit. Und unsere Bilder der Vergangenheit verändern sich, indem sich unser eigenes Selbstverständnis vertieft und sich unser Verständnis über die menschliche Lage verändert.

Genau diese Konzeptionen von Geschichte spielen auch in der Zwickmühle eine Rolle, in der sich die Muslime gegenwärtig befinden, besonders im Bereich islamischer Denkweisen und im Hinblick auf Debatten über deren Reform. Natürlich gibt es eine ganze Bandbreite von Ansichten. Es gibt diejenigen, die glauben, dass wir *in der Zeit* leben und unsere Handlungsfähigkeit unabhängig von dieser besteht. Daher glauben sie auch, dass man die überlieferten Werte und Hinterlassenschaften der Vergangenheit beibehalten könne, da diese nicht in einer Beziehung zur Zeit stünden.

Eine andere Konstruktionsform muslimischer Geschichte hingegen unterschreibt stillschweigend die Tatsache, dass wir *durch die Zeit* leben und dass das vergangene Erbe der Menschheit und ihre Ideen der Veränderung der Zeit unterliegen. Unsere Erfahrungen verändern uns im Hinblick darauf, wer und was wir sind. Diese Konzeption trägt also einem dynamischeren Verständnis der Geschichte Rechnung, bringt jedoch ebenso Bedrohungen und Herausforderungen für bestimmte Ansichten der muslimischen Orthodoxie mit sich.

Der Dichterphilosoph Südasiens, *Muhammad Iqbal*, verstand etwas von diesen beiden Zeitauffassungen. Die erste nannte er „reine", das zweite „serielle" Zeit.[20] Als moderner Muslim verstand Iqbal, dass das islamische Denken in seiner Ganzheit entsprechend der heutigen Zeit neu gestaltet werden muss. Ebenso war sich Iqbal über den Mangel an Machtgleichgewicht zwischen den beiden genannten Polen bewusst: Zum einen dem Westen, der das Handwerkszeug für die Veränderung hat und diese durch das Wissen der Moderne erzwingen will, und auf der anderen Seite dem Rest der Welt, der auf diesem Wege enteignet wird und nicht in der Lage ist, diese Macht der Veränderung zu beherrschen. Diese Ohnmacht war dabei etwas, das ihn durchgehend beunruhigte, sodass er nie ganz die Verbitterung über die „Kolonialität der Macht" abschütteln konnte. Das Dilemma, das Iqbal erfahren hat, ist heute weder vorbei noch gelöst worden. Die „Kolonialität der Macht", ein Konzept, das vom peruanischen Denker *Anibal Quijano* geprägt wurde[21], betont dabei, dass die epistemischen, moralischen und ästhetischen Wissensvorräte in einer Art und Weise organisiert werden, dass sie Herrschaft durch eine Hegemonie eurozentrischer Wissenssysteme reflektieren und reproduzieren. Doch während Iqbal die Macht, die in Wissenssystemen und

---

[20] Vgl. MUHAMMAD IQBAL, Die Wiederbelebung des religiösen Denkens im Islam. Übers. von Axel Monte und Thomas Stemmer, o.O. 2003, 53-88.

[21] ANIBAL QUIJANO, Coloniality of Power, Eurocentrism and Latin America. Nepantla: Views from the South 1 (3), Durham/ North Carolina 2000.

Lebensformen kodiert wird, suspekt war, war er Realist genug zu erkennen, dass die Muslime heute ebenfalls Teil dieses aufkommenden Wissenssystems geworden sind. Obwohl seine Rhetorik trotzig, teilweise polarisierend klang, war er Realist, was das religiöse Denken anbelangte.

9. Zusammenfassung

Zum Abschluss mag es hilfreich sein zu fragen, welche Rolle die Regeln in Bezug auf Themen wie Apostasie, verleumderischer Blasphemie oder die Praxis, Gegner des Abfalls vom Islam zu bezichtigen, in zeitgenössischen muslimischen Gesellschaften spielen könnten. Die angesprochenen Gesetzestypen waren in sich schlüssig im politischen Kontext eines theokratischen Reiches. In einer Gesellschaft hingegen, in der freie Meinungsäußerung herrscht und in der politische Möglichkeiten nicht mehr vom eigenen religiösen Status abhängen, in einer Gesellschaft, in der das gesellschaftliche Wohlergehen nicht vom eigenen religiösen Bekenntnis gefährdet ist – in solch einer Gesellschaft kann es durchaus möglich sein, sich Diversität und Pluralismus als Modi der *šarīʿa* vorstellen zu können, die (dann) als wertgeschätzte, gesellschaftliche Ziele erhalten werden. In einer multireligiösen und multikulturellen Gesellschaft wären die Werte der *šarīʿā* sicherlich in der Lage, den Fokus auf Vorstellungen von Reziprozität legen. Natürlich muss eine Gesellschaft auch dahin arbeiten, die eigenen Bürger dazu zu ermutigen, integeres Verhalten an den Tag zu legen und die Glaubensüberzeugungen anderer Menschen nicht zu verunglimpfen, da solche gewaltsamen Taten nur wütende und ärgerliche Reaktionen herausfordern werden. Doch wenn anstößige Dinge über den Glauben von Anderen geäußert werden, sollten der Dialog und ein Austausch der Perspektive die erste Zuflucht darstellen. Dieser sollte dabei nach den höchsten Maßstäben stattfinden, so wie sie in islamischer Höflichkeit und Etikette (*adab*) begründet sind.

Aus dem Englischen übersetzt von Emanuel Rasche.

Anne Weber

Christliche Ethik?

Zum entscheidend Menschlichen als Grundhaltung

„Denn der Mensch existiert als Person, indem er handelt. Und so ist die Frage nach der Güte, der Würde, der Richtigkeit (...) seine Lebensfrage, die Frage mit deren Beantwortung er steht und fällt.“[1]

Beschäftigt man sich mit den Grundlagen ethischen Handelns religiöser Menschen, so will man nicht nur die damit verbundene theologische Tiefengrammatik erhellen, sondern fragt indirekt nach den Besonderheiten und Unterscheidungsmerkmalen, d.h. nach dem christlichen *Proprium* der Ethik.[2] Weil die ethischen Begründungs- und Anwendungsdiskurse der Gegenwart jedoch spätestens seit der Aufklärung metaphysisch vorbelastete Zugänge zu Fragen der Moral skeptisch wahrnehmen, muss immer wieder an die Geltung religiöser Wertesysteme erinnert, müssen diese je neu als berechtigte Teile einer pluralen Wirklichkeit ausgewiesen werden. Entscheidend ist es dabei aus religiöser Perspektive auf der einen Seite herauszustellen, wie sich ethische Fragen zum Gesamtsystem des Glaubens verhalten und auf welche Weise spezifische Glaubensüberzeugungen die Handlungsorientierung anleiten. Auf der anderen Seite gilt es diese Korrelation im Blick auf den säkularen Kontext der ethischen Krisenerfahrungen vor dem Forum einer philosophisch autonomen Vernunft zu erhellen und zu rechtfertigen, d.h. die spezifischen Gehalte im Sprachspiel säkularer Diskurse auch für Nicht- und Andersgläubige einsichtig machen zu können. In diesem Zusammenhang stellt sich die Frage, ob jenseits dieses Übersetzungsprozesses spezifisch christliche Handlungsorientierungen oder Haltungen ermittelt bzw. in moralischen Konfliktsituationen als Lösungsperspektiven angeboten werden können, die sich in einem rein säkularen Diskurs möglicherweise nicht in letzter Konsequenz aktivieren ließen, d.h. ob es ein *proprium christianum* der Ethik gibt.

Entsprechend wird die erkenntnisleitende Frage für die folgenden Überlegungen zunächst sein, entlang welcher dogmatischer Koordinaten theologische Ethik profiliert werden kann, d.h. welche Bedeutung dem christlichen Glauben für die Ethikbegründung zukommt. In Anschluss an Alfons Auer

---

[1] Karl Barth, Kirchliche Dogmatik, II/2, Zürich [8]1991, 572.

[2] Wenn ich im Folgenden von theologischer Ethik spreche, beziehe ich mich immer auf die Theologie des römisch-katholischen Christentums, wie es in Zentraleuropa systematisiert und praktiziert wird.

werden dabei bereits Vorzeichen gesetzt, die einen Erkenntnisgrund des Sittlichen im Format reiner Glaubensethik ablehnen (I). Daran anschließend soll dann gefragt werden, ob und wann die Rede von einem christlichen *Proprium* auch im säkularen Ethikdiskurs zielführend ist. Leitend wird dabei die Annahme sein, dass dieses Proprium nicht im Sinne einer trennenden Unterscheidung akzentuiert werden muss sondern besser als eine spezifische *Haltung* im ethischen Diskurs erfasst und näher bestimmt werden sollte (II).[3] In einem letzten Ausblick muss schließlich überlegt werden, inwiefern sich ein solcher Zuschnitt auch für den interreligiösen Dialog fruchtbar machen lässt und wo dabei möglicherweise Probleme auftreten können (III).

1. Profil und Index christlicher Ethik

Um das Profil christlicher Ethik zu ermitteln werden im Folgenden zunächst die beiden Koordinatenachsen erläutert, die den Referenzrahmen für eine solche Profilierung vorgeben und damit ebenso für die Verschränkung von göttlichem Willen und moralisch differenziertem Handeln indexialische Funktion haben:

a) Gott der Liebe – Gottesbild und Offenbarung

Das im Ersten Johannesbrief bezeugte Gottesbild des *Deus caritas* (Joh 4, 16) prägt das christliche Selbstverständnis wie kein zweiter Satz.[4] Papst Benedikt XVI. hat in den einführenden Gedanken zur gleichnamigen Enzyklika *Deus Caritas est* daran erinnert, dass diese Worte nicht nur die Mitte des christlichen Glaubens markieren, sondern als offenbarungstheologisches Axiom alle theologische Reflexion anleitet.[5] In Jesus Christus hat Gott ein für alle Mal seine Liebe für den Menschen zu einem erfahrbaren, wirklichkeitsverändernden Gehalt werden lassen und seine alles übersteigende Güte in der bedingungslosen Hineinnahme der Schöpfung in die göttliche Gemeinschaft bezeugt. Der in Jesus Christus offenbar gewordene Zuspruch Gottes ist dabei

---

[3] Der Begriff der „Haltung“ klingt im Deutschen etwas ungelenk, spielt jedoch auf Catherine Cornilles Gedanken an, dass ein konstruktiver, nicht-präjudizierender (interreligiöser) Dialog notwendig gebunden ist und getragen wird von „conditions (...) in terms of a series of virtues“, siehe dazu: CATHERINE CORNILLE, The Impossibility of interreligious Dialogue, New York 2008, 4, die wiederum zu einer spezifischen *attitude* im Dialog führen. Vgl. zur deutschen Übersetzung als „Grundhaltung“: KLAUS VON STOSCH, Zur Möglichkeit und Unmöglichkeit des interreligiösen Dialogs. Untersuchungen im Anschluss an Catherine Cornille. In: EuG 2/2011.

[4] Vgl. hierzu und zum Folgenden: JÜRGEN WERBICK, Gott verbindlich. Eine theologische Gotteslehre, Freiburg i.Br. 2007.

[5] Siehe: BENEDIKT XVI, Enzyklika Deus Caritas est. Hrsg. v. Sekretariat der deutschen Bischofskonferenz, 6. korr. Auflage, Bonn 2008, 5.

Bezugsgröße, Heimat und Leitmotiv zugleich. Philosophisch lassen sich die johanneischen Spuren nicht zuletzt durch die Anselm'sche Formulierung des *deus id quod maius cogitari non potest* weiter explizieren.[6] Die darin artikulierte komparative Denkregel sensibilisiert sowohl für die Limitationen aller menschlichen Seinszuschreibungen und Attributionen Gottes, als auch für den Umstand, dass göttliche Allmacht und Allwissenheit unter den Vorzeichen der bedingungslosen Liebe nicht zu einer die menschliche Freiheit negierenden Größe werden kann: Ein *deus semper maior* dessen Wunsch es ist, Liebe zu einer alles umgreifenden Wirklichkeit werden zu lassen,[7] kann konsistent nur gedacht werden, wenn seine Allwissenheit und Allmacht die Freiheitsgeschichte der Schöpfung nicht aufhebt. Weil Liebe eine freisetzte, befreiende und Freiheit schenkende Kraft ist, kann die Interaktion Gottes mit seiner Schöpfung nicht in den Bahnen von einseitiger Macht, Kontrolle und Manipulation erfolgen. Im Gegenteil, im Offenbarwerden der realsymbolisch vermittelten und im Geist ermöglichten Beziehungswirklichkeit Gottes, bestätigt und erhält er die Freiheit des Menschen: „In dieser Offenbarung redet der unsichtbare Gott (vgl. Kol 1,15; 1 Tim 1,17) aus überströmender Liebe die Menschen an wie *Freunde* (vgl. Ex 33,11; Joh 15,14-15) und verkehrt mit ihnen (vgl. Bar 3,38), um sie in seine Gemeinschaft einzuladen und aufzunehmen."[8] Wenn also die Liebe Gottes als Quelle, Zentrum und Horizont der Offenbarung verstanden wird, dann wird Gott die Menschen auch nur mit Mitteln der Liebe für diese Botschaft öffnen, d.h. nur werbend und einladend auf sie aufmerksam machen, dann ist das Verhältnis von Gott und Schöpfung als ein Gegenüber von Freiheiten zu denken.[9] Gott respektiert die menschliche Freiheit entsprechend auch in seine Selbstmitteilung, in das Offenbar-werden

---

6 Vgl. zur Diskussion um Relevanz und Tragweite des Anselmschen Gottesbegriffs und zum folgenden Abschnitt: KLAUS VON STOSCH, Größer als am Größten? Untersuchungen zum Gottesbegriff Anselms von Canterbury. In: ThZ 62 (2006) 420-432; DERS., Gottes Wesen denken? Zur Rolle Anselms im aktuellen Streit um die Reichweite der Vernunft in der Fundamentaltheologie. In: STEPHAN ERNST/ THOMAS FRANZ (Hg.), Sola ratione. Anselm von Canterbury (1033-1109) und die rationale Rekonstruktion des Glaubens, Würzburg 2009, 73-96.

7 Vgl. dazu: J. DUNS SCOTUS, Opus Oxoniense III d.32 q. Unica, n.6: „...deus vult alios habere condiligentes".

8 *Dei Verbum* Nr. 2. In: JOCHEN HILBERATH/ PETER HÜNERMANN u.a. (Hg.), Herders theologischer Kommentar zum Zweiten Vatikanischen Konzil, Bd. 1: Die Dokumente des Zweiten Vatikanischen Konzils. Konstitutionen, Dekrete, Erklärungen. Lateinisch-deutsche Studienausgabe, Freiburg-Basel-Wien 2004. Kursive Hervorhebung durch die Autorin.

9 Vgl. hierzu und zum folgenden Abschnitt insgesamt: THOMAS PRÖPPER, Evangelium und freie Vernunft. Konturen einer theologischen Hermeneutik, Freiburg i.Br. 2001, 166f, 309f. Siehe auch: JÜRGEN WERBICK, Den Glauben verantworten. Eine Fundamentaltheologie, Freiburg i.Br. 2000, 227f, 324f. Beide Autoren zeigen, dass die Inanspruchnahme der menschlichen Willensfreiheit als theologische Basiskategorie geradewegs in die Diskussion mit der gegenwärtigen Hirnforschung führt und auch für die analytische Philosophie und die gesamte *philosophy of mind* als Streit zwischen Deterministen, Liberalisten und Kompatibilisten von nicht zu unterschätzender Bedeutung ist.

seiner unermesslichen Liebe hinein.[10] Dieser Umstand ist für die Überlegungen zum Profil und Index theologischer Ethik zum einen deshalb von Bedeutung, weil damit natürlich auch der göttliche Wille nicht im Sinne einseitig autoritativ-instruierender Handlungsanweisungen verstanden werden kann, sondern alle, gerade im biblischen Kontext identifizierten Weisungen und Imperative (Ex 20, 2-17; Mt 5-7), im Horizont des in Christus bezeugten Liebesethos ausgelesen werden müssen. Zum anderen ist der gute Wille Gottes dabei nicht nur gnadenhafte Einladung in einen Kommunikationsprozess, sondern befähigt den Menschen allererst dazu, auf diese Einladung vernunftgemäß antworten zu können.[11] Die Rekonstruktion des Gegenübers von Gott und Welt als Freiheitsverhältnis ist wie angedeutet eine notwendige Voraussetzung, um im Sinne eines anspruchsvollen Liebesbegriffs überhaupt Mitliebende (*condiligentes*) gewinnen zu können und damit also ebenso notwendige Voraussetzung für ein auf diese Einladung antwortendes, moralisch relevantes Handeln. Erst wenn nämlich die menschlichen (bewussten) Handlungen als praktische Umsetzung eines freien Willens gedeutet werden, können Personen als ursächliche Initiatoren und zielorientierte Urheber aller handlungskonstitutiven Entscheidungen und daran anschließenden Kausalketten verstanden und ggf. zur Rechtfertigung gezogen werden. Positiv gewendet, ist die Ernsthaftigkeit und der Wert menschlicher Entscheidung abhängig von dem Zugeständnis, dass diese Entscheidungen *de iure* und *de facto* als Konsequenzen menschlicher Freiheit gedeutet und gewertet werden können.[12] Im Sinne eines *deus vult condiligentes* bedeutet dies schließlich, dass die menschliche Antwort auf die göttliche Einladung erst mit der Möglichkeit sich auch prinzipiell *gegen* das Vertrauen auf den Gott der Liebe entscheiden zu können, an Bedeutung gewinnt. Erst wenn die glaubende Zusage zu Gott von Seiten des Menschen aus freiem Willen geschieht, die Entscheidung für Gott als lebensbestimmende Wirklichkeit weder die Konsequenz der Furcht vor strafendem Eingreifen noch der Angst vor einem nachteiligen Verändern der Wirklichkeit durch Gottes Wirken entspringt, kann dieses

---

[10] Siehe zur Diskussion um die Denkmöglichkeit einer in Freiheitskategorien ausbuchstabierten Christologie KLAUS VON STOSCH, Cur Deus homo? Überlegungen zur Verantwortung des christlichen Inkarnationsglaubens. In: FZPhTh 52 (2006) 521-538; GEORG ESSEN, Die Freiheit Jesu. Der neuchalkedonische Enhypostasiebegriff im Horizont neuzeitlicher Subjekt- und Freiheitsphilosophie, Regensburg 2001.

[11] Dass die Fähigkeit der natürlichen Vernunft zur Erkenntnis von Gut und Böse in der Tradition keineswegs selbstverständlich war, zeigt für die muslimische Verhältnisbestimmung von Moralität und religiöser Ethik, von Vernunft, Offenbarung und Gnade: Siehe den Aufsatz „Moralisches Handeln als Antwort auf Gottes Aufruf. Erläuterung einiger Grundfragen der islamischen Ethik“ von M. R. Hosseini Beheshti in diesem Band, 135-148.

[12] An dieser Stelle geht es dabei zunächst weniger um das Wozu oder den letzten Sinnhorizont dieser Entscheidungen oder um die transzendentalen Ermöglichungsbedingung von Freiheitentscheidungen überhaupt. Siehe dazu Abschnitt 1.2.; 2.

glaubende Ja, diese menschliche Zusage ernst gemeint sein.[13] Das *freie* Ja zur göttlichen Gemeinschaft, das eigene Leben in freiheitlicher Entscheidung von der göttlichen Wahrheit bestimmen zu lassen, ist der einzig wertvolle Liebesbeweis, da er gehalt- und bedeutungsvoll ist, den der Mensch Gott gegenüber erbringen kann.[14]

Lässt sich aus diesen offenbarungstheologischen Kerngedanken nun eine christliche Ethik begründen? Und welche soteriologische oder eschatologische Bedeutung kann ethisch wertvolles Handeln haben? Ist es eine verpflichtende Antwort auf die Offenbarung Gottes oder sogar heilsnotwendig?

b) Ethik im Ethos? Soteriologische und eschatologische Perspektiven

Werden die christologischen Kerngedanken soteriologisch und eschatologisch perspektiviert, so lassen sich im Spannungsfeld von Zuspruch und Anspruch, von Anbruch und Vollendung, Antworten auf die oben genannten Fragen ermitteln, die dabei ebenso dem Profil christlicher Ethik weiter Kontur verleihen:[15]

Das Liebesethos der offenbarungstheologischen Kernaussagen versieht die Fragen nach Erlösung, Befreiung und Vollendung wie angedeutet mit einem ersten Richtungssinn und verortet sie im Horizont von göttlicher Liebe und Gnade. Der Tradition folgend setzt die in der Offenbarung ein für alle Mal gesicherte und in den Tod Jesu hinein bezeugte, unüberbietbare Liebeszusage Gottes zu seiner Schöpfung ein erlösendes Potential frei. Anders als es die jahrhundertelange Dominanz von satisfaktorischen Erlösungsmodellen zunächst nahe zu legen scheint, so besteht dieses Potential jedoch nicht in der Wiedergutmachung und Auslösung der menschlichen Verderbtheit durch den Tod Jesu am Kreuz. Weil in der Offenbarung verbürgt ist, dass Gottes Zuspruch, seine Liebe und Barmherzigkeit an nichts in der Welt ihr Maß nimmt außer an sich selbst, muss Erlösung nicht länger im Kontext von

---

13 Vgl. dazu analog aus muslimischer Sicht Imām ʾAlī: „Mein Gott, ich diene Dir nicht aus Furcht vor deiner Strafe, denn dies ist der Dienst des Sklaven; auch nicht aus Begehren deines Paradieses, denn dies ist der Dienst der Tauschhändler; ich diene Dir nur, weil ich Dich für dienenswürdig halte, dies ist der Dienst der Freien.". In: IMAM 'ALĪ, Nahdsch-ul-Balagha. Pfad der Eloquenz. Aussagen und Reden Imam Alis (a.), gesammelt von Scharif Radhi Muḥammad ibn Hussain, Bremen 2007-2009, 229, zitiert nach: M. R. HOSSEINI BEHESHTI, Moralisches Handeln als Antwort auf Gottes Aufruf. Erläuterung einiger Grundfragen der islamischen Ethik, in diesem Band, 143.

14 Dass dabei die Freiheit des Menschen bzw. dessen freiheitliches Handeln und die Gnade Gottes bzw. das gnadenhafte Handeln Gottes in der Welt nicht in einen Widerspruch geraten müssen, sondern als ein direkt proportionales Verhältnis gedacht werden können, versucht zu zeigen: KLAUS VON STOSCH, Gott – Macht – Geschichte. Versuch einer theodizeesensiblen Rede vom Handeln Gottes in der Welt, Freiburg i.Br. 2006, 175f; 229f.

15 Vgl. zum soteriologischen und eschatologischen Zuschnitt besonders: ALFONS AUER, Autonome Moral und Christlicher Glaube, Düsseldorf 1971, 96f; 118f. Zur befreienden Freiheit des guten Willens: WERBICK, Glauben (Anm. 9), 618f.

Sühneleistungen und Schuldvergebung allein verortet werden, sondern lässt sich vielmehr als Befreiung von begrenzender Alternativenlosigkeit und handlungswirksamer Angst akzentuieren. Klar ist dabei ebenso, dass der Gott der Liebe das Geschenk dieser Liebe nicht abhängig macht von menschlichem Verhalten, nicht auf eine Gegenleistung wartet, um Heil zu gewähren. Der Mensch muss also nicht erst in einer bestimmten moralischen Qualität handeln, um in die erlösende Gemeinschaft mit Gott hineingenommen zu werden oder sich im Handeln als berechtigter Adressat der Liebe Gottes erkenntlich zu zeigen. Mit anderen Worten ist in der Inkarnation des Logos ein für alle Mal verbürgt, dass *alle* Menschen schon immer durch die Liebe Gottes befreiend bedacht sind. Gerade weil dem Menschen in der Offenbarung geschenkt ist, ohne Vor- und Nachbedingungen in die Gemeinschaft mit Gott hineingenommen zu sein, kann er zu sich selbst befreit und befähigt werden, mit unverstelltem Einsatz seine Talente einzubringen (Mt 25, 14-30). Ist diese Befreiung aber bereits das Heil der Welt? Wie lässt sich die Erlösungsbedürftigkeit des Menschen unabhängig von den Kategorien Schuld, Sühne und Vergebung verstehen? Und was trägt eine solche Konfigurierung für die Frage nach der Begründung christlicher Ethik aus?

Hilfreich kann es an dieser Stelle sein, an den im deutschen Sprachraum prominenten Versuch Thomas Pröppers zu erinnern, die Soteriologie in den Kategorien menschlicher Freiheit zu beschreiben, d.h. Erlösungsbedürftigkeit dabei im Spannungsfeld von formell unbedingter und material bedingter Freiheit zu bestimmen.[16]

Folgt man dessen freiheitsanalytischem Vorschlag in seinen Grundansichten, dann markiert die Gebrochenheit der menschlichen Freiheit, die potentielle Missverständlichkeit und Ambivalenz menschlicher Handlungen, die anthropologische Ausgangssituation aus der sich die Erlösungsbedürftigkeit des Menschen ableiten lässt. Das Dilemma, dass die formelle Unbedingtheit der eigenen Freiheit sich nur sinnvoll auf eine andere, formell unbedingte Freiheit richten kann und die gleichzeitige Unmöglichkeit die formelle Unbedingtheit der eigenen Freiheit für den Anderen in den materialen Kategorien der Wirklichkeit zu einem adressierbaren Gehalt werden zu lassen (bzw. umgekehrt auch die formal unbedingte Freiheit des Anderen anerkennen zu können), wird erst im trinitarischen Gott als Anerkennungsgeschehen von Freiheiten aufgelöst: Jesus als der Logos ist entsprechend das Realsymbol dieser Anerkennung, der „die endliche und gefährdete Liebe der Menschen in Gott selber begründet und [...] ermächtigt, sein schöpferisches Ja schon jetzt füreinander in Anspruch zu nehmen.“[17] In der unbedingten Zusage Jesu zu seiner Nächsten, ist auch der Mensch – trotz der ihm nur symbolisch möglichen Anerkennung der Freiheit des Anderen – befähigt, diese Zusage, dieses

[16] Dazu ausführlich: THOMAS PRÖPPER, Erlösungsglaube und Freiheitsgeschichte. Eine Skizze zur Soteriologie, München ^{2}1988.

[17] Zum Zitat und zum ganzen Abschnitt ebd., 197.

Ja zur anderen formell unbedingten Freiheit zu sprechen, d.h. von der handlungsblockierenden Angst vor der (eigenen) Missverständlichkeit erlöst. Gleichzeitig wird der Mensch in diesem Zuspruch ermächtigt, durch die zunehmenden Verstrickungen in strukturelle Schuldzusammenhänge, durch jede Zwiespältigkeit und Fallibilität der eigenen Freiheitsentscheidungen *hindurch* im eigenen Handeln immer wieder neu das, von diesen Verstrickungen emanzipierende 'Ja' Gottes für andere erfahrbar werden zu lassen. Er wird durch die Erlösungsbotschaft ermutigt, die Realisierung der eigenen formell unbedingten Freiheit in den missverständlichen Wirkkanälen des Bedingten immer wieder von Gott her getragen zu wissen. Vor diesem Hintergrund wird der Mensch von Gott zum wirklichen Menschsein emanzipiert – Erlösung ist damit Befreiung und Befähigung gleichermaßen.[18]

Soteriologisch entscheidend ist die Bedingungslosigkeit des göttlichen Liebeszuspruchs zunächst also deshalb, weil im Erlösungshandeln Christi die Schuld ihren *endgültigen Anspruch* auf den Menschen verliert. Im Bekenntnis zu dieser Liebe wird der Mensch als moralisch ambivalentes Wesen, in der sittlichen Gebrochenheit seiner Existenz befähigt,[19] sich gegen die (eigene) Korrumpierbarkeit zu erheben und in die Gefahr des Scheiterns hinein ein Zeichen der Hoffnung zu setzen. Grade die Unverfügbarkeit der Liebe Gottes kann den Mensch bestärken, sich von den Ängsten und Bedrängnissen, von der Absurdität seiner Existenz zu lösen, ihnen zumindest eine handlungswirksame Macht zu versagen. Das in Jesus zugesagte Liebeswort Gottes lässt den Menschen wissen, dass sein Handeln trotz der Gebrochenheit seiner Freiheit, trotz des Unwissens um alle Konsequenzen, trotz der Missverständlichkeit seiner Zeichen, im Letzten gut wird, dass die Ambivalenz seiner Freiheitsentscheidungen in der unbedingten Freiheit Gottes aufgenommen ist.

Wenn Erlösung also als Befreiung und Befähigung akzentuiert wird, dann lässt sich christliche Ethik bzw. die christliche Botschaft auf erster Orientierungsebene nicht im Format einer *Sollens*-Ethik auslesen, sondern ist im

---

[18] Vgl. zu diesem Gedanken der Befreiung als Befähigung im protestantisch christlichen Kontext auch den Aufsatz „Religionsfreiheit in der Geschichte der Christenheit. Tragödien der Nähe in Angst vor den ‚Anderen'?" von Helga Kuhlmann in diesem Band,160f: „Diese (von Gott geschenkten und dem Menschen ohne jedes Verdienst zukommenden) Freiheit ist zum einen „negativ" als „Freiheit von" lebensfeindlichen, schuldhaften und egoistischen Zwängen, Bindungen, Ängsten und Gewohnheiten zu verstehen. Andererseits setzt sie selbst im positiven Sinn „Freiheit zu" friedlichem, liebevollem und angstfreiem Zugang mit anderen aus sich heraus. Die Freiheit befreit zum Gewähren von Freiheit, Mitgefühl und Unterstützung in sozialen Beziehungen und in Gruppen, im Verhältnis zur eigenen Person wie gegenüber Institutionen. Diese Freiheit kommt der eigenen Person durch die Liebe Gottes zu, ohne dass diese dafür etwas leistet und ohne dass sie dafür besondere Bedingungen erfüllen muss."

[19] Diese Ambivalenz einzugestehen und auf sie nicht durch die rigorose Verpflichtung auf Gesetze (über)kompensieren zu wollen, ist für Zygmut Bauman der zentrale Unterschied zwischen einer modernen, an Kant orientierten Moral und einer postmodernen, an Levinas orientierten Ethik. Vgl. dazu: ZYGMUT BAUMAN, Postmoderne Ethik, Hamburg 1995. Siehe auch Abschnitt 2.

emanzipierenden Potential der Liebe vielmehr als *Könnens*-Ethik zu deuten. Gleichwohl oder gerade vor diesem Hintergrund darf und kann der Mensch es auch wagen, auf die Liebesbotschaft zu antworten. Mit anderen Worten darf Erlösung im Sinne von Befreiung und Befähigung nicht als Endziel verstanden werden oder eine Art Glaubensvakuum erzeugen, das im Bekenntnis zur Liebe bereits die Verwirklichung dieser Liebe jenseits von Raum und Zeit suggeriert. Im erlösenden Zuspruch wird der Einzelne nicht nur befähigt, sondern ebenso ermutigt, auf diesen Zuspruch zu reagieren, sich mit Wort und Tat in ein Verhältnis zu Gott zu begeben. Weil Gott den Menschen ermächtigt hat, seine Freiheit auch in der bleibenden Zwiespältigkeit dieser Welt moralisch wertvoll realisieren zu können, darf dem Menschen dabei eine ernsthafte Antwort auf die Liebesbotschaft zugetraut werden.[20]

Die einzig angemessene Antwort auf Liebe ist dabei freilich Liebe – wenn sie auch nur in den Strukturen und Gehalten des Bedingten adressiert werden kann. Das Alte und Neue Testament haben immer wieder auf die Einheit von Nächsten- und Gottesliebe verweisen (Dt 6,4; Lev 19, 18) und in Anschluss an die Theologisierung der Liebesbotschaft durch Jesus (Mt 9, 13; Lk 13, 10-18) hatte Augustinus in seinem *dilige, et quod vis fac* die zentrale Stellung der Liebe als Handlungsgrundlage und Horizont der Gottesbeziehung hervorgehoben.[21] Wenn sie zum bewussten Gestaltungsprinzip zwischenmenschlicher Begegnungen gemacht wird, antwortet der Mensch auf die Einladung in das göttliche Beziehungsgeschehen, aktiviert der Glaube an die Liebe eine regulative Kraft. Karl Rahner schreibt: „Wo aber die ganze 'transzendentale' Tiefe der zwischenmenschlichen Liebe (...) realisiert und vorgestellt wird, ist solche Liebe auch notwendig thematisch Gottesliebe (...)“.[22] Weil die erlösende Dimension von Liebe ihre wirklichkeitsverändernde Kraft also nur entfalten kann, indem Liebe geschieht, kann der Glaube an den Gott der Liebe an Tiefenschärfe entsprechend alleine dadurch gewinnen, dass Liebe realisiert wird. Freiheit entzündet sich an anderer Freiheit, so wie Liebe erst im Lieben bezeugt wird. Dass die annehmende Antwort auf den Liebeswillen Gottes und das Zeugnis der Annahme nur in der bedingungslosen Solidarisierung mit meiner Nächsten, in der liebenden Hinwendung zur Schöpfung geschieht, wird somit nicht nur zum Zentrum christlicher Soteriologie, sondern auch zum Katalysator ethisch differenzierten Handelns. Entsprechend gilt, dass Erlösung alleine in erlöstem Handeln meine Mitmenschen erreichen, die Wirklichkeit und mich selbst verändern kann. Mit den Worten von Thomas Pröpper: „Erlöstes Handeln vermittelt Erlösung. Denn Liebe, da sie wesentlich frei ist,

---

[20] Vgl. hierzu in muslimischem Kontext den Aufsatz „Moralisches Handeln als Antwort auf Gottes Aufruf. Erläuterung einiger Grundfragen der islamischen Ethik“ von M. R. Hosseini Beheshti in diesem Band, 135-148.

[21] AUGUSTINUS, In epistulam Ioannis ad Parthos, tractatus VII, 8.

[22] KARL RAHNER, Über die Einheit von Gottes- und Nächstenliebe. In: DERS., Schriften zur Theologie VI, Einsiedeln 1965, 277-298, 285.

kann Wahrheit nur sein, indem sie geschieht."[23] Bekennt man sich also zum *Zuspruch* der Liebe, dann versteht man auch den *Anspruch,* diese gnadenhafte Liebe erfahrbare Wirklichkeit für alle Menschen werden zu lassen und kann dabei darauf vertrauen, dass die Symbolizität der Anerkennung (der Freiheit) des Anderen durch Gott getragen wird.

Gerade weil der Liebeszuspruch zeitliche und räumliche Dimensionen transzendiert, ermutigt und befähigt er nicht nur zum moralisch wertvollen Handeln, sondern *fordert* auf einer zweiten Orientierungsebene dieses Handeln als Auf- und Annahme der göttlichen Liebe ein. Nachfolge ist entsprechend das Handeln im Liebesethos – nicht weil Gott es will, sondern weil dieses Liebesethos die Tiefengrammatik meines Weltbildes konstituiert und ich somit nur unter Abrede der Authentizität meines Glaubens eine Haltung der Welt gegenüber einnehmen könnte, in der ich nicht im Denken und Handeln diese Liebe als letzte Wirklichkeit bezeugte. Schon Johannes erinnert daran, dass der, der nicht liebt und diese Liebe bezeugend handelt, den Gott der Liebe nicht erkannt hat (1. Joh 4,7). Mit einer solchen Dialektik von Zuspruch und Anspruch lässt sich neben der Befähigung schließlich also auch eine Motivation für ethisch wertvolles Handeln, d.h. Handeln in diesem Liebesethos anzeigen, die die Freiheit des Menschen nicht zwischen dem göttlichen Willen und der Heilsnotwendigkeit seiner Befolgung zerreibt. Ebenso muss sich mit der Konkretisierung von göttlicher Einladung und menschlicher Antwort auch die Annahme leer laufen, der unbedingte Zuspruch münde in moralische Indifferenz oder katalysiere Gleichgültigkeit gegenüber den Konsequenzen des eigenen Handelns. Vielmehr fordert die aufrichtige Antwort auf die Liebe Gottes, sich zu seiner Nächsten zu bekennen, sie im eigenen Handeln zu bedenken und sich mit ihr zu solidarisieren. Aus ethischer Perspektive gilt also mit Jürgen Werbick: „[Gerade; A.W.] (e)in vernünftiger Glaube an Jesus Christus wird es dem Gläubigen [...] nicht ersparen, ein besserer Mensch zu werden.“[24]

Noch deutlicher lassen sich Sinnhorizont und Motivation schließlich in eschatologischer Perspektive konturieren. Auch wenn in der Inkarnation sicherlich die Liebe als entscheidendes Verstehens- und Gestaltungsprinzip offenbar geworden ist und mit ihm auch das Reich Gottes als angebrochen verstanden werden darf, so steht die Schöpfung weiterhin unter einem eschatologischen Vorbehalt. Befreiung alleine garantiert nicht das Heil der Welt. Der in dieser Aussage anklingende Vorbehalt eröffnet gleichzeitig ein Bewusstsein dafür, dass diese verzehrende Wirklichkeit nicht die letzte Wirklichkeit sein wird, die trägt. Auch wenn also das Reich Gottes durch den offenbar gewordenen Logos in der Welt angebrochen ist, auch wenn in der Realisierung von Liebe dieses Reich möglich und erfahrbar wird, so ist doch gleichzeitig mit der Offenbarung die Unvollkommenheit dieser Welt und der

---

23 Zum Zitat und Gedanken: PRÖPPER, Erlösungsglaube (Anm. 16), 210.
24 WERBICK, Glauben (Anm. 9), 449.

kreatürlichen Freiheitsgeschichte angezeigt. Im Rahmen dieser Spannung kann schließlich auch die Frage nach der Gerechtigkeit des liebenden Gottes adressiert werden, wird im Glauben an den *Deus caritas* ein Raum geschaffen für die Hoffnung auf den *Deus iustitiae.*[25] Die noch ausstehende eschatologische Vollendung, die Spannung zwischen Anbruch und Vervollkommnung des Reiches Gottes ist dabei immer auch Kontrastfolie und setzt ein kontrafaktisches Ideal, das auffordert die gegebenen Verhältnisse kritisch zu erfassen und sie im Blick auf die nachhaltige Realisierung der Liebe ernsthaft und mit Weitsicht zu verändern. Mit anderen Worten ist es gerade diese Spannung zwischen der *Basileia tou theou,* d.h. dem Reich Gottes und der Gedrängtheit der gegenwärtigen Welt bei ihrer gleichzeitigen Potentialität, die dazu auffordert das Reich Gottes im Handeln aktiv mitzugestalten. Dabei wird auch deutlich, dass der Sinnhorizont moralisch relevanten Handelns, eines Handelns das aus der Liebe heraus geschieht, Endgültigkeit fordert. Bedingungslose Liebe, jeder totale Akt menschlichen Daseins zumindest transzendiert die Vorläufigkeit dieser Welt im Handeln.[26] In der sich verschenkenden Hinwendung zur Nächsten postuliere ich deren kompromisslose Gerettetheit in Gott. Der letzte Sinn von Solidarität, von ethischem Handeln wird somit aus christlicher Perspektive erst in eben dieser Endgültigkeit Gottes, im Horizont seiner vervollkommnenden Liebe eingeholt. Das Heilsethos erschöpft sich entsprechend nicht in der Befähigung und Motivation zum sittlich unterscheidenden Handeln, sondern ist ebenso dessen letzter Sinnhorizont.[27] Die Selbstverpflichtung zum ethischen Handeln im Willen Gottes kann folglich nur verstanden werden als eine aufrichtige Antwort auf die einladende Zusage der göttlichen Liebe. Weil diese Liebe zu einer angemessenen Antwort befreit und befähigt, wird die Freiheit des Menschen nicht eingeschränkt, sondern realisiert sich allererst im ethisch wertvollen Handeln, wobei dessen letzter Sinnhorizont auf den Ursprung der Freiheit in Gott zurückverweist. Im muslimischem Kontext stellt Hosseini Beheshti analog dazu heraus: „Der Mensch ist im ständigen Zwiegespräch mit Gott [...] den er mit seinem Dasein, in Wort

[25] Vgl. JOHANN BAPTIST METZ, Theodizee-empfindliche Gottesrede. In: DERS., „Landschaft aus Schreien". Zur Dramatik der Theodizeefrage, Mainz 1995, 81-102; DERS., Theologie als Theodizee. In: WILLI OELMÜLLER (Hg.), Theodizee – Gott vor Gericht?, München 1990, 103-118. Die Rede über den Willen Gottes und die Liebe als Wirkprinzip führen immer auch das Treibgut der Theodizee-Frage mit sich. Vgl. dazu auch nochmals WERBICK, Gott verbindlich (Anm. 4), 492f; sowie VON STOSCH, Gott – Macht – Geschichte (Anm. 14), 289f.

[26] Vgl. dazu noch einmal: RAHNER, Nächstenliebe, 285f.

[27] Anders als Bernhard Stoeckle möchte ich Heilsethos und Weltethos nicht unmittelbar gleichsetzen, insofern für ihn die sittliche Orientierungslosigkeit eine Konsequenz der Sünde ist und nicht mit Mitteln der Vernunft, sondern nur durch Offenbarung behoben werden kann. Die dabei zugrundeliegende „negative Anthropologie" und auch das Sündenverständnis Stoeckles gerät m.E. in Schieflage zum christlichen Gottesbild, d.h. dem liebenden Schöpfergott. Vgl. dazu: BERNHARD STOECKLE, Autonome Moral. Kritische Befragung zum Versuch der Verselbstständigung der Ethik. In: StZ 191 (1973) 723-736, 728f. Siehe zum Vergleich der Positionen Stoeckles und Auers auch WOLFGANG NETHÖFEL, Moraltheologie nach dem Konzil. Personen, Programme, Positionen, Göttingen 1987.

und Tat, anspricht und dem er antwortet."[28] Damit wird zum einen die Gegenüberstellung von Freiheit zur Autonomie oder Freiheit zum Gehorsam unterwandert und zum anderen können Heilsethos und Weltethos als reziprok aufeinander verweisend gedeutet werden.[29]

Das Profil christlich-theologischer Ethik spannt sich also über diese dogmatischen Eckpfeiler auf, wobei die Liebesbotschaft als Motivationsgrund und Sinnhorizont die christliche Fundamentalethik insgesamt begründet. Gleichwohl sind damit noch keine material konkreten Normen ausgewiesen, ist noch nicht klar, welche handlungstheoretischen Konsequenzen sich aus dem Liebesethos ableiten lassen. Dass der neue „heilsgeschichtlich-eschatologische Sinnhorizont, den Jesus selbst in seiner Person und in seinem Werk erschlossen hat"[30] auch für die Suche nach einer christlichen Materialethik indexikalischen Wert hat, ist unbestritten. In wohltuender Weise hatte Papst Franziskus vor kurzem in einem Interview daran erinnert, dass Liebe die erste und letzte Wirklichkeit zwischenmenschlicher Begegnungen sein muss und auch die Kirche sich diese Wirklichkeit immer wieder neu zu erhandeln hat.[31] Dieser Indikativ der Liebe ist es schließlich auch, der die Rolle von Bibel und Kirche für eine christliche Ethik bestimmt.[32] Im Folgenden soll daran anschließend nun skizzenhaft antizipiert werden, welche ethische Handlungsorientierung sich aus dem Liebesethos ergibt.

---

[28] Vgl. zum Zitat und der Bestimmung von moralisch differentem Handeln als Antwort auf die Zusage Gottes im muslimischen Kontext: Der Aufsatz „Moralisches Handeln als Antwort auf Gottes Aufruf. Erläuterung einiger Grundfragen der islamischen Ethik" von M. R. Hosseini Beheshti in diesem Band, 139.

[29] Vgl. hierzu ALFONS AUER, Zur Theologie der Ethik. Das Weltethos im theologischen Diskurs, Freiburg i. Br. 1995, 131f; 195f.

[30] AUER, Autonome Moral (Anm. 15), 102.

[31] Vgl. das entsprechende Interview mit Papst Franziskus im *Radio Vatikan* vom 19.08.2013. Internet-Einsicht: http://de.radiovaticana.va/news/2013/09/19/interview_mit_papst_franziskus,_teil_1/ted-730035 (Eingesehen am 24.10.13, 13:21). Auf diese Weise kann die Kirche in der Praxis der *diakonia* als institutionalisierte Verlängerung des Heilsethos unter Umständen auch zu einer kritischen Gegenkultur avancieren und so Alternativen zu einer systemischen Überformung der Lebenswelt aufzeigen. Dass dieser Dienst dabei nicht bevormundet, sondern im Sinne der Subsidiarität als Ermächtigung (*empowerment*) ausbuchstabiert wird, ist immer schon als zentraler Gedanke in der christlichen Sozialethik verankert worden. Vgl. als Klassiker u.a.: ARNO ANZENBACHER, Christliche Sozialethik. Einführung und Prinzipien, Paderborn 1997; HANS-JOACHIM HÖHN, Christliche Sozialethik interdisziplinär, Paderborn u.a. 1997; GÜNTER WILHELMS, Christliche Sozialethik. Grundwissen Theologie, Stuttgart 2010. Siehe dazu in gendersensibler Perspektive auch MARIANNE HEIMBACH-STEINS, Sozialethik als kontextuelle theologische Ethik. Eine programmatische Skizze. In: JCSW 43 (2002) 46-64.

[32] Vgl. zur Rolle von Schrift, Tradition und Kirche besonders AUER, Theologie der Ethik, 211f; 230f; DERS., Autonome Moral, 79f; 185f; DERS., Zehn Thesen über die Findung sittlicher Weisungen. In: ThQ 149 (1969) 75-85. Siehe auch: DIETMAR MIETH, Theologie und Ethik. Das unterscheidend Christliche. In: JEAN-PIERRE WILS/ DIETMAR MIETH, Grundbegriffe der christlichen Ethik, Paderborn 1992, 209-224.

2. Bemerkungen zum Proprium theologischer Ethik als Diskurshaltung

Zwar mag die Frage nach den handlungstheoretischen Konsequenzen einer im Liebesethos wurzelnden Ethik berechtigt erscheinen und auch mag die Suche nach dem unterscheidend Christlichen für die christliche Identitätsbildung eine wichtige Station markieren. Diese Suche darf jedoch nicht zu einer Fixierung auf das Unterscheidende werden und damit eine apriorische Abwertung des von christlicher Wirklichkeitsinterpretation Abweichenden provozieren. Auch für den ethischen Kontext gilt entsprechend, dass mit dem Nachweis einer unterscheidend christlichen Sittlichkeits- wie auch Wirklichkeitsdeutung nicht indirekt die epistemische Superiorität einer theologischen Vernunft unterstellt werden darf. Unter solchen Vorzeichen formulierte Materialethiken würden dabei nämlich in Widerspruch geraten zu der integrativen Kraft des Liebesethos. Gerade weil die Liebe in erster Linie zum Menschsein und nicht zum Christsein befreit, ist „der Inhalt der christlichen Moral (…) menschlich und nicht unterscheidend christlich“[33]. Entsprechend ist es keine legitime Strategie die eigene, d.h. christliche Identität dadurch stabilisieren zu wollen, dass theologische und philosophisch autonome Vernunft gegeneinander ausgespielt werden und sie so um bestimmte Zustellungsbereiche konkurrieren zu lassen. Eine sich dadurch profilierende (Moral)Theologie würde sich dabei im Letzten der Möglichkeit berauben, mit all denjenigen einen ernsthaften Kommunikationsprozess aufnehmen zu können, die sich der Verbindlichkeit einer theologischen Vernunft oder genauer hin einer christlich-theologischen Vernunft verweigern. Dann wäre schließlich auch der Verdacht vieler philosophischer Ethiker bestätigt, dass theologische Argumentation aufgrund ihres Absolutheitsanspruchs in säkularen Diskursen die Errungenschaften der Aufklärung unterspüle.[34] Auch wenn aber nun im Horizont des Heilsethos die Autonomie des Sittlichen als möglicher und um genau zu sein als einzig sinnvoller Zugang zur Frage nach dem ethisch Gesollten ausgewiesen werden kann, bleibt zu fragen, was die Theologie nun aber in einem unter solchen autonom philosophischen Vorzeichen geführten Ethikdiskurs für lebensweltliche Probleme noch austragen, was sie inhaltlich beitragen kann.[35] Mit anderen

---

[33] AUER, Autonome Moral (Anm. 15), 161.

[34] Exemplarisch sensibilisiert für diesen Verdacht u.a.: FRIEDMANN VOIGT (Hg.), Religion in bioethischen Diskursen. Interdisziplinäre, internationale und interreligiöse Perspektiven, Berlin-New York 2010.

[35] Es kann die Diagnose formuliert werden, dass die Theologie sich entweder dem Sprachspiel autonom philosophischer Diskurse so sehr anpasst, dass ihre Besonderheit hinter diesen Sprachspielen, hinter dem Weltethos verschwindet oder sich aber durch bewusste, z.T. natürlich überkompensierende Abgrenzungshandlungen wieder so vom Mainstream der säkularen Wertekodizes distanziert, dass theologische Argumente als vernunftversagende Störfaktoren aus diesen Diskursen ausgeklammert werden. Siehe zur Problematik ein sinnvolles Sprachspiel zu finden auch: Der Aufsatz „Moralisches Handeln als Antwort auf Gottes Aufruf. Erläuterung einiger Grundfragen der islamischen Ethik“ von M. R. Hosseini Beheshti in diesem Band. Einzig bleibt in diesem Zusammenhang zu hoffen, dass sich seitens theolo-

Worten erweisen sich sowohl die Annahme der epistemischen Vorrangigkeit theologischer Ethik-Zugänge gegenüber nicht-religiösen Ansätzen, als auch die kategorische Gleichschaltung von Theologie und Philosophie bzw. die fraglose Unterstellung ihrer Sprachspielkompatibilität als problematische Missverständnisse.[36] Im folgenden Abschnitt will ich deshalb versuchen im Anschluss an die christologische Kartierung eine spezifische *Haltung* im ethischen Diskurs als Besonderheit christlicher Wirklichkeitsdeutung auszuweisen.[37] Im Rahmen dieser Identifikation des spezifisch Christlichen soll zugleich nicht aus den Augen verloren werden, dass religiöse Überzeugungen und damit auch die in solchen Überzeugungen wurzelnden Handlungsregulativa in einem doppelten Sinne kontingent sind.[38] Die Geltungskraft und Weite ist dabei also freilich zunächst immer auf das christlich imprägnierte Bezugssystem zurückverwiesen und macht diesen zum Movens handlungstheoretischer Konsequenzen. Indem aber die Quellen und Hintergründe des

---

gischer Argumente keine Immunisierungstendenzen festsetzen und seitens nicht-religiöser Wirklichkeitsdeutungen dennoch die universalpragmatisch ausgewiesenen Diskurspräsuppositionen wirklich ernst genommen werden, d.h. eine an Verständigung orientierte, reziproke Rollenübernahme anleiten und auf diese Weise jedem apriorischen „silencing" unbekannter, irritierender Positionen entgegenwirken. Zur universalpragmatisch fundierten Diskurstheorie u.a.: JÜRGEN HABERMAS, Was heißt Universalpragmatik. In: DERS, Vorstudien und Ergänzungen zur Theorie des kommunikativen Handelns, Frankfurt a.M. (Neuauflage) 2006, 353-440. Vgl. zu den Grenzen der reziproken Rollenübernahme bekanntermaßen IRIS MARION YOUNG, Asymmetrical Reciprocity. On moral Respect, Wonder and Enlarged Thought. In: Constellations 3 (1997) 340-363. Vgl. zum Problem des unbemerkten „silencing" im Rahmen unterschiedlicher Argumentationsniveaus STEFAN MÜLLER-DOOHM, Kritik in kritischen Theorien. Oder: Wie kritisches Denken selber zu rechtfertigen sei. In: DERS. (Hg.), Das Interesse der Vernunft. Rückblicke auf das Werk von Jürgen Habermas seit »Erkenntnis und Interesse«, Frankfurt a.M. 2000, 71-106, besonders 97f.

36 Wenn auch zunächst religionspluralistisch einladend und damit dem Anspruch heterogener Gesellschaften scheinbar entgegenkommend, so scheint es mir ebenso problematisch und argumentativ zirkulär, die Geltung einer theologischen Vernunft durch den Ausweis der Gemeinsamkeiten monotheistischer Religionen beschwören zu wollen. Selbst wenn sich im Blick auf die ethische Profilierung im abrahamischen Kontext durchaus Gemeinsamkeiten benennen lassen (vgl. zu dieser Einschätzung im Rahmen einer Hermeneutik der Verantwortung: der Artikel „Die ethische Dimension in Christentum und Islam. Ein komparativer Zugang" von S. H. ESLAMI ARDAKANI in diesem Band) und damit der Einstieg in den interreligiösen Dialog erleichtert werden kann, so darf weder vergessen werden, dass generalisierende Urteile möglicherweise am Selbstverständnis einzelner Gläubiger vorbeigehen, noch, dass natürlich auch nicht-religiöse oder a-religiöse Wirklichkeitszugänge humanistische und ethische Konzepte hervorbringen können und hervorgebracht haben.

37 Bewusst wähle ich an dieser Stelle nicht den Weg einzelne Normen oder Werte auszusuchen und als besonders christlich ausweisen zu wollen. Ein solches Vorgehen scheint mir letztlich in ein Rückzugsgefecht zu münden und wird weder dem christlichen Selbstverständnis und Traditionsschatz noch den detailliert ausgearbeiteten, komplexen und anspruchsvollen Moralkonzepten der Philosophie- und Geistesgeschichte gerecht. Gleichwohl favorisiert die Übersetzung des Liebesethos in eine Diskurs*haltung* ein bestimmtes Format von Moralkonzept. Siehe dazu weiter unten.

38 Vgl. dazu insgesamt KLAUS VON STOSCH, Glaubensverantwortung in doppelter Kontingenz. Untersuchungen zur Verortung fundamentaler Theologie nach Wittgenstein, Regensburg 2001, besonders: 258f; 299f.

theologischen Sprachspiels dabei transparent gemacht und in der Performanz des Zeugnisgebens erlebbar werden, kann die theologische Perspektive den autonomen Diskurs m.E. konstruktiv mitgestalten und begleiten, ohne andere Positionen dabei im Namen der christlichen Wirklichkeitsdeutung vereinnahmen zu müssen.[39]

Die von mir auf normativer Ebene vorgeschlagene Übersetzung des Liebesethos in eine Diskurs*haltung* legt wiederum auf der Metaebene ein bestimmtes Format von Normenbegründung und Überprüfung nahe. Vorausgesetzt habe ich für die folgenden Überlegungen deshalb, dass der ethische Diskurs bzw. eine von zu hohen Ansprüchen befreite Diskursethik im universalpragmatischen Zuschnitt in der gegenwärtigen ethischen Diskussion den methodisch durchdachtesten Ansatz eines Normenprüfungsverfahren darstellt. Damit sage ich nicht, dass die Diskursethik der einzig mögliche Weg ist, um zu normativ gehaltvollen Urteilen zu gelangen und will mich ebenso dafür aussprechen, ihre Geltungsweite durch eine Berücksichtigung und Verarbeitung der berechtigten Kritik und der in der jahrzehntelangen Rezeption entstandenen Modifikationen zu stärken.[40] Gleichwohl scheinen die in ihrem Format ausgewiesenen Diskurspräsuppositionen auf formaler Ebene eine herrschaftsfreie Argumentationsstruktur zu ermöglichen und zielen damit auf die grundsätzliche (Chancen-)Gleichheit aller Diskursteilnehmer im Rahmen reziproker, an Verständigung orientierter Kommunikation. Die Sicherstellung der Gleichberechtigung der DiskursteilnehmerInnen ist schließlich der m.E. einzig sinnvolle *modus operandi* jeglicher Dialogpraxis und somit ebenso eine Grundvoraussetzung für ethische Konfliktlösungsdiskurse.

Auch wenn die Diskursethik also den metaethischen Rahmen liefert, muss nun geklärt werden, welche konkrete Haltung in solchen Diskursen, welche für ethische Fragen möglicherweise wichtige Besonderheit aus dem christlichen Liebesethos nun zusätzlich abgeleitet werden kann? Welche Perspektiven eröffnet es auch für einen interreligiösen Dialog?

Auf ethischer *Metaebene* kann zunächst wie bereits angedeutet festgehalten werden, dass die christologischen Spitzenaussagen zu einem differenzierendfreisetzenden Handeln ermutigen und im Rahmen soteriologischer und eschatologischer Perspektivierung sowohl die Motivations- als auch Sinngrundlage für dieses bieten. Entsprechend einsichtig kann unter christlich-theologischen Vorzeichen auch das in der säkularen Ethik auf externer Ebene virulente Problem des A-Moralisten beantwortet werden.[41] Die religiöse Antwort auf

---

39 Vgl. dazu insgesamt KLAUS DEMMER, Gott denken – sittlich Handeln. Fährten ethischer Theologie, Fribourg 2008, 85f.

40 Zum universalpragmatischen Begründungsprogramm der Diskursethik: JÜRGEN HABERMAS, Diskursethik – Notizen zu einem Begründungsprogramm. In: DERS., Moralbewußtsein und kommunikatives Handeln, Frankfurt a.M. 1983; 53-126; DERS., Erläuterungen zur Diskursethik, Frankfurt a.M. 1991.

41 Zum fiktiven Problem des A-Moralisten, das in unterschiedlichen Versionen und mit unterschiedlicher Vehemenz die philosophische Ethik heimsucht u.a. KURT BAYERTZ, Einleitung.

die „Ohnmacht des Sollens“[42] d.h. auf die daraus zugespitzte Frage, warum überhaupt und zu jeder Zeit, d.h. auch angesichts offenkundiger Nachteile für die eigenen Interessen, moralisch gehandelt werden sollte, kann dabei grundsätzlich zwar nicht verallgemeinert werden. Gleichwohl können Menschen gerade da, wo moralisches Handeln ihre individuellen Interessen gefährdet und sie dennoch in Liebe d.h. moralisch wertvoll handeln, zu Zeugen eben dieser, die sittliche und natürliche Ordnung versöhnenden Liebe werden. Auch wenn ein nicht-gläubiger Mensch geneigt sein mag, diesem Liebesethos nicht zu folgen, so kann er doch wahrnehmen, dass eine Alternative zu strategischen, egoistischen oder instrumentellen Handlungsmotivationen existiert. Spätestens mit Jürgen Habermas' Theorie des Kommunikativen Handelns lässt sich zwar scheinbar auch unabhängig von religiösen Vorzeichen zeigen, dass ein verständigungsorientiertes, nicht-strategisches Handeln im Format der kommunikativen Vernunft eben auch ein Teil des Vernunftkanons ist, d.h. zumindest nicht als irrational qualifiziert werden muss. Gleichwohl kann dessen Argumentation aus einer naturalistischen Perspektive durchaus anzweifelt werden, insofern die kommunikative Vernunft in einem funktional ausgedeuteten Weltbild schlicht abgeblendet wird und die daraus abgeleitete Diskursethik als reflexiver Problemmodus kommunikativen Handelns so an Plausibilität einbüßt. Vielleicht erklärt diese Diagnose auch, warum der sonst so verhalten religiöse Philosoph in den letzten Jahren neben Ich-Identität und Recht auch Religion als Sinnressource für die lebensweltliche Sozialintegration rehabilitiert hat. Von prominenter philosophischer Seite scheint jedenfalls das Signal gekommen, die Theologie nicht vorschnell aus dem Diskurs der Werte- und Normenbegründung zu verabschieden, gerade weil sie auf einer Metaebene Sinnpotentiale entbirgt, die Moraldiskurse insgesamt stabilisieren, zumindest aber anzeigen können, dass die rein funktional-naturalistische Wirklichkeitsdeutung längerfristig zu pathologischen Entstellungen des Zwischenmenschlichen führen und damit sowohl aus humanistischer als auch pragmatischer Sicht unplausibel erscheinen.[43]

Warum moralisch sein? In: DERS. (Hg.), Warum moralisch sein?, Paderborn 2002, 9-34; BERNARD WILLIAMS, Der Amoralist. In: BAYERTZ (Hg.), Moralisch sein, 213-221; FRANCIS HERBERT BRADLEY, Warum soll ich moralisch sein? In: BAYERTZ (Hg.), Moralisch sein, 69-97; FRIEDO RICKEN, Warum moralisch sein?, Stuttgart 2010.

[42] Vgl. zum ursprünglich von Hegel kommenden Ausdruck: JÜRGEN HABERMAS, Moralität und Sittlichkeit. Treffen Hegels Einwände gegen Kant auch auf die Diskursethik zu? In: WOLFGANG KUHLMANN (Hg.), Moralität und Sittlichkeit. Das Problem Hegels und die Diskursethik, Frankfurt a.M. 1986, 16-37, besonders 28-31.

[43] Habermas, der Religion noch in der Theorie des Kommunikativen Handelns als Signatur traditioneller Gesellschaften abschaffen wollte, lässt sich spätestens mit „Nachmetaphysisches Denken II“ wohl als neuer Patron für den Diskurs zwischen Philosophie und Theologie ansehen. Ohne dabei aus einer theologischen Perspektive die anklingenden Implikationen für das abrahamische Offenbarungsverständnis überbewerten bzw. hinnehmen, oder diese Öffnung aus philosophischer Perspektive widerstandslos teilen zu müssen, dürfte zumindest deutlich werden, wie häufig die Habermasche Theorie gerade in ihren diskurspragmatischen Zuspitzungen doch auch auf theologische Ressourcen zurückverwiesen ist. Dieser konstruk-

Wie verhält sich das christliche Ethos jedoch zu den in einem ethischen Diskurs konkret vorgestellten Prinzipien, d.h. auf *normativ-praktischer Ebene*? Alfons Auer hat wohl wie kein Anderer herausgestellt, dass das christliche Heilsethos *stimulierend, kritisierend* und *integrierend* in den Innenraum der autonomen Moral hineinzureichen und so auf einzelne Normen, deren Begründung und mögliche Grenzen ihrer Anwendung erhellend zu wirken vermag.[44] Konkret kann das bedeuten, dass dieses Liebesethos jede sittliche Sollensforderung noch einmal kritisch nach Geltungsgrund und Reichweite befragt und damit auch für eine vorschnelle Abschließung von (Fragen)Kontexten sensibilisiert. Weil nämlich der Glaube an eine versöhnende Liebe dazu anhält unbequeme Fragen zu stellen, auch wenn dadurch das Altbekannte und alle damit verbundenen identitätsstiftenden Parameter ins Rutschen geraten, dürfen alle unter dem Niveau dieser befreienden Liebe geschlossenen, pragmatischen Kompromisse nur Übergangslösungen darstellen. Drohen diese sich zu festen Bestandteilen der menschlichen Lebenswirklichkeit zu verfestigen, drohen die systemischen Imperative die symbolische Reproduktion der Lebenswelt vollständig zu übernehmen, kann und muss unterbrochen werden. Sicher hatten auch Jean-François Lyotard oder Michel Foucault vor faulen (Diskurs)Kompromissen in Recht und Moral gewarnt und Habermas selbst die Expropriation der Lebenswelt in Anschluss an Max Weber als Sozialpathologie identifiziert.[45] Gleichwohl scheint mir die Haltung der Unterbrechung, eine Hermeneutik des Verdachts (Paul Ricœur) konsequent und konstruktiv nur durchgehalten werden zu können, wenn sie bereits in einen Horizont umfassender Sinnerfüllung eingebettet ist bzw. auf ihn verweist. Dieser Anspruch, die Offenheit für einen umfassenden Sinn, ist es auch, der einer einseitigen Verabsolutierung von kontingenten Werten und Wertesystemen *nachhaltig* vorbeugen kann. Viele kritische Ansätze kranken bekanntermaßen daran, dass sie in der Kritik selbst neue Totalitarismen erzeugen und installieren.[46]

Darüber hinaus kann eine kompromisslose Orientierung an der unbedingten Liebe die normative Rigorosität und Formalität hinterfragen und die in Begründungsfragen erstarrten Diskurse noch einmal wohltuend auf den einzelnen

---

tive Verschränkungsversuch von Philosophie und Theologie gipfelt dabei natürlich immer wieder in der Frage nach den Möglichkeiten, Grenzen und normativen Konsequenzen einer rückstandsfreien Übersetzung theologischer Inhalte in eine kommunikative Rationalität.

44 Vgl. dazu besonders AUER, Autonome Moral (Anm. 15), 189f; DERS., Theologie der Ethik (Anm. 29), 218f; 239f.

45 Ähnlich diagnostiziert Beheshti: „Die Geschichte der Ethik zeigt in vielen ihrer historischen Ausprägungen, dass die Tendenz zu einer Vergesetzlichung moralischer Normen die Moralität zu bloßer Legalität erstarren lässt und sie ihrem Geiste beraubt." Siehe dazu seinen Aufsatz in diesem Band, 142.

46 Vgl. dazu atypisch z.B. innerhalb der kritischen Theorie Habermas' Kritik an Max Horkheimer und Theodor Adornos Dialektik der Aufklärung. Dieses Phänomen ist auch von feministischen Ansätzen bekannt, die in ihrer anfänglich vielleicht verständlichen Radikalität am Ende lediglich eine Systemumkehrung anstelle einer Befreiung erzeugen.

Menschen hin ordnen.[47] Diese Sensibilisierung für den konkreten Einzelnen, für das andere der Gerechtigkeit hat in der philosophischen Ethik durch Emanuel Lévinas, Jaques Derrida oder Seyla Benhabib Eingang in die Diskussion gefunden.[48]

Solange der Wert des je Anderen entlang bestimmter Vorstellungen von Gerechtigkeit und Ungerechtigkeit, bestimmter ethischer Kategorien oder der Fähigkeit angemessene Werturteile formulieren zu können, bemessen wird, solange behandeln ethische Entwürfe die Andere als metaphysischen Gegenstand und solange hat inhumaner Rigorismus Gelegenheit sich in den formalen Strukturen dieser ethischen Entwürfe zu verstecken. Gerade Lévinas hatte jedoch hervorgehoben, dass alle ethischen Abwägungen oder Bestimmungen gegenüber dem unendlichen Verpflichtetsein, die sich im Antlitz des Anderen zeigt, sekundär sind, dass allein diese Verantwortung gegenüber dem konkreten Einzelnen den moralischen Gehalt menschlichen Handelns ausmacht: „Dia-Konie vor jedem Dia-Log".[49] Gleichwohl erscheint die Hinwendung zu der konkreten Einzelnen, das Ergriffen-sein von ihrem Ruf nach Hilfe und Beistand, die bedingungslose Solidarisierung mit ihr auch gegen alle Konventionen und Erwartungen, ja gegen ganze Wertesysteme, eher wie eine kaum einlösbare, ethische Provokation, denn als verpflichtende Handlungsgrundlage. Diese Solidarisierung, die Verantwortung für den Anderen, eine Beziehung ohne Beziehung (Knut Wenzel) in ihrer unerhörten Radikalität durchzuhalten scheint zumindest *ohne* den Glauben an eine erlöste Wirklichkeit kaum sinnvoll zu sein, muss im Blick auf eine nach unparteilichen Gerechtigkeitsprinzipien geordnete Gesellschaft als irrational und sogar *un*gerecht gelten. Das christliche Heilsethos stemmt dennoch an dieser Stelle einen Raum auf, um das Veto von Einzelpersonen gegen normative Festsetzungen zur Geltung bringen zu können und sie so vom Rand der Gesellschaft in ihre Mitte zu holen.

Auf der praktischen Dialogebene lässt sich mit einer am Liebesethos entschiedenen Haltung neben der Hinwendung zum konkreten Einzelnen schließlich noch ein weiterer ethischer Akzent setzen: Liebe und Solidarität als Wirkprinzipien müssen auf einer ersten Orientierungsebene per definitionem alle exkludierenden Mechanismen ablehnen und somit auch Positionen und Prinzipien problematisieren, die in der Durchführung die Freiheit anderer

---

[47] Auf die Notwendigkeit den Rigorismus-Verdacht, mit denen sich Ethikkonzepte im Format Kants spätestens seit Hegels Kritik am kategorischen Imperativ konfrontiert sehen, ernst zu nehmen und die Möglichkeit einer Graduierung ethischer Normen weist im religiösmuslimischen Kontext auch Beheshti in diesem Band hin, 143.

[48] Siehe dazu programmatisch u.a.: SHEYLA BENHABIB, Selbst im Kontext, Kommunikative Ethik im Spannungsfeld von Feminismus, Kommunitarismus und Postmoderne, Frankfurt a.M. 1995; JAQUES DERRIDA, Die Schrift und die Differenz, Frankfurt a. M. ^{7}1997; DERS., Politik der Freundschaft, Frankfurt a.M. 2000.

[49] Zum Zitat: EMMANUEL LEVINAS, Ethik und Unendliches. Gespräche mit Philippe Némo. Hrsg. von P. ENGELMANN, Graz-Wien 1986, 57-79, 74. Vgl. insgesamt LEVINAS, Ethik, 67f.

negieren oder Minderheiten exkludieren. Die Ablehnung von ethnischer, sexueller oder religiöser Diskriminierung wird dabei natürlich auch durch die europäische Verfassung bestätigt und ein offenes Zuwiderhandeln ebenso seitens säkularer Philosophien problematisiert.[50] Die realen Erfahrungen im ethischen Diskurs oder auch interreligiösen Dialog zeugen jedoch häufig davon, dass solche Problematisierungen schnell zu einem Dialogabbruch, manchmal nicht einmal zu einer Dialogaufnahme führen können.[51] Es ist nicht schwierig an dieser Stelle Beispiele zu finden, um anzuzeigen, welche verheerenden Konsequenzen es dabei haben kann, den Dialog nach einer offenen Frontstellung nicht fortzusetzen. Nicht nur können sich so Vorurteile, Missverständnisse und Argwohn festsetzen und jenseits öffentlicher Wahrnehmbarkeit verselbstständigen, es besteht ebenso die Gefahr, dass die negativen Erfahrungen mit dem Anderen in Form einer Überreaktion zur Radikalisierung einzelner Positionen beitragen und schließlich in Gewalt gegen das bedrohlich Andere eskalieren. Auch in einem säkular-demokratischen Kontext scheint deshalb eine gewisse Notwendigkeit zu bestehen, sich mit von der Norm abweichenden Positionen und Parteien auseinanderzusetzen. Die Hoffnung darauf, dass solche Parteien überhaupt ein Dialoginteresse zeigen, sich dann auch alle an den für konstruktive Diskurse maßgeblichen Verhaltensregeln orientieren und sich schließlich angesichts der rational besseren Argumente auf ein handlungsbindendes Urteil einigen, d.h. von Vorurteilen und Radikalität Abstand nehmen, mag für viele an Naivität grenzen. Psychologisch scheint es jedenfalls sowohl nachvollziehbar als auch sinnvoll sich von Positionen abzugrenzen, die die eigene Identität auszulöschen drohen, die Freiheit Anderer negieren und die etablierten Werte torpedieren.

Gleichwohl ist es auf einer zweiten Orientierungsebene zumindest aus christlicher Sicht notwendig diese *Ab*grenzung nicht in eine ultimative *Aus*grenzung münden zu lassen. Weil das Heilsethos, der Glaube an eine in Liebe versöhnte Welt eben nicht nur kritisierend, sondern auch integrierend wirkt, kann und darf dazu ermutigt werden, selbst bei einem begründeten Abbruch des Dialogs auch dessen Wiederaufnahme zu forcieren, kann dazu angeregt werden, selbst mit solchen Positionen ein Gespräch zu suchen, die sich in Worten und Taten von einem solchen, um Verständnis ringenden Diskurs disqualifiziert zu haben scheinen. Weniger darf es dabei natürlich

---

50 Gerade mit den von Habermas und Karl-Otto Apel ausgewiesenen Diskurspräsuppositionen bzw. den in Anlehnung an Robert Alexy formulierten Diskursregeln wird eine Grenze für vernünftige, sinnvolle Kommunikation gesetzt, die eben jedes freiheitsnegierende, nichtreziproke Verhalten aus dem Diskurs ausschließt oder zumindest als unvernünftig qualifiziert.

51 Dies ist m.E. nach hauptsächlich darin begründet, dass sowohl religiöse als auch moralische oder ethische Überzeugungen immer einen weltbildkonstitutiven Charakter haben und somit für das eigene Selbstverständnis aber auch die Deutung der Wirklichkeit identitätsstiftend sind. Konfligierende Deutungen sind somit immer auch eine Bedrohung. Die psychologisch naheliegende Reaktion ist zunächst schlicht den Bedrohungsherd aus meinem jeweiligen Wirk- und Arbeitsumfeld zu entfernen, z.B. ihn zu ignorieren oder zu verleumden.

darum gehen, diesen Positionen und Geltungsansprüchen eine öffentliche Plattform zu bieten, die zur Selbstprofilierung, Ideologievermarktung und Manipulation missbraucht werden kann. Vielmehr meint eine solche Hinwendung im angemessenen Rahmen und entlang einer an Verständigung orientierten Kommunikation die Hintergründe dieser Positionen wahrnehmen zu lernen und den Anderen durch den verständigenden Austausch dabei im Idealfall selbst zugänglich für rationale Argumente zu machen. Ein solcher Verständigungsprozess wird sicherlich immer wieder von Abgrenzungen und neuerlichen Verstehensanläufen begleitet werden. Auch wenn ein solches Wechselspiel für einen konstruktiven Dialog sehr belastend sein muss und dieser somit ein immer gefährdeter bleibt, d.h. weder im ersten und vielleicht auch noch nicht im zehnten Anlauf eine *an*nähernde Verbesserung erwartet werden kann, so ermutigt die eschatologische Perspektive des Heilsethos doch dazu, sich immer wieder um ein für alle Positionen *an*nehmbares Einverständnis über den Wert oder die Geltungsweite bestimmter Normen, Gesetze oder Wirklichkeitsinterpretationen zu bemühen. Die Hinwendung zum konkreten Einzelnen und dessen Verstehenshorizont bedeutet also in letzter Konsequenz auch da noch einmal nach Öffnungen *für* einander zu suchen, wo Worte und Taten doch Zeugnis der Beziehungsverweigerung sind, wo konfligierende Werte und Normensysteme den friedlichen Umgang miteinander zu blockieren scheinen. Die Besonderheit des christlichen Zugangs zur Ethik besteht im Blick auf diese Überlegungen in der durch das Liebesethos ermöglichten, freisetzenden Haltung *der Einzelnen* gegenüber. Es ist dabei immer eine Entscheidung für den Menschen, noch bevor er als Moralsubjekt in den Blick kommt, noch bevor er zum Adressaten von Rechten und Pflichten wird. Die Andere auch dort nicht abzulehnen oder gar aufzugeben, wo der offene Widerspruch zu meinen identitätsstiftenden Überzeugungen das Miteinander so unerträglich schwer werden lässt, ist dabei neben Motivation, Mut und Ausdauer auch in der Sinnhaftigkeit bleibend auf die als umfassende Wahrheit bezeugte Liebeswirklichkeit verwiesen. Weil dieses Liebesethos also sowohl auf einer ersten als auch zweiten Orientierungsebene Exklusion ausschließt, ohne dabei kritiklos zu bleiben, lässt sich das unterscheidend christliche nur als eine kompromisslose Entscheidung für das Menschliche begreifen.

In diesem Zusammenhang wird zum einen deutlich, dass eine solche vorsichtige Bestimmung der Besonderheit notwendig einen Schritt vor der Kompilierung einer spezifisch christlichen Materialethik stehen bleiben muss und somit eher als Beitrag oder Ergänzung zu bereits im philosophischen Kontext etablierten Ansätzen zu deuten ist.[52] Zum anderen lässt

[52] Wie schon angedeutet scheinen dabei besonders die Diskursethik im universalpragmatischen Format sowie alle an sie anknüpfenden und aufbauenden Korrekturvorschläge – sei es durch die nächste Generation der Frankfurter Schule, im Blick auf postmoderne oder feministische Anliegen, im Rahmen kommunitaristischer Akzentuierungen oder durch Hinweise einer christlichen Sozialethik – in den Blick zu kommen.

sich eine solche Hinwendung zum konkreten Einzelnen nur unter Vorbehalt als Verhaltensmaßgabe einfordern oder unmittelbar in ein Moralprinzip übersetzen. Die Partikularität und Positionalität solcher Hinwendungen können nicht den Anspruch der Allgemeingültigkeit erheben, obwohl sie aus christlicher Perspektive eine moralische Konsequenz des Liebesethos sind und demnach freilich auch auf universelle Umsetzung zielen. Auf säkularer Ebene hingegen lässt sich eine solche Berücksichtigung des konkreten Anderen besonders unter den Vorzeichen von Institutionalisierung und rechtlicher Kodifizierung maximal in die Struktur der reziproken Solidarität übersetzen.[53] In christlichem Kontext kann die Anonymität der Gleichheitsforderung durch die im Heilsethos geforderte Hinwendung zur konkreten Einzelnen durchbrochen werden, ohne sich darin jedoch erschöpfen zu müssen. Kritik im Horizont der wohlwollenden Liebe transzendiert den Kontext der Kritik noch einmal und befragt zugleich alle dieses Liebesethos zersetzenden Praktiken nach ihrem Geltungsgrund. In diesem Zusammenhang, d.h. in der Formulierung und gleichzeitigen Transzendierung von Kritik kann der religiöse Zugang möglicherweise also auch jenseits von Sinnressourcen säkulare Moraldiskurse, aber ebenso Rechtsdiskurse und Diskurse der allgemeinen Öffentlichkeit auf wohltuende Weise ergänzen, zumindest aber bleibend für die Dynamik von Recht und Moral, von Universalität und Partikularität sensibilisieren.

3. Religiöses Ethos und säkularer Diskurs – Gedanken zum interreligiösen Dialogverhalten

Zum Schluss wird mit den Überlegungen zum Profil einer „christlichen" Ethik, die in ihrer Haltung zum Dialog die Entscheidung für das Menschliche fordert und fördern kann, ebenso klar, dass der spezifisch christliche Verstehenshorizont in einem pluralen Kontext, d.h. konkret im interdisziplinären und interreligiösen Diskurs ausgewiesen und erläutert werden muss. Die Vernunft kann dabei als der kleinste gemeinsame Nenner für die Begegnung verstanden werden und verlangt nach einem ethischen Sprachspiel, dessen Regeln in ihrem Namen bestimmt und erläutert werden können. Dazu gehört im Einklang mit dem Zweiten Vatikanum von theologischer Seite aus allererst die Eigengesetzlichkeit und Autonomie dieser Welt anzuerkennen. Die Vorbehalte, die philosophische Ethiker häufig gegenüber theologischen

[53] Vgl. dazu JÜRGEN HABERMAS, Gerechtigkeit und Solidarität. Zur Diskussion um 'Stufe 6'. In: DERS., Erläuterungen zur Diskursethik, 49-67. Siehe zur Diskussion um die Grenzen und Probleme einer solchen reziproken Solidarität auch AXEL HONNETH, Das Andere der Gerechtigkeit. Habermas und die Herausforderung der poststrukturalistischen Ethik. In: DERS., Das Andere der Gerechtigkeit. Aufsätze zur praktischen Philosophie, Frankfurt a.M. 2000, 133-170.

Argumenten haben, sind wie angedeutet wohl kein grundloser Angriff gegen die Theologie, sondern eher eine Konsequenz aus den in der Tradition bis zum Vatikanum II doch regelmäßig vereinnahmenden und autoritären Äußerungen der katholischen Morallehre. Mit anderen Worten muss Theologie sich durch das Darstellen und Erklären der eigenen Tiefengrammatik, einer daraus abgeleiteten Verhältnisbestimmung von Theorie und Praxis und ihren spezifischen Wirklichkeitszugängen dialogfähig machen.[54] Sie darf sich wie weiter oben schon angedeutet nicht im Glauben immunisieren und die Begründungsforderung aus nicht- oder anders-religiösen Lagern ignorieren und dabei die theologische Vernunft als den epistemisch superioren Wirklichkeitszugang ausweisen wollen.

Folgt man diesen skizzenhaften Überlegungen zu den Voraussetzungen, die von theologischer Seite erfüllt werden müssen, um in autonom philosophischen Moraldiskursen als gleichberechtigte Diskursteilnehmer ernst genommen werden zu können, stellt sich die Frage, wie eine solche Verhältnisbestimmung von Religion, Ethik und säkularer Welt in anderen Religionen aussieht. Gerade die öffentliche Diskussion um die *šarīʿa* zeigt die Notwendigkeit sich in säkularen Ethik- und Rechtsdiskursen mit den Möglichkeiten und Grenzen der Adaption religiöser Werte und Normen in weltlichen Rechtskodizes zu befassen. Auch in der islamischen Tradition wird über die der Verbindlichkeit der in der *šarīʿa* kompilierten Gesetze und besonders auch der bei einem Verstoß geforderten Strafen diskutiert. Obwohl Ebrahim Moosa in seiner Einordnung der Blasphemie deutlich herausgestellt hat, dass und wie einzelne, auf die Offenbarung im Qurʾān zurückzuführende Glaubensüberzeugungen durch einen von den *ʿulamāʾ* beaufsichtigten, diskursiven Tradierungs- und Redaktionsprozess in den Normen- und Gesetzeskanon der *šarīʿa* aufgenommen wurden,[55] scheint es nicht ungewöhnlich zu sein, diese Gesetze

---

[54] Im Horizont einer kommunikativ verfassten Vernunft lassen sich an dieser Stelle natürlich regulative Kriterien formulieren, die *jeder* auf Verständigung ausgerichtete Diskurs von *allen* Beteiligten, d.h. sowohl religiös imprägnierten als auch philosophisch autonomen Positionen einfordern kann. Ebenso lässt sich mit dem Verweis auf das Prinzip zureichender Begründung ein regulatives Richtungsideal benennen, in dessen Fahrwasser sich wiederum auch Anhaltspunkte ermitteln lassen, um entlang argumentationslogischer Maßstäbe die Güte von Argumenten zu bemessen (Vgl. z.B. DAGMAR FENNER, Ethik. Wie soll ich handeln?, Stuttgart 2008.). Dabei sind natürlich sowohl solche Kriterien, als auch die verwendeten Maßstäbe, als auch das Ziel verständigungsorientierter Kommunikation selbst bereits Produkte eines bestimmten Weltbildes. Insofern aber die Vernunft der kleinste gemeinsame Nenner ist, auf dem sich solche Kriterien benennen und indexikalisieren lassen, dürfen sie und die unter ihrem Namen formulierten oder begründeten Urteile zumindest im Horizont vernunftgemäßer Urteilsfindung eine *prima-facie* Gültigkeit beanspruchen. Gerade weil Offenbarung und natürliche Vernunft in keinem Widerspruch stehen und im Liebesethos selbst die Orientierung an Verständigung und Anerkennung angelegt ist, scheint es mir aus christlich-theologischer Perspektive im Blick auf die Tradition des *fides quaerens intellectum* möglich, sich im autonom philosophischen Diskurs-Sprachspiel verständigen und die eigenen, möglicherweise fremdartigen Inhalte argumentativ einsehbar zu machen.

[55] Vgl. den Artikel von Ebrahim Moosa in diesem Band, 174.

dennoch als unmittelbare Weisungen des Propheten zu verstehen und dabei sowohl den methodischen Charakter der Rechtsschöpfung als auch die Mittlerschaft der *'ulamā'* in den Hintergrund zu drängen. Auf diese Weise werden Verstöße gegen das Gesetz zu Verstößen gegen den im Qur'ān geoffenbarten Willen Gottes und sind im Vergleich z.T. mit hohen Strafen sanktioniert. Gerade dort also, wo menschliche Mittlerschaft ausgeklammert und die Gesetze und Normenkodizes der *šarī'a* als absoluter Wille interpretiert werden, müssen die „modern-gebildeten Muslime überraschend erkennen, (...) dass die *'ulamā'* die Unantastbarkeit des Propheten auch auf ihre Methode der Interpretation der Lehren des Propheten übertragen haben."[56] Eine ähnliche Diagnose lässt sich im Blick auf ein wortwörtliches Bibelverständnis, wie es gegenwärtig gerade in evangelikalen Kreisen üblich ist, auch für Teile christlicher Traditionen attestieren. Wie schwer es sein kann, gegen eine durch Herrschaft und Unterdrückung gewachsene Autorität von Gelehrten Einspruch zu erheben und Veränderung auf den Weg zu bringen, lässt sich ohne Weiteres auch in der Geschichte der katholischen Kirche nachzeichnen. Für die gleichberechtigte Stellung in einem interreligiösen und interdisziplinären Diskurs ist es jedoch unerlässlich anzuerkennen, dass auch religiös begründete Prinzipien und Normen geschichtlich gewachsen und im Blick auf die bleibende hermeneutische Differenz zwischen der Offenbarung des unbedingten göttlichen Willens und der Aufnahme dieses Willens im bedingten menschlichen Verstehenshorizont zumindest deutungsoffen sind. Diese Differenz und das ihr zugrundeliegende Geschichtsverständnis ist dabei immer auch eine Herausforderung für die islamische wie auch christliche Orthodoxie und deshalb in homogenen, theokratisch geordneten Kulturen und Staaten sicher zunächst wenig erläutert worden, auch – so wie Moosa andeutet – um die Kontinuität der Tradition zu bewahren und die eigene Macht zu erhalten.[57] Selbst wenn nur an ausgewählten Stellen, so lässt sich im Zuge islamischer Neuaufbrüche bei einigen islamischen Denkern ein Methodenwechsel nachzeichnen, der neben der kanonischen Tradition die *maqāṣid* [Ziele, Absichten] des Islam bzw. der *šarī'a* stärker in den Vordergrund stellen.[58] Diese Akzentverschiebung erkennt, dass Moralkodizes immer auch konkrete Interessen Einzelner oder ganzer Gruppen widerspiegeln. Damit scheint zumindest in der Theorie ein Weg geebnet zu werden, um die *diskursive* Tradition des Islams

---

[56] Ebd., 175.

[57] Vgl. 174f.

[58] Vgl. TARIQ RAMADAN, Scharia und die Werte der Aufklärung. Untersuchungen über das Verhältnis zwischen Islam und den emanzipatorischen Potenzialen der Moderne. In: HAMIDEH MOHAGHEGHI/ KLAUS VON STOSCH (Hg.), Moderne Zugänge zum Islam. Plädoyer für eine dialogische Theologie, Paderborn u.a. 2010 (Beiträge zur Komparativen Theologie; 2), 85-96. Auch Beheshti hatte im Blick auf die Euthyphron-Diskussion angezeigt, dass die Verhältnisbestimmung von Vernunft, Offenbarung und Moral Thema jahrhundertelanger Kontroversen ist, jeder Aufbruch zu einer vernunftautonomen Bestimmung von Gut und Böse, auch wenn er wieder auf die göttliche Gesetzgebung zurückverweist, immer streitbare Quellenauslegung ist. Vgl. dazu in diesem Band 140.

bei der Auslegung und Kontextualisierung der *šarīʿa*, aber auch der Veränderung von Geltungskraft und -reichweite einzelner Normen wieder stärker zu beleben.

Die daran anschließende Frage, ob und wie der Wert der *šarīʿa* auch in säkularen oder nicht-islamisch geprägten Diskursen bestimmt werden kann und, welche ethische Relevanz die Normen auch für Nicht-Muslime oder Nicht-Gläubige haben können, hängt dabei sicherlich in entscheidendem Maße davon ab, ob auch „muslimische Denker bereit sind, das vielfältige Wissen und die Erfahrung der Gegenwart einzubeziehen, wenn sie über die normativen Werte des Islams urteilen."[59] Die entscheidende Frage ist also schließlich, welchen erkenntnistheoretischen Stellenwert der Andere für die eigene Wirklichkeitsinterpretation haben, ob er zum *locus alienus*[60] der eigenen Überzeugung werden kann und inwieweit die komparative Zugangsweise „uns 'zu den Sachen selbst' hinführt."[61]

Der erste Schritt in diese Richtung ist wie Moosa deutlich herausstellt, dass die kritischen Nachfragen an die Lehre und auch inhaltliche Provokationen nicht unbesehen kriminalisiert oder mit *takfīr* [jem. zum Ungläubigen erklären] gleichgesetzt werden.[62] Allgemein gesprochen, müssen auch kritische Anfragen an die eigenen Überzeugungs- und Wertesysteme bearbeitet werden und dürfen nicht zu einer Autorisierung der eigenen Position durch Abgrenzung und Exklusion führen. Im Blick auf die alles übersteigende Barmherzigkeit Gottes lässt sich hoffen, dass eine solch exkludierende Haltung ein Produkt des menschlichen und nicht des göttlichen Willens ist. Diese Barmherzigkeit ist es auch, die jede Form der menschlichen Deutung des göttlichen Willens anleiten und auf diese Weise möglicherweise auch der *šarīʿa*-Auslegung ein neues Profil geben kann.[63] Damit verbindet sie Muslime und Christen als Glaubensschwestern und -brüder in der gemeinsamen Arbeit am Reich Gottes und kann ähnlich wie das Liebesethos als Wirkprinzip so auch im säkularen Ethikdiskurs einen wohltuenden Akzent setzen. In einem zweiten

---

[59] MOOSA, in diesem Band, 177.

[60] *Locus alienus* wird hier – im Anschluss an Melchior Cano – als Bezeichnung verwendet, um anzuzeigen, dass das Sprachspiel des je Anderen zum Erkenntnisort des Eigenen werden kann. Wichtig dabei ist, dass diese Erkenntnis nicht unter den Vorzeichen der eigenen Sprachspielgrammatik stattfinden muss, sondern gerade durch und in den Akzenten und Besonderheiten der Sprachspielgrammatik des Anderen katalysiert wird. Auf diese Weise kann der Andere in seiner Andersheit zu einer Heimat für eine neue Nuance der Wahrheit werden, die zuvor nur in den Kanälen meiner eigenen Wirklichkeitsinterpretation angezeigt worden war. Zur Bedeutung des Anderen als Erkenntnisort des Eigenen in der Methodik der Komparativen Theologie siehe für den deutschsprachigen Raum K. VON STOSCH, Komparative Theologie als Hauptaufgabe der Theologie der Zukunft. In: DERS./ REINHOLD BERNHARDT (Hg.), Komparative Theologie. Interreligiöse Vergleiche als Weg der Religionstheologie, Zürich 2009, 15-34.

[61] BEHESHTI, Moralisches Handeln, in diesem Band, 146.

[62] Vgl. MOOSA, in diesem Band, 180.

[63] Vgl. MOUHANAD KHORCHIDE, Scharia – der missverstandene Gott. Der Weg zu einer modernen islamischen Ethik, Freiburg-Basel-Wien 2013.

Schritt muss dann wie Beheshti sinngemäß herausstellt, die Entwicklung gemeinsamer, interreligiöser Sprachspiele vorangetrieben werden, die es ermöglichen, das fremde Denken im eigenen gedanklichen Koordinatensystem oder Sprachspiel zu verorten, aber ebenso das eigene Denken in ein gemeinsam geteiltes Sprachspiel zu übersetzen und so den eigenen Glauben nicht nur vor dem Forum der Vernunft, sondern eben auch vor den (nicht)religiösen Überzeugungen der Anderen verantworten zu können.[64] Abschließend sei angemerkt, dass am Grund eines solchen Sprachfindungsprozesses die Frage nach der Verhältnisbestimmung von philosophischer und theologischer Vernunft, von Autonomie und Theonomie schlummert, wie sie durch die vorangegangenen Überlegungen doch immer wieder am Horizont der theologisch-ethischen Profilierung aufgeleuchtet war.[65] Die Chancen solche Sprachfindungsprozesse konstruktiv zu begleiten und anzuleiten, stehen in der deutsch- und englischsprachigen Universitätslandschaft gegenwärtig jedenfalls so gut wie wohl noch nie.

---

64 Vgl. BEHESHTI, 148.

65 Paradigmatisch vorexerziert haben dieses Gespräch aus katholischer Sicht: JÜRGEN HABERMAS/ JOSEF RATZINGER, Dialektik der Säkularisierung. Über Vernunft und Religion, Freiburg i.Br. 2005. Damit ist freilich nur ein Anfang gemacht. Zum Autonomie-Diskurs siehe besonders: DIETMAR MIETH, Moral und Erfahrung I. Grundlagen einer theologisch-ethischen Hermeneutik, 4. überarbeitete und ergänzte Neuauflage, Fribourg-Freiburg i. Br. 1999.

SEYYED HASSAN ESLAMI ARDAKANI

Die ethische Dimension in Christentum und Islam

Ein komparativer Zugang

Wir leben in einer unruhigen Welt, einer Welt geprägt von Sinnlosigkeit, Ohnmacht, Ungerechtigkeit, Ungleichheit und diversen Umweltkrisen. Die grundlegende Frage, die sich uns in diesem Zusammenhang stellt, ist, welche Rolle die Religionen hier spielen, wie sie versuchen mit diesen Problemen umzugehen und auf sie zu antworten.

Im Hinblick auf die angedeuteten Probleme ist es fast üblich geworden, Religionen für sie verantwortlich zu machen. So wurden die Abrahamischen Religionen spätestens seit dem 18. Jahrhundert mit zahlreichen Anschuldigungen konfrontiert, wie beispielsweise den Vorwürfen Passivität gegenüber der Welt, Gleichgültigkeit gegenüber menschlichem Leid oder Amoralismus zu befördern. Beispielhaft kann hier auf Karl Marx oder Sigmund Freud verwiesen werden, die die Religion als großes Hindernis zu wahrer Moralität angriffen und diese als „Opium des Volkes“[1] oder als bloße „Illusion“[2] beschrieben.[3]

Es kann nicht bestritten werden, dass Religionen in einigen Fällen durchaus Passivität und Gleichgültigkeit gegenüber der irdischen Welt befördert haben, doch stellt dies keinesfalls die ganze Wahrheit dar. Im Folgenden werde ich daher insbesondere im Blick auf die monotheistischen Religionen versuchen deren ethische Dimension herauszustellen. Dabei wird deutlich, dass sich in allen Religionen ethische Lehren finden lassen, wie auch der angesehene Religionswissenschaftler Ninian Smart verdeutlicht, indem er davon spricht, dass sich Religionen in sieben Dimensionen unterscheiden lassen. Eine dieser Dimensionen, stellt nach Smart dabei „die ethische und gesetzliche Dimension“[4] dar, sodass, wenn man Smart folgt, moralische Erziehung und Lehre als Grunddimension einer jeden Religion angesehen werden können.

---

1 KARL MARX/ FRIEDRICH ENGELS, Werke. Band 1, Berlin 1976, 378.

2 SIGMUND FREUD, The future of an illusion, London 1973, 26.

3 Für eine exzellente Analyse und Diskussion von Freuds und Marx’ religionskritischer Einstellung, vgl. MEROLD WESTPHAL, Suspicion and Faith. The Religious uses of Modern Atheism, Michigan 1993.

4 Eigene Übersetzung des Übersetzers, vgl. für den englischen Originaltext: NINIAN SMART, The world's religions, Cambridge 1998, 22.

Diese Dimension der Religion ist es auch, die wir für unser Leben am Nötigsten haben, um die Welt zu einem besseren Ort für eine bessere Zukunft zu machen. Um diesen Punkt etwas näher zu illustrieren, möchte ich mich an dieser Stelle auf zwei humanistische Gelehrte, Viktor Frankl und Erich Fromm, beziehen. Frankl, der Begründer der Logo-Therapie, bringt zum Ausdruck, dass Menschsein mit Bewusstsein und Verantwortung einhergeht. Erich Fromm, ein berühmter Psychoanalytiker, ist unter anderem für seine Monografie „Die Furcht vor der Freiheit“[5] bekannt. Während der eine auf den idealen Menschen und seine Bedeutung reflektiert, berichtet uns der andere über die traurige Wirklichkeit des gegenwärtigen Menschseins. Beide erkennen etwas Richtiges, da sie sich mit zwei Seiten ein- und derselben Medaille beschäftigen und den Menschen ebenfalls beide als verantwortliche Kreatur betonen – unabhängig davon, dass viele Menschen dies faktisch bestreiten und ein unverantwortliches Dasein leben würden und so gezwungen seien, ihr Gewissen mit zahlreichen Autosuggestionen zu beruhigen.

Monotheistische Religionen wie etwa Christentum und Islam teilen zumindest darin eine Gemeinsamkeit, dass sie dieser Realität begegnen und ein Kernbestand ihrer Lehre darin besteht, zum Ausdruck zu bringen, dass menschliche Wesen verantwortlich sind und sich dieser Tatsache nicht entziehen können. So verkündigt Jesus nach dem Matthäusevangelium: „Und wer nicht sein Kreuz auf sich nimmt und mir nachfolgt, ist meiner nicht würdig.“[6] Und der Qur᾽ān erklärt ebenfalls mehr als einmal: „Jede Seele ist dem verpfändet, was sie begangen hat.“[7]

Beide Religionen lehren, dass der Mensch nach dem Ebenbild Gottes geschaffen und sein Statthalter auf Erden ist. Diese Gottesebenbildlichkeit und seine Statthalterfunktion hat Konsequenzen: Wenn Gott für seine Welt und ihre Geschöpfe verantwortlich ist, ist auch der Mensch zu einem gewissen Grad mitverantwortlich; auch wir haben Verantwortung für unsere Mitgeschöpfe. Doch bevor wir auf die Verantwortung des Menschen näher eingehen, müssen wir die grundlegende Frage beantworten, was wir unter dem Begriff der Verantwortlichkeit verstehen können. Wie kann er definiert werden? Wie kann er aus religiöser Sicht verteidigt werden und wie setzen wir uns mit modernen Zugängen auseinander, die auf der Grundlage wissenschaftlicher Analysen jede Form der Verantwortlichkeit leugnen?

Im Folgenden werde ich versuchen einige dieser Fragen zu beantworten.

---

[5] SIGMUND FREUD, Die Furcht vor der Freiheit, München 1993.
[6] Mt 10,38.
[7] Q 74:38.

1. Was ist Verantwortung und was sind ihre wesentlichen Grundlagen?

Wir benutzen das Wort „Verantwortung“ in zwei verschiedenen Bedeutungen. Verantwortlich zu sein kann einerseits bedeuten, die Ursache für etwas zu sein.[8] Wenn ich beispielsweise Geschirr absichtlich zerbreche, bin ich der Verursacher dieses Zerbrechens und deshalb für meine Handlung verantwortlich und zur Wiedergutmachung verpflichtet. In diesem Sinne ist Verantwortlichkeit daher gleichbedeutend damit, Verursacher oder Grund einer Handlung zu sein.

Andererseits macht Verantwortlichkeit auch auf Pflichten und Aufgaben einer Person aufmerksam.[9] So kennen wir beispielsweise elterliche Pflichten gegenüber ihren Kindern, die ebenfalls aus ihrer Verantwortung resultieren. Beide Bedeutungen der Verantwortung sind unterschiedlich, doch gleichzeitig miteinander verbunden. Auch aus religiöser Perspektive sind wir Akteure unserer Werke und Taten und somit verantwortlich im Bezug auf diese, sodass wir nach der Rechtfertigung unseres Verhaltens gefragt werden können und diese rational auszuweisen haben. Ebenso kennen wir auch aus religiöser Perspektive Pflichten, die wir gegenüber der Gesellschaft, der Umwelt und der Welt als ganzer haben.

Als menschliche Wesen, sind wir aufgrund unserer Gottesebenbildlichkeit und unserer besonderen Stellung in dieser Welt daher in beiden Hinsichten verantwortlich, weshalb ich den Begriff *Verantwortung* von nun an synonym sowohl in Bezug auf Menschen als Akteure ihrer Handlungen als auch im Bezug auf Pflichten gegenüber Anderen verwenden möchte.

Um von Verantwortung sprechen zu können, müssen zumindest zwei grundlegende Bedingungen erfüllt sein: freier Wille und Wissen. So kann beispielsweise niemand für angeborene oder genetische Behinderungen verantwortlich gemacht werden. Daher unterscheiden wir gewöhnlich zwischen dem, was in unserer Macht steht, und dem, was sie übersteigt. Keine weise Person würde daher einen von Geburt an Blinden für seine eigene Blindheit verantwortlich machen; möglicherweise aber wenn ihre oder seine Blindheit selbstverschuldet genannt werden kann, beispielsweise durch überhöhten Drogenkonsum. Das Kantische Prinzip, dass ein „Sollen“ das „Können“ voraussetzten muss, bringt diesen Sachverhalt gut auf den Punkt. Um von einem Menschen gefordert werden zu können, muss eine Handlung gemäß diesem Prinzip daher überhaupt erst möglich sein und sich im Bereich unserer Möglichkeiten befinden. Kant selbst verdeutlicht diesen Punkt folgendermaßen: „Denn wenn das moralische Gesetz gebietet, wir sollen jetzt bessere Menschen sein, so folgt unumgänglich, wir müssen es auch können“[10]; und

---

[8] HARRY J. GENSLER/ EARL W. SPURGIN, Historical Dictionary of Ethics, Plymouth 2008, 246.
[9] Vgl. ebd.
[10] IMMANUEL KANT, Die Religion innerhalb der Grenzen der bloßen Vernunft, AA IV, 19-21.

ebenso: „Nun muß die Handlung allerdings unter Naturbedingungen möglich sein, wenn auf sie das Sollen gerichtet ist.“[11]

Auch in der islamischen Theologie ist dasselbe Prinzip als „die Hässlichkeit eine unmögliche Aufgabe anzuordnen“ bekannt (qubḥ taklīf mā lā-yuṭāq). Nach diesem Prinzip trägt Gott, obwohl er allmächtig ist, den Menschen niemals etwas auf, was für sie zu tun unmöglich wäre, was der Qurʾān an zahlreichen Stellen wie folgt verdeutlicht: „Gott lastet keiner Seele mehr auf, als sie tragen kann.“[12]

Die zweite Bedingung der Verantwortung ist Selbsterkenntnis. Ohne Wissen um unsere Kräfte, Möglichkeiten, Potentiale, Begrenzungen und Pflichten kann es keine Verantwortlichkeit geben. So kann die Polizei beispielsweise nicht für zu schnelles Fahren bestrafen, ohne zuvor eine Geschwindigkeitsbegrenzung aufgestellt und angekündigt zu haben, dass die Überschreitung dieser Begrenzung Strafe nach sich zieht. Der Qurʾān verdeutlicht dieses Prinzip wie folgt: „Und wir straften niemals, ehe wir nicht einen Gesandten schickten.“[13]

Wir können daher noch einmal kurz zusammenfassend sagen, dass Verantwortung Willensfreiheit und darüber hinaus das Bewusstsein um eben diese Freiheit und die Konsequenzen unserer Taten und Werke erfordert.

2. Der Ruf der Religionen nach menschlicher Verantwortung

Alle Religionen, unabhängig davon, ob primitiv oder hochentwickelt, monotheistisch oder polytheistisch, betrachten den Menschen als verantwortlich für seine Entscheidungen, Taten und deren Konsequenzen. Manche Religionen gehen sogar so weit, den Menschen nicht nur als verantwortlich für seine eigenen Taten anzusehen, sondern ihn auch in der Verantwortung für das Schicksal seiner Vorfahren zu sehen. Unabhängig von anderen Differenzen in theologischen Lehrmeinungen oder rituellen Praktiken, kann daher im Hinblick auf die Frage nach der menschlichen Verantwortung eine große Einigkeit zwischen den Religionen festgestellt werden. Es scheint so, als wären gerade die besondere Rolle des Menschen und seine Verantwortlichkeit ein zentraler Kreuzungspunkt aller Religionen. Es ist daher nicht verwunderlich, dass Christentum und Islam, obwohl sie viele verschiedene und teilweise möglicherweise sogar sich widersprechende Lehrmeinungen, beispielsweise im Hinblick auf Themenfelder wie der Trinität oder der Inkarnation aufweisen, in der Frage menschlicher Verantwortung übereinkommen. An dieser Stelle vertreten beide Religionen sehr ähnliche Lehrmeinungen und beschreiben auch die Natur des Menschen mit bemerkenswerter Überein-

[11] IMMANUEL KANT, Kritik der reinen Vernunft, AA III, 30-31.
[12] Q 2:286.
[13] Q 17:15.

stimmung. Obwohl die nachfolgenden Ausführungen von daher durchaus in weiten Strecken über die Religionen als Ganze gesagt werden könnte, möchte ich mich im folgenden Teil auf den Islam und seine Lehren beschränken und einige Punkte in Bezug auf Verantwortung aus islamischer Perspektive diskutieren.

Nach islamischem Verständnis auf der Grundlage des Qurʾāns hat der Mensch eine besondere Stellung auf Erden, selbst wenn er sich dieser nicht immer völlig bewusst ist. Doch anstatt hier ein vollständiges Bild menschlicher Verantwortung nach dem Bild des Qurʾāns zu geben, möchte ich mich im Folgenden auf drei Hauptpunkte beschränken, die mit der Geschöpflichkeit des Menschen zusammenhängen. Zunächst berichtet der Qurʾān, dass Gott den Menschen aus zwei verschiedenen Elementen erschuf: aus Erde und der Seele Gottes. Dieses Spannungsverhältnis zwischen einem weltlichen Teil des Menschen, der durch die Erde symbolisiert wird, und dem überweltlichen Teil, der durch den Bezug auf die Seele Gottes verdeutlicht wird, ist ein immer wiederkehrendes Thema im Qurʾān, sodass Gott in einem Vers des Qurʾāns verdeutlicht: „Damals, als dein Herr zu den Engeln sprach: ‚Siehe, einen Menschen will ich schaffen aus Ton, aus wohlgeformten Lehm. Wenn ich ihn dann wohlgestaltet und von meinem Geist in ihn geblasen habe – dann fallt vor ihm, euch niederwerfend, nieder!‘“[14] Dieses Spannungsverhältnis ist dem Menschen daher bleibend aufgegeben und ermöglicht in der Wahl zwischen gutem und schlechtem Handeln eine offene Zukunft für diesen. Da die Erschaffung des Menschen daher bedeutet, dass der Mensch Gottes Statthalter auf Erden ist, berichtet der Qurʾān davon, dass die Engel gemeinsam gegen Gottes Entscheidung protestierten und erwiderten: „Willst du jemanden auf ihr einsetzen, der Unheil auf ihr anrichtet und Blut vergießt […]?“[15] Gott jedoch antwortete gemäß seinem Bericht im Qurʾān nicht direkt auf diese Erwiderungen, sondern beschränkte sich darauf Folgendes zu verdeutlichen: „Siehe, ich weiß, was ihr nicht wisst.“[16]

Es kann in diesem Kontext gesagt werden, dass der Einwand der Engel und das Schweigen Gottes als Hinweis auf die dunkle Seite des Menschen verstanden werden können. So sind Menschen in der Tat bereit, Blut zu vergießen und die Erde durch ihre menschliche Natur zu zerstören. Die Religionen wissen um diese Schattenseite des Menschen und warnen vor ihr, sodass beispielsweise die christliche Idee der Ursünde als Ausdruck dieser Grundverfasstheit des Menschen betrachtet werden kann. Doch obwohl dies wahr ist, zeugt Gottes Antwort auch von der anderen Seite menschlicher Natur, die den Engeln verborgen war, und die als die helle Seite des Menschen betrachtet werden kann.

---

[14] Q 15:28-29.
[15] Q 2:30.
[16] Ebd.

Zweitens kann gesagt werden, dass Gott nach der Erschaffung Adams, seinen Kreaturen sein Vertrauen oder – in islamischer Terminologie – *al-amāna* anbot, doch die Kreaturen bis auf den Mensch nicht bereit waren, diese Verantwortung zu übernehmen, sodass der Qur'ān in dieser Hinsicht berichtet: „Wir haben den Himmeln, der Erde und den Bergen das anvertraute Gut angeboten, doch sie weigerten sich, es auf sich zu nehmen, und fürchteten sich davor. Da nahm der Mensch es auf sich. Doch er ist frevlerisch und ignorant."[17] Dieser Vers wird ebenfalls schön von dem großen iranischen Dichter Hafez in einem seiner berühmten Gedichte beschrieben:

> Selbst der Himmel konnte die Last
> des Anvertrauten (amāna) nicht tragen,
> Dieses Los fiel auf mich, den Verrückten.[18]

In Bezug auf die oben genannten Verse des Qur'ān müssen wir weitergehend drei Punkte verdeutlichen. Zunächst stellt sich die Frage, was mit *al-amāna* bzw. Gottes Vertrauen gemeint ist, sodass Gottes Geschöpfe Angst davor haben, es übermittelt zu bekommen. Der Qur'ān bietet hier selbst keine weiterführenden Informationen, doch gemäß einiger Interpretationen bedeutet *al-amāna* menschliche Verantwortung oder Freiheit. Das einzige, was wir nach dem Qur'ān sicher wissen, ist, dass *al-amāna* eine schwere Bürde und somit angsterregend für viele Geschöpfe ist. Zweitens berichtet der Vers, dass alle Geschöpfe außer dem Menschen *al-amāna* zurückwiesen und Gott sie für ihr Verhalten nicht tadelte. Wir können so vermuten, dass es zum Tragen des göttlichen Vertrauens besonderer Fähigkeiten bedarf, die den meisten Geschöpfen fehlen, sodass sie die richtige Entscheidung trafen. Doch drittens berichtet der Vers davon, dass Gott anstatt die Menschen für die Übernahme von *al-amāna* zu preisen, diese als ungerecht und gleichgültig bezeichnet. Auch hier wird dieser Ausspruch nicht weiter interpretiert, und es wird uns überlassen, eigene Vermutungen anzustellen. Im vergleichenden Lesen anderer Passagen des Qur'āns können wir zu der Überzeugung gelangen, dass dieser Vers verdeutlichen will, dass die Menschen die Bedeutung, die mit *al-amāna* einhergeht und ihre Voraussetzungen oft nicht verstehen. Insgesamt kann abschließend in Bezug auf den ganzen Vers gesagt werden, dass dieser die Einzigartigkeit des Menschen und seines Auftrags in der Welt verdeutlicht und ihn daran erinnert aufmerksam und gewissenhaft mit diesem umzugehen.

Das dritte wesentliche Element der Geschöpflichkeit des Menschen ist schließlich seine große Freiheit, die zu richtigen und falschen Entscheidungen führen kann. Der Qur'ān unterstreicht die Begabung des Menschen mit Freiheit an verschiedenen Stellen, in denen ausgedrückt wird, dass die Menschen von Gott dazu inspiriert werden das Richtige zu tun und sich aufrichtig zu verhalten doch ebenso die andere Richtung einschlagen und lasterhaft handeln

---

[17] Q 33:72.

[18] The Divan of Hafez, Okta Publications, Teheran 2011, 184.

können. Gott will, dass alle Menschen aufrichtig handeln, doch in Freiheit, sodass Gott diese Idee in einem der bekanntesten Verse des Qur'ān wie folgt verdeutlicht: „Siehe, wir erschufen den Menschen aus einem Tropfen, einem Gemisch, um ihn zu prüfen, und schufen ihn hörend, sehend. Siehe, wir leiteten ihn auf dem Weg, ob dankbar oder undankbar."[19] Gemäß dem Qur'ān haben Menschen daher die Möglichkeit frei zu handeln, müssen jedoch zwangsläufig ebenso die Konsequenzen ihrer Handlungen tragen.

Diesen Abschnitt zusammenfassend können wir daher festhalten, dass nach islamischer Perspektive, als Vertreterin der Perspektive einer monotheistischen Religion, der Mensch in einer besonderen Weise geschaffen wurde. Er ist ein ambivalentes Geschöpf, eine Mischung aus Boden und der Seele Gottes und ist Gottes Statthalter auf Erden. Er trägt Gottes Vertrauen mit sich und hat ausreichend Freiheit und Einsicht, um entscheiden und handeln zu können. Daher ist er gegenüber sich selbst und anderen Geschöpfen verantwortlich, so dass die Leugnung seiner Verantwortung der Leugnung seiner Menschlichkeit gleichkäme. Diese theologischen Grundpfeiler menschlicher Geschöpflichkeit ebnen daher den Weg für den Aufruf zur Verantwortlichkeit gegenüber unseren Mitgeschöpfen, das heißt unser Bestes dafür zu tun, um ihre Lebensqualität zu verbessern.

3. Moralität als Herz der Religionen

Als Hauptbestandteil monotheistischer Religionen kann ethische Unterweisung gesehen werden, welche entweder als direkte Anweisungen oder bewegende Geschichten überliefert werden, wie etwa die Zehn Gebote, die Bergpredigt, das Gleichnis vom barmherzigen Samariter oder einige Verse des Qur'āns. In der Tat könnte man daher sagen, dass Moralität und ethische Unterweisung der wichtigste Bestandteil jeder theistischen Religion sind. Wir sollten nie vergessen, dass Religionen Wege und Mittel zur Reinigung sind, um sich Gott zu nähern und seine wahren Nachfolger, sein Ebenbild auf Erden, zu werden, sodass religiös und gottesfürchtig zu sein, in der Tat bedeutet, moralisch zu leben.

Da der Mensch keine abgeschiedene Wüste für sich selbst ist, kann er nicht die Verantwortung gegenüber seinen Mitmenschen vernachlässigen, wie der englische Dichter und Geistliche, John Donne schön zum Ausdruck bringt, indem er schreibt: „Niemand ist eine Insel, in sich ganz; jeder Mensch ist ein Stück des Kontinents, ein Teil des Festlandes."[20]

Analog bezeichnet auch der Prophet Muḥammad die Gesellschaft als ein Schiff und dessen Mitglieder als ihre Passagiere. Einige diese Passagiere

---

19 Q 76:2-3.

20 Eigene Übersetzung des Übersetzers, vgl. für den englischen Originaltext: HENRY ALFORD (Hg.), The Works of John Donne. Vol. III, London 1839, 575.

schlagen dabei aus Faulheit und Selbstgefälligkeit mit der Axt ein Loch in die Oberfläche des Schiffes, um nicht den normalen, längeren Weg für das Betreten und Verlassen des Schiffes benutzen zu müssen, wobei sie behaupten nur auf ihrem eigenen Platz zu graben und keiner das Recht habe, sie daran zu hindern. Doch es ist klar, dass, wenn die anderen Passagiere sich dieser Art der Argumentation fügen würden, das ganze Schiff in Gefahr käme und viele ihr Leben verlören. Auch heute kann dieses Beispiel gut nachvollzogen werden, wenn man daran denkt, dass beispielsweise der westliche Konsument durch seine Konsumentscheidungen das Leben vieler Bauern oder Fischer in den Ländern des Südens beeinflusst, auch wenn er versucht, diese Folgen seines Handelns zu ignorieren. Will man sich an dieser Stelle nicht unzulässiger Weise von der eigenen Verantwortung dispensieren, ist die ethische Dimension, wie sie auch in der Religion gelehrt wird, und unsere Verantwortung gegenüber der Gemeinschaft immer im Blick zu behalten.

Um dieses Ziel zu erreichen, sollte uns die Verschiedenheit der Religionen, denen wir angehören, nicht davon abhalten in gemeinsamer Verantwortung zu handeln. So ist es zwar wahr, dass Wohltätigkeit vor Ort beginnt, doch sicherlich hört sie hier nicht auf, da wir alle in einer großen Gemeinschaft leben, die wir „Welt“ nennen. Obwohl wir an unseren Glauben gebunden sind, haben wir zusammenzuarbeiten, um Leid auf unserer Welt zu verringern. Anstatt Gewalt in der Welt zu verbreiten, können und sollten die Religionen der wichtigste Weg sein, Frieden, Harmonie, Gerechtigkeit und Spiritualität in die Welt zu bringen. Alle Religionen stellen in der Tat Wege zu Gott und einem guten Leben dar – bzw. *haīyātan ṭaīyiban* nach qur'ānischer Terminologie.[21] So meint das Wort *šarīʿā*, das Religion im Arabischen bezeichnet, wörtlich „der Weg“, oder das Wort „at-tarīqa“, das ebenfalls Weg bedeutet, wird in der islamischen Mystik als innere Dimension des Islam angesehen. Wenn Religion also der Weg zu Gottes Zufriedenstellung ist, sollte sie nicht als Selbstzweck verehrt werden oder sollte kein Weg sein, der gegen den Willen Gottes verstößt.

Jonathan Sacks berichtet uns eine Geschichte zweier Freunde, von Ansell Harris, einem „widerspenstigen“ Juden und Lord Bhatia, einem überzeugten Muslim, die sich trotz unterschiedlicher Religion für die gleiche ehrenwerte Sache einsetzen. Die Geschichte berichtet von ihrer langjährigen Freundschaft und der engen Beziehung zwischen beiden, trotz ihrer unterschiedlichen theologischen Ansichten oder religiösen Rituale, sodass Sacks der Frage nachgeht, was die beiden zusammenhielt und zu folgendem Antwortversuch gelangt: „Die kurze Antwort ist, dass sie sich für etwas Größeres als ihre jeweiligen Glaubensgemeinschaften einsetzten. Sie setzen sich für die Menschheit ein. Als sie Krankheit, Armut und Verzweiflung sahen, beließen sie es nicht dabei, nach den Betroffenen des Leidens zu fragen; sie handelten. Sie wussten, dass Tränen eine universale Sprache sind und Hilfe eine universale Verpflichtung.

---

[21] Q 16:97.

Sie betrachteten ihren Glauben nicht als ein abgelegenes Schloss, sondern als Fenster, das den Blick auf eine größere Welt richten lässt. Sie sahen Gottes Ebenbild im Anblick des Fremden und hörten seinen Ruf im Schrei eines verhungernden Kindes."[22]

Entgegen diesem Beispiel ist es üblich geworden, Religionen vorzuwerfen, unethischem Verhalten Vorschub zu leisten bzw. unethische Lehren zu vertreten, wie zum Beispiel in einigen säkularen Kreisen, in welchen Gelehrte zu beweisen versuchen, dass alle Religionen im Kern die geborenen Feinde der Ethik und menschlicher Würde sind. Der erste Schritt in Richtung eines ethischen Lebens und moralischem Handeln in der Welt ist ihrer Meinung nach die Befreiung von der Religion oder zumindest ihre Nichtbeachtung. Um diese sehr üblichen Vorwürfe in Richtung der Religionen festzustellen, kann man beispielsweise auf Verfechter solcher Positionen wie Richard Dawkins verweisen, wie sie in seinen Werken und Reden wie „Der blinde Uhrmacher"[23] oder „Der Gotteswahn"[24] als selbsterklärter Kampf gegen die Religion im Namen der Wissenschaft, zum Ausdruck kommen.

Dabei ist es gut möglich, dass er und seine Gesinnungsgenossen in einigen Punkten Recht haben, da wir viele Grausamkeiten, Ungerechtigkeiten, Ungleichheiten und Kriege im Namen der Religion gesehen haben und selbst erklärtermaßen pazifistische Religionen nicht unbeschuldigt geblieben sind, kriegstreibend zu sein. Daher sind die angesprochenen Behauptungen nicht völlig falsch oder ohne Fundament. Vielmehr können in der Menschheitsgeschichte genügend Beispiele gefunden werden, in denen Religionen zur Unterdrückung beigetragen und gegen die menschliche Würde verstoßen haben – ein Umstand der sich leicht bei jeder Religion finden lassen wird.

Dennoch zeichnen solche Vorwürfe nicht das ganze Bild der Lage. So kann die Religionsgeschichte durchaus vorbildliche Beiträge zur Verbreitung der Humanität vorweisen. In jeder humanitären Bewegung in der Geschichte können wir die ethische Stimme der Religionen nachweisen. Kurz sei an dieser Stelle lediglich angemerkt, dass das Aufkommen wesentlicher Merkmale von Menschenrechten, wie Gerechtigkeits- und Gleichheitsforderungen, gar nicht ohne ihren religiösen Hintergrund verstanden werden kann. So hat das Merkmal der Gleichheit ursprünglich keine andere Fundierung als die Idee der Gottesebenbildlichkeit des Menschen, die aus diesem Grund eine gleiche Behandlung der Menschen einfordert. Dieser Zusammenhang wird unschwer an der amerikanischen Unabhängigkeitserklärung deutlich, dessen zweiter Absatz zum Ausdruck bringt:

---

[22] Eigene Übersetzung des Übersetzers, für den englischen Originaltext vgl. JONATHAN SACKS, To heal a Fractured World. The Ethics of Responsibility, London 2005, 114.

[23] RICHARD DAWKINS, Der blinde Uhrmacher. Warum die Erkenntnisse der Evolutionstheorie zeigen, daß das Universum nicht durch Design entstanden ist, München 2008.

[24] RICHARD DAWKINS, Der Gotteswahn, Berlin 2008.

> Wir halten die nachfolgenden Wahrheiten für klar an sich und keines Beweises bedürfend, nämlich: daß alle Menschen gleich geboren; daß sie von ihrem Schöpfer mit gewissen unveräußerlichen Rechten begabt sind; daß zu diesem Leben, Freiheit und das Streben nach Glückseligkeit gehöre [...].[25]

Diese Erklärung, als Vorfahrin der Allgemeinen Erklärung der Menschenrechte, spiegelt die ethische Stimme und Lehre der Religionen wider – besonders derjenigen, die an den einen Gott glauben, der allein verehrungswürdig für die ganze Menschheit ist. Auch John Locke bezog sich fortwährend auf die Religion und benutzte religiös geprägte Begriffe, um seine Form repräsentativer Regierung auf der Grundlage der Rechtsgleichheit zu verteidigen. Um das Naturrecht zu verteidigen, welches die ganze Menschheit leitet, benutzte er beispielsweise folgendes Argument:

> Im Naturzustand herrscht ein natürliches Gesetz, das jeden verpflichtet. Und die Vernunft, der dieses Gesetz entspricht, lehrt den Menschen, wenn sie sie nur befragen will, daß niemand einem anderen, da alle gleich und unabhängig sind, an seinem Leben und Besitz, seiner Gesundheit und Freiheit Schaden zufügen soll. Denn alle Menschen sind das Werk eines einzigen allmächtigen und unendlich weisen Schöpfers, die Diener eines einzigen souveränen Herrn, auf dessen Befehl und in dessen Auftrag sie in die Welt gesandt wurden.[26]

Demnach ist der Kern jeder wahren Religion der Ruf in den Gehorsam gegenüber Gott und des Mitgefühls für unsere Mitgeschöpfe. Auch der Qur'ān beschreibt als Eigenschaft der von Gott Erwählten Altruismus und Gaben an die Bedürftigen, als das, was aus der Liebe zu Gott zu folgen hat:

> Ihr Essen gaben sie – obgleich sie es selber mochten – den Armen, der Waise und dem Gefangenen zur Speisung. ‚Nur um Gottes willen geben wir euch zu speisen. Wir fordern kein Entgelt und keinen Dank.'[27]

Die Rolle der Religion in der Verbreitung ethischen Handelns im Laufe der Geschichte lässt sich daher nicht ausblenden. Wir sollten nicht vergessen, dass gerade das Christentum in einer römischen Gesellschaft die Gleichheit der Menschen predigte, in der grausame, barbarische Unterhaltung an der Tagesordnung war. Während in der römischen Gesellschaft Sklaven zur Unterhaltung ihrer Herren als Gladiatoren kämpften, bezeichnet das Christentum beide, Herren und Sklaven, als Kinder Gottes. Ebenso führte der Islam zur Verurteilung des Mordes weiblicher Kinder durch ihre Väter auf der Arabischen Halbinsel, während eben dieser Mord aus ökonomischen Gründen vorher ein Zeichen der Würde und der Ehre der Väter gewesen war. Demgegenüber betonte der Islam die Würde des menschlichen Lebens und stellte

---

[25] TRAUGOTT BROMME, Die Verfassungen der Vereinigten Staaten von Nord-Amerika, der Freistaaten Pennsylvania und Texas, der Königreiche Belgien und Norwegen, die Bundesverfassung der Schweiz und die englische Staatsverfassung. Zur Beantwortung der Frage: Ob Republik, ob konstitutionelle Monarchie, Stuttgart 1848, 1.

[26] JOHN LOCKE, Zwei Abhandlungen über die Regierung, Frankfurt am Main 1967, 202.

[27] Q 76:8-9.

diese über die Hautfarbe oder das Geschlecht eines Menschen, was auch der Qur'ān im Anschluss an die Geschichte Kains und Abels zum Ausdruck bringt:

> Und deshalb schrieben wir den Kindern Israels dies vor: Wenn jemand einen Menschen tötet, der keinen anderen getötet, auch sonst kein Unheil auf Erden gestiftet hat, so ist's, als töte er die Menschen allesamt. Wenn aber jemand einem Menschen das Leben bewahrt, so ist's, als würde er das Leben aller Menschen bewahren.[28]

Doch wir müssen nicht einmal so weit in die Vergangenheit greifen, sondern können die Rolle der Religionen in der Verbreitung ethischen Lebens in der Welt in unserem unmittelbaren Umfeld feststellen, wie beispielsweise einige Jahrzehnte zuvor, als zwei monotheistische Gläubige, Martin Luther King Jr. und Malcom X, für die selbe Sache kämpften und sich ganz dem Einsatz für eine bessere Welt verschrieben, obwohl sie unterschiedlichen Religionen angehörten und unterschiedliche, sich teilweise widersprechende Theologien vertraten. King war dabei ein erklärter Prediger und kämpfte für seinen Traum der Gleichheit zwischen den Rassen, zwischen Schwarzen und Weißen. So stellte er die Segregation als soziale Norm innerhalb der Südstaaten Amerikas im Namen der Religion infrage und brachte in einem seiner berühmten Briefe aus dem Gefängnis, Augustinus zitierend, zum Ausdruck, dass ein ungerechtes Gesetz überhaupt kein Gesetz sei.

Malcolm X auf der anderen Seite war Muslim, kämpfte jedoch für dasselbe Ideal. Beide waren angesehene Männer, die von ihrem Glauben inspiriert wurden und ihre ethischen Lehren verbreiteten, um die Welt zu einem lebenswerteren Ort zu machen.

An beiden kann daher gesehen werden, dass wir zusammenarbeiten müssen und uns gegenseitig respektieren müssen, um unseren sozialen und ethischen Verantwortlichkeiten besser gerecht zu werden. Wir müssen uns daher vereinigen, wie es Hans Küng in seinem Werk „Weltethos für Weltpolitik und Weltwirtschaft" mit seiner guten Zusammenfassung dieser Notwendigkeit zum Ausdruck bringt:

> Es wird keinen Frieden zwischen den Zivilisationen geben ohne einen Frieden unter den Religionen! Und es wird keinen Frieden geben zwischen den Religionen ohne einen Dialog zwischen den Religionen![29]

Wir müssen also vereinigt sein, was aber nicht bedeutet, dass wir unsere Glaubensüberzeugungen und deren Unterschiede beiseiteschieben müssen. Vielmehr sollten wir unseren Religionen treu bleiben und miteinander im positiven Sinne streiten und wetteifern, und zwar in dem Sinn, dass wir versuchen, die Welt zu einem besseren Ort zu machen und bessere ethische Beispiele aufzuzeigen, denen es zu folgen gilt. Dieser Wettbewerb im Hinblick

---

[28] Q 5:32.

[29] HANS KÜNG, Weltethos für Weltpolitik und Weltwirtschaft, München 1997, 131.

auf gute Werke wird auch vom Qur'ān bestätigt und sogar gefordert, indem er uns einlädt, den guten Beispielen jeder monotheistischen Religion zu folgen und die Gläubigen auffordert: „Es hat ein jeder eine Richtung, nach welcher er sich wendet. Wetteifert daher um das Gute."[30]

Der Wettbewerb sollte also als gemeinsames Lernen verstanden werden, beispielsweise von moralischen Beispielfiguren wie Jesus Christus und seinen Jüngern, sodass der Qur'ān in diesem Sinne verkündet: „O ihr, die ihr glaubt! Seid Helfer Gottes, so wie Jesus, der Sohn Marias, zu den Jüngern spracht" ‚Wer sind denn meine Helfer hin zu Gott?' Die Jünger sprachen: ‚Wir sind die Helfer Gottes."[31]

Abschließend lässt sich sagen, dass alle monotheistischen Religionen die Einzigartigkeit des Menschen betonen und den Menschen die Verantwortung übertragen, die Welt zu einem besseren und moralischeren Ort zu machen. Für die Erreichung dieses Ziels sind alle Religionen verantwortlich und eingeladen miteinander zu kooperieren.

Aus dem Englischen übersetzt von Emanuel Rasche.

---

[30] Q 2:148.
[31] Q 61:14.

Autorenverzeichnis

SEYYED HASSAN ESLAMI ARDAKANI (*1960), ist Professor für Religionsphilosophie an der University of Religions and Denominations in Qom (Iran). Er beschäftigt sich intensiv mit Bio-, Umwelt- und Wissenschaftsethik aus islamischer Perspektive.
Veröffentlichungen (Auswahl): Human Cloning in Catholic and Islamic Perspectives, Qom 2005; Analyzing a Hadith on Four Cardinal Virtues. In: Ulum-Hadith 43 (2007); Two Moral Arguments Against Industrial Meat Consumption. In: Ethical Research Vol. 3, No. 9, 10, Qom 2012.

MAHMOUD M. AYOUB (*1938) ist Associate Professor am Centre for Religious Studies der Universität von Toronto (Kanada). Er widmet sich insbesondere vergleichenden Untersuchungen zu Islam und Christentum.
Veröffentlichungen (Auswahl): The Crisis of Muslim History. Religion and Politics in Early Islam, Oxford 2003; A Muslim View of Christianity, Essays on Dialogue, New York 2007; Islam Faith and Practice, Ontario 1989.

MOHAMMAD REZA BEHESHTI (*1958), ist Professor am Philosophischen Seminar der Universität Teheran (Iran). Seine Forschungsschwerpunkte liegen im Bereich: Philosophie der Antike und des Mittelalters, Hermeneutik, Anthropologie, Kulturphilosophie und Ethik.
Veröffentlichungen (Auswahl): Intercultural Dialogue and the Crisis of Identity. In: Conference Dialogue and Difference, SOAS, London 2001; The Reception of Aristotle in the Christian and Islamic Thought. Pantheon University, Athens 2004; Geschichte der Philosophiegeschichte. In: Interkulturelle Philosophie und die Gegenwärtige Welt, Teheran 2013.

REINHOLD BERNHARDT (*1957), ist Professor für evangelische Systematische Theologie/ Dogmatik an der Universität Basel. Seine Forschungsschwerpunkte sind: Dialog-, Theologie- und Hermeneutik der Religionen, Handeln Gottes/ Vorsehungslehre und Grundfragen der Beziehungsbestimmung zwischen Theologie und Naturwissenschaft.
Veröffentlichungen (Auswahl): Was heißt „Handeln Gottes“? Eine Rekonstruktion der Lehre von der Vorsehung Gottes, Berlin ^{2}2008 (Studien zur systematischen Theologie und Ethik; 55), Ende des Dialogs? Die Begegnung der Religionen und ihre theologische Reflexion (Beiträge zu einer Theologie der Religionen; 2), Zürich 2006.

HELGA KUHLMANN (*1957) ist evangelische Professorin für Systematische Theologie und Ökumene an der Universität Paderborn. Sie widmet sich

besonders der feministischen und ökumenischen Theologie und der theologischen Anthropologie.
Veröffentlichungen (Auswahl): Die theologische Ethik Albrecht Ritschls (BevTh 112), München 1992; Leib-Leben theologisch denken. Reflexionen zur Theologischen Anthropologie, Münster 2004; Theologie der Religionen und kirchliches Selbstverständnis aus evangelischer Perspektive. In: MARTIN BEYER/ ULF LIEDKE (Hg.), Wort Gottes im Gespräch, Leipzig 2008, 345-363.; Mitherausgeberin der Bibelübersetzung „Bibel in gerechter Sprache", Gütersloh 2006 (4. Aufl. 2011).

EBRAHIM MOOSA (*1957), ist Professor of Religious and Islamic Studies am Department of Religious Studies der Duke Universität in Durham (USA). Er beschäftigt sich insbesondere mit der muslimischen Ethik und der muslimischen Ideengeschichte.
Veröffentlichungen (Auswahl): Ghazali and the Poetics of Imagination, North Carolina 2005; gemeinsam mit JEFFREY T. KENNEY (Hg.), Islam in the Modern World, London 2013; Herausgeber von FAZLUR RAHMAN, Revival and Reform in Islam. A Study of Islamic Fundamentalism, Oxford 1999.

HERBERT ROMMEL (*1958) ist apl. Professor für kath. Theologie/ Religionspädagogik an der Pädagogischen Hochschule Weingarten. Seine Forschungsschwerpunkte sind: Philosophischen Grundfragen der Theologie; theologische und philosophische Ethik; interdisziplinärer Dialog mit den Naturwissenschaften; ethische, religiöse und interreligiöse Bildungsprozesse.
Veröffentlichungen (Auswahl): Normenkonflikte und Abwägungsprozesse. Moderne Schlüsselprobleme in der ethischen Bildung, Freiburg i. Br./ München 2007, Mensch – Leid – Gott. Eine Einführung in die Theodizee-Frage und ihre Didaktik, Paderborn u.a. 2011.

KLAUS VON STOSCH (*1971), ist Professor für Katholische Theologie (Systematische Theologie) und ihre Didaktik an der Universität Paderborn und Vorsitzender des Zentrums für Komparative Theologie und Kulturwissenschaften (ZeKK) in Paderborn.
Veröffentlichungen (Auswahl): Komparative Theologie als Wegweiser in der Welt der Religionen, Paderborn 2012 (Beiträge zur Komparativen Theologie; 6); MOUHANAD KHORCHIDE/ KLAUS VON STOSCH (Hg.), Herausforderung an die islamische Theologie in Europa – Challenges for Islamic Theology in Europe, Freiburg 2012; Offenbarung, Paderborn u.a. 2010.

MUNA TATARI (*1971) ist Wissenschaftliche Mitarbeiterin am Zentrum für Komparative Theologie und Kulturwissenschaften (ZeKK) in Paderborn

und promovierte im Fach Komparative Theologie zum Thema „Gott und Mensch im Spannungsfeld von Gerechtigkeit und Barmherzigkeit. Versuch einer Positionsbestimmung“ bei Klaus von Stosch und Farid Esack (Johannesburg).
Veröffentlichungen (Auswahl): Eine Praxis der Gerechtigkeit und Liebe. Gemeinsamkeiten und Unterschiede in christlichen und islamischen Entwürfen einer Theologie der Befreiung ausgehend von Gustavo Gutiérrez und Farid Esack. In: KLAUS VON STOSCH / MUNA TATARI (Hg.), Gott und Befreiung. Befreiungstheologische Konzepte in Islam und Christentum (Beiträge zur Komparativen Theologie 5), Paderborn u.a. 2012, 255-276.; zusammen mit KLAUS VON STOSCH (Hg.), Gott und Befreiung. Befreiungstheologische Konzepte in Islam und Christentum, Paderborn u.a. 2012 (Beiträge zur Komparativen Theologie; 5); zusammen mit KLAUS VON STOSCH (Hg.), Trinität – Anstoß für das islamisch-christliche Gespräch, Paderborn u.a. 2013 (Beiträge zur Komparativen Theologie; 7).

CAFER SADIK YARAN (*1964), ist Professor an der Ondokuz Mayıs Universität in Samsun (Türkei). Er beschäftigt sich insbesondere mit Religionsphilosophie, Logik und Ethik.
Veröffentlichungen (Auswahl): Understanding Islam, Edinburgh 2007; Kötülük ve Teodise (= Das Böse und die Theodizee), Ankara 1997; Islamic Thought on the Existence of God: Contributions and Contrasts with Contemporary Western Philosophy of Religion, Washington 2003.

ANNE WEBER (*1983) ist Wissenschaftliche Mitarbeiterin am Lehrstuhl für Systematische Theologie der Universität Paderborn. Ihre Forschungsschwerpunkte liegen im Bereich der Komparativen Theologie (mit besonderem Interesse am buddhistisch-christlichen Dialog), der kritischen Gesellschaftstheorie, der theologischen und philosophischen Ethik und der feministischen Theorie.
Veröffentlichung: Zum Menschsein befreit. Überlegungen zur Verhältnisbestimmung von feministischer und liberaler Theologie. In: KLAUS VON STOSCH/ MUNA TATARI (Hg.), Gott und Befreiung. Befreiungstheologische Konzepte in Islam und Christentum, Paderborn u.a. 2012 (Beiträge zur Komparativen Theologie; 5) 169-178.

Verwendete Literatur in Auswahl

ALĪ, IMAM, Nahǧ al-balāġa (= Pfad der Eloquenz). Aussagen und Reden Imam Alis, gesammelt von Scharif Radhi Muḥammad ibn Hussain, Bremen 2007-2009.

AUER, ALFONS, Zur Theologie der Ethik. Das Weltethos im theologischen Diskurs, Freiburg i. Br. 1995.

AYOUB, MAHMOUD, A Muslim view of Christianity. Essays on Dialogue by Mahmoud Ayoub. Edited by Irfan A. Omar, Maryknoll/ N.Y. 2007.

DERS., The word of God in Islam. In: The Greek orthodox theological review 31 (1986) 69-78.

BAUSCHKE, MARTIN, Der koranische Jesus und die christliche Theologie. In: MThZ 52 (2001) 26-30.

BERNHARDT, REINHOLD, Was heißt „Handeln Gottes“? Eine Rekonstruktion der Lehre von der Vorsehung Gottes, Gütersloh 1999, Berlin [2]2008.

BIEBERSTEIN, KLAUS/ HANSPETER SCHMITT (Hg.), Prekär. Gottes Gerechtigkeit und die Moral der Menschen, Luzern 2008.

BOYARIN, DANIEL, Border Lines. The Partition of Judaeo-Christianity, Philadelphia 2004.

DERS., Als Christen noch Juden waren. Überlegungen zu den jüdisch-christlichen Ursprüngen. In: Kirche und Israel 16 (2001) 112-129.

BRINKMANN, MARTIEN E., Christian-Muslim dialogue: The relationship between Jesus and God. In: Reformed world 59 (2009) 103-110.

BRUMLIK, MICHA, Kurze Geschichte Judentum, Berlin 2009

BULTMANN, RUDOLF, Jesus Christ and Mythology, New York 1958; dt: Jesus Christus und die Mythologie. Das Neue Testament im Licht der Bibelkritik, Hamburg 1964.

CLAYTON, PHILIP, Das Gottesproblem. Band 1: Gott und Unendlichkeit in der neuzeitlichen Philosophie, Paderborn u.a. 1996.

CORNILLE, CATHERINE, The Impossibility of interreligious Dialogue, New York 2008.

CRAGG, KENNETH, Jesus and the Muslim. An exploration, London u.a. 1985.

DEMMER, KLAUS, Gott denken – sittlich Handeln. Fährten ethischer Theologie, Fribourg 2008.

EIẞLER, FRIEDMANN, Jesus und Maria im Islam. In: CHRISTFRIED BÖTTRICH/ BEATE EGO/ FRIEDMANN EIẞLER, Jesus und Maria in Judentum, Christentum und Islam, Göttingen 2009, 120-205.

ESACK, FARID, Qurʾān, Liberation and Pluralism. An Islamic perspective of Interreligious Solidarity against Oppression, Oxford 1997.

ESS, JOSEF VAN, Ibn Kullāb und die Miḥna. In: Oriens 18-19 (1967) 92-142.

DERS., Theologie und Gesellschaft im 2. und 3. Jahrhundert Hidschra. Eine Geschichte des religiösen Denkens im frühen Islam. Bd. 4, Berlin-New York 1997.

ESSEN, GEORG, Die Freiheit Jesu. Der neuchalkedonische Enhypostasiebegriff im Horizont neuzeitlicher Subjekt- und Freiheitsphilosophie, Regensburg 2001 (ratio fidei; 5).

FABER, ROLAND, Gott als Poet der Welt. Anliegen und Perspektiven der Prozesstheologie, Darmstadt 2003.

GAZĀLĪ, MUḤAMMAD AL-, Iḥyā' ʿulūm ad-dīn (= Die Wiederbelebung der Wissenschaften der Religion), 1-5. Kairo o. J. (um 1960), Bd. 4.

GERBER, CHRISTINE, Tragödie der Nähe. In: SIEGFRIED VON KORTZFLEISCH/ WOLFGANG GRÜNBERG/ TIM SCHRAMM (Hg.), Wendezeit im Verhältnis von Juden und Christen, Berlin 2009, 84-120.

GRIFFEL, FRANK, Divine Actions, Creation, and the Human Fate after Death in 9th/15th-century Imami Shiite Theology. In: Journal of the American Oriental Society 125 (2005) 68-78.

HABERMAS, JÜRGEN /JOSEF RATZINGER, Dialektik der Säkularisierung. Über Vernunft und Religion, Freiburg i.Br. 2005.

HICK, JOHN, Evil and the God of Love, London 1985.

HOOVER, JON, Perpetual Creativity in the Perfection of God. Ibn Taymiyyas Hadith Commentary on God's Creation of this World. In: Journal of Islamic Studies 15 (2004) 287-329.

IMBACH, JOSEF, Wem gehört Jesus? Seine Bedeutung für Juden, Christen und Moslems, München 1989.

IQBAL, MUHAMMAD, Die Wiederbelebung des religiösen Denkens im Islam. Aus dem Englischen von Axel Monte und Thomas Stemmer, Verlag Hans Schiler o.O. 2003.

KANT, IMMANUEL, Die Religion innerhalb der Grenzen der bloßen Vernunft, Ditzingen 1986.

KERMANI, NAVID, Der Schrecken Gottes. Attar, Hiob und die metaphysische Revolte, München 2008.

KESSLER, HANS, Der Begriff des Handelns Gottes. Überlegungen zu einer unverzichtbaren theologischen Kategorie. In: H. U. V. BRACHEL/ N. METTE (Hg.), Kommunikation und Solidarität. Beiträge zur Diskussion des handlungstheoretischen Ansatzes von Helmut Peukert in Theologie und Sozialwissenschaften, Freiburg i.Br.-Münster 1985, 117-130.

KHORCHIDE, MOUHANAD, Scharia – der missverstandene Gott. Der Weg zu einer modernen islamischen Ethik, Freiburg-Basel-Wien 2013.

KÖRTNER, ULRICH H., Der handelnde Gott. Zum Verständnis der absoluten Metapher vom Handeln Gottes bei Karl Barth. In: DERS. (Hg.), Der verborgene Gott. Zur Gotteslehre, Neukirchen-Vluyn 2000, 115-141.

KREINER, ARMIN, Gott im Leid. Zur Stichhaltigkeit der Theodizee-Argumente, Freiburg i. Br. 2005, 15-48.

LEGENHAUSEN, MUHAMMAD , Preface. In: Jesus. Through the Qur'an and Shi'ite narrations. Selected by Mahdi Muntazir Qa'im. Übers. v. Al-Hajj Muhammad Legenhausen, Qom 2009, 9-37.

LEIRVIK, ODDBJØRN, Images of Jesus Christ in Islam, London-New York ^{2}2010, 127-220.

LITTLE, JOHN T., Al-Insan al-Kamil. The Perfect Man According to Ibn al-ʿArabī. In: The Muslim World 4 (2007) 43-54.

MANEMANN, JÜRGEN/ JOHANN BAPTIST METZ (Hg.), Christologie nach Auschwitz, Stellungnahmen im Anschluss an Thesen von Tiemo Rainer Peters, Münster-Hamburg-London ^{2}2001.

MIETH, DIETMAR, Theologie und Ethik. Das unterscheidend Christliche. In: JEAN-PIERRE WILS/ DIETMAR MIETH, Grundbegriffe der christlichen Ethik, Paderborn 1992, 209-224.

MOOSA, EBRAHIM, Ghazālī and the Poetics of Imagination, The University of North Carolina Press 2005.

NEUWIRTH, ANGELIKA, Der Koran als Text der Spätantike. Eine europäischer Zugang, Berlin 2010.

ORMSBY, ERIC L., Theodicy in Islamic Thought. The Dispute Over al-Ghazali's Best of All Possible Worlds, Princeton 1984.

ÖZDEMIR, METIN, İslam Düşüncesinde Kötülük Problemi (= Das Problem des Bösen im islamischen Denken), İstanbul 2001.

PLANTINGA, ALVIN, God, Freedom and Evil, London 1975.

PRÖPPER, THOMAS, Erlösungsglaube und Freiheitsgeschichte. Eine Skizze zur Soteriologie, München [2]1988.

RAHMAN, FAZLUR, Islam and modernity. Transformation of an intellectual tradition, Chicago-London 1982.

RITTER, WERNER H., u.a., Leid und Gott. Aus der Perspektive von Kindern und Jugendlichen, Göttingen 2006.

ROMMEL, HERBERT, Mensch – Leid – Gott. Eine Einführung in die Theodizee-Frage und ihre Didaktik, Paderborn u.a. 2011.

RUZGAR, MUSTAFA, God and the World. A Dynamic Relation in the Qurʾān. A Muslim Perspective. In: Creative Transformation 20 (2001) 13-14.

SELLS, MICHAEL, Ibn ʿArabīʾs Polished Mirror: Perspective Shift and Meaning Event. In: Studia Islamica 67 (1988) 121-149.

SHOMALI, MOHAMMAD ALI, Mary, Jesus and Christianity: An Islamic perspective. In: DERS./ ANTHONY O'MAHONY/ WULSTAN PETERBURS (Hg.), Catholics and Shi'a in dialogue. Studies in Theology and Spirituality, London 2011, 71-86.

STOSCH, KLAUS VON, Gott – Macht – Geschichte. Versuch einer theodizeesensiblen Rede vom Handeln Gottes in der Welt, Freiburg i.Br. 2006.

DERS., Komparative Theologie als Wegweiser in der Welt der Religionen, Paderborn u.a. 2012 (Beiträge zur Komparativen Theologie; 6).

DERS., Zur Möglichkeit und Unmöglichkeit des interreligiösen Dialogs. Untersuchungen im Anschluss an Catherine Cornille. In: EuG 2/2011.

STREMINGER, GERHARD, Gottes Güte und die Übel der Welt. Das Theodizeeproblem, Tübingen 1992.

TANNER, MATTHIAS u.a. (Hg.), Streit um das Minarett. Zusammenleben in der religiös pluralistischen Gesellschaft, Zürich 2009 (Beiträge zur Theologie der Religionen; 8).

VOIGT, FRIEDMANN (Hg.), Religion in bioethischen Diskursen. Interdisziplinäre, internationale und interreligiöse Perspektiven, Berlin-New York 2010.

WERBICK, JÜRGEN, Gott verbindlich. Eine theologische Gotteslehre, Freiburg i.Br. 2007.

DERS., Von Gott sprechen an der Grenze zum Verstummen, Münster 2004.

ZIEBERTZ, HANS-GEORG/ ULRICH RIEGEL, Letzte Sicherheiten, Eine empirische Untersuchung zu Weltbildern Jugendlicher, Gütersloh-Freiburg i. Br. 2008.

ZIRKER, HANS, Islam. Theologische und gesellschaftliche Herausforderungen, Düsseldorf 1993.

Personenregister